ECKART WEHSER

Die Landesbauordnung Mecklenburg-Vorpommern

Ausgabe 2025
mit Einführung und Grundfällen

3. Auflage

SV SAXONIA VERLAG für Recht, Wirtschaft und Kultur GmbH

SV SAXONIA VERLAG für Recht, Wirtschaft und Kultur GmbH
Ludwig-Hartmann-Straße 40, 01277 Dresden
Tel. (0351) 485260, Fax (0351) 4852661
E-Mail: office@saxonia-verlag.de
Internet: www.laenderrecht.de
Druck: PRINT GROUP Sp. z o. o., ul. Księcia Witolda 7, 71-063 Szczecin (Polen)
ISBN: 978-3-949409-45-5
(Vorauflage: 978-3-946374-90-9)

Vorwort

Seit dem Erscheinen der 2. Auflage (2020) wurde die LBauO M-V mit dem Vierten Änderungsgesetz sowie Artikel 2 des E-Government-Änderungsgesetzes (2021 bzw. 2024) stärker an die aktuelle Fassung der MBauO angepasst und die digitale als ausschließliche Kommunikationsform zwischen den am Bau Beteiligten eingeführt, um das bauaufsichtliche Verfahren zu verbessern.

Das aktuelle Gesetz zur Änderung des Bauproduktenmarktüberwachungsgesetzes, der Landesbauordnung Mecklenburg-Vorpommern, des Architekten- und Ingenieurgesetzes und der Kommunalverfassung von 2025 setzt vor allem die mit der Europ. Kommission erzielte Einigung zur Bauvorlagenberechtigung um und sieht ferner eine Reihe weiterer Änderungen der LBauO vor.

Diese Gesetzesänderungen sowie mehrere Neuauflagen baurechtlicher Standardwerke machten eine Überarbeitung der Einführung zur LBauO M-V erforderlich. Der neu hereingenommene Fall 5 betrifft das in den Küstenländern besonders aktuelle Problem der Umwidmung „normaler" Wohnungen zu Ferienwohnungen. Rechtsprechung und Schrifttum wurden bis Ende 2024 berücksichtigt.

Kiel, im März 2025 Eckart Wehser

Inhaltsverzeichnis

B. – FÄLLE

C. – ANHANG – Gesetzestexte

Abkürzungsverzeichnis

a. W.	aufschiebende Wirkung
a.F.	alte Fassung
ArchIngG	Architekten- und Ingenieurgesetz
arg. (e contr.)	Argument (Umkehrschluss)
BauGB	Baugesetzbuch
BauNVO	Baunutzungsverordnung
BauPrüfVO M-V	Bauprüfverordnung
BauVorlVO M-V	Bauvorlagenverordnung
BImSchG	Bundes-Immissionsschutzgesetz
B-Plan	Bebauungsplan
BRS	Baurechtssammlung
DenkSchG M-V	Denkmalschutzgesetz
DIBt	Deutsches Institut für Bautechnik
EuGH	Europäischer Gerichtshof
FKrG M-V	Gesetz über die Funktional- und Kreisstrukturreform des Landes M-V
Fn.	Fußnote
FStrG	Bundesfernstraßengesetz
GarVO M-V	Garagenverordnung
GG	Grundgesetz
GVOBl. M-V	Gesetz- und Verordnungsblatt
Hrsg.	Herausgeber
HS	Halbsatz
i.E.	im Ergebnis
i. d. F.	in der Fassung
i. S. d.	im Sinne des
KrWG	Kreislaufwirtschaftsgesetz
LBauO	Landesbauordnung
lit.	Buchstabe
LT-Drcks.	Landtags-Drucksache
LWaldG	Landeswaldgesetz
LWassG	Landeswassergesetz
MBO	Musterbauordnung
M-V	Mecklenburg-Vorpommern

NJ	Neue Justiz
n.F.	neue Fassung
NatSchAG M-V	Naturschutzausführungsgesetz
OVG	Oberverwaltungsgericht
OWiG	Gesetz über Ordnungswidrigkeiten
POR	Polizei- und Ordnungsrecht
ProdSG	Produktionssicherheitsgesetz
PrOVG	Preußisches Oberverwaltungsgericht
Rdn(rn).	Randnummer(n)
RNG	Rücksichtnahmegebot
S.	Satz oder Seite (je nach Sinnzusammenhang)
s. o.	siehe oben
SOG M-V	Sicherheits- und Ordnungsgesetz
str.	strittig
StrWG MV	Straßen- und Wegegesetz
VA	Verwaltungsakt
vgl.	vergleiche
VV TB	Verwaltungsvorschrift Technische Baubestimmungen
VwGO	Verwaltungsgerichtsordnung
VwVfG M-V	Verwaltungsverfahrensgesetz
VwVKVO M-V	Verordnung über die Kosten im Verwaltungsvollzugsverfahren
WEA	Windenergieanlagen
WEH	Wochenendhaus
WS	Widerspruch
z. B.	zum Beispiel

Literaturverzeichnis

Battis, Öffentliches Baurecht und Raumordnungsrecht, 8. Auflage 2022

Biermann/Wehser, Praxis-Kommentar zum SOG M-V, 2008 ff.

Blechschmidt in: *Ernst/Zinkahn/Bielenberg/Krautzberger*, BauGB, 156. EL 2024

Kaiser in: *Ehlers/Fehling/Pünder* (Hrsg.), Besonderes Verwaltungsrecht, Band. 2, 4. Auflage 2020

Kersten in: *Schoch/Eifert*, Besonderes Verwaltungsrecht, 2. Auflage 2023, Kapitel 3

Maurer/Waldhoff, Allgemeines Verwaltungsrecht, 21. Auflage 2024

Otto, Öffentliches Baurecht, Band 2, 8. Auflage 2023

Schenke, Polizei- und Ordnungsrecht, 11. Auflage 2021

Schlacke/Lege, Öffentliches Baurecht und Raumordnungsrecht, in: *Classen/Lüdemann* (Hrsg.), Landesrecht Mecklbg.-Vorp., 5. Auflage 2023, Kapitel 4

Schoch/Eifert, Besonderes Verwaltungsrecht, 2. Auflage 2023

A. – Einführung in die Landesbauordnung Mecklenburg-Vorpommern

Einleitung

Das geltende Bauordnungsrecht Mecklenburg-Vorpommerns hat seit 1990 eine Reihe von unterschiedlichen Stationen durchlaufen. Während die noch von der Volkskammer beschlossene „Bauordnung" mit der Errichtung der „neuen Länder" und dem Beitritt der DDR zur Bundesrepublik zunächst auch in Mecklenburg-Vorpommern galt, wurde 1994 eine erste eigene Landesbauordnung verabschiedet[1]. Diese wurde durch die Landesbauordnung 2006 (LBauO M-V, im folgenden nur LBauO)[2] unter Berücksichtigung der Musterbauordnung (MBO 2002) umfassend modernisiert und leistete damit zugleich einen Beitrag zur Wiederherstellung der deutschen Rechtseinheit im Bauordnungsrecht[3].

Einer der Leitgedanken der LBauO 2006 im Hinblick auf das materielle Bauordnungsrecht galt der **Vereinfachung** des **technischen Bauordnungsrechts**. Die Anforderungen an bauliche Anlagen wurden auf ein sicherheitsrechtliches Minimum zurückgeschraubt und das Bauordnungsrecht weitgehend auf das klassische Recht der Gefahrenabwehr zurückgeführt. Zugleich wurden die präventiven staatlichen Kontrollen zu Gunsten einer verstärkten Eigenverantwortung des Bauherrn abgebaut und das System der Bauabnahmen neu gestaltet. Der Umfang der Vorschriften, etwa im Abstandsflächen- und Stellplatzrecht wurde unter Verzicht auf Detailregelungen reduziert. Darüber hinaus wurden bestimmte Sachstandards bezüglich der Anforderungen an Aufenthaltsräume und Wohnungen abgebaut. Auch fand ein neu gestaltetes Brandschutzkonzept Eingang in die LBauO. Vor allem aber erfuhr das **Baugenehmigungsverfahren** eine Neugestaltung; weitreichende Erleichterungen betrafen das **genehmigungsfreie Bauen.** Auch die Einführung des Konzentrationsprinzips gehörte zu den zentralen Anliegen und dürfte eine größere Akzeptanz des Genehmigungsverfahrens bei den Bauherren bewirkt haben, indem Rechtsunsicherheit durch unterschiedliche Behördenentscheidungen vermieden und zugleich die Verfahren beschleunigt wurden.

1 Landesbauordnung Mecklenburg-Vorpommern, GVOBl. M-V 1994 S. 518, 530, i.d.F. d. Bek.. v. 6.5.1998, GVOBl. M-V S. 468.

2 Erlassen als „Gesetz zur Neugestaltung der Landesbauordnung und zur Änderung anderer Gesetze" v. 18.4.2006, GVOBl. M-V 2006, S. 102; LT-Drcks. M-V 4/1810, 4/2183; dazu *Biermann,* Die neue LBauO Mecklb.-Vorp., 2006; *Sauthoff,* NordÖR 2006. 323.

3 Mit der MBO vom Nov. 2002, zul. geä. d. Beschl. v. 23./24.11.2023, reagierte die Bauministerkonferenz auf die wachsende Zersplitterung des Bauordnungsrechts der Länder in den 1990er Jahren. Der drohende Verlust der Rechtseinheit wurde zunehmend als nachteiliger Standortfaktor und Investitionshindernis für die Wirtschaft bewertet. Vor diesem Hintergrund sollte die Integrations- und Leitbildfunktion der MBO gestärkt und den Bundesländern ein Orientierungsrahmen zur Verfügung gestellt werden, den diese unter Berücksichtigung ihrer regionalen Besonderheiten ausfüllen konnten.

Diese erste Fassung der LBauO (2006) wurde in den folgenden Jahren durch eine Reihe von Novellen den veränderten Bedürfnissen angepasst[4]. Mit dem **Ersten** Änderungsgesetz (2015)[5] erfolgte eine **vollständige** Überarbeitung mit dem Ziel, nunmehr die Änderungen der MBO (i.d.F. v. 2012) umzusetzen. Dabei ging es u.a. um eine Verbesserung der Rahmenbedingungen für den Klimaschutz und die Nutzung neuer Energien, eine stärkere Berücksichtigung der Belange von Menschen mit Behinderungen sowie um eine Harmonisierung des Abstandsflächen- mit dem Bauplanungsrecht. Das **Zweite** Änderungsgesetz von 2017[6] galt mit der Neufassung des § 46 LBauO dem speziellen Problem der nachbarschaftsstörenden Nachtbefeuerung von Windenergieanlagen. Das **Dritte** Änderungsgesetz[7] diente mit den §§ 16b bis 25 LBauO der Novellierung des **Bau-Produktrechts** sowie einer Umgestaltung der **technischen Baubestimmungen,** die einem Urteil des EuGH[8] geschuldet war.

Mit dem **Vierten** Änderungsgesetz[9] sollte die LBauO M-V wieder stärker an die aktuelle Fassung der MBauO angepasst werden. Erklärtes Ziel der zahlreichen Änderungen war es, durch die Verbindlichmachung ausschließlich der **digitalen Kommunikationsform** zwischen den am Bau Beteiligten die Durchführung bauaufsichtlicher Verfahren zu verbessern. Ferner soll die Einführung der **Typengenehmigung** gem. § 72a LBauO das Baugenehmigungsverfahren verkürzen; das Bauen mit Holz erleichtern und den 5G-Mobilfunkausbau[10] beschleunigen. Eine völlige Neuregelung beinhaltet § 80a LBauO, aufgrund dessen die Bauaufsichtsbehörde die **Anpassung** baulicher Anlagen verlangen kann. Schließlich sieht Art. 2 des **E-Government-Änderungsgesetzes M-V**[11] mehrere Neuregelungen der LBauO, insbes. zur Höhe von Antennenanlagen, vor.

Das Gesetz zur Änderung des Bauproduktenmarktüberwachungsgesetzes, der Landesbauordnung Mecklenburg-Vorpommern, des Architekten- und Ingenieurgesetzes und der Kommunalverfassung[11a] übernimmt mit den §§ 65ff. LBauO n.F. **weitgehend den in der MBO niedergelegten Kompromiss** mit der Europ. Kommission zur Bauvorlagenberechtigung und sieht ferner eine Reihe weiterer Änderungen der LBauO vor. Dazu gehört etwa die Möglichkeit, die Pflicht zur Herstellung von Kinderspielplätzen (§ 8 LBauO) durch einen zweckgebundenen Geldbetrag gegenüber der Gemeinde abzulösen. Auch wird der Dachgeschossausbau zu Wohnzwecken

4 Ausf. *Sauthoff,* NordÖR 2021.1 f.

5 V. 15.10.2015, GVOBl. M-V S. 344, ber. GVOBl. M-V 2016 S. 28, dazu LT-Drcks. M-V 6/3830; *Sauthoff,* NordÖR 2016.177.

6 V. 13.12.2017, GVOBl. M-V S. 331, dazu LT-Drcks. M-V 7/788.

7 V. 19.11.2019, GVOBl. M-V S. 682, dazu LT-Drcks. M-V 7/3696, 7/4188.

8 V. 16.10.2014, Az. C – 100/13, dazu *Otto,* a.a.O., § 1 Rdnr. 6 (S. 3f.).

9 V. 26.6.2021, GVOBl M-V S. 1033, dazu LT-Drcks. M-V 7/5864.

10 Bis zum Jahr 2030 soll der modernste Mobilfunkstandard überall dort verfügbar sein, wo Menschen leben, arbeiten oder unterwegs sind – das ist das Ziel der Gigabitstrategie der Bundesregierung. Politik und Behörden haben dafür Bedingungen definiert und Verfahren auf den Prüfstand gestellt.

11 Gesetz zur Änderung des E-Government-Gesetzes M-V und zur Änd. weit. Vorschriften v. 9.4.2024, GVOBl M-V S. 110 (im folgenden EGovÄndG), dazu LT-Drcks. M-V 8/2811, 8/3480.

11a GVOBl. M-V 2025 S. 130; dazu LT-Drcks. 8/4263 bzw. 4645

nunmehr dadurch erleichtert, dass er der Genehmigungsfreistellung des § 62 LBauO unterfällt.

TEIL 1
Allgemeine Vorschriften – §§ 1 bis 3 LBauO

I.1 Anwendungsbereich und Begriffe – §§ 1 und 2 LBauO

Laut der Begründung zum ursprünglichen Entwurf sollte die LBauO M-V „wegen des umfassenden Sicherheitserfordernisses" grds. für alle baulichen Anlagen gelten. Von der Geltung waren jedoch „diejenigen baulichen Anlagen ausgenommen, für die anderes Fachrecht oder die Praxis in ausreichendem Maße Instrumente für die Gewährleistung der öffentlichen Sicherheit vorhält"[12]. Nach § 1 Abs. 1 gilt die LBauO daher grds. für „Bauliche Anlagen" und „Bauprodukte" sowie für „Grundstücke und andere Anlagen und Einrichtungen", an die aufgrund der LBauO Anforderungen gestellt werden, während Abs. 2 eine Reihe von Fällen von ihrem Geltungsbereich ausschließt, zu denen etwa Anlagen des öffentlichen Verkehrs und Schiffe gehören.

§ 2 Abs. 1 LBauO **definiert** eine Reihe der verwendeten **Begriffe**, so z. B. in Satz 1 HS. 1 den Schlüsselbegriff der **„Baulichen Anlage"** (des § 1 Abs. 1 S. 1 LBauO) als „mit dem Erdboden verbundene, aus Bauprodukten hergestellte" Anlage[13]. HS. 2 definiert als „mit dem Boden verbunden" auch Anlagen, die aufgrund ihrer Schwere auf dem Boden ruhen oder nur begrenzt beweglich bzw. dazu bestimmt sind, überwiegend ortsfest benutzt zu werden, wie z. B. Wohnwagen und Imbissstände.

Abs. 1 S. **2** nennt eine Reihe fingierter Anlagen, zu denen z. B. Aufschüttungen, Abgrabungen, Campingplätze, KfZ-Stellplätze sowie Werbeanlagen **gehören**, die baulichen Anlagen **gleich gestellt** sind[14]. Die Legaldefinition der **Anlage** in Satz **3** umfasst sowohl *bauliche* als auch *sonstige* Anlagen und Einrichtungen (i. S. d. Satzes 2), an welche die LBauO (oder ihr untergesetzliches Regelungswerk) Anforderungen stellen. Abs. 2 S. 2 widmet sich allgemein den Gebäuden sowie den Wohngebäuden. Abs. 3 betrifft die **Gebäudeklassen**[15], während die abschließende Aufzählung der **Sonderbauten** des § 2 Abs. 4 LBauO **Anlagen und Räume** besonderer Art und Nutzung umfasst. Darunter fallen z. B. Hochhäuser, Verkaufsstellen, größere Gast- und Beherbergungsstätten, Krankenhäuser, Schulen etc.; ferner die in drei Nutzungs-Alternativen unterteilten Pflegeeinrichtungen (Nr. 9) und Campingplätze[16]. Die Nr. 20

---

12 Begründung zum Entwurf 2005, vgl. Fn. 2.
13 Vgl. OVG M-V, Beschl. v. 14.11.2013, NordÖR 2014, zum Begriff der einheitlichen baulichen Anlage.
14 Dazu *Otto*, a. a. O., § 2 Rdnr. 2 (S. 15) m. Nw.; *Kersten*, a. a. O., Rdnrn. 387 f.
15 Näher dazu nachfolgend I.1.1.
16 Vgl. näher zu den vier unterschiedenen Kategorien LT-Drcks. M-V 6/3830 S. 32, sowie *Schlacke/Lege*, a. a. O., Rdnr. 125.

erfüllt schließlich eine **Auffangfunktion** für die in Nr. 1 bis 19 nicht aufgeführten, aber mit vergleichbaren Gefahren verbundenen Anlagen und Räume.

Aufgrund der **verfahrenssteuernden Wirkung** des Begriffs der **Sonderbauten** kommt für diese weder eine Genehmigungsfreistellung, noch die Durchführung des vereinfachten Genehmigungsverfahren nach §§ 62 f. LBauO, sondern immer das **„volle" Baugenehmigungsverfahren** nach § 64 LBauO in Betracht, was eine umfassende Prüfung des materiellen Bauordnungsrechts und eine präventive Durchsetzung der besonderen Anforderungen des § 51 LBauO bedeutet. § 51 S. 1 und 2 LBauO lässt es zu, an Sonderbauten im Einzelfall zur Verwirklichung der Schutzgüter der öffentlichen Sicherheit gem. § 3 S. 1 LBauO **besondere Anforderungen** zu stellen oder auch (kompensatorische) **Erleichterungen** zu gewähren, welche § 51 S. 3 LBauO in Form eines nicht abschließenden Katalogs umschreibt und im Ergebnis jede Art von Änderungen ermöglicht[17]. Schließlich ist unabhängig von der Gebäudeklasse gem. § 66 Abs. 3 S. 2 Nr. 1 LBauO für Sonderbauten auch eine bauaufsichtliche Prüfung des Brandschutznachweises erforderlich.

§ 2 Abs. 7 LBauO definiert **Stellplätze** als Flächen, die außerhalb öffentlicher Verkehrsflächen dem Abstellen von KfZ dienen, während **Garagen** als Gebäude -(teile) dem gleichen Zweck dienen. Das Nähere über die nutzungsbedingten Anforderungen sowie über den Bau und Betrieb von Garagen und Stellplätzen regeln § 49 LBauO sowie die **Garagenverordnung** M-V[18].

Nach § 2 Abs. 9 LBauO gelten als **barrierefrei** „bauliche Anlagen, soweit sie für Menschen mit Behinderung ..., ohne besondere Erschwernis und grundsätzlich ohne fremde Hilfe zugänglich und nutzbar sind" (vgl. näher § 50 LBauO). Schließlich enthält Abs. 10 eine ausführliche Definition der **Bauprodukte** (vgl. näher §§ 16 b – 25 LBauO)[19].

I.1.1 Insbes. die Gebäudeklassen

Gebäude i. S. d. § 2 Abs. 2 LBauO sind gem. Abs. 3 S. 1 in **fünf Klassen** entsprechend ihrer Raum-Höhe eingeteilt, welche unter anderem Grundlage **unterschiedlicher sicherheitsrechtlicher Anforderungen** sind und der Überprüfung bautechnischer Nachweise dienen[20].

Die **Gebäudeklassen** bilden u. a. die systematische Grundlage für das **Brandschutzkonzept** der LBauO. Die Einstufung in eine der Klassen hat unmittelbare Auswirkungen auf die unterschiedlichen Anforderungen für das **Brandverhalten** bestimmter Baustoffe und Bauteile, so z. B. an die Feuerwiderstandsfähigkeit tragender Wände

17 Vgl. näher *Schlacke/Lege*, a. a. O., Rdnr. 140.
18 Vom 8.3.2013, GVOBl S. 254; zul. geä. d. VO v. 30.11.2022, GVOBl S. 58; vgl. auch Teil 3 Abschn. 7 unter I.
19 Vgl. Teil 3 Abschn. 3.
20 Vgl. dazu *Schlacke/Lege*, a. a. O., Rdnr. 130; eine Übersicht mit anschaulichen Skizzen findet sich bei *Otto*, a. a. O., § 2 Rdnrn. 8 ff. (S. 17 ff.)

und Stützen (vgl. § 27 LBauO). Entsprechendes gilt gem. § 29 Abs. 6, §§ 30, 31 hinsichtlich der Beschaffenheit von Trenn- und Brandwänden sowie von Decken. Auch bezüglich der **Feuerbeständigkeit** von Dächern (§ 32), der Treppen, der Beschaffenheit notwendiger Treppenräume und ihrer Ausgänge, notwendiger Flure und offener Gänge (§§ 34 bis 36), von Aufzügen, Leitungsanlagen, Installationsschächten und Kanälen sowie Lüftungsanlagen (§§ 39 bis 41 LBauO) wird zwischen den einzelnen Gebäudeklassen differenziert.

Ferner sind die nutzungsbedingten **Mindestanforderungen** an **Aufenthaltsräume** (§ 47) und **Wohnungen** (§ 48) je nach Gebäudeklasse unterschiedlich gestaltet. Bedeutsam ist die Einteilung in Gebäudeklassen zudem für die **Prüfung bautechnischer Nachweise** nach § 66, für die Überwachung der Bauausführung (§ 81 Abs. 2) sowie für das **Abstandsflächenrecht** (§ 6 Abs. 5 LBauO).

Die **Einteilung** in **Gebäudeklassen** erfolgt aufsteigend nach dem jeweils vorhandenen **Risikopotenzial hinsichtlich Standsicherheit und Brandschutz**. Zur **Klassifizierung** des bestehenden **Risikopotenzials** wird das Kriterium der Gebäudehöhe mit der Anzahl und Größe der vorhandenen Nutzungseinheiten kombiniert. So weisen **freistehende Gebäude** mit einer Höhe[21] von bis zu sieben Metern mit nicht mehr als zwei Nutzungseinheiten von insgesamt nicht mehr als 400 m² sowie **land- oder forstwirtschaftlich genutzte Gebäude** der Klasse 1, ferner nicht freistehende Gebäude der Klasse 2 das geringste, dagegen „sonstige“ (auch unterirdische) Gebäude, der Klasse 5 das höchste **Risikopotenzial** auf. Diese Einteilung in Gebäudeklassen erfolgt unabhängig von der Einstufung als Sonderbau.

I.1.2 Allgemeine Anforderungen an Anlagen – § 3 LBauO

Die „Verschlankung“ des umfangreichen § 3 LBauO a. F. auf einen einzigen Absatz[22] ist der Vorschrift als „Generalklausel“[23] und Auslegungshilfe gut bekommen. Mit der Aussage des Satzes 1 (1. HS), wonach **Anlagen** so zu errichten, zu ändern und in Stand zu halten sind, dass die öffentliche **Sicherheit und Ordnung**[24], insbes. Leben, Gesundheit sowie die natürlichen Lebensgrundlagen **nicht gefährdet** werden, wird die Herkunft der LBauO vom „Baupolizeirecht“, aber auch ihre gegenwärtige Einordnung in das Besondere Gefahrenabwehrrecht verdeutlicht. **Verfügungen** zur Abwehr von Gefahren für die öffentliche Sicherheit müssen allerdings auf die baupolizeiliche Generalklausel des § 58 Abs. 1 S. 2 LBauO[25] oder eine der Standardermächtigungen der §§ 79 f. LBauO gestützt werden.

21 Eine Legaldefinition der Höhe enthält § 2 Abs. 3 S. 2 LBauO.
22 Gem. dem 3. ÄnderungsG zur LBauO, vgl. Fn. 7.
23 Vgl. *Otto*, a. a. O., § 1 Rdnr. 22 (S. 10) § 2 Rdnr. 23 (S. 23).
24 Vgl. zu diesem Begriff *Biermann/Wehser*, a. a. O., § 13 Rdnr. 6.
25 Vgl. *Otto*, a. a. O., § 2 Rdnrn. 15 f. (S. 20 f.) m. Nw.; Häufiger Regelungsgegenstand war der baurechtswidrige Betrieb von Bordellen; OVG M-V, v. 6.11.1996 – 3 A 1902/94 – juris.

Ergänzt wird diese Aussage durch den 2. Halbsatz, wonach die in der Verordnung der EU Nr. 305/11 (Anhang 1) aufgelisteten Grundanforderungen an Bauwerke *dabei*[26] auch für die LBauO gelten. Nach § 3 S. 2 LBauO sind die Zulässigkeitsvoraussetzungen des Satzes 1 („*dies*") für Anlagen auch hinsichtlich der **Beseitigung** und **Nutzungsänderung** von **Anlagen** heranzuziehen[27]. § 85a Abs. 1 S. 1 LBauO[28] enthält die **Ermächtigung**, die Anforderungen des § 3 LBauO durch **technische Baubestimmungen** zu konkretisieren.

TEIL 2
Das Grundstück und seine Bebauung – §§ 4 bis 8 LBauO; das Abstandsflächenrecht des § 6 LBauO

Teil 2 der LBauO enthält Vorschriften u. a. über das **Grundstück und seine Bebauung** mit Gebäuden sowie über **Grundstückszugänge und -zufahrten** (§§ 4 und 5)[29], über **Kinderspielplätze** (§ 8 Abs. 2)[30], vor allem aber Regeln über die einzuhaltenden **Abstandsflächen** (§ 6 LBauO), die vor den Gebäudeaußenwänden oberirdischer baulicher Anlagen **freizuhalten** sind.

Das in § 6 LBauO geregelte, **nachbarschützende Abstandsflächenrecht**[31] dient neben der Ergänzung **bauplanerischer** Vorschriften, etwa hinsichtlich der überbaubaren Grundstücksflächen, der ausreichenden Belichtung, Belüftung und Besonnung, dem Brandschutz[32] sowie der Erhaltung des Wohnfriedens[33]. Insgesamt soll das **Abstandsflächenrecht** zwar nur den bauordnungsrechtlichen **Mindeststandard** sichern, seine besondere gesellschaftliche und praktische **Bedeutung** erhellt jedoch zum einen aus dem Einfluss auf (**Abweichungs**-) Entscheidungen über zulässige Verkürzungen der Abstände gem. § 67 LBauO[34], zum anderen daraus, dass es wieder dem **Prüfprogramm** für das (einfache) **Baugenehmigungsverfahren** des § 63 LBauO **zugeordnet** wurde[35].

26 Damit soll verdeutlicht werden, dass „die nationalen Schutzziele die Grundanforderungen mit umfassen, die in der Verwaltungsvorschrift nach § 85a LBauO konkretisiert werden ...", vgl. LT-Drcks. M-V 7/3696 S. 18.

27 Die Inhalte des § 3 Abs. 2 LBauO a. F. finden sich nunmehr in § 16 Abs. 1 für Bau-Arten, in § 16b LBauO n. F. für Bau-Produkte; diejenigen des Abs. 3 über **Technische Regeln** in § 85a Abs. 1 LBauO. – Die „Gleichwertigkeitsklausel" des § 16 b Abs. 2 LBauO entspricht § 3 Abs. 5 a. F., vgl. LT-Drcks. M-V 7/3696 S. 19.

28 Dazu unten Teil 6, Erl. 3 III.

29 Näher *Otto*, a. a. O., § 3 Rdnrn. 1 ff. (S. 26 f.); *Sauthoff*, NordÖR 2021.5.

30 Näher *Otto*, a. a. O., § 3 Rdnrn. 46 f. (S. 44 f.). Der bisherige § 8 Abs. 1 S. 2 LBauO entfällt; stattdessen regeln die Abs. 3 bis 5 n. F. die Möglichkeiten eines „**Kinderspielplatzablösungsvertrages**", vgl. Fn. 11a.

31 Zu den erheblichen Änderungen aufgrund der Novelle von 2015 vgl. LT-Drcks. M-V 6/3830, S. 34 ff.; *Sauthoff*, NordÖR 2016.178 ff., *ders.* mit ausführl. Überblick über die Rspr. des OVG M-V, NordÖR 2021.3 f.; vgl. ferner *Otto*, a. a. O., § 3 Rdnrn. 5 ff. (S. 28 ff.).

32 § 30 LBauO ist vorrangig.

33 Vgl. OVG M-V, Beschl. v. 29.5.2019, NordÖR 2019.519.

34 Vgl. *Otto*, a. a. O., § 3 Rdnr. 6 (S. 29).

35 Vgl. näher Teil 5 Abschn. 3, Erl. II. 2; zum früheren Rechtszustand vgl. OVG M-V, Beschl. v. 10.7.2018 – 3 M 39/18: Nachbaranfechtung einer nicht beantragten Abweichungsentscheidung,

Nach der **Grundregel** des § 6 Abs. 1 S. **1** LBauO sind vor den **Außenwänden** der Gebäude Abstandsflächen von oberirdischen Gebäuden **freizuhalten**[36]. Das gilt nach Satz **2** entsprechend für andere Anlagen mit **gebäudegleicher Wirkung** gegenüber Gebäuden und Grundstücksgrenzen, falls von ihnen Wirkungen wie von Gebäuden ausgehen.

Nach Satz **3** Nr. 1 bedarf es **keiner** Abstandsfläche bei Außenwänden, wenn nach **planungsrechtlichen** Vorschriften an der Grenze gebaut werden muss bzw. darf[37]. Das gleiche soll nach Satz 3 Nr. 2 gelten, soweit nach der umgebenden Bebauung i. S. d. § 34 Abs. 1 S. 1 BauGB **abweichende** Gebäudeabstände zulässig sind (Vorrang des § 34 BauGB gegenüber § 6 LBauO)[38].

Nach Satz **4** n. F.[39] gilt Satz 2 **nicht** im **Außenbereich**, sodass

1. für **Antennen** (einschließlich Masten mit einer maximalen Breite von 1,50 m) und einer Gesamthöhe von 50 m gegenüber anderen Grundstücken sowie
2. für **Windenergieanlagen** (WEA) überhaupt **keine Abstandsflächen** eingehalten werden müssen.

Für **WEA** wird dieser Verzicht damit begründet, dass schon der **Grundgedanke** für die Ausweisung von Abstandsflächen in der Umgebung von Gebäuden Freiflächen zu bilden, die … sozialverträgliche Zustände gewährleisteten, nicht für WEA greife. Bei ihnen handle es sich nicht um Gebäude zum dauerhaften Aufenthalt von Personen, sondern um technische Anlagen. Der Brand einer WEA könne sich mangels benachbarter Gebäude nicht ausbreiten. Auch bestünde keine Gefahr, dass deren Belüftung und Beleuchtung eingeschränkt würde. Der Verzicht auf Abstandsflächen erleichtere daher insgesamt den Ausbau erneuerbarer Energien[40].

Gem. § 6 Abs. **2** S. 1 LBauO müssen Abstandsflächen sowie Abstände für Brandwände und Dächer nach §§ 30 Abs. 2 bzw. 32 Abs. 2 LBauO auf dem **Grundstück selbst** liegen, soweit keine **Ausnahmen** u. a. nach Satz 2 und 3 greifen[41]. Insbes. dürfen sich Abstandsflächen auf andere Grundstücke erstrecken, wenn sie durch eine **Baulast** nach § 83 LBauO abgesichert sind.

---

36 Vgl. näher *Kaiser*, a. a. O., § 41 Rdnrn. 93 ff.

37 Vgl. § 9 Abs. 1 Nr. 2a BauGB; danach kann der B-Plan aus städtebaulichen Gründen vom Bauordnungsrecht abweichende Maße der Abstandsflächentiefe festsetzen; ferner §§ 22 f. BauNVO; grds. BVerwG, NVwZ 1994. 1008; LT-Drcks. M-V 4/1810 S. 102.

38 Vgl. LT-Drcks. M-V 7/788, S. 15; zur problematischen Auslegung und Anwendung der Regelung vgl. *Otto*, a. a. O., § 3 Rdnr. 14 f. (S. 32); *Sauthoff*, NordÖR 2016, 177 ff. sowie NordÖR 2021.3; *Schlacke/Lege*, a. a. O., Rdnr. 131: „gibt in der Anwendung Rätsel auf"; *Erbguth*, NordÖR 2016. 352, äußert kompetenzrechtliche Bedenken.

39 Vgl. Art. 2 EGovÄndG (vgl. Fn. 11); näher LT-Drcks. M-V 8/2811 S. 22.

40 Vgl. bereits LT-Drcks. M-V 7/788, S. 15; *Sauthoff*, NordÖR 2016. 177, 183; OVG M-V, Beschl. v. 12.11.2014 – 3 M 1/14.

41 Vgl. näher LT-Drcks. M-V 6/3830, S. 34 f.; Überbauten (des Nachbargrundstücks) sind wie Grenzanbauten zu behandeln, OVG M-V, Urt. v. 29.1.2020, NordÖR 2020.572; *Sauthoff*, NordÖR 2021.4.

Von großer **praktischer** Bedeutung ist die **Tiefe** der **Abstandsflächen**, die sich gem. § 6 Abs. **4** S. 1 LBauO nach der **Wandhöhe** bemisst und senkrecht zur Wand gemessen wird. Die genauere Berechnung des von der Wandhöhe abhängigen Maßes H ergibt sich aus Satz 2 bis 5. Die **Regelabstandsfläche** beträgt gem. Abs. **5** S. 1 0,4 H, mindestens aber drei Meter. Nach Satz 2 genügt in **Gewerbe- und Industriegebieten** sowie für **Antennenanlagen** im Außenbereich[42] sogar eine Tiefe von nur 0,2 H, mindestens jedoch ebenfalls drei Meter. Das gleiche gilt für Außenwände von Wohngebäuden der Gebäudeklassen 1 und 2 mit nicht mehr als drei oberirdischen Geschossen.

Sollen **städtebauliche** Aspekte **abweichende** Maße der Abstandstiefe (Gebäudeabstände) erfordern, steht den **Gemeinden** nach §§ 6 Abs. **5** S. 4 i.V.m. 86 Abs. 1 Nr. 6 LBauO ein entsprechender Gestaltungsspielraum für den Erlass örtlicher Bauvorschriften zur Verfügung, soweit dies zur Gestaltung des Ortsbildes oder zur **Verwirklichung** der Festsetzungen einer (städtebaulichen) Satzung erforderlich ist und Belichtung/Brandschutz gewährleistet sind[43].

Nach Abs. **6** Nr. 1 bleiben u.a. die vor der Außenwand vortretenden Dachüberstände bei der Bemessung der Abstandsflächen außer Betracht: Vor dem Hintergrund, dass die Regelung keine konkreten Maßangaben enthält, aber nach dem Willen des Gesetzgebers nur untergeordnete Bauteile erfassen soll, ist ihr eine **Beschränkung** der abstandsflächenrechtlich **unbeachtlichen** Ausmaße von Dachüberständen immanent[44]. Schließlich sieht § 6 Abs. **7** LBauO[45] eine abstandsflächenrechtliche **Privilegierung** für Maßnahmen der Wärmedämmung und von Solaranlagen nach näherer Maßgabe der Ziffern 1 und 2 vor.

42 Vgl. Art. 1 des 4. ÄndG von 2021 (vgl. Fn. 9); damit wird zur Förderung des SG-Mobilfunkausbaus das Maß für die Tiefe der Abstandsfläche von 0,4 auf 0,2 H reduziert.

43 Vgl. *Schlacke/Lege*, a.a.O., Rdnr.132; krit. *Kaiser*, a.a.O., § 41 Rdnr. 97: Die Entwicklung gehe in Richtung einer Verringerung der nach Bauordnungsrecht einzuhaltenden Abstandsflächen. Die Praxis zeige, dass die erforderlichen Abstände seitens der kommunalen Planung sogar noch verringert würden.

44 Vgl. OVG M-V, Beschl. v. 16.3.2021 (LS 2) – 3 M 108/20; Urt. v. 20.3.2012 – 3 L 12/08. – Zu den nach Nr. 2 ebenfalls privilegierten Vorbauten vgl. *Sauthoff*, NordÖR 2021.4; zur Qualifizierung einer **Aufschüttung** und **Stützmauer** mit dem Gebäude als *einheitliche* Anlage und den Konsequenzen für die **Abstandsvorschriften** vgl. OVG M-V, Beschl. v. 14.11.2013, 3 M 222/13; ferner OVG Hmbg., Beschl. v. 14.7.2015 – 2 Bs 131/15.

45 Gem. 2. ÄndG (vgl. Fn. 6), dazu LT-Drcks. M-V, 6/3830, S. 8, 36; *Sauthoff*, NordÖR 2016. 177, 184. Nach § 6 Abs. 8 S. 1 Nr. 3 n. F. LBO (vgl. Fn. 11a) lösen auch **Wärmepumpen** mit einer Höhe bis 2 m und einer Breite bis 3 m **keine** Abstandsflächen aus.

TEIL 3
Bauliche Anlagen – §§ 9 bis 51 LBauO

ABSCHNITT 1
Gestaltung – §§ 9 und 10 LBauO

I. Verunstaltungsverbot

Gem. § 9 LBauO[46] dürfen **bauliche Anlagen** u.a. nach Form, Werkstoff und Farbe nicht **verunstaltend** wirken. Das gleiche gilt zum Schutz des Orts- und Landschaftsbildes. Die Auslegung dieser Vorschrift wird immer noch vom bekannten Kreuzberg-Urteil des PrOVG[47] aus dem Jahr 1883 beeinflusst, wonach Störungen der architektonischen Harmonie nicht gleichzeitig einen Verstoß gegen das Verunstaltungsverbot darstellen. Maßgeblich ist lt. BVerwG[48] das Urteil eines „gebildeten Durchschnittsmenschen", nicht dasjenige eines „ästhetisch besonders empfindsamen ... Betrachters". Damit wird ein das ästhetische Empfinden nicht lediglich beeinträchtigender, sondern verletzender Zustand vorausgesetzt, um vor allem Auswüchse zu unterbinden. – Das Verunstaltungsverbot vermittelt **keinen Nachbarschutz**, sondern dient allein dem öffentlichen Interesse[49].

II. Werbeanlagen

Ortsfeste Anlagen der **Außenwerbung** und **Warenautomaten** i.S.d. § 10 Abs. 1 LBauO[50] unterfallen als **bauliche Anlagen** (gem. § 2 Abs. 1 Nr. 10 LBauO) ebenfalls dem Verunstaltungsverbot und dürfen nach § 10 Abs. 2 LBauO aufgrund insbes. ihrer Größe, Häufung sowie Lichtstärke keine erheblichen Belästigungen verursachen[51]. Im Außenbereich sind sie nur zulässig, soweit ein Ausnahmetatbestand nach Abs. 3 vorliegt[52]. Bauplanungsrechtlich unterliegen sie dem § 29 Abs. 1 BauGB.

---

46 Dazu *Battis*, a,a.O,. Rdnrn. 523 ff.; *Kersten*, a. a. O., Rdnr. 385; *Kaiser*, a. a. O., § 41 Rdnrn. 98 ff.; OVG M-V, Beschl. v. 2.7.2012 – 3 L 78/12.

47 DVBl 1985. 219.

48 Vgl. BVerwGE 17. 322; *Otto*, a. a. O., §.4 Rdnrn. 18 ff. (S. 53 ff.); *Schlacke/Lege*, a. a. O., Rdnr. 133.

49 *Schlacke/Lege*, a. a. O., Rdnr. 133.

50 Dazu *Kersten*, a. a. O., Rdnrn. 395 ff., *Otto*, § 3 (S. 34 f.); zur Erteilung einer Baugenehmigung für Werbeanlagen mit wechselnder Fremdwerbung vgl. BayVGH, Urt. v. 7.6.2021 – 9 B 18.1655; VG München, Urt. v. 4.4.2022 -M 8 K 20.2028 – beide juris.

51 *Otto*, a. a. O., § 4 Rdnrn. 25 f. (S. 54 f.) m. ausf. Nw. – Die Gemeinden können nach § 86 Abs. 1 Nr. 1 und 2 LBauO örtliche Bauvorschriften über ihre äußere Gestaltung sowie ggf. Verbote erlassen. Vgl. auch OVG M-V, Beschl. v. 21.9.2017 – 3 M 521/17, zum Begriff der Ortsfestigkeit.

52 Vgl. OVG M-V, Beschl. v. 2.7.2012 – 3 L 78/12; v. 21.9.2017 – 3 M 521/17; *Sauthoff*, NordÖR 2021.7.

ABSCHNITT 2
Allgemeine Anforderungen an die Bauausführung – §§ 11 bis 16 a LBauO

I. Standsicherheit und Brandschutz – §§ 12, 14 LBauO

Die in § 12 LBauO geregelte **Standsicherheit** baulicher Anlagen enthält in Abs. 1 eine nachbarschützende, bei der Bauausführung zu beachtende Vorschrift, wonach der Bauherr grds. die Verantwortung dafür trägt, dass von seinem Gebäude keine Gefahren für Nachbargebäude ausgehen. Jede bauliche Anlage muss für sich allein standsicher sein; die Standsicherheit *anderer* baulicher Anlagen sowie die Tragfähigkeit des Baugrundes des Nachbargrundstücks darf nicht gefährdet werden. Nach § 66 Abs. 3 LBauO ist die Standsicherheit u. a. bei den Gebäudeklassen 4 und 5 anhand der bautechnischen Nachweise zu prüfen. Für **genehmigungsbedürftige** Anlagen sind die erforderlichen Unterlagen (Bauvorlagen) nach § 68 Abs. 2 S. 1 LBauO i. V. m. § 1 Abs. 1 BauVorlVO M-V[53] grds. zusammen mit dem Bauantrag einzureichen.

Die **Verantwortlichkeit** für die Standsicherheit weist das OVG M-V[54] für den Zeitraum während der eigentlichen Bautätigkeit dem **Bauherrn** zu; für den daran anschließenden Zeitraum soll hingegen die Zustandsverantwortlichkeit des **Grundstückeigentümers** nach allgemeinem Polizei- und Ordnungsrecht (§§ 69 f. SOG M-V)[55] gelten.

Für bauliche Anlagen ist nach § 14 LBauO Sorge dafür zu tragen, dass der **Entstehung** und Ausbreitung von **Bränden** vorgebeugt wird und bei ihrem Auftreten die Rettung von Menschen und Tieren sowie Löscharbeiten möglich sind. § 26 LBauO regelt die allgemeinen Anforderungen an das Brandverhalten von Baustoffen und -teilen[56].

II. Bauarten – § 16a LBauO

Eine umfangreiche Regelung der **Bauarten** enthält § 16a LBauO n. F.[57]. Dabei handelt es sich um Regelungen für die Bau-**Ausführung**, um das **Zusammenfügen** von **Bauprodukten** zu (Teilen von) **baulichen Anlagen** (vgl. § 2 Abs. 11 LBauO), jedoch *nicht* um Anforderungen an Bauprodukte; daraus folgt der neue Standort im 2. (anstatt im 3.) Abschnitt. – **Bauarten**, die den **technischen Baubestimmungen** nach § 85a Abs. 2 Nr. 2 LBauO entsprechen oder für die allgemeine Regeln der Technik bestehen, können ohne weitere behördliche Genehmigung angewendet werden. Bei

53 Verordnung über Bauvorlagen und bauaufsichtliche Anzeigen (**Bauvorlagenverordnung** – BauVorlVO M-V) v. 10.7.2006, GVOBl. 2006. S. 612, erlassen gem. § 85 Abs. 3 LBauO; zul. geä. durch VO v. 30.11.2022, GVOBl S. 581; abgedr. im Anhang.

54 Beschl. v. 9.7.2010, NordÖR 2010. 494; v. 6.1.2016, BauR 2016. 86; v. 5.7.2017 – 3 M 179/17; vgl. *Sauthoff*, NordÖR 2021.4; *Battis*, a. a. O., Rdnr. 590.

55 Gesetz über die öffentliche Sicherheit und Ordnung in Mecklenburg-Vorpommern (Sicherheits- und Ordnungsgesetz – SOG M-V) v. 27.4.2020, GVOBl. S. 334; zul. geä. d. G. v. 14.12.2023, GVOBl S. 891, im Folgenden nur SOG.

56 Näher *Otto*, a. a. O., § 4 Rdnr. 5 (S. 47), § 18 Rdnrn. 43 f. (S, 291); *Schlacke/Lege*, a. a. O., Rdnr. 137.

57 Dazu LT-Drcks. M-V 7/3696 S. 18 f. – Zur früheren Regelung vgl. § 3 Abs. 2 LBauO a. F.

wesentlichen Abweichungen der Bauart von den technischen Bestimmungen oder falls keine anerkannten Regeln der Technik existieren, ist nach § 16a Abs. 2 Satz 1 LBauO eine Bauart-Genehmigung erforderlich.

ABSCHNITT 3
Bauprodukte – §§ 16b bis 25 LBauO

Der Begriff der **Bauprodukte** ist in § 2 Abs. 10 LBauO gesetzlich definiert. Ihre Zulassung erfolgt aufgrund eines komplizierten Verfahrens, das hier nicht detailliert erörtert werden kann. Die vollständige Novellierung[58] des Bau-Produktrechts der §§ 16 b bis 25 LBauO sowie die Umgestaltung der technischen Baubestimmungen wurde aufgrund eines Urteils des EuGH[59] erforderlich. Zentraler Ausgangspunkt ist das europarechtliche Marktbehinderungsverbot, wonach die Mitgliedstaaten die Bereitstellung oder die Verwendung von Bauprodukten mit CE-Kennzeichnung[60] weder untersagen noch behindern dürfen. Diesen Anforderungen entspricht die Neufassung der LBauO, woraus folgt, dass produktunmittelbare Anforderungen an CE-gekennzeichnete Bauprodukte unzulässig sind[61]. – Zum Verbot unrechtmäßig gezeichneter Bauprodukte vgl. § 78 LBauO.

ABSCHNITTE 4 und 5
Brandverhalten von Baustoffen, Wänden, Decken und Dächern – §§ 26 bis 32 LBauO; Rettungswege, Öffnungen, Umwehrungen – §§ 33 bis 38 LBauO

§ 14 LBauO regelt die **grundlegenden** Anforderungen zum **Brandschutz** (vgl. Abschn. 2, Erl. I). Danach sind Anlagen so zu errichten pp., dass der Entstehung eines Brandes sowie der Brandausbreitung vorgebeugt wird und bei einem Brand die Rettung von Menschen und Tieren sowie wirksame Löscharbeiten möglich sind. Die §§ 26 bis 38[62] LBauO (Abschnitte 4 und 5) ergänzen die Grundregelung um detaillierte Schutzbestimmungen[63]. Das **Brandschutzkonzept** weist für kleinere Gebäude der Klassen 1 und 2 sowie für Gebäude mit Zellenbauweise (Klasse 4) prinzipielle **Erleichterungen** für die *Feuerwiderstandsfähigkeit* der Bauteile auf. Für Gebäude mit bis zu fünf Geschossen wird konstruktiver *Holzbau* ermöglicht.

---

58 3. Änd.Gesetz v. 19.11.2019 (vgl. Fn. 7); dazu LT-Drcks. M-V 7/3696 S. 20ff.

59 Vgl. Fn. 8. – Das Umweltbundesamt warnt vor einer „Schutzlücke" aufgrund des Urteils, vgl. umweltbundesamt.de/print/45169.

60 Mit der CE-Kennzeichnung erklärt der Hersteller etc., dass das **Produkt** den geltenden Anforderungen gem. EU-Verordnung 305/11 genügt, die in den Harmonisierungsvorschriften der Gemeinschaft über ihre Anbringung festgelegt sind; vgl. näher *Kaiser*, a. a. O., Rdnr. 108.

61 Vgl. LT-Drcks. M-V 7/4188, S. 2.

62 Zu den – überwiegend technischen – Änderungen aufgrund des 1. Änd. Gesetzes 2015 (Fn. 5) vgl. LT-Drcks. M-V 6/3830, S. 39ff. § 32 Abs. 5 S. 2 LBauO wurde neu gefasst (vgl. LT-Drcks. 8/4263 S. 10 sowie Fn. 11a).

63 Dazu etwa *Otto*, a. a. O., § 5 Rdnrn. 2ff. (S. 62ff.).

§ 26 LBauO[64] regelt die grundlegenden Anforderungen an das Brandverhalten von **Baustoffen** (Abs. 1) und – getrennt davon – die Anforderungen bezüglich der Feuerwiderstandsfähigkeit von **Bauteilen** (Abs. 2)[65]. Die Vorschriften für die jeweiligen Bauteile (§§ 27 bis 32 LBauO), welche die wesentlichen Funktionen von Gebäuden erfüllen, nennen jeweils in Abs. 1 – vor den Einzelanforderungen – das aus zwei Elementen bestehende **Schutzziel**, nämlich die im Brandfall verlangte *Funktion* sowie die zeitliche *Dauer*, was die Übersichtlichkeit dieser technischen Vorschriften fördert. Insgesamt sollen die Anforderungen für alle Gebäude – mit Ausnahme der Sonderbauten – allein aus der **LBauO** sowie den **Technischen Baubestimmungen**[66] abschließend ablesbar sein[67].

ABSCHNITT 6
Technische Gebäudeausrüstung – §§ 39 bis 46 LBauO

Die technische **Gebäudeausrüstung** umfasst Aufzüge, Leitungs-, Feuerungs- und Sanitäranlagen etc., deren Verfügbarkeit sicherzustellen ist[68].

ABSCHNITT 7
Nutzungsbedingte Anforderungen – §§ 47 bis 51 LBauO

I. Anforderungen an Aufenthaltsräume und Wohnungen; das „kommunalisierte" Stellplatzrecht – §§ 47 bis 49 LBauO

Die Vorschriften über die Anforderungen an **Aufenthaltsräume** und **Wohnungen** sind in §§ 47 f. LBauO[69] konzentriert. **Aufenthaltsräume** müssen gem. § 47 Abs. 1 S. 1 LBauO prinzipiell eine lichte Höhe von 2.40 m aufweisen; bei Gebäuden der Gebäudeklassen 1 und 2 eine solche von 2.30 m. Die Anforderungen an **Wohnungen** (§ 48 LBauO) sind auf die Festlegung von Mindeststandards reduziert.

Die Pflicht zur Herstellung der notwendigen **Stellplätze** und **Garagen** auf dem Baugrundstück (oder in zumutbarer Entfernung) regelt § 49 LBauO. Dass auch Abstellmöglichkeiten für Fahrräder zu schaffen sind, trägt der gestiegenen Bedeutung des

---

64 § 26 Abs. 2 S. 4 LBauO n. F. betrifft die Zulassung auch **brennbarer** Bauteile, sofern sie den Technischen Baubestimmungen nach § 85a LBauO (**Verwaltungsvorschrift Technische Baubestimmungen** – VV TB M-V v. 5.1.2023, AmtsBl. M-V 2023 S. 44; Holzbau-RL) entsprechen, vgl. LT-Drcks. M-V 7/5864 S. 12.

65 Diesbezüglich nennt § 26 Abs. 2 S. 1 HS. 1 LBauO neben den Begriffen „feuerhemmend" und „feuerbeständig" auch die dazwischen liegende Stufe „hochfeuerhemmend", die einer Feuerwiderstandsdauer von 60 Minuten entspricht.

66 Vgl. Fn. 64.

67 Vgl. LT-Drcks. M-V 4/1810. 88.

68 Dazu etwa *Otto*, a. a. O., § 5 Rdnrn. 20 ff. (S. 66 ff.).

69 Zu kleineren Änderungen aufgrund des 1. Änd. Gesetzes (Fn. 5) vgl. LT-Drcks. M-V 6/3830, S. 43; ferner den Überblick bei *Otto*, a. a. O., § 5 Rdnrn. 29 ff. (S. 69 f.).

Fahrradverkehrs Rechnung[70]. Die **Regelung** der **Stellplatzpflicht** wird unter Verzicht auf landesweite Vorgaben den **Gemeinden** überlassen. Sie können gem. § 86 Abs. 1 Nr. 4 LBauO **örtliche Bauvorschriften** über Zahl, Größe und Beschaffenheit der (Fahrrad-) Stellplätze und Garagen sowie über die **Ablösung** der Herstellungspflicht[71] und deren **Höhe** als Satzung im übertragenen Wirkungskreis erlassen, wobei die Ablösung nach § 49 Abs. 2 LBauO nur für Parkeinrichtungen bzw. sonstige Maßnahmen zur Entlastung der Straßen vom ruhenden Verkehr zu verwenden sind[72]. Insofern ist das mit der Schaffung von Stellplätzen verfolgte Ziel der Freihaltung des öffentlichen Verkehrsraums von ruhendem Verkehr kein spezifisch bauordnungsrechtliches Anliegen, sondern letztlich eine Frage der jeweiligen kommunalen Verkehrspolitik[73].

II. Barrierefreies Bauen – § 50 LBauO

Die Vorschriften über **Barrierefreiheit** in § 50 LBauO n. F.[74] sehen in Abs. 1 S. 1 als Konsequenz des demografischen Wandels und des damit verbundenen Bedarfs an barrierefreien Wohnungen zunächst vor, dass in sämtlichen **(Wohn-)Gebäuden** (vgl. § 2 Abs. 2 S. 2 LBauO) mit mehr als zwei Wohnungen grds. die Wohnungen ***eines*** Geschosses **barrierefrei** (vgl. § 2 Abs. 9 LBauO) erreichbar sein müssen. § 50 Abs. 2 LBauO enthält dann detaillierte Regelungen über die Barrierefreiheit derjenigen Teile öffentlich zugänglicher baulicher Anlagen, die dem allgemeinen **Besucher-** und **Benutzerverkehr dienen**. Nach Abs. 3 S. 1 entscheidet – aufgrund unbefriedigender Erfahrungen mit der früheren Regelung – die Bauordnungsbehörde nunmehr präventiv darüber, ob von den Anforderungen des § 50 Abs. 1 und 2 LBauO *abgewichen* werden kann, soweit dies aus Gründen des Denkmalschutzes erforderlich ist oder die Anforderungen nur mit unverhältnismäßigem Mehraufwand erfüllt werden können[75]. Das dafür maßgebliche Verfahren richtet sich nach § 67 Abs. 2 LBauO (Abweichungen).

70 Vgl. LT-Drcks. M-V 6/3830 S. 44. Gem. § 49 Abs. 1 S. 2 **n. F.** LBauO (vgl. Fn. 11a) **entfällt** die Verpflichtung zur Errichtung von Stellplätzen pp. nach S. 1 bei Wohnungsteilung etc.

71 Vgl. dazu *Sauthoff*, NordÖR 2006.326 f. sowie 2021.7; *Otto*, a. a. O., § 5 Rdnrn. 53 ff. (S. 77 f.); *Kersten*, a. a. O., Rdnrn. 399 ff.

72 Zur Ablösung der Stellplatzpflicht vgl. *Otto*, a. a. O., § 5 Rdnrn. 39 ff. (S. 72 ff.); *Schlacke/Lege*, a. a. O., Rdnr. 139.

73 Vgl. auch Stellungnahme des StGT M-V zum 4. LBauO ÄndG, vgl. LT-Drcks. M-V 7/6194 S. 31: „Man habe es in der Vergangenheit erlebt, dass bspw. gut gemeinte Deregulierungen in der MBauO keine präventive Kontrolle in einem Genehmigungsverfahren zur Folge gehabt hätten und dadurch Bauten entstanden seien, die gegen einzuhaltende Vorschriften verstoßen hätten. Zudem hätten die Bauaufsichtsbehörden einen Mehraufwand im repressiven Tätigwerden ... Dies sei weniger ein Problem des einheitlichen Bauordnungsrechts als der politischen Zielrichtung zu weniger Bürokratie. Ein Beispiel dafür sei die Abschaffung der gesetzlichen **Stellplatzpflicht**. Bei der Umsetzung dieser Norm sei ... mehr Verwaltungsaufwand erzeugt worden, ohne dass ein adäquater Nutzen gegenüberstehe. Vor diesem Hintergrund empfehle man, die gesetzliche Stellplatzpflicht wieder einzuführen."

74 Vgl. näher LT-Drcks. M-V 6/3830, S. 44 f.; *Sauthoff*, NordÖR 2016.177, 185.

75 Vgl. LT-Drcks. M-V 6/3830, S. 46: „soll sichergestellt werden, dass die gesetzlichen Anforderungen, deren Erfüllung mit einem Mehraufwand verbunden ist, ... ernst genommen werden und Abweichungen hiervon die Ausnahme sind."

TEIL 4
Die am Bau Beteiligten – §§ 52 bis 56 LBauO

§ 52 LBauO regelt die Grundpflichten der am Bau Beteiligten dahingehend, dass der **Bauherr** (§ 53 LBauO) und die **anderen Beteiligten**, also Entwurfsverfasser, Unternehmer und Bauleiter (§§ 54–56 LBauO) – diese im Rahmen ihres Wirkungskreises – bei der Errichtung, (Nutzungs-)Änderung, Instandhaltung und Beseitigung von Anlagen für die Einhaltung der öffentlich-rechtlichen Vorschriften **verantwortlich** sind[76]. § 53 Abs. 1 LBauO stellt klar, dass die Darlegungslast für die Einhaltung der Anforderungen des § 3 LBauO beim Bauherrn liegt[77]. Die Ersetzung der bisher erforderlichen **Schriftform** bei einem Wechsel von Bauleiter bzw. Bauherrn gem. Abs. 6 und 7 n. F. durch „Textform" (vgl. § 126b BGB) soll, ähnlich wie § 54 Abs. 2 S. 2 LBauO n. F., der Digitalisierung des baurechtlichen Verfahrens dienen[78].

TEIL 5
Bauaufsichtsbehörden, Verfahren – §§ 57 bis 83 LBauO

ABSCHNITT 1
Bauaufsichtsbehörden – §§ 57, 58 LBauO

I. Aufbau und Zuständigkeit der Bauaufsichtsbehörden – § 57 LBauO

I. 1 Aufbau der Bauaufsichtsbehörden, § 57 Abs. 1 LBauO

Nach § 57 Abs. **1** S. 1 Nr. **1** i. V. m. S. 2 nehmen die (fünf) Landräte der Kreise sowie die Oberbürgermeister der kreisfreien und großen kreisangehörigen Städte die Aufgaben der **unteren Bauaufsichtsbehörden** im übertragenen Wirkungskreis wahr[79]. Nach Nr. **2** ist als **oberste** Bauaufsichtsbehörde das für die Bauaufsicht zuständige Ministerium, z. Zt. das Ministerium für Inneres, Bau und Digitalisierung, zuständig, das z. B. nach § 72a Abs. 1 S. 1 LBauO über die Erteilung einer Typengenehmigung entscheidet und die Verwaltungsvorschriften über Technische Baubestimmungen (VV TB M-V) nach § 85a LBauO erlässt[80].

76 Vgl. näher Teil 5 Abschn. 1, Erl. II.3.

77 Näher LT-Drcks. M-V 7/3696 S. 25.

78 Vgl. LT-Drcks. M-V 7/5864 S. 12.

79 Aufgrund der §§ 72 bis 87 des Gesetzes über die Funktional- und Kreisstrukturreform des Landes M-V (FKrG M-V v. 23.05.2006, GVOBl. M-V 2006, S. 194) wurden fünf neue Landkreise gebildet, zu denen die ehemals kreisfreien Städte Rostock, Schwerin, Neubrandenburg, Stralsund, Greifswald und Wismar als „große kreisangehörige Städte" gehören.

80 Vgl. Fn. 64.

I.2 Zuständigkeiten, § 57 Abs. 2 LBauO

§ 57 Abs. **2** S. 1 LBauO regelt die **sachliche** (und instantielle) **Zuständigkeit** der **unteren** Bauaufsichtsbehörden grds. dahingehend, dass ihnen der **Vollzug** der **LBauO** sowie **anderer** öffentlich-rechtlicher Vorschriften für die Errichtung, (Nutzungs-) Änderung und Beseitigung sowie der Nutzung und Instandhaltung von **Anlagen obliegt**, soweit nichts anderes bestimmt ist. Die örtliche Zuständigkeit folgt aus §§ 3 Abs. 1 Nr. 1 LVwVfG bzw. 5 SOG und hängt von der jeweiligen Belegenheit der Baugrundstücke ab.

Der „soweit-" Halbsatz soll als „Kollisionsregel für positive *Zuständigkeits*-Konflikte" dienen, „die ... in der ... Rechtsprechung ... unterschiedlich gelöst" wurden[81]. Inwieweit diese Kollisionsregel die Lösung von Fällen doppelter Zuständigkeit erleichtert, bleibt fraglich, liegt das Problem doch gerade darin, dass die einschlägigen Regelungen regelmäßig mehrere, der Auslegung bedürftige Alternativen eröffnen, denn: Die „zuständige Behörde ist durch Auslegung der jeweiligen fachgesetzlichen Zuständigkeitsregelung nach dem **Gesichtspunkt** zu bestimmen, zu welchem der in die originäre Zuständigkeit der jeweiligen Behörde fallende Regelungsgegenstand der stärkere Bezug besteht"[82].

So hat das **OVG M-V** z. B. das Verhältnis zum Abfallgesetz dahingehend interpretiert, dass „(d)ie LBauO .. von einer grds. umfassenden **Zuständigkeit** der unteren Bauaufsichtsbehörde" ausgehe, soweit nichts anderes bestimmt sei. Diese Einschränkung ermögliche abweichende Zuständigkeitsbestimmungen *zugunsten anderer* Behörden. Sei die Sonderzuweisung **abschließend**, werde die Zuständigkeit der Bauaufsichtsbehörde **verdrängt**. Ansonsten bleibe es bei **konkurrierenden,** also **doppelten** Zuständigkeiten: „Die ... Regelungen über den Kreis der zur Abfallentsorgung Verpflichteten schließen im Fall einer illegalen Lagerung ... von Abfällen ... landesrechtliche Ordnungsverfügungen ... nur aus, **soweit** Anknüpfungspunkt des behördlichen Handelns ... der **abfallrechtswidrige** Zustand ist. Gehen von derartigen Abfällen konkrete Gefahren für bestimmte Rechtsgüter (z. B. Grundwasser) aus, so ist die für die Bekämpfung *dieser* Gefahren zuständige Behörde **nicht** gehindert, auf Grundlage des einschlägigen Ordnungsrechts ...vorzugehen[83].

81 Vgl. LT-Drcks. M-V 4/1810, S. 145.

82 Vgl. BVerwG, NJW 1987. 1713, 1715.

83 Vgl. Urt. v. 17.9.2003, LKV 2004.188; ferner Beschl. v. 27.2.2003 – 3 M 35/02: „Die Zuständigkeit der **Forstbehörde** ... ergibt sich aus § *48 LWaldG a. F.* Der Senat kann dieser Vorschrift ... keine abschließende, die Zuständigkeit der ... Bauaufsichtsbehörde *ausschließende* Zuweisung der sachlichen **Zuständigkeit** für ... die Überwachung entnehmen." ... § *20 Abs.1 LWaldG a. F.* „bezweckt ... auch den Schutz von baulichen Anlagen vor Gefahren, ... und hat damit auch einen bauordnungsrechtlichen Regelungsgehalt. Die Durchsetzung **bauordnungsrechtlicher** Vorschriften – mögen sie auch außerhalb der LBauO normiert sein – **rechtfertigt** die **Vollzugszuständigkeit** der ... **Bauaufsichtsbehörde**, wenn nicht **ausdrücklich** spezialgesetzlich etwas anderes angeordnet ist".

Das bisherige Schriftformerfordernis des § 57 Abs. 4 LBauO a. F. für Anträge pp. ist entfallen[84].

II. Aufgaben und Befugnisse der Bauaufsichtsbehörden – § 58 Abs. 1 LBauO

II.1 Aufgaben – § 58 Abs. 1 S. 1 LBauO

Nach § 58 Abs. 1 S. **1** LBauO, der mit der Zuständigkeitsregelung des § 57 Abs. 2 S. 1 LBauO fast wörtlich übereinstimmt, **wachen** die Bauaufsichtsbehörden bei der Errichtung, (Nutzungs-)Änderung pp. von **Anlagen** über die **Einhaltung** der **öffentlich-rechtlichen Vorschriften, soweit** keine anderen Behörden zuständig sind. Dabei handelt es sich lediglich um die Aufgabenübertragung auf die Behörden; für den Erlass **konkreter** Maßnahmen bedarf es aufgrund des Gesetzesvorbehalts besonderer Befugnisse in Form von Spezialermächtigungen (der §§ 79 ff.) und der sog. Generalklausel (des § 58 Abs. 1 S. 2 LBauO)[85].

II.2 Befugnisse – Die „baupolizeiliche" Generalklausel, § 58 Abs. 1 S. 2 LBauO

Nach § 58 Abs. 1 S. 2 LBauO sind die Bauaufsichtsbehörden aufgrund der „baupolizeilichen" **Generalklausel** befugt, die geeigneten und erforderlichen **präventiven** sowie **repressiven Maßnahmen** zur Wahrnehmung ihrer Gefahrenabwehraufgaben nach Satz 1 zu treffen. Dies gilt jedoch nur, soweit – ebenso wie im allgemeinen POR – keine **Spezial-** (bzw. Standard-) **Ermächtigungen** nach den §§ 78–80a LBauO (Baueinstellung pp.) – eingreifen. Insoweit ist die Generalklausel des § 58 Abs. 1 S. 2 LBauO **nachrangig** und gelangt i. E. nur in wenigen Fällen zur Anwendung, so z. B. als Ermächtigungsgrundlage für **Errichtungsverbote** im Hinblick auf künftige baurechtswidrige Anlagen[86]. Auch steht sie für **Anordnungen** gegenüber Anlagen zur Verfügung, die **nach** Erteilung der ursprünglichen Baugenehmigung den Vorschriften der LBauO n. F. angepasst werden sollen, um damit Gefahren und Belästigungen abzuwehren[87] oder aus Sicherheitsgründen den Abbruch eines Gebäudes anzuordnen[88].

---

84 Aufgehoben aufgrund Art. 2 des EGovÄndGes. (vgl. Fn. 11) aus Gründen der angestrebten Harmonie mit der MBO (vgl. LT-Drcks. M-V 8/2811 S. 22).

85 *Kaiser*, a. a. O., Rdnrn. 138, 113.

86 *Schoch*, Jura 2005. 178 unter Hinweis auf VGH BW, NVwZ-RR 1995.8, sowie Hess VGH, DÖV 2002. 958 (Verbot von Werbetafeln auf Anhängern).

87 OVG M-V, Beschl. v. 12.9.2008, BauR 2009. 1433 – nachträgl. Brandschutzmaßnahmen; v. 6.1.1996 – 3 A 1902/94, v. 9.7.2010, NordÖR 2010.494 v. 5. 7. und 25.9.2017 – 3 M 179 bzw. 93/17; weitere Beispiele bei *Sauthoff*, NordÖR 2021.110; vgl. ferner *Otto*, a. a. O., § 16 Rdnr. 3 (S. 248 f.); VGH BW, BWVBl 2011. 28: Untersagung vor Nutzungsbeginn.

88 OVG M-V, Beschl. v. 11.8.2015, NordÖR 2016.28.

II.3 Verantwortliche

II.3.1 Allgemein

Die **Grundpflichten** der am Bau Beteiligten regeln die §§ 52–56 LBauO M-V[89]. Da die LBauO jedoch **keine allgemeinen Aussagen** darüber trifft, gegen **wen** und nach welchen **Maßstäben** allfällige Anordnungen zur **Gefahrenabwehr** zu richten sind, ist insoweit auf das SOG M-V zurückzugreifen, falls die Eingriffsbefugnisse keine speziellen Adressatenregelungen vorhalten[90].

Nach §§ 69 f. SOG sind Verfügungen prinzipiell gegen den **Handlungs-** oder **Zustandsverantwortlichen** als diejenige Person zu richten, welche die Gefahr/Störung **verursacht** hat[91] oder das **Eigentum** an bzw. die **Sachherrschaft** über die **Sache besitzt,** von der die Störung oder Gefahr ausgeht. Das läuft für das Bauordnungsrecht darauf hinaus, dass der Grundstückseigentümer bzw. der Bauherr als Zustands- oder Handlungsstörer in Anspruch genommen wird, wenn es im Zusammenhang mit der Errichtung pp. baulicher Anlagen zu Verstößen gegen einschlägige Vorschriften kommt[92].

Für den Fall, dass **mehrere** taugliche Handlungs- und/oder Zustandsstörer an bauordnungsrechtlich relevanten Verstößen beteiligt sind, existieren ebenfalls keine Regeln dahingehend, welcher von ihnen **vorrangig** heranzuziehen ist. Da es sich bei der Störerauswahl um die **Ausübung pflichtgemäßen Ermessens** i. S. d. §§ 40 LVwVfG[93] bzw. 14 SOG M-V handelt, ist grds. derjenige von ihnen in Anspruch zu nehmen, der die Gefahr am wirksamsten, schnellsten und gründlichsten beseitigen kann, was anhand der Umstände des jeweiligen konkreten Einzelfalles zu klären ist und wobei die Leistungsfähigkeit des Betroffenen ein maßgebliches Kriterium darstellt[94].

II.3.2 Wirkung bauaufsichtlicher Genehmigungen und sonstiger Maßnahmen gegenüber Rechtsnachfolgern

Kommt es aufgrund einer verkaufsbedingten **Übereignung** oder eines **Erbfalls** zu einem (zivilrechtlichen) Rechts- und Pflichtenübergang auf eine andere Person, ist fraglich, ob ein gegen den ursprünglichen Rechtsinhaber ergangener (bauaufsichtlicher) Verwaltungsakt auch gegenüber dem Einzel- oder Gesamtrechtsnachfolger **wirkt.** Würde die ursprüngliche Pflichtenstellung mit dem Eigentumswechsel erlöschen,

89 S. o. Teil 4. – Zur Verantwortlichkeit hinsichtl. der Standsicherheit vgl. Teil 3 Abschn. 2, Erl. I.

90 Vgl. OVG M-V, Urt. v. 4.9.2013, NordÖR 2013. 514 betr. Nutzungsuntersagung; ferner BayVGH, NVwZ- RR 2000. 205 betr. Beseitigungsverfügung; *Otto,* § 13 Rdnr. 33 (S. 226); *Kaiser,* a. a. O., Rdnr. 145.

91 Näher *Otto,* a. a. O., § 10 Rdnr. 8 ff. (S. 195 f.), 13 Rdnrn. 34 f. (S. 227).

92 OVG M-V, Beschl. v. 5.7.2017 – 3 M 179/17 – betr. Anforderung bautechnischer Nachweise.

93 Verwaltungsverfahrens-, Zustellungs- und Vollstreckungsgesetz des Landes Mecklenburg-Vorpommern (Landesverwaltungsverfahrensgesetz – VwVfG M-V) i.d.F. d. Bktm. v. 6.5.2020.

94 OVG M-V, Beschl. v. 29.6.2023 – 3 M 63/23; OVG Hambg., NVwZ-RR 2006.169: Nutzungsuntersagung gegen Bordellbesitzer; Hess. OVG, NVwZ-RR 2006. 781; *Schoch/Kießling* a. a. O., Rdnrn. 423 f.; *Schenke,* a. a. O., Rdnrn. 357 ff.; *Biermann/Wehser,* a. a. O., § 14 Erl. 2.2.

hätte dies zur Konsequenz, dass der **Vollzug** gegen den „Störer"-Rechtsnachfolger erst auf Grundlage eines neu zu erlassenden Verwaltungsaktes beginnen könnte[95].

Aufgrund entsprechender gesetzlicher Übergangstatbestände wirkt die **ursprüngliche Verfügung** jedoch auch dem **Rechtsnachfolger** gegenüber und macht den Erlass einer weiteren Verfügung entbehrlich (vgl. § 83 Abs. 1 Nr. 2 SOG). Für das Bauordnungsrecht bestimmt § 58 Abs. **2** LBauO als Übergangstatbestand, dass bauaufsichtliche **Genehmigungen** und sonstige Maßnahmen auch für und gegen den **Rechtsnachfolger** gelten. Die Baugenehmigung (einschließlich belastender Nebenbestimmungen) ist aufgrund ihres grundstücksbezogenen „dinglichen" Charakters nicht an die Person ihres Inhabers gebunden und geht daher unmittelbar auf den **Rechtsnachfolger**/Bauherrn über[96]. Das gleiche gilt für repressive **bauaufsichtliche Maßnahmen**, so dass ursprüngliche Anordnungen auch gegenüber dem Rechtsnachfolger vollziehbar sind[97]:
Veräußert also der Grundstückseigentümer B, nachdem ihm der **Abriss** seines illegal errichteten Hauses aufgegeben wurde, das Grundstück an A oder wird er von seiner Frau (F) beerbt, taugt die ursprüngliche Verfügung als Vollzugsgrundlage auch gegenüber dem/der Rechtsnachfolger(in) A bzw. F[98].

Die Beseitigungsanordnung (§ 80 Abs. 1 LBauO) gegenüber B erfasst auch die Rechtsnachfolge in **verfahrensrechtlicher** Hinsicht[99], so dass für den Pflichtennachfolger keine primäre **Anfechtungsmöglichkeit** besteht; die gegen den früheren Eigentümer **eingeleitete Vollstreckung** kann gegenüber dem **Rechtsnachfolger** unter Berücksichtigung seiner persönlichen Umstände fortgesetzt werden.

Den **konkreten** Vollzug von (Bauordnungs-)verfügungen regelt § 84 Abs. 1 S. 1 SOG dahingehend, dass der Rechtsnachfolger von dem Verwaltungsakt Kenntnis und einen Hinweis darauf erhalten muss, dass der Vollzug (mittels Androhung von Zwangsmitteln) gegen ihn neu beginnen kann[100]. Die Regelung des § 84 Abs. 2 SOG, wonach der gegenüber einem Rechtsvorgänger begonnene Vollzug gegenüber dem **Nachfolger** fortgesetzt werden kann, darf nicht dahin verstanden werden, dass die ursprüngliche **Androhung** auch ihm gegenüber wirkt. Das folgt aus dem **höchstpersönlichen** Charakter der Zwangsmittel, die den Willen des jeweils **konkret**

95 *Otto*, a. a. O., § 8 Rdnr. 74, § 13 Rdnrn. 36 (S. 228); OVG M-V, NJW 1998. 175: Rechtsnachfolge bei Erwerb im Wege der Zwangsversteigerung.
96 Vgl. näher *Sauthoff*, NordÖR 2021.58 f.; VGH BW, NVwZ-RR 1995. 592; OVG Saarld., Beschl v. 2.3.2021 – 2 B 29/21.
97 Vgl. VG Schwerin, Beschl. v. 15.2.2019 – 2 B 119/19; OVG M-V, Beschl. v. 8.7.2009, NordÖR 2009.405=NVwZ 2010.266 (Beseitigung eines Schwarzbaus); lt. Urt. v. 4.9.2013, NordÖR 2013. 514, ist der Erbbauberechtigte kein Rechtsnachfolger des als Handlungsstörer in Anspruch Genommenen, sondern ggf. des Eigentümers als Zustandsstörer; *Sauthoff*, NordÖR 2021.108; *Schoch/Kießling*, a. a. O., Rdnrn. 409 ff. (416).
98 Vgl. OVG Rh.Pf., NVwZ 1985. 431; OVG Hbg., NVwZ-RR 1997. 11 für Nutzungsuntersagung.
99 Dazu OVG M-V, Urt. v. 18.9.2006, NordÖR 2007.171, Beschl. v. 6.12.2013, NordÖR 2014.320.
100 OVG M-V, Beschl. v. 8.7.2009 (Fn. 97).

Pflichtigen beugen sollen. Androhung (und Festsetzung) sind niemals übergangsfähig und somit gegenüber dem **Rechtsnachfolger** zu **wiederholen**[101].

II.4 – Rechte Dritter (Mitberechtigte)

Berührt eine Verfügung **Rechte Dritter** (zivilrechtliche **Nebenberechtigung:** Miteigentum, Mitbesitz pp.), sind bei der Inanspruchnahme der Pflichtigen **Primär-** und **Sekundär-** (Kosten-)ebene zu **unterscheiden**. Auf der **Primärebene** darf sich die Behörde nicht auf eine **Anordnung** gegenüber nur *einem* der Pflichtigen (z. B. Miteigentümer) beschränken (Ausnahme: Einverständnis/Rechtsnachfolge). Eine derartige Verfügung gegenüber nur einem der mehreren Pflichtigen würde zwar nicht deren Rechtswidrigkeit oder gar Nichtigkeit wegen rechtlicher Unmöglichkeit (§ 44 Abs. 2 Nr. 4 LVwVfG) nach sich ziehen, jedoch zu einem **Vollzugshindernis** (§ 92 Abs. 1 SOG) führen[102]. Eine Zwangsmittel-Androhung als Teil der Grundverfügung (vgl. § 87 Abs. 3 SOG) wäre rechtswidrig, solange es an der Duldungsverfügung fehlt[103]. Es bedarf daher z. B. zusätzlich zur (Abriss-)**Verfügung** gegenüber dem Vermieter/*Eigentümer* einer (sofort vollziehbaren) **Duldungsverfügung** gegenüber dem Nebenberechtigten (Miet-*Besitzer)*, um das bestehende Vollzugshindernis zu beseitigen.

II.5 – (Grundstücks-)Betretensrechte

Nach § 58 Abs. 3 S. 1 LBauO sind die zum Vollzug der LBauO befugten Personen berechtigt, **Grundstücke** und Anlagen einschließlich der **Wohnungen** zu **betreten**. Verweigert der Berechtigte den Zutritt, darf die Bauaufsichtsbehörde Ordnungsverfügungen erlassen, um die Besichtigung zu erzwingen[104]. Im Betreten der Wohnung liegt keine unzulässige **Durchsuchung** i. S. d. Art. 13 Abs. 2 GG, vielmehr handelt es sich um einen nach Art. 13 Abs. 7 GG zulässigen Eingriff in die Wohnungsfreiheit[105]. Der ergänzend heranzuziehende § 59 Abs. 1 SOG gestattet dementsprechend das Betreten von Wohn- und Geschäftsräumen sowie des „befriedeten Besitztums" auch **gegen** den Willen des Inhabers zur Verhütung *erheblicher* Gefahren für die öffentliche Sicherheit. Damit darf das Baugrundstück betreten werden, sofern eine Gefahr für ein „bedeutsames Rechtsgut", also Leib oder Leben von Personen bzw. bedeutsame Sach- oder Vermögenswerte droht[106].

101 Vgl. *Guckelberger*, VerwArch 1999. 499, 525; BVerwG, NVwZ 2012. 888 Tz. 16.

102 *Schoch/Kießling*, a.a.O, Rdnrn. 312, 918; BVerwGE 40.101; OVG Berl./Brandbg. v. 13.2.2014, NVwZ 2014.460.

103 *Otto*, a. a. O., § 13 Rdnr. 44 (S. 230).

104 Näher *Otto*, a. a. O., § 11 (S. 208 ff.); lt. Beschl. des VG Schwerin v. 15.8.2019, 2 B 1203/19, umfasst diese Ermächtigung zum Betreten des Grundstücks auch Anordnungen zur „Befliegung" eines Grundstücks mit einer Drohne.

105 Vgl. BVerwG, NJW 2006. 2504. – Auch Art. 14 Abs. 1 GG wird nicht verletzt, § 58 Abs. 3 LBauO stellt eine verfassungsmäßige Inhalts- und Schrankenbestimmung i. S. d. Art. 14 Abs.1 S. 2 GG dar, vgl. für die entspr. Regelung in NRW Beschl. des OVG NRW v. 26.5.2021 – 7 A 4716//19.

106 Vgl. *Biermann/Wehser*, a. a. O., § 55 Erl. 4.2.1.2.

ABSCHNITT 2
Genehmigungspflicht, Genehmigungsfreiheit – §§ 59 bis 62 LBauO

I. Die Struktur des Baugenehmigungsverfahrens

Die grundlegenden Neuerungen der Novelle (2006) betrafen das **genehmigungsfreie Bauen** durch Abbau präventiver Kontrollen und Verzicht auf hoheitliche Prüfungen bei gleichzeitiger Verantwortungsverlagerung auf den privaten Bereich sowie die Einführung der Konzentrationswirkung der Baugenehmigung. Grundgedanke war, auf materielle Anforderungen sowie auf staatliche Prüfungen und Überwachungen weitgehend zu verzichten und der Bauherrenseite mehr Eigenverantwortung für ihr Vorhaben zu geben. Dieser Rückzug des Staates aus dem Bauordnungsrecht verstand sich als „grundlegende ordnungspolitische Entscheidung für weniger staatliche Kontrolle und zugleich für mehr Verantwortung des Einzelnen"[107]. Die damit verbundene Deregulierung stand in unmittelbarem Zusammenhang mit den allgemein zu beobachtenden Bemühungen um eine Vereinfachung und Beschleunigung des Verwaltungsverfahrensrechts und lässt sich an vielen Einzelbestimmungen belegen. Insbesondere wurde der Umfang des genehmigungsfreien Bauens ausgeweitet; der Prüfumfang im vereinfachten Baugenehmigungsverfahren reduziert und die hoheitliche Prüfung bautechnischer Nachweise deutlich zurückgenommen. Allerdings regte sich auch Kritik: „Die **Relativierung des Baugenehmigungsverfahrens** und der präventiven Bauaufsicht löst ... keine baurechtlichen Probleme, sondern verschiebt diese nur in den Aufgabenbereich der repressiven Bauaufsicht"[108].

Die Einzelheiten zur **Genehmigungsbedürftigkeit** von Vorhaben und zum Ablauf der **Genehmigungsverfahren** regeln die §§ 59 bis 64 LBauO.

II. Grundsatz – Genehmigungsbedürftigkeit der Errichtung und (Nutzungs-)Änderung von Anlagen

Gemäß dem präventiven Verbot mit Erlaubnisvorbehalt[109] des § 59 Abs. 1 S. 1 LBauO **bedürfen** die **Errichtung**, d.h. Bau oder Herstellung von Anlagen an einem konkreten Ort, sowie Änderungen und **Nutzungs-**Änderungen einer **Baugenehmigung**[110]. **Nutzungsänderungen** betreffen den **bisherigen Zweck** baulicher Anlagen, nicht deren Substanz; angesichts der Variationsbreite möglicher Nutzungen kann nicht jede Veränderung gegenüber dem ursprünglichen Zweck als Nutzungsänderung qualifiziert werden; das Vorhaben muss bauplanungsrechtlich bzw. bauordnungsrechtlich

107 Vgl. LT-Drs. 4/1810, S. 2.

108 Vgl. *Kersten*, a.a.O., Rdnr. 403: „Deregulierung der präventiven Bauaufsicht weder effektiv noch bürgerfreundlich".

109 Dazu *Kersten*, a.a.O., Rdnrn. 402ff.

110 *Kersten*, a.a.O., Rdnrn. 406.

anders zu beurteilen sein als vorher. Problematisch gestaltet sich z. B die Umwandlung von bisherigem Wohnraum in Ferienwohnungen[111].

Ausnahmen für die **Genehmigungspflicht** von **Vorhaben** gelten, soweit die §§ 60 (Vorrang **anderer** Gestattungen), §§ 61 und 62 (**Verfahrens**- bzw. **genehmigungsfreie** Vorhaben) sowie §§ 76f. LBauO (Fliegende Bauten, Bauaufsichtliche Zustimmung) eingreifen. Die Genehmigungsfreiheit sowie die Beschränkung der bauaufsichtlichen Prüfung entbinden jedoch nach *§ 59* Abs. 3 LBauO nicht von der Einhaltung *sonstiger* öffentlich-rechtlicher Vorschriften.
Verstößen gegen die Genehmigungspflicht des § 59 Abs. 1 S. 1 LBauO kann mit Bauordnungsverfügungen nach §§ 79f. LBauO begegnet werden.

II.1 Vorrang anderer Gestattungsverfahren – § 60 LBauO

Nach § 60 LBauO[112], der mit der Aufgabenregelung des § 58 Abs. 1 LBauO („soweit nicht ...") korrespondiert, sind verschiedene **Anlagen**, die einem **besonderen Genehmigungsverfahren** unterliegen, von **bauordnungsrechtlichen** Vorschriften, wie z.B. Genehmigungen etc., mit Ausnahme von Sonderbauten **freigestellt.** Das gilt gem. § 60 Ziff. **1** LBauO für Anlagen nach **Wasserrecht** (z.B. gem. §§ 7f. WHG), ferner nach Ziff. **2** bis **4** für **Energieversorgungsanlagen** sowie für solche, die dem **Atomgesetz**[113] bzw. dem **Produktionssicherheitsrecht**[114] (z.B. Tankstellen) oder einer Genehmigung nach § 13 BImSchG unterfallen[115].

Die **besonderen Gestattungen** genießen **Vorrang** gegenüber der **Baugenehmigung,** schließen diese aufgrund ihrer – für die Entscheidungsbefugnis gem. LBauO negativ wirkenden – sog. **Konzentrationswirkung** mit ein und machen eine separate Baugenehmigung entbehrlich. Auch weitere **fachrechtliche** Verfahren **ersetzen** die Baugenehmigung, während die Überwachungsbefugnisse der zuständigen Bauordnungsbehörden unberührt bleiben. Hierzu gehören **Planfeststellung** und **-genehmigung** gem. § 75 Abs. 1 S. 1 HS. 2, 74 Abs. 6 S. 2 LVwVfG, die z.B. für Verfahren nach §§ 35 KrWG, 17 FernStrG, 19 WHG bzw. 45 StrWG M-V einschlägig sind. – Zum umgekehrten Fall, dass die **Baugenehmigung** gem. §§ 63, 64 LBauO – positiv – **andere** Genehmigungen **einschließt** vgl. Teil 5 Abschn. 3, Erl. III.2.

---

111 Vgl. Näher *Otto,* a.a.O., § 7 Rdnr. 22 (S. 107); BVerwGE 138.166; OVG M-V, Urt. v. 4.9.2013, NordÖR 2013.514; Beschl. v. 27.3.2015, NordÖR 2015.322 sowie unten Abschn. 4, Erl. I.5.3.

112 Vgl. *Sauthoff,* NordÖR 2006. 329; *Otto,* a.a.O., § 7 Rdnrn. 115ff. (S. 136); *Kaiser,* a.a.O., § 41 Rdnr. 34; *Kersten,* a.a.O., Rdnr. 407.

113 Vgl. § 7 AtomG.

114 Vgl. § 18 Abs. 1 BetriebssicherheitsVO v. 3.2.2015, BGBl I S. 49, zul. geä. d. G. v. 27.7.2021; Gesetz über die Bereitstellung von Produkten auf dem Markt (Produktionssicherheitsgesetz – ProdSG) v. 8.11.2011, BGBl I, S. 2178.

115 Die Genehmigungspflicht von Anlagen gem. §§ 4, 8, 15 BImSchG regelt die 4. BImschVO, näher *Eifert,* in Schoch/Eifert, a.a,O., Kap. 5, Rdnr. 297.

II.2 *Verfahrens*freie Bauvorhaben, Beseitigung von Anlagen – § 61 LBauO

II.2.1 Verfahrensfreie Bauvorhaben (§ 61 Abs. 1)

Gem. § 61 Abs. **1** LBauO genießt eine Vielzahl von Vorhaben, die mit keinen oder lediglich geringen **bauplanungsrechtlichen** Auswirkungen (i. S. d. § 29 Abs. 1 BauGB) verbunden sind, sog. „**Verfahrensfreiheit**"[116]. Mit dieser Bezeichnung werden die aufgeführten Vorhaben begrifflich von den **genehmigungs**-freigestellten Anlagen des § 62 LBauO abgegrenzt. Der Bauherr kann **ohne Einhaltung** eines **Verwaltungsverfahrens** ein Vorhaben **errichten** oder das Vorhaben bzw. dessen Nutzung ändern.

Es bedarf – nach Maßgabe des § 59 Abs. 3 LBauO – weder einer Anzeige noch der Vorlage von Bauunterlagen bei Gemeinden oder Bauaufsichtsbehörden, allerdings ggf. der Genehmigung **anderer** Fachbehörden, wie z. B. gem. § 17 BNatSchG[117]. Jedes Vorhaben muss **einheitlich** betrachtet werden: Ist die Einrichtung eines Lagerplatzes genehmigungspflichtig, kann das Nutzen von Containern auf diesem Platz nicht als verfahrensfrei gewertet werden[118]. Die Verfahrensfreiheit nach §§ 61 i. V. m. 59 Abs. 3 LBauO entbindet nicht von der Verpflichtung zur Einhaltung der öffentlich-rechtlichen Vorschriften bzgl. der Anlagen und lässt die Eingriffsbefugnisse der §§ 58 Abs. 1 S. 2 und 78 ff. LBauO unberührt.

Größere **praktische** Bedeutung besitzt die **Verfahrensfreiheit** gem. § 61 Abs. 1 **Nr. 1** lit. b) LBauO u. a. für **Garagen** einschließlich überdachter Stellplätze (Carports) mit einer mittleren Wandhöhe bis zu drei Metern und einer Brutto-Gesamtfläche bis zu 30 m² im Innenbereich[119]. Das gleiche gilt für **Terrassenüberdachungen** sowie für **Wochenendhäuser** bis 40 m² Grundfläche auf Campingplätzen (**Nr. 1** lit. g bzw. i) sowie gem. **Nr. 3** für Anlagen zur **Nutzung erneuerbarer Energie** (Solar- und bestimmte Klein-**Windkraftanlagen**)[120], während die Nr. **4** vor allem Versorgungsanlagen betrifft. In Nr. **5a** n. F.[121] wird die Höhe verfahrensfreier **Antennen**-Anlagen bei der Errichtung von Gebäuden auf 15 m bzw. im Außenbereich auf 20 m angehoben, um zu gewährleisten, dass die immissionsschutzrechtlich erforderlichen Abstände eingehalten werden. Schließlich ist gem. Nr. 12 die Einrichtung bestimmter **Werbeanlagen** und **Warenautomaten** verfahrensfrei[122].

116 Vgl. OVG M-V, Beschl. v. 18.3.2020, NordÖR 2020.408; *Sauthoff,* NordÖR 2021.54.
117 Vgl. allgemein *Fischer,* BauR 2022.39; *Otto,* a. a. O., § 7 Rdnrn. 27 ff. (S. 108 f.).
118 Näher OVG M-V, Beschl. v. 26.6.2018 – 3 LZ 294/18.
119 Geä. d. 3. ÄndG zur LBauO (vgl. Fn. 7); vgl. LT-Drcks. M-V 7/4188 S. 3.
120 Seit der Novelle 2015; dazu LT-Drcks. M-V, 6/3830 S. 47 f.; *Sauthoff,* NordÖR 2016.177, 186.
121 I.d.F. von Art. 2 EGovÄndGesetz (Fn. 11), näher LT-Drcks. M-V 8/2811 S. 22.
122 Vgl. § 10 LBauO.

II.2.2 Nutzungsänderungen (§ 61 Abs. 2) und Beseitigung von Anlagen (Abs. 3)

§ 61 Abs. 2 LBauO erklärt **Nutzungsänderungen**[123] der in § 61 Abs. 1 LBauO genannten Anlagen für **verfahrensfrei**, wenn

1. für sie keine *anderen* **Anforderungen** nach §§ 61 i. V. m. 64, 66 LBauO als für die bisherige Nutzung in Betracht kommen, und
2. die Errichtung/Änderung der **Anlage** nach Abs. 1 verfahrensfrei wäre[124].

Mit dieser Regelung wird der Kreis der verfahrensfreien Nutzungsänderungen insofern erweitert, als nur solche Anforderungen genehmigungspflichtig sind, die neben dem bautechnischen Bereich im „vollen" Genehmigungsverfahren nach § 64 LBauO Prüfungsgegenstand sind[125].

Die **Beseitigung** von Gebäuden und Anlagen ist in den Fällen des § 61 Abs. **3** S. **1** Nr. 1–3 LBauO vollständig verfahrensfrei, gem. S. **2** jedoch mindestens einen Monat vor Beginn der Beseitigungsarbeiten bei der Bauaufsichtsbehörde anzuzeigen, was eine „flexiblere Handhabung" der Überwachung ermöglichen soll. Für sicherheitsrechtlich relevant hält der Gesetzgeber allein das „Wie" der Beseitigung von Anlagen und insbesondere die für die „Standsicherheit (§ 12) von Nachbargebäuden zu treffenden Vorkehrungen." Um diesbezügliche Gefahren zu vermeiden, muss der Bauherr bei den „*in* Abs. 3 S. 4 und 5 LBauO" genannten Fällen entsprechende bautechnische, ggf. bauaufsichtlich zu prüfende Nachweise erstellen[126]. Nach S. 4 hat er bei nicht-freistehenden Gebäuden die Standsicherheit durch einen qualifizierten Tragwerksplaner (§ 66 Abs. 2 LBauO) nachzuweisen, der die Beseitigung erforderlichenfalls auch überwacht.

Die Beseitigung eingetragener **Denkmäler** ist gem. §§ 61 Abs. 3 S. **3**, 59 Abs. 1 S. 2 LBauO grds. weiterhin **genehmigungsbedürftig**. Zur – anscheinend verfahrensfreien – Beseitigung **nicht**-eingetragener Denkmäler wird kritisch angemerkt[127], dass diese jedenfalls nach § 7 Abs. 1 DenkSchG M-V genehmigungspflichtig ist. Sofern eine erforderliche (Bau-)Genehmigung diese Genehmigung *ersetzt*, wäre nach § 7 Abs. 6 S. 2 DenkSchG M-V dafür das Einvernehmen mit dem fachlich zuständigen Landesamt herzustellen. Nach Abs. 4 sind **Instandhaltungsarbeiten,** die dem Erhalt einer Anlage dienen, ohne deren Identität zu verändern, verfahrensfrei[128].

123 Zum Begriff vgl. Abschn. 2, Erl. II.
124 Dazu LT-Drcks. M-V, 6/3830 S. 49; zur früheren Regelung OVG M-V, Urt. v. 4.9.2013, NordÖR 2014. 514.
125 Krit. dazu *Sauthoff*, NordÖR 2016.177, 186 f.
126 Vgl. LT-Drcks. M-V, 6/3830 S. 49.
127 Vgl. *Sauthoff*, NordÖR 2016. 177, 188; *Schlacke/Lege*, a. a. O., Rdnr. 155 mit Fn. 258.
128 Dazu *Sauthoff*, NordÖR 2021.55 m. Nw.

II.3 *Genehmigungs*freie Bauvorhaben – § 62 LBauO

Die **Genehmigungsfreistellung** umfasst nach § 62 Abs. 1 i. V. m. Abs. 2 LBauO n. F.[129] neben der **Errichtung** und **(Nutzungs-)Änderung** von **Wohngebäuden** (bis zur Hochhausgrenze – vgl. § 2 Abs. 2 S. 2, Abs. 4 Nr.1 LBauO), **sonstiger** baulicher **Anlagen** (ohne Gebäudequalität) sowie von **Nebengebäuden** und -anlagen, soweit es sich um keine Sonderbauten handelt, nunmehr im Anwendungsbereich des § 34 BauGB auch die **(Nutzungs-)Änderung** von **Dachgeschossen** zu **Wohnzwecken**.

Verfahrensrechtlich hat der **Bauherr** nach § 62 Abs. 3 S. 1 LBauO bei der Genehmigungsfreistellung zunächst die **Bauvorlagen** bei der **Gemeinde** einzureichen, von denen diese der Bauaufsichtsbehörde, sofern sie nicht selbst Bauaufsichtsbehörde ist, unverzüglich eine Ausfertigung vorzulegen hat, es sei denn, sie wurden elektronisch eingereicht[130]. Beim Anzeigeverfahren des § 62 LBauO handelt es sich allein um die **Entscheidung** darüber, ob ggf. eine **förmliche Baugenehmigung** für das Vorhaben **erforderlich** ist, wobei offenbleibt, ob sie erteilt werden darf, da „keine Entscheidung über die materielle Legalität" des Vorhabens ergeht[131].

Der **Bauherr** trägt allein die Verantwortung dafür, dass das Vorhaben den öffentlich-**rechtlichen Vorschriften** entspricht. Für ihn besteht auch **keine Wahlfreiheit** zur Durchführung eines vereinfachten **Genehmigungsverfahrens.** Damit wird ihm die Möglichkeit verwehrt, allein durch den Antrag, die Behörde möge nach § 63 LBauO verfahren, ggf. in den Genuss einer fiktiven Baugenehmigung zu gelangen bzw. eine eingeschränkte bauordnungsrechtliche Prüfung herbeizuführen[132].

Zu den **Voraussetzungen**, unter denen eine **Freistellung** erfolgt, gehört, dass das **Bauvorhaben** nach § 62 Abs. 2 LBauO:
- im Geltungsbereich eines qualifizierten oder vorhabenbezogenen **Bebauungsplans** (§§ 12, 30 BauG) liegt (1)[133],
- den **Festsetzungen** des **Bebauungsplans** entspricht **oder** die dafür (bereits) erforderlichen **Befreiungen** und **Ausnahmen** nach § 31 BauGB **erteilt** worden sind[134] (2),
- über eine gesicherte Erschließung verfügt (3) und
- die Gemeinde nicht innerhalb eines Monats nach Einreichung der Bauunterlagen **erklärt**, dass das vereinfachte **Genehmigungsverfahren**[135] **durchgeführt** werden

129 Vgl. Fn. 11a; zu Ferienwohnungen vgl. unten Abschn. 4, Erl. 1.5.3.
130 Fassung Art. 1 des 4 ÄndG (vgl. Fn. 9).
131 Vgl. *Otto*, a. a. O., § 7 Rdnr. 34 (S. 110).
132 Vgl. *Sauthoff*, NordÖR 2016. 177, 185 f.; OVG M-V, Beschl. v. 23.6.2014; Urt. v. 17.6.2015, 3 M 58/14 bzw. 3 L 50/13.
133 Problematisch sind die Fälle, in denen das Vorhaben im Bereich eines fehlerhaften B-Plans errichtet wurde und der Bauherr wegen der illegalen Errichtung mit repressiven Maßnahmen rechnen muss.
134 Vgl. LT-Drcks. M-V, 6/3830 S. 50: „... in solchen Fällen war früher die Durchführung eines vereinfachten Baugenehmigungsverfahren erforderlich." – Die Neuregelung diente also der Verfahrensbeschleunigung.
135 Mecklbg.-Vorp. hat sich bewusst dafür entschieden, den Gemeinden nicht nur den nach § 15 Abs. 1 S. 2 BauGB bundesrechtlich vorgegebenen Minimalschutz zu gewährleisten, sondern hat ihnen unabhängig davon die Möglichkeit eingeräumt, das Bauvorhaben in das vereinfachte Genehmigungsverfahren nach § 63 LBauO „umzusteuern".

soll bzw. eine vorläufige **Untersagung** nach § 15 Abs. 1 S. 2 BauGB bei der Bauaufsichtsbehörde beantragt hat (4).

Der **Bauherr** darf nach § 62 Abs. **3** S. 2 LBauO prinzipiell einen Monat nach Eingang der (vollständigen) Unterlagen bei der Gemeinde mit dem Bauvorhaben **beginnen**, nach S. 3 S. 1 HS. 1 sogar bereits **vor Ablauf** der **Frist**, falls die Gemeinde ihm mitteilt, dass weder ein Genehmigungsverfahren durchgeführt werden soll, noch eine Untersagung nach § 15 Abs. 1 BauGB beantragt werde[136]. § 62 Abs. **4** enthält nähere Regelungen über die **gemeindliche Erklärung** nach Abs. 2 Nr. 4 1. Alt. für die (**ausnahmsweise**) **Durchführung** eines (vereinfachten) **Genehmigungsverfahren** gem. § 63 LBauO, wobei die dort genannten Gründe nur beispielhaft sind („insbesondere").

Erklärt die Gemeinde, dass ein vereinfachtes Verfahren durchgeführt werden soll, führt dies stets zur **Genehmigungsbedürftigkeit** des Vorhabens. Dem Bauherrn werden eingereichte Unterlagen zurückgereicht, da – mangels Bauantrags – kein Verfahren anhängig ist. Allerdings kann er bei Einreichung der Unterlagen bestimmen, dass diese im Falle der gemeindlichen Erklärung als Bauantrag zu behandeln sind, so dass das Verfahren als Genehmigungsverfahren fortgesetzt wird und die Gemeinde die Unterlagen zugleich mit ihrer Erklärung an die Bauaufsichtsbehörde weiterleitet. Hat sie dagegen nach § 15 Abs. 1 S. 2 BauGB die vorläufige **Untersagung** des Vorhabens **beantragt**, muss die Bauaufsichtsbehörde gem. § 62 Abs. **6** LBauO diese innerhalb eines Monats nach Eingang des Antrags der Gemeinde aussprechen[137].

Unabhängig von der Genehmigungsfreistellung **bleibt** die **Prüfung** der **bautechnischen Nachweise** zur **Standsicherheit** und zum **Brandschutz** nach §§ 62 Abs. 5 S. 1 i. V. m. 66 LBauO verbindlich. Bei Bauvorhaben, welche die in § 66 Abs. 3 LBauO festgelegten Größen- und Schwierigkeitsgrenzen überschreiten, muss der Bauherr die Standsicherheit und ggf. auch den Brandschutz sogar bauaufsichtlich prüfen lassen, ohne dass diese Prüfung bei den genehmigungsfreien Vorhaben in die Erteilung einer Baugenehmigung mündet[138]. Erst danach kann der Bauherr das Vorhaben realisieren.

136 LT-Drcks. M-V 4/1810 S. 158; krit. *Schlacke/Lege*, a. a. O., Rdnrn. 151 f.

137 Vgl. § 1 Baugesetzbuchausführungsgesetz – **AG-BauGB** M-V (v. 30.1.1998, zul. geä. d. G. v. 19.3.2021, GVOBl S. 170, abgedr. im Anhang): Danach hat die Gemeinde den **Antrag auf vorläufige Untersagung** innerhalb eines Monats nach Eingang der Unterlagen zu stellen, die Bauaufsichtsbehörde die Untersagung innerhalb eines Monats nach Eingang des Antrags auszusprechen.

138 Ergebnis einer Prüfung bei genehmigungsfreien Vorhaben ist ein feststellender Verwaltungsakt der Bauaufsichtsbehörde dahingehend, dass Standsicherheit bzw. Brandschutz nachgewiesen sind.

ABSCHNITT 3
Genehmigungsverfahren – §§ 63 bis 77 LBauO

I. Überblick

Die LBauO unterscheidet mit § 63 LBauO das im Prüfungsumfang stark reduzierte **vereinfachte** vom **„vollen" Genehmigungsverfahren** des § 64 LBauO. Beide behandeln zunächst die jeweiligen **Prüfprogramme**; im Anschluss daran erfährt der Anwender, wer die erforderlichen **Bauunterlagen erstellen** darf (§ 65), welche Anforderungen an die Erstellung und Prüfung **bautechnischer Nachweise** gestellt werden (§ 66) und unter welchen Voraussetzungen bzw. in welchem Verfahren von baurechtlichen Anforderungen **abgewichen** werden kann (§ 67 LBauO).

Nach § 68 Abs. 1 und 2 LBauO[139] ist der **Bauantrag** bei der Bauaufsichtsbehörde mit den für die Bearbeitung erforderlichen Bauunterlagen einzureichen. § 69 Abs. 1 S. 1 LBauO sieht eine **Anhörung** von **Verwaltungsträgern** und **Behörden** bei der Behandlung des Antrags vor[140]. Weist der Bauantrag **Mängel** auf, fordert die Behörde den Bauherrn zu deren Beseitigung gem. Abs. 2 innerhalb angemessener Frist auf.

Weitere Einzelheiten der **Nachbarbeteiligung**[141] sowie der **Ersetzung** des rechtswidrig **versagten gemeindlichen Einvernehmens** regeln die §§ 70f., während die verfahrensbeendende **Baugenehmigung** ihren Standort in §§ 72f. LBauO hat. Die §§ 74 bis 77 LBauO enthalten mit der Teilbaugenehmigung, dem Bauvorbescheid, der Genehmigung fliegender Bauten sowie der Zustimmung zu öffentlichen Bauten **Sonderformen** bauordnungsrechtlicher Gestattungen.

II. Das *vereinfachte* Baugenehmigungsverfahren – § 63 LBauO

Das Prüfprogramm der Bauaufsichtsbehörde im vereinfachten Verfahren des § 63 LBauO war seit der Novelle 2006 dadurch gekennzeichnet, dass es **ausschließlich** die **bauplanungsrechtliche Zulässigkeit** des Vorhabens (§§ 29 bis 38 BauGB), die beantragten **Abweichungen** nach § 67 LBauO sowie weitere Anforderungen umfasste, soweit wegen der **Baugenehmigung** eine Entscheidung nach anderen öffentlichrechtlichen Vorschriften entfiel oder aufgrund der Konzentrationswirkung ersetzt wurde. Der Prüfungsumfang in **planungsrechtlicher** Hinsicht wurde **erweitert**; derjenige des **Bauordnungsrechts** insofern deutlich **zurückgenommen.** Letzteres wurde – unbeschadet der gem. §§ 63 Abs. 1 S. 2, 66 LBauO **unberührt** bleibenden

139 Die bisherige **Schriftform** ist mit dem 4. ÄndG (vgl. Fn. 9) entfallen; damit wird die Möglichkeit eröffnet, den Antrag elektronisch, z.B. per E-Mail, zu stellen, vgl. LT-Drcks. M-V 7/5864, S. 16 sowie § 2 Abs. 1 BauVorlVO M-V (Fn. 53).

140 S. näher Abschn. 3, Erl. VI.1.

141 § 70 Abs. 1 LBauO ist lediglich als „Sollvorschrift" ausgestaltet, näher *Schlacke/Lege*, a.a.O., Rdnr. 146 m. Hinw. auf OVG M-V, NordÖR 2005.424, Urt. v. 2.7.2003, NordÖR 2003.424, vgl. näher Erl. VI.2.

Regelung der bautechnischen Nachweise[142] – überhaupt nicht mehr geprüft und damit auf ein Kernstück **präventiver Kontrolle verzichtet**[143].

Diese vollständige Neustrukturierung hatte allerdings nicht nur positive Auswirkungen. Es zeigte sich vielmehr, dass der Verzicht auf die präventive Eröffnungskontrolle manchen Bauherrn dazu (ver-)führte, die bauordnungsrechtlichen Vorschriften nicht immer in vollem Umfang einzuhalten, so dass ihnen gegenüber nachträgliche Ordnungsverfügungen erforderlich wurden: „Die Deregulierung im Baurecht hat(te) ihren Preis"[144].

II.1 Grundlagen

Das **einfache Baugenehmigungsverfahren** des § 63 LBauO findet grds. nur bei **genehmigungspflichtigen**, nicht dagegen bei den unter die §§ 61 f. LBauO fallenden verfahrens- bzw. genehmigungsfreien Vorhaben Anwendung. Es gilt gem. **§ 63 Abs. 1** LBauO für **Wohngebäude** sowie **sonstige** bauliche Anlagen, die keine Gebäude sind, ferner bei **Nebengebäuden** (und -anlagen) zu derartigen Bauvorhaben, nicht jedoch für **Sonderbauten**[145]. Schließlich greift das einfache Genehmigungsverfahren ein, wenn das Vorhaben zwar „an sich" die Voraussetzungen einer Freistellung erfüllt, aber die **Gemeinde** gem. § 62 Abs. 2 Nr. 4 1. Alt. LBauO das Verfahren nach § 63 LBauO **beantragt.**

Gem. § 68 Abs. **2** LBauO sind mit dem **Bauantrag** die erforderlichen **Bauvorlagen** bei der Bauaufsichtsbehörde einzureichen, die im Rahmen der Prüfung andere **Behörden, Nachbarn** sowie die Öffentlichkeit (§§ 69 f. LBauO) beteiligt[146]. Über den – vollständigen – Bauantrag hat die Behörde gem. § 63 Abs. 2 S. 1 bis 3 LBauO n. F.[146a] innerhalb von **drei Monaten** zu **entscheiden**; sie kann die Frist aus wichtigem Grund – „in Textform" – um einen Monat **verlängern**, beginnend mit dem Eingang des Antrags. Fordert die Bauaufsicht innerhalb dreier Wochen nach Eingang des Bauantrags **weitere Unterlagen** an, beginnt die Frist erst mit deren Zugang zu laufen. **Versagt** die Behörde die Genehmigung nicht innerhalb der nach Satz 1 maßgeblichen Frist, **gilt** sie nach Abs. 2 S. **5** n. F. als **erteilt (Genehmigungsfiktion**, vgl. § 42 LVwVfG M-V),

142 Vgl. aber *Schlacke/Lege*, Rdnr. 155: Ungeprüft bleibt insbes. die Standsicherheit, dazu OVG M-V, Beschl. v. 6.1.2016 – 3 M 78/15.

143 Zum früheren sog. „Drei-Säulen-Modell", das als Prüfprogramm das Bauordnungs-, das Bauplanungsrecht sowie – mit Einschränkungen – auch sonstiges öffentliches Recht umfasste, vgl. *Kaiser*, a. a. O., § 41 Rdnr. 23.

144 *Kaiser*, a. a. O., § 41 Rdnr. 22.- In diesem Sinne ist offenbar auch die Formulierung der Begründung zum 1 ÄndG LBauO zu verstehen, wonach „(d)ie fehlende behördliche Prüfung des Abstandsflächenrechts ... in der Vergangenheit zu einer erheblichen Zunahme von Beschwerden ... mit der Folge" führte, „dass der zu betreibende repressive Aufwand zur Heilung von Rechtswidrigkeiten dem präventiven Aufwand für eine Prüfung im bauaufsichtlichen Verfahren nicht aufwiegt", vgl. LT-Drcks. M-V 6/3830 S. 50; ferner OVG M-V, Urt. v. 30.10.2013, NordÖR 2014. 317; *Sauthoff*, NordÖR 2016. 177, 188.

145 Vgl. allgemein *Otto*, a. a. O., § 7 Rdnrn. 83 ff. (S. 126 f.). – Für die Anwendung des § 63 LBauO ist allein maßgeblich, dass die Voraussetzungen **objektiv** vorliegen. Es bleibt dem Antragsteller verwehrt, für sein Vorhaben das Verfahren des § 62 LBauO zu wählen, um so ggf. eine fiktive Genehmigung zu erlangen, vgl. OVG MV, Urt. v. 17.6.2015 – 3 L 50/13; *Sauthoff*, NordÖR 2021.7.

146 Vgl. unten Abschn. 3, Erl. VI.1 und 2.

146a Vgl. Fn. 11a

sofern keine **Ausnahmen** greifen[147]. Eine behördliche **Aufhebung** der als Verwaltungsakt zu qualifizierenden sog. **fiktiven** Baugenehmigung kommt ggf. im Wege von Widerruf bzw. Rücknahme gem. §§ 48 f. LVwVfG in Betracht[148].

II.2 Das Prüfprogramm des vereinfachten Genehmigungsverfahrens

Zum **Prüfprogramm** des **vereinfachten** Verfahrens gehört gem. § 63 Abs. 1 LBauO:
- nach Nr. **1** das **Bauplanungsrecht** der §§ 29 ff. BauGB: Das Vorhaben muss sich entweder im Geltungsbereich eines einfachen Bebauungsplans (§ 30 Abs. 3 BauGB) bzw. im **unbeplanten** Innen- oder Außen-Bereich (§§ 34, 35 BauGB) befinden (1. Fallgruppe)[149]
- nach Nr. **2** vom **Bauordnungsrecht**[150] lediglich **beantragte Abweichungen** gem. §§ 67, 50 Abs. 3 LBauO; als Konsequenz des erwähnten negativen Befundes (der Deregulierung) jedoch auch wieder die Übereinstimmung mit der **Abstandsregelung** des § 6 LBauO[151] sowie
- nach Nr. **3** HS. 1 ggf. **andere** öffentlich-rechtliche Vorschriften.

Konsequenz des begrenzten Prüfungsumfangs seitens der Bauaufsichtsbehörden ist die **eingeschränkte Legalitätswirkung** der einfachen Baugenehmigung, die lediglich **geprüfte** Bestimmungen erfasst, während der **Bauherr** für die Einhaltung der übrigen Bestimmungen bei der Verwirklichung des Vorhabens Sorge zu tragen hat. Die Baugenehmigung bleibt von etwaigen baurechtlichen Verstößen gegen **ungeprüfte** Vorschriften insoweit unberührt (gültig): „Dass die Rechtmäßigkeit der *Baugenehmigung* und diejenige des *Bauvorhabens* auseinanderfallen können, ist Konsequenz der Einführung des vereinfachten Baugenehmigungsverfahrens"[152].

III. Das „volle" Baugenehmigungsverfahren – § 64 LBauO

III.1 Der **Anwendungsbereich** des in § 64 LBauO geregelten **„vollen"** Baugenehmigungsverfahrens lässt sich nur negativ dahingehend definieren, dass ihm alle Vorhaben unterfallen, die weder nach § 61 verfahrensfrei sind, noch der Genehmigungsfreistellung oder dem Anwendungsbereich des vereinfachten Genehmigungsverfahrens (§§ 62, 63 LBauO) zuzuordnen sind. In der Praxis ist eine Genehmigung nach § 64 LBauO vor allem bei **Sonderbauten** sowie bei sonstigen, vornehmlich

147 Das ist der Fall, wenn 1. der Bauherr auf den Eintritt der Fiktion **verzichtet**, 2. eine **Ersetzung** des – versagten – gemeindlichen Einvernehmens nach § 71 LBauO erforderlich ist und die Bauaufsichtsbehörde dies dem Bauherrn innerhalb der Dreimonatsfrist mitteilt, oder 3. **andere** öffentlich-rechtliche Vorschriften für das Vorhaben eine Verbandsbeteiligung vorsehen (vgl. etwa §§ 30 NatSchAG M-V v. 23.2.2010, § 63 BNatSchG, s. u. Erl. 3 II). – Die Fiktion kommt auch **nicht** zum Zuge, falls **Unterlagen** fehlen, die im Genehmigungsverfahren nicht geprüft werden, vgl. OVG M-V, Beschl. v. 8.1.2018 – 3 LZ 331/17, sowie BauVorlVO M-V (vgl. Fn. 53).

148 Vgl. *Otto*, a. a. O., § 7 Rdnr. 90 (S. 128); *Sauthoff*, NordÖR 2021.7.

149 Andernfalls, sofern das Vorhaben im Geltungsbereich eines qualifizierten oder vorhabenbezogenen B-Plans liegt (§§ 30 Abs. 1, 12 BauGB), gilt § 62 LBauO.

150 Vgl. *Schlacke/Lege*, a. a. O., Rdnr. 155.

151 I.d.F. des 1. Änd.G. zur LBauO (2015), vgl. Fn. 5.

152 *Sauthoff*, NordÖR 2021.57; dort auch zu den Auswirkungen auf den Rechtsschutz des Nachbarn. – Vgl. ferner BVerwG, Beschl v. 16.7.1997, 4 B 244/96; *Otto*, a. a. O., § 7 Rdnr. 85 (S. 127).

gewerblich genutzten Immobilien[153] erforderlich. Das Verfahren nach § 64 Abs. 1 LBauO umfasst als **Prüfprogramm**:
1. das **Bauplanungsrecht** nach §§ 29 ff. BauGB;
2. die „Anforderungen nach und aufgrund *dieses* Gesetzes", also das **gesamte** formelle und materielle **Bauordnungsrecht**
   sowie
3. **sonstige** öffentlich-rechtliche Anforderungen.

Aufgrund des 2. Prüfungspunktes unterliegen insbes. **Sonderbauten** auch einer Prüfung der Voraussetzungen von Sonderbauverordnungen, also etwa der Garagenverordnung[154]. Ferner wird die Möglichkeit eröffnet, an Sonderbauten besondere Anforderungen zur Verwirklichung der öffentlichen Sicherheit i. S. d. § 3 LBauO zu stellen bzw. ggf. kompensatorische Erleichterungen zuzulassen (vgl. § 51 Abs. 1 LBauO).

III.2 Die Konzentrationswirkung der Baugenehmigung (Verfahrenskonzentration), §§ 63Abs. 1 Nr. 3, 64 Abs. 1 Nr. 3 LBauO

Während § 60 LBauO den **Vorrang anderer** Genehmigungsverfahren gegenüber der **Bauerlaubnis** regelt, beziehen §§ 63 Abs. 1 S. 1 Nr. 3 sowie 64 S. 1 Nr. 3 LBauO **sonstige öffentlich-rechtliche Anforderungen** in das Prüfprogramm der **Baugenehmigung** mit ein, **soweit** ihretwegen eine Entscheidung nach anderen öffentlich-rechtlichen Vorschriften **entfällt** oder **ersetzt** wird[155].

Die frühere **Parallelität** baurechtlicher und spezieller fachrechtlicher Zulassungsverfahren, bei denen der Bauherr neben der Baugenehmigung noch wasser-, naturschutz- oder straßenrechtliche (Sondernutzungs-) Erlaubnisse etc. benötigt(e), galt – da dem Bürger oft nur schwer vermittelbar – als rechtspolitisch unerwünscht. Das Nebeneinander der miteinander unkoordinierten Genehmigungsverfahren war zeitintensiv und führte nicht selten zu rechtlich unterschiedlichen Beurteilungen seitens der beteiligten Behörden. Insofern war die „Vorhabengenehmigung **aus einer Hand"** ein wichtiges Projekt der Verwaltungsmodernisierung.

In §§ 63f. LBauO erfolgt nunmehr eine Prüfung „baurechtsfremden" oder „aufgedrängten" öffentlichen Rechts, **sofern** dieses durch das jeweilige **Fachrecht** dem Baugenehmigungsverfahren **zugewiesen** wird. Dementsprechend wurden einschlägige Landesgesetze so geändert, dass eine **Konzentrationswirkung** erreicht wird und neben der Baugenehmigung grds. keine anderen **landesrechtlich** vorgeschriebenen anlagenbezogenen Erlaubnisse mehr einzuholen sind. Das baubehördliche Verfahren umfasst die nach dem jeweiligen Fachrecht vorgeschriebenen behördlichen

153 Damit soll insbesondere eine Prüfung von Vorhaben gem. § 15 Abs. 1 S. 2 BauNutzVO im Hinblick auf schädliche Umwelteinwirkungen ermöglicht werden; vgl. auch *Kersten*, a. a. O., Rdnr. 424.

154 Vgl. Fn. 18.

155 Vgl. näher *Otto*, a. a. O., § 7 Rdnr. 53 f. (S. 117 f.), § 8 Rdnrn. 18 f. (S. 145 f.); *Sauthoff*, NordÖR 2006. 323, 333; *Kaiser*, a. a. O., § 41 Rdnrn. 39 ff.

Genehmigungen, wobei die materiell-rechtlichen Anforderungen ungeachtet der Konzentrationswirkung unverändert bleiben.
Die erforderliche Fachgenehmigung wird nach der LBauO gleichzeitig mit der Baugenehmigung im **Einvernehmen** mit der jeweils zuständigen **Fachbehörde** erteilt. Sie folgt insofern dem Leitbild der Deregulierung des bauaufsichtlichen Verfahrens und der Vereinfachung des materiellen Baurechts. Eine besondere Dynamik entwickelt das Prinzip aufgrund der **Genehmigungsfiktion** des § 69 Abs. 1 S. 2 LBauO, wonach, falls die Baugenehmigung das **Einvernehmen** einer anderen Körperschaft pp. bedarf, das – vorbehaltlich abweichender Rechtsvorschriften[156] – als **erteilt** gilt, wenn es nicht innerhalb eines Monats nach Eingang des Ersuchens verweigert wird.

Mit der Verfahrenskonzentration wird das Baugenehmigungsverfahren zum „Schlüssel" der **Baufreigabe** eines Vorhabens. Der Bauherr kann im Regelfall, sobald er die Genehmigung erhalten hat, rechtmäßig mit dem Bau beginnen[157]. Den Bauaufsichtsbehörden wird damit eine besondere **Koordinationsverantwortung** zugewiesen, da ihnen im Konfliktfall die Letztverantwortung auch für baurechtsfremde Entscheidungen zufällt. Als **Kompensation** dafür sieht die **Baugebührenverordnung** für die mit der „konzentrierten" **Baugenehmigung** erteilten **anderen** öffentlich-rechtlichen **Gestattungen** einen **besonderen Tarif** vor[158], so dass diese für den Bauherrn nicht kostengünstiger ausfällt.

Im Einzelnen[159]**erteilt** die **Bauaufsichtsbehörde**, sofern es sich um genehmigungsbedürftige bauliche Anlagen (Maßnahmen) handelt, die **Fachgenehmigung** z.B. nach §§ 22 Abs. 1 S. 3 **StrWG** (Sondernutzung)[160]; 20 Abs. 2 S. 2 **LWaldG** (Waldabstandsgebot)[161], 113a **LWassG**[162] sowie 42 Abs. 1 S. 1 **NatSchAG**[163] jeweils **„im Einvernehmen"** mit der Fachbehörde. Vgl. ferner § 7 Abs. 1 S. 3 **DenkSchG**[164]: „Der Genehmigung bedarf es nicht, wenn bei Vorhaben nach § 77 Abs. 1 LBauO die Denkmalschutzbehörde zugestimmt hat".

Dagegen gilt das Konzentrationsprinzip **nicht** im Verhältnis von Bauordnungs- und **Gaststättenrecht.** Bau- und Gastgenehmigung kommen aufgrund voneinander unabhängiger Verfahren zustande. Im Verhältnis beider Erlaubnisse gilt das

156 Die Vorschrift enthält eine allgemeine Nachrangklausel für diejenigen Fälle, in denen abweichende **Fristen** durch Rechtsvorschrift vorgesehen sind. Dies betrifft insbesondere das jeweils innerhalb von **zwei** Monaten zu erteilende Einvernehmen der Gemeinde bzw. der Naturschutzbehörde nach §§ 36 Abs. 2 S. 2 BauGB bzw. 42 Abs. 1 NatSchAG M-V.

157 Vgl. LT-Drcks. M-V 4/1810 S. 87.

158 Vgl. **Baugebührenverordnung** v. 10.7.2006, GVOBl. M-V, S. 588, zul. geä. d. VO v. 15.9.2021, Gebührenverzeichnis Nr. 1.1.3 (abgedr. im Anhang).

159 Vgl. auch *Sauthoff*, NordÖR 2021.56 m. Nw.

160 V. 13.1.1993, zul. geä. d. G. v. 14.5.2024, GVOBl S.154.

161 V. 27.7.2011, zul. geä. d. G. v. 22.5.2021, GVOBl S. 790.

162 V. 30.11.1992, zul. geä. d. G. v. 14.5.2024, GVOBl S. 154.

163 V. 23.2.2010, zul. geä. d. G. v. 24.3.2023, GVOBl S. 546. – Sofern die Naturschutzbehörde nach § 42 Abs. 1 S. 2 NatSchG das Beteiligungsverfahren gem. §§ 30 NatSchAG, 63 BNatSchG durchzuführen hat, finden die §§ 63 Abs. 1 S. 3 (Entscheidung über das Einvernehmen) sowie 69 Abs. 1 S. 2 LBauO **keine** Anwendung.

164 V. 6.1.1998, zul. geä. d. G. 12.7.2010, GVOBl S. 383.

Trennungsmodell, so dass eine vorhandene **Bau-** keine fehlende Gast-(*Personal-*) Konzession und umgekehrt die vorhandene **Gast-** auch keine Bauerlaubnis ersetzt. Solange sich die Verhältnisse nicht ändern, entfaltet eine Baugenehmigung **Bindungswirkung** allerdings dahingehend, dass die Gastbehörde ihre Genehmigung nicht aus **baurechtlichen** Gründen versagen oder von einer erteilten Baugenehmigung abweichen darf: Überschneiden sich beide Genehmigungen, äußert die Bau- als **Anlagengenehmigung** insoweit Feststellungswirkung. Über die **planungsrechtliche Nutzung** und seine Vereinbarkeit mit **immissionsrechtlichen Vorgaben** eines Gastgrundstücks entscheidet die Bauordnungs- **ohne** Beteiligung der Gastbehörde mit grds. verbindlicher Wirkung[165].

Problematisch bleibt die Erteilung der Baugenehmigung, wenn im Verfahren zwar keine bauordnungsrechtlichen, dafür aber **Verstöße** gegen **Bundes-** bzw. baurechtliches Nebenrecht **offensichtlich** sind, die jedoch **mangels Konzentrationswirkung** nicht als „aufgedrängtes Recht" dem Prüfprogramm der Bauaufsichtsbehörde unterfallen – sog. „sonstiges öffentliches Recht ohne eigenständiges Genehmigungserfordernis" –, wie dies etwa mit § 22 BImSchG für **nicht-genehmigungsbedürftige** Anlagen der Fall ist. Als Ausweg wird diskutiert, die Baugenehmigung zwar zu erteilen, gleichzeitig aber in einem feststellenden Verwaltungsakt auf den Verstoß hinzuweisen bzw. bauaufsichtliche Maßnahmen nach § 58 Abs. 1 S. 2 LBauO zu ergreifen[166].

III.3 Die Bauvorlageberechtigung, §§ 65, 65a–d n. F. LBauO

Mit den §§ 65 bis 65d n. F. übernimmt die LBauO weitgehend die detaillierte **Regelung** zur **Bauvorlageberechtigung** der **MBO**. Die Neuregelung berücksichtigt nicht nur die im Vertragsverletzungsverfahren mit der Europ. Kommission erzielte Kompromisslösung[166a], sondern führt neben der bisher (ausschließlich Architekten und Ingenieuren vorbehaltenen) „Großen" auch eine „**Kleine**" (Handwerker-)**Bauvorlageberechtigung** ein. Die mit den §§ 65a ff. erfolgte Hereinnahme der eher berufsrechtlichen MBO-Eintragungsvorschriften in die LBauO anstelle einer Verlagerung in das Nebenrecht (was für die MBO nicht möglich war), hat allerdings eine gewisse Aufblähung des Abschnitts bewirkt.

Nach der – unverändert gebliebenen – **Grundnorm** des § 65 Abs. 1 S. 1 LBauO müssen Bauvorlagen für die nicht-verfahrensfreie Errichtung und Änderung von **Gebäuden** (abgesehen von Ausnahme nach Satz 2) von einem **bauvorlageberechtigten** Entwurfsverfasser erstellt werden, um sicherzustellen, dass nur die von qualifizierten Fachleuten gefertigten Bauzeichnungen und sonstigen technischen Unterlagen in das Genehmigungsverfahren Eingang finden[166b].

---

165 Vgl. BVerwGE 80. 259; *Kaiser*, a. a. O., § 41 Rdnr. 41; *Wehser*, NordÖR 2007, 435, 437.

166 Vgl. *Schlacke/Lege*, a. a. O., Rdnr. 145; *Sauthoff*, BauR 2013.415; *Kaiser*, a. a. O., § 41 Rdnr. 49; *Otto*, § 8 Rdnrn. 14 ff. (S. 144 f.).

166a Vertragsverletzungsverfahren betr. die Vorlagenberechtigung europäischer Ausländer (VVV 2018/2291, näher LT-Drcks. M-V 8/4645, S. 1).

Zum Kreis der – **uneingeschränkt – Bauvorlageberechtigten** gehört nach § 65 Abs. 2 S. 2 Nr. **1** LBauO, wer die Berufsbezeichnung „**Architekt**" tragen darf, ferner nach Nr. **2** n. F., wer in die von der **Ingenieur**-Kammer M-V geführte Bauvorlageberechtigten-Liste **eingetragen** ist oder – **ohne** Listeneintragung – gem. § 65d LBauO für vorübergehende/gelegentliche Dienstleistungserbringung bauvorlageberechtigt ist.[166c] **Weitere** – eingeschränkt – Berechtigte nennt § 65 Abs. 2 S. 2 Nr. 3 LBauO (Innenarchitekten) sowie Nr. 4 (Inhaber eines berufsqualifizierenden Hochschulabschlusses mit 2-jähriger Tätigkeit auf dem Gebiet der Entwurfsplanung).

§ 65 Abs. **3 Nr 1** lit. b und c **n. F.** LBauO **konkretisieren** dagegen die erwähnte „**Kleine" Bauvorlagenberechtigung** für bestimmte **Handwerksmeister** und staatlich geprüfte Techniker (ohne 2-jährige Berufspraxis) auf die in § 65 Abs. 1 S. 2 LBauO aufgeführten (geringfügigen) **Vorhaben** sowie für Gebäude der Klassen 1 und 2 mit Ausnahme von Sonderbauten[166d]. Mit dieser – umstrittenen – Neuregelung[166e] wird ein breiterer Kreis von Fachleuten für weniger komplexe Vorhaben bauvorlageberechtigt.

IV. Die Prüfung bautechnischer Nachweise – § 66 LBauO

Die in § 66 Abs. 1 S. 1 LBauO geregelte **Prüfung bautechnischer Nachweise** betrifft die Einhaltung der Anforderungen an die **Standsicherheit** sowie den Brand-, Schall-, Wärme- und Erschütterungsschutz. Die Prüfung erfolgt für **sämtliche** Vorhaben – mit Ausnahme der verfahrensfreien – nach der **Bauprüfverordnung**[167]. Nach § 66 Abs. 1 S. 2 schließt die Bauvorlagenberechtigung gem. § 65 Abs. 2 LBauO grds. die Berechtigung zur Erstellung bautechnischer Nachweise mit ein.

Soweit eine präventive Kontrolle der Vorschriften im **vereinfachten** Verfahren des § 63 LBauO **entfällt**, sind die **bautechnischen Nachweise kein** Bestandteil der mit dem Genehmigungsantrag gem. § 68 Abs. 2 LBauO einzureichenden **Bauvorlagen**; die Anforderungen an die bautechnischen Nachweise sind vom **Genehmigungsverfahren** abgekoppelt, die Prüfung erfolgt unabhängig von der Baugenehmigung[168].

166b Vgl. Fn. 11a sowie LT-Drcks. M-V 8/4363 bzw. 4645 v. 30.10.2024 bzw. 28.2.2025; *Otto*, a. a. O. § 7, Rdnrn. 40f. (S. 113). – Das nähere regelt die **BauvorlagenVO** (abgedr. im Anhang).

166c Die **Eintragungsvoraussetzungen** für die Liste nach § 65 Abs. 2 Nr. 2 regelt § 65a LBauO. – Das Eintragungsverfahren für die Fälle des § 65a Abs. 3 unterfällt § 65b LBauO. – Für diejenigen, die nicht in die Liste nach § 65a Abs. 2 oder 3 eingetragen werden können, sieht § 65c LBauO **Ausgleichsmaßnahmen** vor, vgl. LT-Drcks. M-V 8/4645, S. 10f.

166d Die nach § 65 Abs. 3 Nr. 1 LBauO Bauvorlageberechtigten sind gem. Abs. 4 in ein von der Ing. Kammer MV zu führendes **Verzeichnis** der **eingeschränkt** Bauvorlageberechtigten einzutragen.

166e Vgl. nur die krit. Stellungnahme des M-V Städte- u. Gemeindetages sowie der Ing. Kammer, LT-Drcks. M-V 8/4263, S. 10f.: Gefahr von Qualitätsverlusten und erhöhter Arbeitsaufwand für die Behörden.

167 Verordnung über die Prüfingenieurinnen, Prüfingenieure, Prüfsachverständige und die Prüfung technischer Anlagen (**Bauprüfverordnung** – BauPrüfVO M-V) v. 14.4.2016, GVOBl. M-V S. 17, zul. geä. d. VO v. 11.6.2021, GVOBl S. 1019.

168 Vgl. näher *Sauthoff*, NordÖR 2021.57.

Der nach §§ 63 Abs. 1 S. 2, 64 S. 2 unberührt bleibende § 66 LBauO[169], sieht in Abhängigkeit vom Risikopotenzial der Vorhaben für die Prüfung der bautechnischen Nachweise ein **dreistufiges Sicherungsmodell** vor:

- Gem. § 66 Abs. **1** S. 2 **n. F.** LBauO **schließt** die (allgemeine) **Bauvorlageberechtigung** nach § 65 Abs. **2** Nr. 1 und 2 sowie Abs. **3** Nr. 3 LBauO grds. auch die **Berechtigung** zur **Erstellung** bautechnischer Nachweise ein, sofern die nachfolgenden Vorschriften nichts Abweichendes bestimmen **(1. Stufe)**.
- Für Vorhaben mit **erhöhtem** Risikopotenzial fordert Abs. **2** für bestimmte bautechnische Nachweise eine zusätzliche oder besondere Qualifikation **(2. Stufe)**. So muss nach Satz 1 der **Standsicherheitsnachweis** bei Gebäuden der Gebäudeklassen (GK) 1 bis 3 und sonstigen baulichen Anlagen von einem eingetragenen Architekten oder Bauingenieur mit mindestens dreijähriger Berufserfahrung in der Tragwerksplanung (sog. qualifizierter Tragwerksplaner) **erstellt sein.** Besondere Anforderungen werden auch an die Erstellung des **Brandschutznachweises** bei bestimmten Bauvorhaben der GK 4 gestellt. Hier muss der Nachweis von einem sog. qualifizierten Brandschutzplaner[170] erstellt werden, welcher die in Abs. 2 S. 3 näher aufgezählten Anforderungen erfüllt.
- Eine **bauaufsichtliche** Prüfung der **bautechnischen Nachweise** erfolgt auf der **3. Stufe** gem. § 66 Abs. **3** LBauO lediglich bei solchen Vorhaben, die hinsichtlich der bautechnischen Schwierigkeit und/oder des vorhandenen Risikopotentials **besondere** Anforderungen stellen und deshalb ein **Festhalten** am **„Vier-Augen-Prinzip"** in Form einer präventiven hoheitlichen Prüfung erfordern. Auf dieser Stufe sind die **Standsicherheitsnachweise** gem. § 66 Abs. 3 S. **1** Nr. 1 sowie Nr. 2 LBauO bei Gebäuden der GK 4 und 5 sowie bei bestimmten *sonstigen* baulichen Anlagen der GK 1-3[171] von der **Bauaufsichtsbehörde** zu **prüfen**. Gleiches gilt gem. Abs. 3 S. **2** für **Brandschutznachweise** bei Sonderbauten, Mittel- und Großgaragen i.S.d. Garagenverordnung[172] sowie bei Gebäuden der GK 5. In den Fällen des § 66 Abs. 1 und 2 erfolgt dagegen **keine** bauaufsichtliche Prüfung (vgl. § 66 Abs. 4 S. 1 LBauO).

V. „Abweichungen" (Ausnahmen und Befreiungen) – § 67 LBauO

Für die Zulassung von **Abweichungen** von allgemeinen baurechtlichen Anforderungen gilt seit 2006 die **einheitliche** Regelung des § 67 LBauO anstelle der früheren Differenzierung zwischen Ausnahmen und Befreiungen. Der Sache nach handelt es

169 Vgl. OVG M-V, Beschl. v. 5.7.2017 – 3 M 179/17.

170 Einzelheiten zu den qualifizierten Tragwerks- und Brandschutzplanern enthält das **Architekten- und Ingenieurgesetz** (ArchIngG M-V) v. 18.11.2009, GVOBl. M-V S. 646, zul. geä. d. Art. 1 d. G. v. 19.3.2021, GVOBl M-V S. 270 bzw. v. 18.3.2025, GVOBl M-V S. 130.

171 Vgl. näher den Kriterienkatalog der Anlage 2 der BauvorlagenVO M-V (Fn. 53); betroffen sind Gebäude der GK 1 bis 3, also Behälter, Brücken, Stützmauern, Tribünen sowie sonstige bauliche Anlagen, die keine Gebäude sind, mit einer Höhe von mehr als 10 Metern, nicht jedoch Wohngebäude der GK 1 und 2. – Zum Umfang der Prüfungspflichten seitens der Bauaufsichtsbehörden sowie zum vorl. Rechtsschutz nach § 123 VwGO vgl. OVG M-V, Urt. v. 17.6.2015 – 3 L 50/13; ferner die **Handlungsempfehlungen zum Vollzug** der LBauO M-V 2006 (Stand 2013), S. 31 f.

172 Vgl. Fn. 18.

sich bei dieser Regelung, die als Ausgleich für die Abschaffung der in der LBauO a. F. enthaltenen Ermessensnormen dient[173], um eine **Befreiungsmöglichkeit** unter erleichterten Voraussetzungen.

Nach § 67 Abs. 1 S. 1 LBauO kann die Bauaufsichtsbehörde **Abweichungen** von der LBauO (oder einer aufgrund der LBauO erlassenen **Rechtsverordnung)**; nicht aber von denjenigen des BauGB **zulassen**, wenn sie unter Berücksichtigung des **Zwecks** der jeweiligen Anforderung und unter **Abwägung** der **nachbarlichen** mit den **öffentlichen Belangen** und insbes. den Anforderungen des § 3 LBauO vereinbar sind. Auch die **Erteilung** einer Abweichung von den **abstandsrechtlichen** Vorschriften ist nicht ausgeschlossen, sofern der Sachverhalt vom gesetzlich geregelten Normalfall deutlich abweicht, z. B. eine besondere städtebauliche Situation vorliegt. Es muss sich jedenfalls um eine „**Grundstücksbezogene Atypik**" handeln, § 67 LBauO ist „kein Instrument zur Legalisierung gewöhnlicher Rechtsverletzungen"[174].

Konkret erfordert § 67 LBauO eine Würdigung der Interessen des **Bauherrn** an der Erteilung der **Abweichung** und derjenigen des **Nachbarn** an der **Einhaltung** der prinzipiellen Vorschriften des Bauordnungsrechts sowie an einer Verhinderung von Beeinträchtigungen durch die Abweichung, wobei derjenige, der sich auf die Gesetzeslage berufen kann, bei der Interessenabwägung einen „gewissen" Vorteil besitzt[175]. Vorrangiges Ziel ist es, das Schutzziel der jeweiligen bauordnungsrechtlichen Norm zu erreichen. Die im Ermessen der Bauaufsichtsbehörde stehende **Erteilung** einer Abweichung, bezweckt insgesamt eine bessere **Vollzugstauglichkeit** und **Flexibilisierung des materiellen Bauordnungsrechts**[176].

Für die Zulassung von Abweichungen nach § 67 Abs. 1 LBauO von den Festsetzungen eines B-Plans bzw. sonstiger städtebaulicher Satzungen sowie den Bestimmungen der BauNVO ist gem. Abs. **2** S. 1[177] ein Antrag erforderlich, über den gem. § 57 Abs. 1 Nr. 1, Abs. 2 LBauO regelmäßig die unteren Bauaufsichtsbehörden entscheiden. Demgegenüber sind nach § 67 Abs. **3** i. V. m. Abs. 2 S. 1 LBauO für Abweichungen von örtlichen Bauvorschriften sowie für Ausnahmen und Befreiungen bei verfahrensfreien Vorhaben die **Gemeinden** zuständig[178].

173 Vgl. *Schlacke/Lege*, a. a. O., Rdnr. 118.

174 Vgl. OVG M-V, Urt v. 4.12.2013 – 3 L 143/10; aber Beschl. v. 12.11.2014 – 3 M 1/14, betr. Modifikation für Windenergieanlagen.

175 OVG M-V, Beschl. v. 29.5.2019 – 3 M 229/19: *Sauthoff*, NordÖR 2021.3, 5.

176 OVG M-V, Beschl. v. 12.9.2008, BauR 2009. 1433=NordR 2009.83.

177 Dazu LT-Drcks. M-V 6/3830 S. 53.

178 Hintergrund dieser Regelung ist der Gedanke, dass verfahrensfreie Vorhaben nur geringe bauaufsichtliche Relevanz und minimales planungsrechtliches Gewicht haben, so dass Entscheidungen den örtlichen Behörden überlassen werden können.

VI. Weitere Vorschriften des Genehmigungsverfahrens – §§ 68 bis 77 LBauO

VI.1 Bauantrag und Bauvorlagen; Behördenbeteiligung – §§ 68, 69 LBauO

Nach § 68 Abs. 1 und 2 LBauO ist der **Bauantrag** bei der Bauaufsichtsbehörde mit den für die Bearbeitung erforderlichen Unterlagen einzureichen. Die nach Abs. 1 bisher erforderliche Schriftform ist ebenso wie das Unterschriftserfordernis des Abs. 4 S. 1 a. F. entfallen[179]: die Art und Weise der (elektronischen) Antragstellung wird nunmehr in § 2 Abs. 1 bis 3 der Bauvorlagenverordnung[180] geregelt.

§ 69 Abs. 1 S. **1** LBauO betrifft die **Beteiligung** von **Verwaltungsträgern** und **Behörden** bei der Behandlung des Bauantrags. Die in Abs. 1 S. 1 1. HS prinzipiell vorgeschriebene **Anhörung** der **Gemeinde** und **sonstiger** zu beteiligender **Stellen** entfällt nach dem 2. HS, sofern diese dem Bauantrag bereits vor Einleitung des Genehmigungsverfahrens zugestimmt haben. Damit erhält der Bauherr die Möglichkeit, das Vorhaben mit der Gemeinde bzw. den zu beteiligenden Fachbehörden schon im Vorfeld des Verfahrens abzuklären und so einen Beschleunigungseffekt zu erzielen.

Abs. 1 S. **2** enthält eine Zustimmungsfiktion, wonach – falls die Baugenehmigung das Einvernehmen einer anderen Körperschaft pp. bedarf – dieses grds. als **erteilt** gilt, wenn es nicht innerhalb eines Monats verweigert wird. Die Fiktion hat ausschließlich verfahrensrechtliche Konsequenzen und besitzt keine Wirkung auf die materiellrechtliche Situation. Gem. Abs. 1 S. **3** bleiben **verspätete** Stellungnahmen **beteiligter** Stellen **unberücksichtigt**, es sei denn, die Stellungnahme ist für die Rechtmäßigkeit der Entscheidung über den Bauantrag insofern von Bedeutung, als die Genehmigung dem maßgebenden öffentlichen Recht entsprechen muss[181].

§ 69 Abs. 2 **n. F.** LBauO[181a] schreibt für den Fall **unvollständiger** oder mit sonstigen erheblichen Mängeln behafteter **Bauanträge** zwingend vor, dass die Bauaufsichtsbehörde den Bauherrn zur Mängelbeseitigung innerhalb angemessener Frist auffordert, andernfalls gilt der Antrag als zurückgenommen, sofern der Antragsteller auf diese Rechtsfolge hingewiesen wurde.

179 Vgl. 4. ÄndG (vgl. Fn. 9); damit wird die Möglichkeit eröffnet, den Antrag elektronisch, z. B. per E-mail zu stellen, vgl. LT-Drcks. M-V 7/5864, S. 16.

180 Vgl. Fn. 53.

181 Diese sachgerechte Regelung ermöglicht es der Bauaufsichtsbehörde, den Eingang einer zwingend erforderlichen (verspäteten) Stellungnahme gegebenenfalls abzuwarten. Damit kann sie ihre trotz Beteiligung anderer Stellen fortbestehende Außenverantwortung für die Rechtmäßigkeit der Entscheidung über den Bauantrag effektiv wahrnehmen und muss nicht „sehenden Auges" rechtswidrige Entscheidungen treffen.

181a Vgl. Fn. 11a

VI.2 Nachbarbeteiligung – § 70 LBauO

Aufgrund der in § 70 Abs. 1 S. 1 LBauO nicht abschließend[182] geregelten **Nachbarbeteiligung** *sollen*[183] (nur) die **Eigentümer** benachbarter Grundstücke („Nachbarn") vor **Erteilung** von **Abweichungen**/Befreiungen **benachrichtigt** werden, wenn möglicherweise deren geschützte Interessen berührt werden[184]. Durch diese Formulierung werden vor allem **obligatorisch** Berechtigte (Mieter und Pächter) aus dem Kreis der zu Benachrichtigenden **ausgeschlossen**. Nach Abs. 1 S. 2 sind **Einwendungen** von „Nachbarn" innerhalb von zwei Wochen nach Zugang bei der Bauaufsichtsbehörde in Textform[185] oder zur Niederschrift zu erheben.

Die erforderliche Benachrichtigung der Nachbarn **entfällt** nach Abs. **2** n. F., sofern diese dem Vorhaben **zugestimmt** haben. Nach Abs. **3** ist ihnen für den Fall, dass sie dem Vorhaben **nicht** zustimmen, die **Baugenehmigung** zuzustellen; sie kann durch öffentliche Bekanntmachung **ersetzt** werden, sofern mehr als 20 Nachbarn betroffen sind („Massenverfahren").

Nach Abs. **4** S. 1 wird die vorgesehene Nachbarbeteiligung auch auf Antrag des Bauherrn durch öffentliche **Bekanntmachung ersetzt**, wenn die bauliche Anlage geeignet ist, die Nachbarschaft oder die Allgemeinheit zu gefährden, zu benachteiligen oder zu belästigen. Aufgrund des Abs. 4 S. 2 n. F. sind die entscheidungserheblichen Unterlagen einen Monat zur Einsicht auszulegen, danach sind alle öffentlich-rechtlichen **Einwendungen** gegen das Vorhaben **ausgeschlossen**.

VI.3 Ersetzung des gemeindlichen Einvernehmens – § 71 LBauO

§ 71 LBauO betrifft die **Ersetzung** des in § 36 Abs 1 S. 1 BauGB geregelten, rechtswidrig versagten **gemeindlichen Einvernehmens**[186] für Vorhaben nach den §§ 31 ff. BauGB, sofern Baubehörde und Gemeinde nicht identisch sind[187]. Sie erfolgt nach § 71 Abs. 1 S. 2 LBauO seitens der **Genehmigungsbehörde** (vgl. § 4 AG-BauGB M-V) durch **Erteilung der Baugenehmigung**[188] und stellt nach Abs. 3 eine begründungspflichtige Ersatzvornahme dar. Falls die Behörde die Ersetzung des Einvernehmens **ablehnt**, muss der **Bauherr** Verpflichtungsklage auf Erteilung der **Baugenehmigung** gegen die Baubehörde erheben, da die Ersetzung mangels Außenwirkung keine VA-Qualität besitzt.

182 Weitere Beteiligungsrechte des Nachbarn können aus § 13 LVwVfG folgen, näher *Sauthoff*, NordÖR 2021.59.

183 Zu dieser „Sollvorschrift" vgl. näher *Schlacke/Lege*, a. a. O., Rdnr. 146 m. Hinw. auf OVG M-V, Urt. v. 2.7.2003, NordÖR 2003.424.

184 Näher LT-Drcks. M-V 6/3830 S. 23; *Sauthoff*, NordÖR 2016. 177, 188 f.; *Schlacke/Lege*, a. a. O., Rdnr. 146.

185 So die neue Formulierung aufgrund des 4. ÄndG zur LBauO (Fn. 9).

186 Näher *Schlacke/Lege*, a. a. O., Rdnrn. 111 ff.

187 Anders in den kreisfreien und großen kreisangehörigen Städten.

188 Die **Gemeinde** kann die Ersetzung des Einvernehmens durch Erteilung der Baugenehmigung seitens der Bauaufsicht als VA anfechten und muss dafür im Rahmen des § 113 Abs. 1 VwGO vortragen, dass die Ersetzung **rechtswidrig** erfolgte. Ferner besteht die Möglichkeit, die Ersatzvornahme anzufechten. Beide Rechtsbehelfe besitzen keine aufschiebende Wirkung, vgl. § 212a BauGB; näher *Otto*, a. a. O., § 8 Rdnrn. 1 ff. (139 f.) mit Beispiel.

VI.4 Baugenehmigung, Baubeginn – § 72 LBauO

VI.4.1 Grundsätze

Nach der Grundnorm des § 72 Abs. 1 LBauO besteht ein **Anspruch** auf **Erteilung** der **Baugenehmigung**, die in Form eines mitwirkungsbedürftigen VA (i.S.d. § 35 LsVwVfG)[189] ergeht, wenn dem Vorhaben keine öffentlich-rechtlichen, im Zeitpunkt der Genehmigungserteilung geltenden und zu **prüfenden** Vorschriften entgegenstehen. Sie bedarf nach § 72 Abs. 3 LBauO der **Schriftform,** einer Begründung jedoch nur, sofern für Abweichungen/Befreiungen von nachbarschützenden Vorschriften die nach § 70 Abs. 2 LBauO erforderliche Zustimmung **fehlt**. Im **Genehmigungsverfahren** nach §§ 68 ff. LBauO erfolgt eine **präventive** Kontrolle des Vorhabens, an dessen Abschluss mit **Erteilung** der Genehmigung das bis dahin vorläufige Bauverbot aufgehoben wird[190].

Die **Bauerlaubnis** verfügt über einen **feststellenden** sowie einen **verfügenden Teil.** Mit dem **feststellenden** Teil wird bestätigt, dass das Vorhaben mit dem Prüfprogramm der öffentlich-rechtlichen Vorschriften der §§ 63 f. LBauO im Einklang steht und dies ggf. auch fachfremdes Recht umfasst. Die mit ihr verbundene sog. **Legalisierungswirkung schützt** gegenüber „Bauaufsichtsbehörden, anderen Behörden und … Nachbarn"[191] dahingehend, dass ggf. **entgegenstehende** öffentlich-rechtliche Bestimmungen dem genehmigten **Vorhaben nicht entgegengehalten** werden können; es genießt insoweit **(formellen) Bestandsschutz**[192]. Aufgrund der Legalisierungswirkung umfasst der – **aktive** – Bestandsschutz ferner die Instandhaltung oder Modernisierung der baulichen Anlage, soweit dafür keine neue Genehmigung erforderlich ist[193].

Der **verfügende** Teil der **Genehmigung** markiert die **Beseitigung** des **präventiven Bauverbots**, die **Baufreigabe** als Beginn des Vorhabens (vgl. § 72 Abs. 7 LBauO) und umfasst sowohl den **Baukörper** als auch dessen beabsichtigte **Nutzung**: „Mit der Baugenehmigung ist über die Zulässigkeit der Errichtung des Baukörpers und diejenige der Nutzung grds. einheitlich zu entscheiden"[194].

Die Baugenehmigung wird nach § 72 Abs. 5 LBauO unbeschadet der **Rechte Dritter** erteilt, besitzt also keine privatrechtsgestaltende Wirkung, wirkt aber gem. § 58 Abs. 2 LBauO auch für bzw. gegen den **Rechtsnachfolger**. Mit der Bauausführung darf nach § 72 Abs. 7 LBauO **begonnen** werden, sobald dem Bauherrn die Genehmigung

189 Vgl. näher *Wickel*, JURA 2019.276.
190 Zur repressiven, nachträglichen Überwachung mit Eingriffsbefugnissen vgl. §§ 78 ff. LBauO.
191 *Kersten*, a.a.O., Rdnr. 431; *Otto*, a.a.O., § 8 Rdnr. 5 (S.141); *Schulte/Wittrahm*, JA 2018.605.
192 Vgl. näher zu den Konsequenzen des Bestandsschutzes für die repressive Kontrolle unter Abschn. 4, Erl. I.4.3.
193 *Otto*, a.a.O., § 10 Rdnr. 31 (S. 202) – Genehmigungsanspruch nur auf gesetzl. Grundlage; *Sauthoff*, NordÖR 2021.53.
194 Vgl. OVG M-V, Beschl. v. 24.7.2014 (LS 1), NordÖR 2014.485; näher *Sauthoff*, NordÖR 2021.60 f.

und der Behörde die Baubeginnsanzeige zugegangen ist[195]. § 73 LBauO begrenzt die **Geltungsdauer** der **Baugenehmigung** auf grds. **drei Jahre** seit Erteilung mit Verlängerungsmöglichkeit um ein weiteres Jahr. Eine rechtmäßige Genehmigung kann **widerrufen** werden, falls z. B. schwere Nachteile für das Gemeinwohl zu erwarten sind (vgl. § 49 Abs. 2 Nr. 5 LVwVfG), nach § 48 LVwVfG kann eine rechtswidrige Genehmigung **zurückgenommen** werden[196].

VI.4.2 Nebenbestimmungen zur Baugenehmigung

§ 72 Abs. 4 LBauO schafft die gesetzlichen Voraussetzungen für den Erlass von **Nebenbestimmungen** zur Baugenehmigung in Form von **Bedingungen** und **Auflagen**. Die Behörde kann die Genehmigung – anstatt sie abzulehnen – auch unter einer (aufschiebenden) Bedingung (§ 36 Abs. 1 HS. 2 LVwVfG) erteilen[197], wobei der „Zweck der Baugenehmigung zu berücksichtigen (ist), die Erfüllung aller im Verfahren zu prüfenden öffentlich-rechtlichen Voraussetzungen sicher zu stellen." Auflagen kommen nur in Betracht, wenn dem Adressaten eine **eigenständige Verpflichtung** auferlegt werden soll, nicht aber um die Regelungswirkungen des Grund-VA zu beschränken[198].

Gegen **Nebenbestimmungen** ist eine Anfechtungsklage statthaft, sofern diese als selbständiger VA zu qualifizieren sind. Bei sog. modifizierenden Nebenbestimmungen (Inhaltsbestimmungen) kommt eine Verpflichtungsklage (auf die uneingeschränkte Baugenehmigung) in Betracht.

VI.5 Besondere Genehmigungen

VI.5.1 Die Typengenehmigung – § 72a LBauO

Mit § 72a LBauO n. F.[199] wird die sog **Typengenehmigung** nach dem Vorbild der MBauO aus Gründen der „Verwaltungsvereinfachung" – Bauvorhaben sollen verkürzt und Kosten eingespart werden – in die LBauO aufgenommen. Nach Abs. 1 S. 1 kann für bauliche Anlagen, die in **derselben** oder in **unterschiedlicher** Ausführung an **mehreren** Stellen errichtet werden sollen, auf Antrag eine Typengenehmigung durch die oberste Bauaufsichtsbehörde (§ 57 Abs. 1 S. 1 Nr. 2 LBauO) erteilt werden, wodurch „generell" bestätigt wird, dass die Konstruktion den bauordnungsrechtlichen Anforderungen der LBauO sowie den Ausführungsvorschriften entspricht. Das gleiche gilt gem. Abs. 1 S. 2 für bauliche Anlagen in **unterschiedlicher** Ausführung,

195 Vgl. näher *Battis*, a. a. O., Rdnrn. 535 ff.; *Kaiser*, a. a. O., § 41 Rdnrn. 55 f.; *Otto*, a. a. O., § 8 Rdnrn. 2 ff. (S. 139 ff.); *Lindner/Struzina*, JuS 2016. 226, 227. – Nach § 72 Abs. 10 LBauO darf die Baubehörde den Baubeginn sowie die Lage des Grundstücks anderen Behörden zur Bekämpfung der Schwarzarbeit übermitteln, näher LT-Drcks. M-V 6/3830 S. 24.

196 Vgl. *Otto*, a. a. O., § 8 Rdnrn. 102 ff. (S. 170 f.), dort auch Nw. zum Beginn der Jahresfrist des § 48 Abs. 4 LVwVfG für die Rücknahme der Baugenehmigung.

197 Vgl. *Otto*, a. a. O., § 8 Rdnrn. 92 ff. (S. 167).

198 OVG M-V, Beschl v. 24.7.2014 – 3 M 6/14 (LS 3); näher insbes. zu *Bedingungen* als Voraussetzung einer Nutzungsaufnahme vgl. *Sauthoff*, NordÖR 2021.61.

199 Vgl. 4. ÄndG (Fn. 9), näher LT-Drcks. M-V 7/5864 S. 17; *Otto*, § 8 Rdnrn 144 ff. (S. 182 f.); *Kersten*, a.a O., Rdnr. 441.

die nach einem bestimmten System und aus mehreren Bauteilen an **mehreren** Stellen errichtet werden sollen.

Die Typengenehmigung besitzt nach Abs. 2 Gültigkeit grds. für fünf Jahre mit Verlängerungsmöglichkeit. Sie garantiert keine allgemeine Verwendung der Baukonstruktion unabhängig vom **Planungsrecht** und entbindet nach Abs. 4 S. 1 – abgesehen von Fällen der Genehmigungsfreistellung – nicht von der Verpflichtung zur Durchführung eines bauaufsichtlichen Verfahrens. Allerdings werden nach Abs. 4 S. 2 die bereits mit der **Typengenehmigung** entschiedenen Fragen nicht mehr geprüft.

VI.5.2 Weitere Genehmigungsarten

Aufgrund der in § 74 LBauO n. F. geregelten **Teilbaugenehmigung** kann dem Bauwilligen schon **vor Genehmigungserteilung** der **Beginn** der Arbeiten auf „in Textform" gestellten Antrag für **einzelne** Bauteile bzw. Abschnitte gestattet werden; sie dient damit der **zeitlichen** Vorverlegung des Baubeginns[200]. § 75 LBauO vermittelt zu einzelnen Teilen des Vorhabens auf die beantragte **Erteilung** eines **Bauvorbescheids** (auch „Bebauungsgenehmigung") grundsätzlich einen Anspruch[201]. Die detaillierte **Regelung** des § 76 LBauO betrifft die (Ausführungs-)Genehmigung sog. **Fliegender Bauten**[202], die, wie z. B. Tribünen und Verkaufsstände, an verschiedenen Orten wiederholt aufgestellt und zerlegt werden können. § 77 LBauO regelt die **Zustimmung** zu Vorhaben **öffentlicher Bauherren**[203].

ABSCHNITT 4
Repressive bauaufsichtliche Maßnahmen – §§ 78 bis 80a LBauO

I. Bauaufsichtliche „Standardmaßnahmen"

I.1 Allgemeines

Der 4. Abschnitt enthält außerhalb der sog. **Generalklausel** des § 58 Abs. 1 S. 2 LBauO eine Reihe spezieller, sog. **Standardbefugnisse,** welche die Bauaufsichtsbehörden zu **repressiven bauordnungsrechtlichen** Maßnahmen ermächtigen. So regelt § 78 LBauO zunächst die Befugnis, Verbote gegen die Verwendung unrechtmäßig ausgezeichneter **Bauprodukte** (§ 21 LBauO) auszuprechen[204]. Aufgrund der anschließenden, besonders praxisrelevanten Befugnisse der §§ 79, 80 LBauO sind sie ferner berechtigt, **Baueinstellungs**– und **Abrissverfügungen** sowie **Nutzungsuntersagungen** zu erlassen, wobei übereinstimmend vorausgesetzt wird, dass das Vorhaben

200 Dazu *Kersten,* a. a. O., Rdnr. 438 f.
201 Dazu *Kersten,* a. a. O., Rdnr. 435; *Otto,* a. a. O., § 8 Rdnrn. 106 ff. (S. 171).
202 Dazu *Kersten,* a. a. O., Rdnr. 440.
203 Näher *Sauthoff,* NordÖR 2016, 177, 190.
204 Näher *Otto,* a. a. O., § 6 Rdnrn. 18 ff. (S. 88 f.).

öffentlich-rechtliche Vorschriften verletzt. § 80a LBauO n. F. regelt schließlich die behördliche Befugnis, für bestehende bauliche Anlagen **Anpassungen** zu verlangen.

I.2 Formelle und materielle Baurechtswidrigkeit

Formell baurechtswidrig ist ein Vorhaben, das gegen die **LBauO** verstößt, indem es ohne die erforderliche **Genehmigung**[205] oder Zustimmung **errichtet** oder **begonnen** wurde bzw. wesentlich davon **abweicht** oder bei dem die Arbeiten nach einer **Rücknahme** der Genehmigung **fortgesetzt** werden[206]. Falls gegen die Baugenehmigung **Nachbarwiderspruch** eingelegt wird, dem wegen § 212a BauGB die aufschiebende Wirkung fehlt, und die Arbeiten (zunächst) auf der Baustelle fortgesetzt werden, dem Widerspruch aber anschließend **stattgegeben wird**, kann die **formell rechtswidrig** gewordene Baugenehmigung mit Wirkung ex tunc zurückgenommen werden[207].

Zu berücksichtigen ist, dass mit der Deregulierung des Baugenehmigungsverfahrens die **formelle** Baurechtswidrigkeit der Vorhaben an **Bedeutung** verloren hat und bei verfahrensfreien Vorhaben (§ 61 LBauO) ganz ausscheidet, während genehmigungsfreie (lediglich anzeigepflichtige) Vorhaben jedenfalls dann formell baurechtswidrig sind, wenn Bauunterlagen entweder entgegen § 62 Abs. 3 S. 1 LBauO **nicht eingereicht** und somit das erforderliche Verwaltungsverfahren nicht abgeschlossen wurde oder von den **eingereichten** Unterlagen bei der Bauausführung **abgewichen** wird[208].

Materiell baurechtswidrig ist ein Vorhaben, das den einschlägigen öffentlich-rechtlichen Vorschriften des **Bauplanungs-** und/oder **Bauordnungsrechts**[209] bzw. des sonstigen **Fachrechts**[210] widerspricht.

Für den Erlass von Bauordnungsverfügungen wird grds. die formelle **und** materielle, also „**doppelte**" Baurechtswidrigkeit des Vorhabens vorausgesetzt[211]. Grund dafür ist Art. 14 Abs. 1 GG, aufgrund dessen das grundrechtlich geschützte **Eigentum** nur auf gesetzlicher Grundlage beschränkt werden darf: „In Bezug auf Grundstücke schützt Art. 14 Abs. 1 S. 1 GG … das Recht, ein Grundstück baulich zu nutzen. … Das Recht der baulichen Nutzung … ist allerdings … nur im Rahmen der Gesetze geschützt …, die im Sinne von Art. 14 Abs. 1 S. 2 GG **Inhalt und Schranken des Eigentums** bestimmen … **Welche** Befugnisse einem Eigentümer in einem bestimmten Zeitpunkt konkret zustehen, wird … durch die Gesamtheit aller … verfassungsmäßi-

205 So z. B. im Fall des OVG M-V, Beschl. v. 3.12.2008 – 3 M 152/08: Versiegelung einer Anlage im Anschluss an einen Baustopp wegen fehlender Baugenehmigung.

206 Näher *Otto*, a. a. O., §§ 12 und 13 (S. 212 ff.).

207 Vgl. OVG M-V, Beschl. v. 17.4.2017- 3 L 134/14; *Sauthoff*, NordÖR 2021.105: „Handeln des Bauherrn auf eigenes Risiko".

208 Vgl. *Kaiser*, a. a. O., § 41 Rdnr. 119; *Schoch*, Jura 2005.178, 181 (Anzeige- bzw. Kenntnisgabepflicht verletzt).

209 Dazu gehören z. B. die Abstandsvorschriften des § 6 LBauO.

210 Vgl. Urt. des OVG M-V v. 1.7.2015 – 3 L 62/10 – betr. Denkmalschutzrecht

211 Vgl. *Otto*, a. a. O., § 13 Rdnrn. 10 ff. (S. 219); *Kaiser*, a. a. O., § 41 Rdnrn. 128 ff.; vgl. aber OVG M-V, Beschl. v. 31.8.1999, NordÖR 2000.126: Formelle Baurechtswidrigkeit genügt, wenn keine **Substanzverluste** zu befürchten sind.

gen, die Eigentümerstellung regelnden Vorschriften des **bürgerlichen** und **öffentlichen Rechts** festgelegt. … Inhalt und Schranken der erlaubten Grundstücksnutzung werden daher insbes. ..von den bauplanungsrechtlichen Vorgaben bestimmt, denen das ... Grundstück unterliegt"[212].

Soweit sich bauliche Anlagen im Rahmen des öffentlichen Rechts bewegen, besteht **Baufreiheit** und damit ein **Anspruch** auf Erteilung der **Baugenehmigung** mit anschließendem **Bestandsschutz**[213]. Die auf der Eigentumsgarantie beruhende Baufreiheit unterliegt damit zwar dem „präventiven Verbot mit Erlaubnisvorbehalt" des § 72 LBauO, Bauordnungsverfügungen setzen aber voraus, dass das Bauvorhaben gegen die **gesetzlich konkretisierten Schranken** von BauGB, BauNVO und LBauO etc. verstößt und damit auch **materiell** baurechtswidrig ist. Da die Ermächtigungsgrundlagen der §§ 79 f. LBauO jeweils in **unterschiedlich intensiver** Weise auf das Eigentumsgrundrecht einwirken, wird dem aus Gründen der **Verhältnismäßigkeit** Rechnung getragen und jedenfalls bei Abrissverfügungen, mit denen „vollendete Tatsachen" geschaffen werden, grds. die „doppelte" Baurechtswidrigkeit der Anlage vorausgesetzt.

Taugliche **Adressaten** für bauordnungsrechtliche Standardmaßnahmen sind Handlungs- und Zustandsstörer nach den §§ 69 f. SOG[214]. Auf der **Rechtsfolgenseite** gilt für den Erlass der verschiedenen Maßnahmen übereinstimmend sog. **intendiertes Ermessen**, das die Bauaufsichtsbehörde bei Vorliegen der Tatbestandsvoraussetzungen der Befugnisnorm zum Einschreiten **verpflichtet** und allenfalls geringe(re) Anforderungen an die Ermessens-**Ausübung** stellt. Zwar ist grds. Entschließungs- und Auswahlermessen auszuüben, eine **Abwägung** der unterschiedlichen Interessen der Beteiligten sowie eine Begründung der Entscheidung (§ 39 LVwVfG) gelten jedoch als entbehrlich[215].

I.3 Die Baueinstellung (Stilllegung) – § 79 LBauO

I.3.1 Grundsätze

§ 79 Abs. 1 S. **1** LBauO regelt die Befugnis der Bauaufsichtsbehörden zum Erlass von Verfügungen zur **Arbeitseinstellung** bei baulichen (sowie nicht-baulichen) Anlagen **(Baustopp)**, welche im Widerspruch zu öffentlich-rechtlichen Vorschriften **errichtet**, **verändert** oder **beseitigt** werden[216]. Abs. 1 S. **2** ergänzt diese Regelung um eine Aufzählung von Einzeltatbeständen und greift bei **vorzeitigem Beginn** der (genehmig-

212 Vgl. BVerfG, NVwZ-RR 1996. 483 – Nassauskiesung; vgl. nunmehr Beschl. v. 29.4.2022 – 3 BvL 2/17 ff.; ferner OVG Lbg., Beschl. v. 15.2.2022 – 1 LA 153/20.

213 Vgl. näher unten Erl. I.4.3.

214 Vgl. *Sauthoff*, NordÖR 2021.105.

215 OVG M-V, Beschl. v. 3.12.2008 – 3 M 152/08, v. 14.11.2013 – 3 M 222/13, v. 6.12.2013, NordÖR 2014. 320; OVG NRW, NVwZ-RR 2016. 529 f.; *Otto*, a.a.O., § 12 Rdrn. 7 f. sowie § 14 Rdnr. 9 (S. 214 bzw. 237 f.); *Schoch*, Jura 2005.182 Fn. 73 ff.; *Muckel*, JA 2018. 157 f.

216 Dazu *Otto*, a.a.O., § 12 Rdnr. 1 ff. (S. 212 ff.); *Kaiser*, a.a.O., § 41 Rdnr. 119 f.; *Kersten*, a.a.O. Rdnrn. 444 ff.

ten) **Bauausführung** (Nr. 1, vgl. § 72 Abs. 7 bzw. 9 LBauO) sowie dann ein, wenn bei genehmigungsbedürftigen von den **genehmigten** bzw. bei genehmigungs-freigestellten Anlagen von den **eingereichten Bauunterlagen abgewichen** wird (Nr. 2). Nach Abs. 1 S. **2** Nr. 3 bzw. 4 kann der Anlass für eine Stopp-Verfügung auch darin bestehen, dass die verwendeten **Bauprodukte** entweder keine CE-Kennzeichnung oder entgegen § 21 LBauO kein Übereinstimmungszeichen aufweisen bzw. unberechtigt tragen und damit die einschlägigen Kennzeichnungspflichten verletzen[217].

Die Einstellungsverfügung **ermöglicht** die Überprüfung des **Bauvorhabens** dahingehend, ob die öffentlich-rechtlichen Vorschriften bei den Bauarbeiten beachtet werden und setzt auch bei genehmigungspflichtigen Vorhaben lediglich deren **formelle** Baurechtswidrigkeit voraus. Regelmäßig besteht auch ein öffentliches Interesse an der **Anordnung** der **sofortigen Vollziehung** des Baustopps (§§ 80 Abs. 2 S. 1 Nr. 4 VwGO, 80 Abs. 1 Nr. 2 SOG), um das Eintreten „vollendeter Tatsachen" durch die Fertigstellung des Bauvorhabens seitens des Bauherrn zu verhindern, da sich die nachträgliche Wiederherstellung der ursprünglichen Zustände als schwierig gestaltet[218].

Die Baurechtswidrigkeit kann schon dann angenommen werden, wenn lediglich objektive **Anhaltspunkte** dafür vorliegen, dass mit dem Vorhaben ohne oder im Widerspruch zur vorhandenen Genehmigung alsbald begonnen wird[219]. Abgeschlossene Arbeiten können dagegen nicht mehr „gestoppt" werden, eine Stilllegung aufgrund bereits eingetretener baurechtlicher Verstöße scheidet aus. Offen bleibt, ob dies auch gilt, wenn (lediglich) der Rohbau fertig gestellt wurde[220].

Bei **verfahrens- bzw. genehmigungsfreigestellten** Anlagen (§§ 61 f. LBauO) entscheidet mangels erteilter Genehmigung grds. allein die **materielle** Baurechtswidrigkeit über die Zulässigkeit eines Baustopps[221]. In jedem Fall muss die Behörde eine Stoppverfügung durchgehend daraufhin kontrollieren, ob die Voraussetzungen für deren Aufrechterhaltung fortbestehen[222]. Für den Erlass der Verfügungen gilt das erwähnte **intendierte** Ermessen, welches die Bauaufsichtsbehörden prinzipiell zum Einschreiten verpflichtet.

I.3.2 Versiegelung

Nach § 79 Abs. 2 LBauO sind die Behörden ermächtigt, die **Baustelle** auch zu **versiegeln** oder die dort vorhandenen **Bauprodukte** etc. in **amtlichen Gewahrsam** zu nehmen, falls die Arbeiten trotz der verfügten Einstellung fortgesetzt werden[223]. Bei

217 Vgl. LT-Drcks. M-V 7/3696, S. 12; näher *Otto*, a. a. O., § 6 Rdnrn. 18 ff. (S. 88 f.).
218 *Otto*, a. a. O., § 13 Rdnrn. 51 f. (S. 233).
219 Vgl. OVG M-V, Beschl. v. 3.12.2008, NordÖR 2009.123.
220 OVG M-V, Beschl v. 14.11.2013 – 3 M 222/13; v. 6.12.2013, NordÖR 2014. 320; v. 5.7.2017 – M.179/17.
221 S. o. unter Erl. I.2.
222 Vgl. *Otto*, a. a. O., § 12 Rdnr. 4 (S. 213).
223 Vgl. OVG M-V, Beschl. v. 17.4.2018, NordÖR 2018.383; *Otto*, a. a. O., § 12 Rdnrn. 11 f., § 14 Rdnr, 13 (S. 215 bzw. 239); *Sauthoff*, NordÖR 2021.110.

der Versiegelung handelt es sich um eine abschließende, die allgemeinen Vollzugsvorschriften (des SOG) **verdrängende** bauordnungsrechtliche **Sonderregelung** der Anwendung unmittelbaren Zwangs, so dass die dafür ansonsten erforderlichen Voraussetzungen einer vollziehbaren Grundverfügung und Androhung (§§ 80 Abs. 1, 87 SOG) entfallen[224].

Wird durch die Versiegelung eine **Wohnungsnutzung** unmöglich gemacht, ist dies als Gefahrenabwehrmaßnahme gem. Art. 13 Abs. 7 GG mit dem Grundrecht auf Wohnungsfreiheit vereinbar[225]. Die Anordnung der Versiegelung sowie der Ingewahrsamnahme von Gegenständen wird als Verwaltungsakt qualifiziert[226], wobei dessen Anfechtung gem. §§ 80 Abs. 2 S 1 Nr. 3 VwGO i. V. m. 99 Abs. 1 S. 2 SOG **keine** a.W. bewirkt. Im Rahmen der Verhältnismäßigkeit ist die Versiegelung daraufhin zu überprüfen, ob weniger einschneidende Maßnahmen zum gleichen Erfolg führen. – Die Beseitigung von Siegeln ist nach § 136 StGB strafbar.

I.4 Die Beseitigung von Anlagen – § 80 Abs. 1 LBauO

I.4.1 Grundsätze

§ 80 Abs. 1 LBauO ermächtigt die Bauaufsichtsbehörden, die vollständige oder teilweise **Beseitigung** baulicher, im Widerspruch zu öffentlich-rechtlichen Vorschriften errichteter **Anlagen** anzuordnen, sofern nicht auf andere Art und Weise rechtmäßige Zustände hergestellt werden können. Für den Abriss **genehmigungsbedürftiger** Anlagen muss **formelle** und **materielle** Baurechtswidrigkeit vorliegen[227]. Allein die **formelle** Baurechtswidrigkeit des Vorhabens **reicht** ausnahmsweise für Abrissverfügungen, wenn keine Substanzverluste zu befürchten sind[228]. Die **materielle** Baurechtswidrigkeit, die Missachtung von Vorschriften insbes. von BauGB und LBauO, muss für eine Beseitigungsverfügung **seit Errichtung** der Anlage **durchgehend** bestehen, andernfalls kann ggf. **Bestandsschutz** eingreifen[229]. Bei verfahrens- bzw. genehmigungsfreien Vorhaben (§§ 61 f. LBauO) genügt deren **materielle** Baurechtswidrigkeit[230].

Da auch Abrissverfügungen voraussetzen, dass nicht auf andere **Art und Weise** rechtmäßige Zustände hergestellt werden können, ist bereits auf der Tatbestandsebene zu prüfen, ob anstelle der Beseitigung der Anlage ggf. **weniger einschneidende** Maßnahmen zum gleichen Ziel führen[231]. Als solche kommen nachträgliche

---

224 Vgl. *Schoch,* Jura 2005. 185.
225 Vgl. OVG M-V, Beschl. v. 3.12.2008, NordÖR 2009.123.
226 Vgl. VG Greifsw., Urt. v. 26.07.2016 – 5 A 1262/14.
227 Vgl. oben I.; *Otto,* a. a. O., § 13 Rdnrn. 10 ff. (S. 219 f.); *Kaiser,* a. a. O., § 41 Rdnrn. 128 ff.
228 Vgl. OVG M-V, Beschl. v. 31.8.1999, NordÖR 2000.126.
229 Vgl. *Otto,* a. a. O., § 13 Rdnr. 10 (S. 219). – Zum obsolet werdenden Problem der Behandlung von in der DDR errichteter „Schwarzbauten" vgl. *dens.,* § 10 Rdnrn. 40f, § 13 Rdnr. 30 (S. 206 bzw. 225).
230 Vgl. *Kersten,* a. a. O., Rdnr. 449; a. A. *Schoch,* Jura 2005. 181.
231 Lt. Beschl. des OVG Berl./Bdbg. v. 16.10.2017, JA 2018. 157, ist es Sache des Bauherrn, entsprechende Alternativvorschläge zu machen; vgl. auch *Sauthoff,* NordÖR 2021.109; OVG M-V, Beschl. v. 8.7.2013 – 3 M 98/13.

Baugenehmigungen (ggf. mit Nebenbestimmungen), Nutzungsuntersagungen sowie Befreiungen/Ausnahmen bzw. Abweichungen nach §§ 31 BauGB, 67 LBauO oder auch eine Teilbeseitigung[232] bzw. ein Rückbau des Vorhabens in Frage.

Die Gewährleistung der Eigentumsfreiheit bewahrt nach ständiger Rechtsprechung nicht vor **finanziellen**, mit dem Abriss von Schwarzbauten verbundenen Schäden. Der Versuch, mit einem illegalen Vorhaben vollendete Tatsachen zu schaffen, „darf nicht noch... belohnt werden"[233]; das gilt auch bei „kleineren Abweichungen", für die Abrissanordnungen ebenfalls prinzipiell erforderlich bleiben. – Insgesamt sollen die Behörden bei **ungenehmigten** baulichen **Veränderungen** jedoch „Augenmaß" walten lassen: „Die Beseitigungsverfügung stellt unter ... besonderen Umständen eine unangemessene Belastung ... dar. Zwar kann ein Interesse der Öffentlichkeit darin bestehen, eine weitere Intensivierung des baurechtswidrigen Zustands zu verhindern.... Jedenfalls dann, wenn die Funktionsverbesserung auf einer geringfügigen baulichen Veränderung beruht, ... kann dieses Interesse (aber) nur die Beseitigung der **nachträglich** vorgenommenen **Veränderungen** tragen, nicht jedoch den Abbruch des gesamten Hauses begründen"[234].

I.4.2 Anordnung der sofortigen Vollziehung

Die Anordnung **der sofortigen Vollziehung** einer Abrissverfügung kommt auch bei Vorliegen eines besonderes Vollzugsinteresses wegen Art. 14 Abs. 1 GG nur **ausnahmsweise** infrage[235]: „Das öffentliche Interesse, das den **Erlass** des Verwaltungsakts ... rechtfertigt, reicht regelmäßig **nicht** aus, gegenüber dem ... Interesse des Betroffenen an der Erhaltung des Suspensiveffekts zu überwiegen. Das gilt insbes. für ... Ordnungsverfügungen, die die Beseitigung von Bausubstanz ... fordern"[236]. Die sofortige Vollziehung ist daher nur **zulässig**, wenn für den Vollzug einer **offensichtlich rechtmäßigen** Abrissverfügung eine **besondere Dringlichkeit** besteht, wofür regelmäßig die folgenden, selbständig nebeneinander stehenden **Voraussetzungen** vorliegen müssen[237], dass

- die Beseitigung ohne Substanzverlust und hohe Kosten zu bewerkstelligen ist,
- die Vorbildwirkung des illegalen Vorhabens eine Nachahmung befürchten lässt,
- ein beharrlicher und notorischer Schwarzbauer nur auf diese Art und Weise an der Fortsetzung seiner rechtswidrigen Betätigung erfolgversprechend gehindert werden kann *oder*
- die von dem Bauwerk ausgehende Gefahr für die öffentliche Sicherheit ein sofortiges Einschreiten erfordert.

232 Vgl. OVG M-V, Beschl. v. 22.2.2023 – 3 LZ 471/19.
233 Vgl. BVerwG, NVwZ-RR 1997. 273.
234 BVerfG, Beschl. v. 2.9.2004 – BvR 1860/02; vgl. oben I.
235 *Kersten*, a. a. O., Rdnr. 459.
236 OVG NRW, NVwZ 1998. 977.
237 OVG M-V, Beschl. v. 22.6.2020, – 3 M 665/19, v. 2.11.1993, NVwZ 1995. 608 (Holzhaus im Außenbereich, gewisse Substanzverluste hinnehmbar); v. 31.8.1999, NordÖR 2000.126, v. 6.2.2008, NordÖR 2008. 450=DÖV 2008. 875 (Werbeanlage); v. 3.12.2008; v. 20.4.2016, NordÖR 2016. 500, vgl. auch *Otto*, § 13 Rdnrn. 53 f. (S. 233).

I.4.3 Bestandsschutz

Eine in Übereinstimmung mit den öffentlich-rechtlichen Vorschriften erteilte und daher rechtmäßige **Genehmigung** baulicher Anlagen wirkt aufgrund ihrer **Legalisierungswirkung** vor Bauordnungsverfügungen als sog. (passiver) **Bestandsschutz**[238]. Als Rechtsgrundlage dient in Konsequenz der neueren BVerfG-Rechtsprechung[239] nicht (mehr) die **verfassungsrechtliche** Eigentumsgarantie des Art. 14 Abs. 1 S. **1** GG, vielmehr werden gem. Satz 2 die konkreten **einfachrechtlichen** Inhalts- und Schrankenbestimmungen von BauGB, LBauO etc. als Begründung für den Wechsel „vom verfassungsrechtlichen zum **gesetzlichen** Bestandschutz" herangezogen[240].

Bestandsschutz wirkt grds. auch dann, wenn sich die Rechtslage für den Bauherrn gegenüber dem ursprünglichen Errichtungszeitpunkt zu seinen Ungunsten derart **verändert**, dass eine Anlage **genehmigungsbedürftig** und damit **materiell baurechtswidrig** wird. Dagegen **verliert** er seine **Wirkung** aufgrund **wesentlicher** quantitativer oder qualitativer (Nutzungs-)Änderungen, deren Vorliegen nach dem Gesamtvorhaben zu beurteilen sein soll[241]; das gleiche gilt mit Aufgabe der Nutzung und insbes. dem Verfall der Anlage[242].

Allein die **längere Nutzung** einer lediglich **materiell** baurechtmäßigen Anlage (ohne Genehmigung) verschafft grds. **keinen** Bestandsschutz: Kein Schutz rechtswidriger Anlagen durch Zeitablauf[243]. Eine **Unterbrechung** der materiellen Baurechtswidrigkeit über einen Zeitraum von etwa drei Monaten (vgl. § 75 S. 2 VwGO) soll aber geeignet sein, das **Erfordernis durchgehender** materieller **Baurechtswidrigkeit** für einen **Abriss** zu zerstören; zur Begründung wird ausgeführt, es hätte in diesem Zeitraum eine Baugenehmigung beantragt werden können[244].

Sofern eine **rechtswidrige Baugenehmigung** vorliegt, schützt deren Legalisierungswirkung ebenfalls vor einem Abriss. Bei rechtswidrigen Vorhaben, für die nur eine **einfache** Baugenehmigung (§ 63 LBauO) erforderlich ist, **erstreckt** sich die Legalisierungswirkung jedoch lediglich auf diejenigen Voraussetzungen, die zum **Prüfprogramm** der Behörden gehören, also – mit Ausnahme der Abstandsregelung des § 6 LBauO – grds. nicht auf sonstige bauordnungsrechtliche Vorschriften. Falls die Bauordnungsbehörde den Abriss einer derartigen „legalisierten" Anlage anordnen will, muss sie zunächst

238 Vgl. näher *Kersten,* a. a. O., Rdnrn. 377 ff.; *Otto,* a. a. O., § 10 Rdnrn. 26 ff. (S. 201 ff.).

239 Vgl. BVerfG, NVwZ-RR 1996. 483.

240 Z. B. wird § 35 BauGB für die bauliche Nutzung des Außenbereichs als verhältnismäßige Inhalts- und Schrankenbestimmung i. S. d. Art. 14 Abs.1 S. 2 GG qualifiziert und konkretisiert damit den Eigentumsschutz für Vorhaben im Außenbereich; vgl. auch BVerwG, DÖV 2001.959: „Sind die in *dieser* Vorschrift genanten Tatbestandsvoraussetzungen nicht erfüllt, scheidet Art. 14 GG als Anspruchsgrundlage" für den Bestandsschutz aus; vgl. auch oben I.2.

241 Vgl. *Sauthoff,* NordR 2021.53 m. Nw.

242 Vgl. § 80 Abs. 3 LBauO n. F., ferner *Wickel,* JURA 2019.276.

243 Vgl. *Battis,* a. a. O., Rdnr. 602; *Schoch,* Jura 2005.181.

244 Vgl. BVerfG, Beschl. v. 22.4.2022 – 1 BvL 2/17 u. a. „ … Ein durch Art. 14 Abs. 1 GG bewirkter Bestandsschutz greift daher .. ein, wenn die bauliche Nutzung zu irgendeinem Zeitpunkt genehmigt …, also formell baurechtmäßig war, oder jedenfalls **genehmigungsfähig**, also materiell baurechtmäßig war."

die Genehmigung nach § 48 LVwVfG[245] zurücknehmen, bevor sie Maßnahmen ergreifen kann.

I.4.4 Ermessen

Im Rahmen des auch bei Abrissverfügungen maßgeblichen **intendierten** Ermessens darf die Behörde nur in atypischen Ausnahmefällen vom Erlass einer Anordnung absehen. Eine Abwägung der beteiligten Interessen von Bauherrn und Behörden bei der Entscheidungsfindung ist entbehrlich; nicht aber die Prüfung sowohl des Verhältnismäßigkeits- als auch des Gleichheitsgrundsatzes[246].

Der **Gleichheitssatz** (Art. 3 Abs. 1 GG)[247] verpflichtet die Bauaufsichtsbehörde, auch gegenüber Rechtsverletzern **Willkür** zu vermeiden, indem sie etwa lediglich einen von mehreren Störern herausgreift. In vergleichbaren Fällen muss eine übereinstimmende Linie sowohl bei der **Verfolgung** baurechtlicher Verstöße, als auch beim **Absehen** von Maßnahmen erkennbar sein. Daraus folgt aber nicht, dass z. B. gegen eine **Vielzahl** ähnlicher, **rechtswidrig** errichteter Vorhaben **gleichzeitig flächendeckend** eingeschritten werden müsste. Auch eine zunächst – längere – (passive) **Duldung** des illegalen Zustands von Schwarzbauten begründet **kein schutzwürdiges Vertrauen** des Bauherrn. Insbes. kann zunächst ein Musterverfahren betrieben werden, sofern dem sukzessiven Vorgehen ein sachlich gerechtfertigtes System zugrunde liegt. Es bleibt der Behörde unbenommen, zu einem späteren Zeitpunkt gegen die baurechtswidrig errichtete Anlage vorzugehen[248]. – **Versiegelungen** sind auch bei Beseitigungsverfügungen statthaft[249].

I.5 Nutzungsuntersagung – § 80 Abs. 2 LBauO

I.5.1 Grundsätze

Nach § 80 Abs. 2 S. 1 LBauO kann die Bauaufsicht eine den öffentlich-rechtlichen Vorschriften widersprechende **Nutzung** baulicher Anlagen **untersagen**. Die Vorschriften über die Zulässigkeit von Bauvorhaben betreffen nicht nur die Errichtung, sondern auch deren **Nutzung** und bezwecken damit den Schutz des Baugenehmigungsverfahrens. Soll die **Nutzung** einer Anlage **geändert** werden, können **andere,** ggf. weitergehende als die ursprünglichen,Vorschriften einschlägig sein und damit die Genehmigungsfrage neu aufwerfen[250]. **Nutzungsänderungen** bedürfen damit grds. einer **Baugenehmigung** nach § 59 LBauO auch dann, wenn die neue

245 Vgl. OVG M-V, Urt. v. 19.2.2014 – 3 L 212/12 (Fewo); *Battis*, a.a.O, Rdnr. 600.
246 *Muckel*, JA 2018. 157; NdsOVG, BauR 2014. 1444; *Otto*, a. a. O., § 13 Rdnrn. 22 ff. (S.222 f.).
247 Vgl. OVG M-V, Beschl. v. 13.8.2007, NordÖR 2007.456, v. 27.3.2015 – 3 M 38/15; BVerwG, NVwZ-RR 1997. 272; *Sauthoff*, NordÖR 2021.106.
248 Vgl. einschränkend BVerfG, a. a. O. (Fn. 244): Vertrauensschutz aus Art. 14 Abs. 1 GG; *Otto*, a. a. O., § 13 Rdnrn. 27 ff. (S. 224 f.); *Kaiser*, a. a. O., § 41 Rdnr. 139; *Sauthoff*, NordÖR 2021.104 f.; OVG M-V, Beschl. v, 30.4.2015 – 3 M 116/14.
249 Vgl. OVG MV, Beschl. v. 17.4.2018, NordÖR 2018.183.
250 *Otto*, a. a. O., § 7 Rdnr. 22 (S. 107).

Nutzung ohne bauliche Veränderungen vonstatten geht und lediglich einer anderen Zweckbestimmung zugeführt wird oder zu einer gewissen Nutzungsintensivierung führt[251]. Rechtmäßige bauliche Nutzungen genießen **Bestandsschutz**; Nutzungsunterbrechungen sowie die Vornahme rechtserheblicher Funktionsänderungen führen zu seinem Verlust[252].

Für den Erlass einer Nutzungs-**Untersagungsverfügung reicht** die **formelle Baurechtswidrigkeit** des Vorhabens[253], so dass z. B. die Inbetriebnahme eines fertig gestellten „Schwarzbaus“ untersagt werden kann. Andernfalls würde derjenige, welcher die Anlage vor Genehmigungserteilung nutzen darf, unter Verstoß gegen Art. 3 GG (zeitlich) bessergestellt als jemand, der das ggf. zeitaufwändige Genehmigungsverfahren abwartet[254]. **Ausnahmen** gelten, wenn die Genehmigungsfähigkeit offensichtlich ist.

Bei **genehmigungs**- bzw. **verfahrensfreien** Vorhaben entscheidet mangels erforderlicher Genehmigung allein die fehlende Übereinstimmung mit dem materiellen Baurecht (materielle Baurechtswidrigkeit). Nach § 61 Abs. **2** LBauO kann eine Nutzungsänderung **verfahrensfrei** sein, sofern z. B. für sie keine anderen öffentlich-rechtlichen Anforderungen nach §§ 64, 66 LBauO als für die *bisherige* Nutzung in Betracht kommen.

I.5.2 Ermessen

Das behördliche **Ermessen** ist auch bei Nutzungsuntersagungen aufgrund der negativen Vorbildwirkung ungenehmigter Änderungen am Bauvorhaben i. S. d. **intendierten Ermessens** reduziert, so dass schon die Aufnahme der Nutzung ohne Genehmigung eine Untersagung rechtfertigt. Insbes. bei **illegal** errichteten Bauwerken bedarf es jedenfalls erheblicher Gründe für eine **ausnahmsweise** weitere **Nutzung** bis zur endgültigen Entscheidung über deren materielle Baurechtswidrigkeit. Im Rahmen der Verhältnismäßigkeitsprüfung kann nur eine **offenkundige** materielle **Baurechtsmäßigkeit** des Vorhabens unter Anlegung strenger Maßstäbe Berücksichtigung finden, es muss „geradezu **handgreiflich** sein und keiner näheren Prüfung bedürfen, dass der vom Bauherrn gewünschte Zustand öffentlichem Baurecht **vollständig entspricht**“[255]. – Zum Gleichbehandlungsgrundsatz des Art. 3 GG vgl. oben I.4.4.

Auf mögliche finanzielle Nachteile, die einem (gewerblichen) Adressaten einer Untersagung des vorzeitigen Nutzungsbeginns ggf. drohen, muss die Bauaufsicht keine Rücksicht nehmen[256]. Bei Vorliegen der Voraussetzungen für den Erlass einer Nutzungsuntersagung ist regelmäßig auch die **Anordnung** der sofortigen Vollziehbar-

251 Vgl. BVerwG, BRS 39 Nr. 86; OVG M-V, Urt. v. 4.9.2013, NordÖR 2013.514; *Konrad*, JA 1998. 691, 693.

252 OVG M-V, Beschl. v. 27.3.2015 – 3 M 38/15; vgl. auch § 80a Abs. 2 LBauO n. F.

253 OVG M-V, Urt. v. 4. 9. 2013, NordÖR 2013. 514, Beschl. v. 27.3.2015, v. 24.7.2023 – 3 M65/23; ferner *Otto*, a. a. O., § 14 Rdnr. 3 (S. 235) m. Nw. in Fußn. 7; *Schoch*, Jura 2005. 180 Fn. 35 ff. m. Nw.

254 Vgl. OVG Berl./Brandbg., NVwZ-RR 2017. 364; *Kaiser*, a. a. O., § 41 Rdnrn. 124 ff.

255 Vgl. *Schoch*, Jura 2005.180; OVG M-V, Beschl. v. 27.3.2015, v. 14.4.2015, NordÖR 2015.325, v. 19.1.2016 – 3 L 161/11, v. 24.7.2023 – 3 M 65/23; vgl. auch Fall 5.

256 BVerwG, BauRS 58 Nr. 90; OVG Berl., LKV 2002. 184; OVG M-V, Urt. v. 4.9.2013, NordÖR 2013.514; *Otto*, § 14 Rdnrn. 9 f. (S. 237 f.).

keit **gerechtfertigt**[257]. Nach § 80 Abs. 2 S. 2 LBauO kann die Bauaufsicht die Anlage (oder Teile davon) **versiegeln**, falls die Nutzung trotz Untersagungsverfügung fortgesetzt wird[258].

1.5.3 Insbes. Ferienwohnungen und Gaststätten

Wiederholt hatten die Gerichte die (ausnahmsweise) Zulässigkeit der **Nutzungsänderung** von **Wohnungen** zu **Ferien-**Wohnungen (Fewo) sowie Betriebsart-Änderungen von **Gaststätten** zu beurteilen.

1.5.3.1 Genehmigungsbedürftige Umwidmung von Wohnungen zu Fewos

Unter „**Wohnen**" ist eine keinen Erwerbszwecken dienende, auf **Dauer angelegte Häuslichkeit** zu verstehen. Bei **Fewos** handelt es sich dagegen nach der Definition des § 13a Abs. 1 HS 1 BauNutzVO[259] um „Räume, die einem ständig wechselnden Kreis von Gästen gegen Entgelt **vorübergehend** als Unterkunft zur Verfügung gestellt werden." Der Nutzung von Fewos fehlt somit im Unterschied zu Wohnungen das Moment der Dauer. Damit stellt sich die Frage, ob die Umwidmung zur Fewo noch von der **ursprünglichen** Baugenehmigung der Wohnung **abgedeckt** ist, oder ob eine (**Bau)genehmigung** nach § 59 Abs. 1 S. 1 LBauO für eine **Nutzungsänderung** erforderlich ist.

Eine Nutzungsänderung liegt vor, wenn ein Vergleich ergibt, dass die Variationsbreite der früheren Nutzung überschritten und andere, ggf. weitergehende öffentlich-rechtliche Vorschriften einschlägig sind, so dass die Genehmigungsfrage neu aufgeworfen wird[260]. Mit der Umwidmung zur Fewo wird der Nutzungszweck der Anlage jedoch entscheidend verändert, da das „Wohnen" in einer Fewo mangels Dauernutzung mit dem früher genehmigten Wohnen nicht gleichzusetzen ist. Eine ungenehmigte Nutzung als Fewo steht damit im **Widerspruch** zu öffentlich-rechtlichen Vorschriften, verstößt gegen die Genehmigungspflicht des § 59 Abs. 1 LBauO[261], ist somit **formell**

257 Vgl. OVG M-V, Beschl. v. 27.3.2015 – 3 M 38/15.

258 Zur Versiegelung vgl. oben I.3.2; ferner OVG M-V, Beschl. v. 3.12.2008, NordÖR 2009.123: Versiegelung im Anschluss an eine Nutzungsuntersagung wegen fehlender Baugenehmigung; OVG Lbg., BRS 44 Nr. 202; *Otto*, a. a. O., § 14 Rdnr. 1 (S. 234). – Das gilt ggf. auch für die Entfernung von Gegenständen, welche – wie z. B. Werbeanlagen – die rechtswidrige Nutzung erst ermöglichen.

259 Eingeführt mit dem Gesetz zur Umsetzung der RL 2014/52/EU im Städtebaurecht ... v. 12.05.2017, BGBl I S. 1057; geändert wurde auch § 34 Abs. 3a Nr. 1 BauGB betr. Nutzungsänderung baulicher Anlagen zu Wohnzwecken. Vgl. auch Fall 5.

260 *Otto*, a. a. O., § 7 Rdnr. 22 (S. 107).

261 Für Nutzungsänderungen von Wohngebäuden wird im Rahmen eines Genehmigungsverfahrens nach § 62 LBauO lediglich die Übereinstimmung mit dem Bauplanungsrecht geprüft. Sofern für das betreffende Gebiet **keine** B-Pläne vorliegen, richtet sich die Zulässigkeit z. B. im unbeplanten Innenbereich nach § 34 Abs. 1 bzw. nach § 34 Abs. 2 BauGB i. V. m. der BauNutzVO, falls das Vorhaben der näheren Umgebung eines der darin geregelten Baugebiete entspricht (vgl. etwa § 10 Abs. 4 BauNutzVO für Ferienhausgebiete).

baurechtswidrig[262] und kann grds. mit einer **Untersagungsverfügung** nach § 80 Abs. 2 LBauO sanktioniert werden.

Erlässt die Baupolizei eine (ggf. sofort vollziehbare) Nutzungsuntersagung einer „neuen" Fewo, hat sie im Rahmen des intendierten **Ermessens** jedoch zu prüfen, ob die **Umwidmung** ggf. als **milderes** Mittel **offenbar genehmigungsfähig**[263] wäre, weil sie *„ohne weitere Ermittlungen erkennen kann, ... dass der vom Bauherrn gewünschte Zustand dem öffentlichen Baurecht vollständig entspricht"*[264].

Nach § 13a BauNutzVO gehören Fewos in den dort näher aufgeführten Nutzungskategorien **i. d. R.** zu den **(nicht störenden) Gewerbebetrieben** bzw. **ausnahmsweise** zu den (kleineren) **Beherbergungsbetrieben.** Da somit Fewos nur im beschränkten Umfang bauplanungsrechtlich zulässig sind, fehlt es an der **offensichtlichen** Genehmigungsfähigkeit, so dass Nutzungsuntersagungen insoweit nicht zu beanstanden sind. Auch die Rechtsprechung[265] tendiert zu einer eher eingeschränkten Billigung der Umnutzung zu Fewos und hat überwiegend keinen Anlass gesehen, Untersagungsverfügungen deswegen für unverhältnismäßig zu erklären, weil die Behörden eine offensichtliche Genehmigungsfähigkeit der Nutzungsänderung bzw. eine Berücksichtigung des **Gleichheitsgrundsatzes**[266] vernachlässigt hätten: *„Bei der Beurteilung der Frage, ob nicht genehmigte ... bauliche Anlagen bei der Art der* Nutzung *zu berücksichtigen sind, ist* wesentlich, *ob sie von den ... Behörden in einer Weise* geduldet *wurden, die keinen Zweifel daran lässt, dass sie sich mit dem Vorhandensein der Gebäude bzw. der Art ihrer Nutzung abgefunden haben."* Im Ergebnis erscheint daher die Umnutzung von Wohnungen auch aus Gründen der Gleichbehandlung **nicht** offenbar deswegen als **genehmigungsfähig**, weil die Behörde (bisher) nicht gegen andere Fewo in der Umgebung eingeschritten ist, deren Beseitigung jederzeit verlangt werden kann.

Um der lukrativen Umwandlung von Wohnungen in Fewos und den damit verbundenen negativen Auswirkungen auf den allgemeinen Wohnungsmarkt zu begegnen, gehen immer mehr Bundesländer dazu über, sog. Zweckentfremdungsgesetze zu erlassen[267].

---

262 Vgl. etwa OVG M -V, Urt. v. 19.2.2014, NordÖR 2014. 323; Beschl. v. 27. 3. sowie v. 14.4. und 10.6. 2015 – 3 M 86/14, 3 M 38/15 bzw. 85/14; Urt. v. 19.12.2018, Beschl. v. 5.4.2019, NordÖR 2019.193 bzw. 288, v. 14.11.2022 – 3 M 321/22, v. 24.7.2023 -3 M 65/23; VG SN, Urt. v. 16.1.2020 – 2 A 1308/18; Nds. OVG, NVwZ 2014.255, Beschl. v. 21.11.2023, DVBl 2024. 379.

263 *Sauthoff*, NordÖR 2021.107; OVG M-V, Beschl. v. 9.3.2004 – 3 M 224/03.

264 OVG M-V, Beschl. v. 24.7.2023 -3 M 65/23 sowie oben Erl. 1.5.2.

265 Vgl. die Nw. in Fn. 262 sowie OVG SH, Beschl. v. 16.9.2020, v. 16.4.2024 – 1 MB 12/20 bzw. 4/24; BayVGH, Beschl. v. 25.10.2024 – 15 ZB 24.1346. – Vgl. auch Fall 5.

266 Vgl. OVG M-V, Beschl v. 24.7.2023 – 3 M 65/23: „**Auszuscheiden** sind demnach ungenehmigte und ... nicht genehmigungsfähige Gebäude, deren **Beseitigung** jederzeit verlangt werden kann und nach Lage der Dinge auch zu **erwarten** ist."

267 Vgl. zuletzt Schl. H. Wohnraumschutzgesetz vom 21.6. 2024, GVOBl S. 458.

1.5.3.2 Nutzungsbeschränkungen für Gaststätten

Nutzungsbeschränkungen kommen auch für **Gaststättenbetreiber** in Betracht, sofern diese die erlaubte **Betriebsart** und damit die **Immissionen** ohne Einholung der erforderlichen **neuen Bauerlaubnis verändern**. Nutzungsänderungen beim Gastbetrieb müssen in gleicher Weise auf die Eigenart des Baugebiets Rücksicht nehmen, wie bei der erstmaligen Errichtung. So ist die Umnutzung einer Schank- und Speisewirtschaft in ein Lokal für **Musik-** und **Tanzveranstaltungen** bauplanungsrechtlich grds. unzulässig[268], so dass Nutzungsverbote möglich sind. Die Gasterlaubnis kann die erforderliche Baugenehmigung für eine störende Nutzungsänderung nicht ersetzen und steht dem bauaufsichtlichen Einschreiten nicht entgegen. Auch eine **Aufhebung** der **Baugenehmigung** kommt in Betracht, wenn aufgrund nachträglich eingetretener Störungen der Nachbarschaft die Genehmigung hätte verweigert werden können (§ 49 Abs. 2 Nr. 3 LVwVfG). – Das gemeindliche Einvernehmen zu derartigen Vorhaben wäre gem. § 36 BauGB nur in den Planungskategorien der §§ 34 f. BauGB einzuholen.

I.6 Anpassung von Anlagen, Anpassungsverlangen – § 80a LBauO

Auf Grund der Neuregelung[269] des § 80a Abs. 1 LBauO kann die Bauaufsichtsbehörde die **Anpassung** baulicher Anlagen verlangen, wenn neuere Vorschriften **andere Anforderungen** als nach bisherigem Recht stellen oder aber nicht voraussehbare Gefahren bzw. unzumutbare Belästigungen auftreten und daher Maßnahmen zur Abwehr von Gefahren für Leben und Gesundheit oder schweren Nachteilen für die Allgemeinheit erforderlich machen.

Sollen bauliche Anlagen wesentlich geändert werden, kann nach Abs. 2 verlangt werden, dass auch die davon nicht unmittelbar berührten Teile mit den geltenden Vorschriften in Einklang gebracht werden, sofern diese Teile mit den beabsichtigten Arbeiten in einem konstruktiven Zusammenhang stehen und keine unzumutbaren Mehrkosten verursachen. Ferner kann die Bauaufsicht nach Abs. 3 sogar den **Abbruch** oder die **Beseitigung** ungenutzter, im **Verfall** begriffener Anlagen anordnen, falls kein öffentliches oder privates Interesse an ihrer Erhaltung besteht und nicht auf andere Weise rechtmäßige Zustände hergestellt werden können[270].

268 Vgl. OVG Berl., NVwZ-RR 2005.160=GewA 301.
269 4. Änd.Ges. zur LBauO (Fn. 9), LT-Drcks. M-V 7/6194, S. 41 f.; ähnlich § 78 BrandbgBO; näher *Otto*. a. a. O., § 15 (S. 240 ff.).
270 Vgl. etwa OVG M-V, Beschl. v. 29.6.2023 – 3 M 63/23.

ABSCHNITT 5
(Laufende) Bauüberwachung; Bauzustandsanzeigen; Aufnahme der Nutzung – §§ 81, 82 LBauO

1. Mit § 81 Abs. 1 LBauO wird der Bauaufsichtsbehörde eine einheitliche Befugnisnorm zur Verfügung gestellt, um die ordnungsgemäße **Einhaltung öffentlich-rechtlicher Vorschriften** gem. § 58 Abs. 1 S. 1 LBauO sowie die Erfüllung der Vorgaben für genehmigte, aber auch für verfahrens- bzw. genehmigungsfreie Vorhaben seitens der am Bau Beteiligten (§§ 52 ff. LBauO) zu überprüfen. In § 81 Abs. 2 LBauO findet sich das **repressive** Gegenstück zu dem in § 66 LBauO angelegten gestuften **„Kompensationssystem"** der **bautechnischen Nachweise** für die entfallenen **präventiven** Prüfungen.

   Die Bauaufsichtsbehörde überwacht demnach gem. § 81 Abs. 2 S. 1 LBauO nach Maßgabe der Bauprüfverordnung[271] die Ausführung der nach § 66 Abs. 3 LBauO prüfpflichtigen Vorhaben. Dabei sollen die Prüfung bautechnischer Nachweise und die Bauüberwachung durch beliehene Ingenieure grundsätzlich in einer Hand liegen. § 81 Abs. 2 S. 2 LBauO sieht unterhalb der Schwelle des „Vier-Augen-Prinzips" die **Bestätigung** der mit dem Brandschutznachweis übereinstimmenden **Bauausführung** durch den Nachweisersteller bzw. einem anderen Nachweisberechtigten i. S. d. § 66 Abs. 2 S. 3 LBauO vor.

2. Nach § 82 Abs. 1 LBauO liegt es im **Ermessen** der Bauaufsichtsbehörde, für die **Bauabnahme** zu verlangen, dass Beginn und Beendigung bestimmter Bauarbeiten **angezeigt** werden. Gem. Abs. 2 muss der Bauherr die beabsichtigte **Aufnahme** der **Nutzung** einer **nicht-verfahrensfreien** baulichen **Anlage** mindestens zwei Wochen vorher anzeigen, um der Bauaufsicht die Kontrolle der in Abs. 2 S. 3 erwähnten Benutzbarkeitsvoraussetzungen zu ermöglichen. Dies erscheint sachgerecht, weil die Fertigstellung der baulichen Anlage – etwa hinsichtlich der Außenanlagen – häufig erst deutlich nach der tatsächlichen Nutzungsaufnahme erfolgt. Die zur Überprüfung befugten Personen sind im Rahmen der laufenden Bauüberwachung nach § 58 Abs. 3 LBauO berechtigt, das Vorhabengrundstück (einschließlich der Häuser) zu **betreten**[272]. Stellt die Bauordnungsbehörde Verstöße fest, kann sie im Rahmen pflichtgemäßen Ermessens Verfügungen gem. §§ 79 f. LBauO erlassen und ggf. Bußgelder verhängen.

ABSCHNITT 6
Baulasten, Baulastenverzeichnis – § 83 LBauO

Nach § 83 Abs. 1 LBauO[272a] können Grundstückseigentümer durch schriftliche **Erklärung** gegenüber der Bauaufsichtsbehörde **öffentlich-rechtliche Verpflichtungen** zu

271 Vgl. Fn. 167.
272 Vgl. Teil 5 Abschn. 1, Erl. II. 5.

einem ihre Grundstücke betreffenden Tun, Dulden oder Unterlassen übernehmen, die sich nicht bereits aus dem öffentlichen-rechtlichen Recht ergeben[273]. Dabei geht es insbes. um die Beseitigung öffentlich-rechtlicher Hindernisse, die einem Bauvorhaben auf dem Grundstück entgegenstehen. Als **typische Anwendungsfälle für Baulasten** gelten[274]:

- die Übernahme von **Abstandsflächen** eines Gebäudes auf dem Nachbargrundstück (§ 6 Abs. 2);
- die Errichtung eines Gebäudes auf zwei Grundstücken (§ 4 Abs. 2);
- gemeinsame Bauteile für mehrere bauliche Anlagen (§ 12 Abs. 2);
- notwendige Stellplätze auf einem anderen Grundstück (§ 49 Abs. 1 LBauO) sowie
- Kinderspielflächen (§ 8 Abs. 2 LBauO).

Baulasten werden unbeschadet der Rechte Dritter mit der Eintragung in das gem. § 83 Abs. 4 S. 1 LBauO von der Bauaufsichtsbehörde geführte **Baulastenverzeichnis wirksam**, und zwar auch gegenüber Rechtsnachfolgern. Nach Satz 2 können auch andere baurechtliche Verpflichtungen sowie Auflagen, Bedingungen etc. eingetragen werden.

TEIL 6
Ordnungswidrigkeiten, Verordnungsermächtigungen, Technische Baubestimmungen, Übergangsbestimmungen – §§ 84 bis 87 LBauO

I. Ordnungswidrigkeiten – § 84 LBauO

Die in § 84 Abs. 1 LBauO aufgeführten **Ordnungswidrigkeiten** erfassen nach der Nr. 2 Verstöße gegen vollziehbare Anordnungen der Bauordnungsbehörden, während die Nr. 3 das Bauen **ohne** erforderliche (Teil-)**Baugenehmigung** oder Abweichung (§ 67 LBauO) sowie die (verfahrensfreie) **Beseitigung** von **Anlagen** (entgegen Verpflichtungen gem. § 61 Abs. 3 LBauO) betrifft. Nach der Nr. 4 ist **formell rechtswidriges** Bauen im Rahmen der Genehmigungsfreistellung (§ 62 LBauO) bußgeldbewehrt.

Sofern § 84 LBauO Verstöße gegen Ge- oder Verbote als Ordnungswidrigkeit deklariert, richten sich die formellen und materiellen Fragen nach dem **Gesetz über Ordnungswidrigkeiten (OWiG)**[275]. Es enthält mit den §§ 1–34 OWiG einen sog. **Allgemeinen Teil,** ferner mit den §§ 35–110 OWiG eine Reihe von **Verfahrensvorschriften** sowie im **Besonderen Teil** einige wenige, hier zu vernachlässigende Tatbestände.

272a Vgl. 4. ÄndG (Fn. 9).
273 Näher *Otto*, a. a. O., § 6 Rdrn. 27 ff. (S. 91 f.).
274 Vgl. HELBauO (vgl. Fn. 171) S. 44 f.
275 OWiG vom 24.5.1968 i. d. F. d. G. vom 19.2.1987, BGBl I S. 602, zul. geä. durch Art. 10 d. Gesetzes v. 12.7.2024, BGBl. I Nr. 234; dazu *Biermann/Wehser*, a. a. O., Erl. zu § 19 SOG.

Nach § 1 OWiG stellt die **Ordnungswidrigkeit** eine rechtswidrige und vorwerfbare (schuldhafte) Handlung dar, die den Tatbestand u. a. eines Landesgesetzes (hier: LBauO) verwirklicht und die Ahndung mit Geldbuße zulässt. Zu unterscheiden sind **objektive** Tatbestandsmerkmale, die außerhalb des seelischen Bereichs des Täters liegen, wie bspw. der Begriff der „baulichen Anlage", von den **subjektiven** Tatbestandsmerkmalen. Zu letzteren gehören u. a. die von § 10 OWiG vorausgesetzten Begriffe von Vorsatz und Fahrlässigkeit. **Vorsatz** ist Wissen und Wollen der Tat. **Fahrlässig** handelt, wer diejenige Sorgfalt außer Acht lässt, zu der er sowohl nach den Umständen als auch nach seinen persönlichen Verhältnissen fähig ist und deshalb nicht erkennt, dass er einen Bußgeldtatbestand verwirklicht. Grds. kann nur **vorsätzliches Handeln geahndet** werden, die Ahndbarkeit fahrlässiger Verstöße muss nach § 10 OWiG gesetzlich, wie von § 84 Abs. 1 S. 1 LBauO berücksichtigt, ausdrücklich vorgesehen sein.

Die Ahndung von Ordnungswidrigkeiten **gewerblicher Unternehmen** in der Rechtsform juristischer Personen oder von Personenverbänden kann sich schwierig gestalten, wenn diese durch ihre Organe (Vorstände etc.) handeln, welche auf Grund des Schuldgrundsatzes bußgeldrechtlich grds. nicht belangt werden können. In derartigen Fällen hilft zunächst die Möglichkeit der Überwälzung der **besonderen persönlichkeitsbezogenen Merkmale** gem. § 9 OWiG auf den Vertreter; ferner der **Auffangtatbestand** der Aufsichtspflichtverletzung (§ 130 OWiG) sowie die durch § 30 OWiG eröffnete Möglichkeit, **Geldbußen** auch gegen **juristische Personen** sowie **Verbände** zu verhängen („Troika der §§ 9, 130 und 30 OWiG")[276].

Eine **Einziehung** von **Gegenständen** i. S. d. § 22 Abs. 1 OWiG kann gem. § 84 Abs. 2 S. 2 LBauO erfolgen, wenn Ordnungswidrigkeiten nach Abs. 1 Nr. 8 bis 10 (betrifft Verwendung von Bauprodukten und -arten ohne entspr. Zulassung) begangen wurden. Die Einziehung wird als sekundäre Rechtsfolge einer Ordnungswidrigkeit nach § 66 Abs. 1 Nr. 5 OWiG im Bußgeldbescheid angeordnet. Ihre **Wirkungen** bestehen nach § 26 OWiG im Übergang des Eigentums auf den Staat oder eine sonstige juristische Person. **Vollstreckt** wird sie dadurch, dass die Sache gem. § 90 Abs. 3 OWiG dem Betroffenen weggenommen wird; ggf. hat er beim Amtsgericht eine eidesstattliche Versicherung über deren Verbleib abzugeben. Der **Bußgeldrahmen** des § 84 Abs. 3 LBauO beträgt bis zu 500.000 €. Für die **Verfolgung** der Ordnungswidrigkeiten sind gem. § 84 Abs. 4 LBauO einheitlich die unteren Bauaufsichtsbehörden zuständig, in deren Kassen auch die Geldbußen fließen.

276 *Többens*, NStZ 1999. 1.

II. Verordnungsermächtigungen – § 85 LBauO

Die **gesetzlichen** baurechtlichen Grundsatzbestimmungen werden durch **Verordnungsermächtigungen** zum Erlass meist bautechnischer Detailregelungen ergänzt, die der Verwirklichung der in §§ 3, 16a Abs. 1 und 16b Abs. 1 LBauO enthaltenen Anforderungen dienen sollen[277]. Der umfangreiche **Katalog** des § 85 Abs. 1 bis 7 LBauO richtet sich an die oberste Bauaufsichtsbehörde, also nach § 57 Abs. 1 S. 1 Nr. 2 LBauO an das für die Bauaufsicht zuständige Ministerium.

Insbes. ermächtigt § 85 Abs. 1 Nr. 1 LBauO zu näheren Regelungen der allgemeinen Anforderungen der §§ 4 bis 48 LBauO im **Verordnungsweg**[278]. So kann die oberste Bauaufsichtsbehörde nach Abs. 3 Vorschriften über die einzureichenden Bauunterlagen und das entsprechende Verfahren sowie aufgrund der Absätze 4 bzw. 4a n. F.[279] verschiedene verordnungsrechtliche Zuständigkeits- und Anwendungsregelungen u. a. für bestimmte Bauprodukte bzw. -arten erlassen[280].

Erwähnenswert ist ferner § 85 Abs. 6 n. F. LBauO, der die Übertragung der Erteilung von **Ausführungsbestimmungen** für **Fliegende Bauten** (§ 76 Abs. 3 LBauO) auf Private ermöglicht. Dies ist sachgerecht, weil die – den Hauptanwendungsbereich der Vorschrift ausmachenden – Fahrgeschäfte auf Volksfesten mittlerweile technisch so aufwändig gestaltet sind, dass eine Überprüfung regelmäßig nur noch von spezialisierten privaten Sachverständigen erfolgen kann. Abs. 7 n. F.[281] schließlich ermächtigt das **Energieministerium** zum Erlass näherer Bestimmungen über die Einrichtung einer bedarfsgerechten Nachtkennzeichnung für Windenergieanlagen (§ 46 Abs. 2 und 3 LBauO).

III. Technische Baubestimmungen – § 85a LBauO

Die Ermächtigungsgrundlage des § 85 a LBauO[282] zum Erlass **Technischer Baubestimmungen** erfasst diejenigen technischen Bestimmungen, die bisher in der *Liste der technischen Baubestimmungen* enthalten sowie in den *Bauregellisten* aufgeführt wurden. Abs. 1 S. 1 **definiert** den Gegenstand der Technischen Baubestimmungen als Konkretisierung der Anforderungen des § 3 LBauO. Abs. 2 trägt dem verfassungsrechtlichen **Bestimmtheitsgrundsatz** dadurch Rechnung, dass er detaillierte Vorgaben darüber enthält, welche Regelungen in die **Verwaltungsvorschriften** aufgenommen werden können. Nach Abs. 5 erlässt die oberste Bauaufsichtsbehörde die Baubestimmungen auf Grundlage der vom Deutschen Institut für Bautechnik (DIBt) veröffentlichten

277 Vgl. *Otto*, a. a. O., § 1 Rdnrn. 10 f. (S. 4 f.).
278 Demgegenüber soll § 85a Abs. 2 Nr. 1 LBauO lediglich die Konkretisierung der Grundanforderungen durch **Verwaltungsvorschrift** ermöglichen, vgl. LT-Drcks. M-V 7/3696 S. 28.
279 Vgl. Fn. 11a bzw. 3. ÄndG zur LBauO.
280 Vgl. BauvorlagenVO (Fn. 53).
281 Eingeführt mit 2. ÄndG zur LBauO (vgl. Fn. 6), dazu LT-Drcks. M-V 7/788 S. 10.
282 Eingeführt mit 3. ÄndG zur LBauO (vgl. Fn. 7), dazu LT-Drcks. M-V 7/3696 S. 27 ff.

Verwaltungsvorschrift Technische Bestimmungen in der jeweils geltenden Fassung als „VV TB M-V"[283].

IV. Örtliche Bauvorschriften und Übergangsregelungen – § 86 f. LBauO

1. § 86 Abs. 1 LBauO enthält einen Katalog derjenigen Materien, welche die **Gemeinden** nach Abs. 2 als örtliche Bauvorschriften in Form der Satzung im übertragenen Wirkungskreis regeln dürfen[284]. Zu den gemeindlichen Satzungsermächtigungen gehört Nr. 4[285], welche die wegen der Kommunalisierung des **Stellplatzrechts** erforderlichen Regelungen aufweist und den Kommunen gleichzeitig Abwägungsgesichtspunkte an die Hand gibt, die beim Erlass örtlicher Stellplatzsatzungen, einschließlich der Abstellplätze für Fahrräder, zu berücksichtigen sind.

Nach Abs. 3 S. 1 können örtliche Bauvorschriften auch durch Bebauungsplan, oder, sofern das BauGB dies vorsieht, durch andere Satzungen gem. den BauBG-Vorschriften, z. B. gem. § 9 Abs. 4, erlassen werden. Die örtlichen Bauvorschriften müssen nicht begründet werden, was für die Gemeinden eine erhebliche Erleichterung darstellt.

2. Aufgrund der **Übergangsregelung** des § 87 Abs. 1 S. 1 n. F. LBauO werden Vorhaben, die vor Inkrafttreten einer Änderung der LBauO eingeleitet wurden, nach dem bisher geltenden Recht abgeschlossen, sofern nicht die „Günstigkeitsklausel" des Satzes 2 eingreift. Absatz 5 n. F. bestimmt den Zeitpunkt näher, von dem an die Leitlinien zu den Ausbildungsinhalten gelten, die in der Anlage zu §§ 65(a) LBauO enthalten sind.

EXKURS:
Grundprinzipien des Rechtsschutzes im Zusammenhang mit bauordnungsrechtlichen Entscheidungen

I. „Klassische Zweierbeziehung": Bauherr – Bauordnungsbehörde

1.1 Klage des Bauherrn auf eine (verweigerte) Erteilung der Bauerlaubnis im Verfahren nach §§ 72 i. V. m. 63, 64 LBauO[286].

Wird dem Bauwilligen die **Erteilung** der **Bauerlaubnis verwehrt,** muss er gem. §§ 42, 68 VwGO zunächst **Verpflichtungswiderspruch** und anschließend Klage nach § 113 Abs. 5 VwGO einlegen. Sofern das vereinfachte Verfahren einschlägig ist, kann allerdings die **Fiktionswirkung** gem. § 63 Abs. 2 Satz 2 LBauO eingreifen, so dass sich die Klageerhebung erübrigt. Ein Fall notwendiger **Beiladung** nach § 65 Abs. 2

283 Vgl. Fn. 64.
284 Näher dazu *Sauthoff*, NordÖR 2006. 323, 328.
285 Vgl. LT-Drcks. M-V 6/3830 S. 27 ff.
286 Näher *Otto*, a. a. O., § 21 Rnrn. 1 ff. (S. 309 ff.); dort auch zur Feststellungsklage auf Genehmigungsfreiheit bzw. -fiktion.

VwGO liegt vor, wenn ggf. die **Zustimmung** der Gemeinde bzw. der höheren Verwaltungsbehörde nach § 36 BauGB zur Baugenehmigung erforderlich ist.

Begründet sind Rechtsbehelfe auf **Erteilung** der Bauerlaubnis, sofern ein **Anspruch** aus § 72 LBauO vorliegt und die darin geschützte Baufreiheit verletzt wird[287]. Maßgebender **Zeitpunkt** für die Beurteilung der Sach- und Rechtslage ist der Moment der letzten Tatsacheninstanz; eine in der Zwischenzeit ggf. eingetretene Verschlechterung der Rechtslage des Bauherrn, etwa eine Veränderungssperre aufgrund einer gemeindlichen Satzung nach § 16 BauGB, ist zu berücksichtigen[288]. Ggf. muss eine Umstellung seitens des Bauherrn auf eine Fortsetzungsfeststellungsklage gem. § 43 VwGO dahingehend erfolgen, dass ein Anspruch bis zum Zeitpunkt des Eintritts des negativen Ereignisses bestanden hat.

Rechtsschutz gegen eine in der Baugenehmigung enthaltene **Nebenbestimmung** wird durch die sog. **„isolierte"** Anfechtungsklage gem. § 42 Abs. 1 VwGO gewährt. Liegt dagegen lediglich eine sog. Inhaltsbestimmung (modifizierende Nebenbestimmung) vor, kommt eine Verpflichtungsklage auf eine geänderte Baugenehmigung in Betracht.

Verzögert sich die **Erteilung der Bauerlaubnis** oder wird sie ganz verweigert, steht dem Antragsteller **kein vorläufiger Rechtsschutz** im Wege der einstweiligen Anordnung nach § 123 Abs. 1 S. 2 VwGO zu, weil dies zu einer Vorwegnahme der Hauptsache führen würde. Eine Ausnahme mit der Erteilung einer vorläufigen Bauerlaubnis wird für Fälle diskutiert, bei denen andernfalls irreparable Schäden für den Bauherrn eintreten würden.[288a]

I.2 Bauordnungsverfügungen gegen den Bauherrn

Für den Rechtsschutz des Bauherrn gegenüber Nutzungsuntersagungen sowie Stilllegungs- und Abrissverfügungen (§§ 79 ff. LBauO) greifen die üblichen Rechtsbehelfe von Anfechtungswiderspruch und -klage[289]. Erlässt die Behörde eine derartige Bauordnungsverfügung, kann der Bauherr die Anordnung gem. § 80 Abs. 1 VwGO mit aufschiebender Wirkung (a. W.) anfechten. Die Einlegung des Rechtsbehelfs äußert rückwirkende Kraft, so dass etwaige Vollzugsakte rückgängig zu machen sind. Ist die Verfügung mit einer Anordnung der **sofortigen** Vollziehung gem. § 80 Abs. 2 S. 1 Nr. 4 VwGO verbunden, greift vorläufiger Rechtsschutz gem. § 80 Abs. 5 VwGO[290].

Die Erfolgsaussichten für Rechtsbehelfe gegen Baustopp bzw. Nutzungsuntersagung sind allerdings eingeschränkt, weil die erforderliche gerichtliche Abwägung

287 Vgl. *Kaiser*, § 41 Rdnrn. 148 f.; *Hufen*, VerwaltungsprozeßR, 13. A., 2024, § 14 Rdnrn. 96 ff; *Kersten*, a. a. O., Rdnr. 458 m. Nw.
288 Vgl. *Otto*, a. a. O., § 21 Rdnr. 5 (S. 310).
288a Vgl. *Otto*, a. a. O., § 22 (S. 325); *Kaiser*, § 41 Rdnr. 148.
289 Vgl. *Kersten*, a. a. O., Rdnr. 459; *Otto*, a. a. O., § 21 Rdnrn, 21 f. (S.314).
290 *Otto*, a. a. O., § 21 Rdnrn, 33 f. (S. 317 f.); OVG M-V, NVwZ 1995.608.

regelmäßig zugunsten der Behörde ausfällt und mit dem Vollzug der Verfügungen keine unumkehrbaren Folgen zu erwarten sind (vgl. näher Teil 5, Abschn. 4 I.3 bis 1.5).

II. Nachbarrechtsschutz („Dreiecksbeziehung": Nachbar – Bauordnungsbehörde – Bauherr)

Die „Reform" des Baugenehmigungsverfahrens, die den Abbau präventiver Kontrollen und Verzicht auf hoheitliche Prüfungen zum Gegenstand hatte, bewirkte eine Verschlechterung der Stellung des Nachbarn[291]. Anfechtungsrechtsbehelfe wie auch vorläufiger Rechtsschutz nach §§ 80a, 80 Abs. 5 VwGO setzen grds. einen **Verwaltungsakt** (mit Drittwirkung) voraus, woran es bei **verfahrens**- bzw. **genehmigungsfreien Vorhaben** (gem. §§ 61 f. LBauO) mangels Baugenehmigung **fehlt**. Die Tatsache, dass der Bauherr als Folge der Deregulierung in der Vielzahl der Fälle keine Genehmigung mehr benötigt, befreit die Behörde von dem Erfordernis, auf etwaige Rechtsbehelfe des Nachbarn die sofortige Vollziehung der Baugenehmigung mit Begründung (und Interessenabwägung) nach § 80 Abs. 2 S. 1 Nr. 4 i. V. m. Abs. 3 VwGO anzuordnen, so dass „für den Nachbarn präventiver Nachbarschutz" praktisch „verloren" ist[292].

II.1 Nachbarrechtsschutz gegen eine erteilte Baugenehmigung nach §§ 63 f. LBauO

II.1.1 – Aufgrund des **eingeschränkten** Nachbarrechtsschutzes findet bei genehmigungs-**pflichtigen** Vorhaben die Grundregel der a. W. von Rechtsbehelfen mit automatischem „vorläufigem" Rechtsschutz gem. § 80 Abs. 1, Abs. 2 S. 1 Ziff. 3 VwGO **keine** Anwendung: Zwar kann der **Nachbar** gem. § 13a AGGSG M-V[293] ohne vorheriges Widerspruchsverfahren gegen die erteilte Bauerlaubnis klagen, jedoch **entfällt** gem. § 212 a Abs. 1 BauGB die a. W. von Rechtsbehelfen „eines Dritten", so dass der Bauherr die Arbeiten am Vorhaben zunächst fortsetzen kann, während der Nachbar auf **vorläufigen** Rechtsschutz angewiesen ist.

Will er das genehmigte **Vorhaben** mit Erfolg stoppen, muss er daher die **Aussetzung** der **Vollziehung** der Baugenehmigung gem. §§ 80a Abs. **1** Nr. 2, 80 Abs. 4 S. 1 VwGO bei der **Behörde**, die auch vorläufige Sicherungsmaßnahmen (z. B. eine Stoppverfügung) anordnen kann, oder bei **Gericht** die **Anordnung** der a. W. bzw. die **Aussetzung** der Vollziehung gem. §§ 80a Abs. **3** S. 2 i. V. m. § 80 Abs. 5 VwGO **beantragen**, was in der Praxis die Regel ist.

291 Zu dem am Zivilrecht orientierten Begriff des Nachbarn vgl. § 70 Abs. 1 LBauO sowie *Kersten*, a. a. O., Rdnr. 391.
292 *Kaiser*, a. a. O., § 41 Rdnrn. 180.
293 Ausführungsgesetz zum Gerichtsstrukturgesetz v. 10.6.1992, GVOBl M-V S. 314, zul. geä. d. Ges. v. 5.12.2022, GVOBl M-V S. 587.

Die Möglichkeit einer unmittelbaren Inanspruchnahme des **Gerichts** folgt aus entsprechender Anwendung des § 80 Abs. 6 S. 2 Ziff. 2 VwGO, wonach ein Antrag auch zulässig ist, wenn die „Vollstreckung" des Verwaltungsaktes droht; eine Situation, die mit derjenigen vergleichbar ist, dass der Bauherr mit den Bauarbeiten bereits begonnen hat oder diese unmittelbar bevorstehen[294].

Die **Entscheidung** über Anträge auf **vorläufigen Rechtsschutz** ergeht regelmäßig unter Berücksichtigung der Erfolgsaussichten in der Hauptsache und erfordert eine **Abwägung** zwischen einerseits den privaten Interessen des **Nachbarn**, vorläufig vom Vollzug des Verwaltungsakts verschont zu bleiben, sowie dem öffentlichen Interesse an seiner Vollziehung andererseits[295].

Kritisch wird angemerkt, dass Ansprüche auf behördliches Einschreiten gegenüber **rechtswidrigen Bauarbeiten** von schwerwiegenden Verstößen abhängig sind und die Ablehnung des Antrags somit die Regel, ein Einschreiten zu Gunsten des **Nachbarn** dagegen die Ausnahme darstellt. Gegen diese nur **ausnahmsweise** anstelle der regelmäßigen **Ermessensreduzierung** spricht, dass dem Nachbarn mit dem Fortfall der früheren **präventiven** Kontrollen bereits die Anfechtungsmöglichkeiten (der Baugenehmigung) genommen ist, was durch eine **Absenkung** der **Eingriffsschwellen** gegen rechtswidrige Baumaßnahmen ausgeglichen werden sollte. Da für den Erlass von Standardmaßnahmen grds. „intendiertes" Ermessen mit der prinzipiellen Pflicht zum behördlichen Einschreiten gilt[296], sollte es auch für eine Ermessenreduzierung zugunsten des Nachbar-Anspruchs auf behördliches Einschreiten keines **erheblichen** Verstoßes des Bauherrn bedürfen, sondern genügen, dass das Bauvorhaben zumindest eine gewisse Rücksichtslosigkeit aufweist[297].

II.1.2 – Betreibt der **Bauherr** die Fertigstellung seines Vorhabens **entgegen Festlegungen** der **Bauerlaubnis**, indem er etwa die Abstandsregeln missachtet, muss der **Nachbar** den **Erlass** einer Stoppverfügung oder Nutzungsuntersagung **beantragen** und bei deren Ablehnung Verpflichtungswiderspruch (ggf. -Klage) einlegen, ohne dass damit a. W. verbunden ist, so dass wiederum zusätzlich vorläufiger Rechtsschutz nach § 123 Abs. 1 VwGO in Betracht kommt[298].

Hat der Nachbar damit **Erfolg** und **erlässt** die Behörde die beantragte **Verfügung,** besteht nunmehr für den **Bauherrn** die Möglichkeit, diese Anordnung gem. § 80 Abs. 1 VwGO **anzufechten**. Die a. W. tritt mit Einlegung des Rechtsbehelfs mit rückwirkender Kraft ein, so dass etwaige, bereits erfolgte Vollzugsakte rückgängig zu machen sind. Der Nachbar muss dann seinerseits auf vorläufigen Rechtsschutz bei der **Behörde** bzw. unmittelbar bei **Gericht** gem. §§ 80a Abs. 2, 80 Abs. 4 bzw. 80a Abs. 3 VwGO darauf antragen, die **sofortige Vollziehung** der **Bauordnungsverfügung**

294 Vgl. *Otto*, a. a. O., § 22 Rdnr. 50 (S. 322) m. Nw.
295 Vgl. Fall zum Abstandsrecht OVG M-V, Beschl. v. 29.5.2019, Rdnr. 17.
296 Dazu vgl. unter Teil 5 Abschn. 4, Erl. I.
297 Vgl. dazu etwa *Schoch*, Jura 2005. 178, 184; OVG M-V, Beschl. v. 6.12.2013, NordÖR 2014.320.
298 *Battis*, a. a. O., Rdnr. 665; OVG M-V, Beschl. v. 14.11.2013, NordÖR 2014.

anzuordnen, wobei die widerstreitenden Interessen von Bauherrn und Nachbar gegeneinander abzuwägen sind und insbes. der Erlass einer endgültig wirkenden Abrissanordnung im vorläufigen Rechtsschutz problematisch wäre[299].

Sofern der Bauherr auf die Einlegung von Rechtsbehelfen gegen die Bauordnungsverfügung verzichtet, ist er (wie ggf. auch sein Rechtsnachfolger) in einem **Verfahren** gegen **Vollzugsmaßnahmen** mit etwaigen materiellen Einwendungen gegen den **Titel** ausgeschlossen[300] und kann im Anfechtungsverfahren gegen eine spätere Androhung von Zwangsgeld oder Ersatzvornahme nicht mehr einwenden, die Verfügung sei rechtswidrig, weil unverhältnismäßig, gewesen.

Für den Fall, dass der **Bauherr** von Bauvorschriften **abweicht**, die im **vereinfachten** Verfahren nach § 63 LBauO **nicht geprüft** werden, ist der vorläufige Rechtsschutz für den Nachbarn **gespalten**: Für den mit der Genehmigung **geprüften** Teil kommt der Antrag nach § 80a VwGO in Betracht[301]. Für den **nicht**-geprüften Teil steht die einstweilige Anordnung (§ 123 VwGO) mit dem **Antrag** auf repressives Einschreiten (Stilllegung etc.) zur Verfügung[302].

II.1.3 – Begründet sind Nachbar-Rechtsbehelfe gegen Bauvorhaben nur, *soweit* der **Bauherr nachbarschützende Vorschriften** verletzt[303] und das behördliche Entscheidungs-**Ermessen** – nach traditioneller Auffassung – aufgrund eines **erheblichen** Verstoßes gegen öffentlich-rechtliche Vorschriften auf „Null" reduziert ist.

II.2 Nachbarrechtsschutz bei rechtswidriger Errichtung pp. verfahrens- bzw. genehmigungsfreier Vorhaben (§§ 61, 62 LBauO) sowie bei „Schwarzbauten"

II.2.1 – Sofern der „Bauherr" die Fertigstellung eines **verfahrens** – bzw. **genehmigungsfreien Vorhabens** unter Verletzung **öffentlich-rechtlicher Vorschriften** betreibt, kommt für den Nachbarn **mangels** vorhandenen **Verwaltungsaktes** auch in diesem Fall nur ein **Antrag** auf Erlass vorläufiger **repressiver** Maßnahmen (Baustopp etc.) in Betracht. Gleiches gilt, falls der Bauherr die Fertigstellung seines Vorhabens ohne **erforderliche** Baugenehmigung betreibt (Schwarzbau).

Mit der Deregulierung des Baugenehmigungsverfahrens hat die **formelle Baurechtswidrigkeit** bei der Prüfung der öffentlich-rechtlichen Vorschriften an Bedeutung verloren und scheidet bei **verfahrensfreien** Vorhaben (§ 61 LBauO) ganz aus, während **genehmigungsfreie** Vorhaben jedenfalls dann formell baurechtswidrig sein können, wenn Bauunterlagen entweder entgegen § 62 Abs. 3 S. 1 LBauO **nicht eingereicht**

299 Vgl. Teil 5 Abschn. 4, Erl. I 4.2.
300 Vgl. BVerwG, Urt. vom 16.12.2004, NVwZ 2005 S. 819: *„abschichtende Wirkung der Bestandskraft der Grundverfügung"*.
301 Vgl. *Kesten*, a.a.O., Rdr. 460; *Lindner*, JuS 2014. 118, 123.
302 Vgl. etwa OVG MV, Beschl. v. 21.12.2010 – 3 M 244/10 hinsichtl. § 6 LBauO a. F.
303 Vgl. auch Fall 2 – Schweinemäster.

wurden oder von den **eingereichten** Unterlagen bei der Bauausführung **abgewichen** wurde[304].

Lehnt die **Behörde** den Antrag auf Erlass vorläufiger Maßnahmen **ab**, ist Verpflichtungswiderspruch, ggf. (bei Zurückweisung) Klage einzulegen, womit jedoch keine a.W. verbunden ist. In der Praxis hat sich in diesem Fall **gerichtlicher** vorläufiger Rechtsschutz nach § 123 Abs. 1 VwGO dahingehend durchgesetzt, die Behörde zum Erlass **vorläufiger repressiver** (Standard-)Maßnahmen auf Grundlage der §§ 79 f. LBauO (Stopp- bzw. Abrissverfügung), ggf. unter Anordnung der sofortigen Vollziehung, zu verpflichten[305], wobei das grds. bestehende behördliche Ermessen auf Einschreiten wiederum **reduziert** sein muss.

304 Vgl. *Schoch*, Jura 2005.178, 181 (Anzeige- bzw. Kenntnisgabepflicht verletzt).
305 *Otto*, a. a. O., § 22 Rdnrn. 38 ff. (S. 329 f.); *Battis*, a. a. O., Rdnr. 665; OVG Lbg., BauR 2009. 640.

B. – FÄLLE

FALL 1
Baugenehmigung erforderlich und wenn ja, welche?

V erbt 300.000 € und plant, angesichts niedriger Zinsen ein Haus zu bauen. Er fragt seinen Sohn S, der die Fachhochschule besucht, ob und welche Genehmigungen er ggf. benötigt und beantragt schließlich eine Baugenehmigung für die Errichtung eines Bungalows im Außenbereich der kreisangehörigen Gemeinde G. Das Baugrundstück liegt in etwa 25 m Entfernung von einem Waldgebiet. Die Bauaufsichtsbehörde lehnt die Erteilung der Baugenehmigung ab, nachdem die G die Zustimmung verweigert hat. – V legt Widerspruch (WS) bei der Genehmigungsbehörde ein. Mit Erfolg?

LÖSUNG

I. Zulässigkeit des Verpflichtungswiderspruchs – §§ 40, 42 Abs. 2, § 68 Abs. 2 VwGO[306]

Im Rahmen der Prüfung der WS-Befugnis (§ 42 Abs. 2 VwGO) muss der WS-Führer nach der **Möglichkeitstheorie** geltend machen, einen **Anspruch** auf den begehrten, aber abgelehnten VA zu haben. Es ist zu fragen, ob – die Richtigkeit seines Vorbringens unterstellt – eine Rechtsverletzung als möglich erscheint. Es geht um die mögliche Beeinträchtigung sog. **subjektiver** Rechte, daher ist darauf abzustellen, ob die betreffende **Anspruchsgrundlage** dem WS-Führer ggf. ein solches subjektive Recht vermittelt[307].

Es kommt im Rahmen der Klagebefugnis gem. § 42 Abs. 2 VwGO **nicht** darauf an, ob Rechte des Klägers/WS-Führers wirklich **verletzt** sind. Er muss die Rechtsverletzung nur **glaubhaft** machen, sie als **möglich** erscheinen lassen. Vorliegend kommt für V als subjektives Recht § 72 Abs. 1 LBO in Betracht.

Zwischenergebnis: Der Verpflichtungs-WS ist **zulässig.**

II. Begründetheit

Nach §§ 113 Abs. 5, 68 VwGO ist der Verpflichtungs-WS begründet, soweit der WS-Führer einen Anspruch auf Erlass des begehrten VA besitzt. Ein Anspruch auf

306 Da es sich vorliegend um Fälle zum Besonderen Verwaltungsrecht handelt, beschränkt sich die Prüfung der Zulässigkeit auf das Notwendigste.

307 *Hufen*, VerwaltungsprozeßR, a. a. O., § 14 Rdnrn. 96 ff; *Maurer/Waldhoff*, AVR, 21 A. 2024, § 8.

Erteilung der **Baugenehmigung** könnte aus § 72 Abs. 1 LBauO folgen. Nach § 59 Abs. 1 S. 1 LBauO **bedarf** die Errichtung pp. baulicher **Anlagen** einer Baugenehmigung, soweit die §§ 61, 62 LBauO nichts anderes bestimmen.

II.1 Fraglich ist, ob die Genehmigungsbedürftigkeit ggf. nach §§ 61 f. LBauO entfällt. Nach § 61 Abs. **1** LBauO kann der **Bauherr** bestimmte Vorhaben **ohne Durchführung** eines Verwaltungsverfahrens errichten. Für ihn besteht in diesem Fall (anders § 62 LBauO) keine Pflicht zur **Anzeige** oder zur Einreichung von **Unterlagen** gegenüber der Gemeinde; jedoch müssen die öffentlich-rechtlichen Anforderungen beachtet werden.

Aus dem umfassenden **Katalog verfahrensfreier** baulicher Anlagen kommt **vorliegend** lediglich die Errichtung eines **Wochenendhauses** (WEH) mit einer Grundfläche von 40 qm auf vorgesehenen **Campingplätzen** (Ziff.1 lit. i) in Betracht. Lt. Sachverhalt soll ein **Bungalow**, also ggf. ein WEH, errichtet werden. Selbst wenn dies zuträfe, dürften die einschränkenden Voraussetzungen (... auf dem Campingplatz) nicht zum Bau „einladen". Das geplante Wohnhaus kann also **nicht** verfahrensfrei errichtet werden.

II.2 Der Bau des Hauses könnte gem. § 62 LBauO als **genehmigungs**-frei zu qualifizieren sein. Gem. 62 Abs. 2 Nr. 1 LBauO sind **freigestellt** insbes. Wohnhäuser, die u. a. im **Geltungsbereich** eines **qualifizierten** bzw. **vorhabenbezogenen B-Plans** gem. §§ 30 Abs. **1** bzw. **2** BauGB errichtet werden sollen. Da das Haus im **Außenbereich** errichtet werden soll, **scheidet** eine Genehmigungsfreistellung nach § 62 LBauO mangels **qualifizierten B-Plans** (§ 30 Abs. 1 BauGB) **aus** (arg. aus §§ 59 Abs. 1 S. 1, 62 Abs. 2 S. 1 LBauO.

Zwischenergebnis: Eine **Genehmigung** nach §§ 63 f. LBauO ist vorliegend **erforderlich**.

II.3 Das **(Vereinfachte** bzw. **„Regel-")** **Baugenehmigungsverfahren** des § 63 LBauO mit reduziertem Prüfprogramm gilt grds. in **Fällen** der §§ 30 Abs. 3 (**einfacher** B-Plan), 34, 35 BauGB (unbeplanter Innen- bzw. Außenbereich) für **Wohnhäuser** bis zur Hochhausgrenze (=Sonderbauten, § 2 Abs. 4 LBauO); in den übrigen, von § 63 nicht erfassten Fällen findet das „volle" Genehmigungsverfahren des § 64 LBauO Anwendung.

II.3.1 Der **Anspruch** des V müsste zunächst **formell** gegeben sein. V müsste einen Bauantrag gestellt haben. Die **sachliche** und **instanzielle Zuständigkeit** liegen nach §§ 57 Abs. 1 S. 1, 58 Abs. 1 LBauO bei der unteren Bauaufsichtsbehörde, also beim Landrat des Kreises, in dem die Gemeinde G liegt. Dieser ist nach §§ 3 LVwVfG M-V, 5 SOG M-V auch örtlich zuständig. Damit ist der **Anspruch formell** gegeben.

II.3.2 Der **Anspruch** müsste auch **materiell** gegeben sein. Nach § 72 Abs. 1 LBauO **ist** die **Baugenehmigung** zu erteilen, wenn dem Bauvorhaben keine öffentlich-rechtlichen Vorschriften entgegenstehen, die im bauaufsichtlichen Genehmigungsverfahren zu **prüfen** sind.

II.3.2.1 Das **Vorhaben** wäre **materiell baurechtsmäßig** und damit genehmigungsfähig, wenn es mit den öffentlich-rechtlichen Vorschriften vereinbar wäre. Das setzt voraus, dass insbes. die zum Prüfprogramm des § 63 LBauO gehörenden **bau-planungsrechtlichen Sachnormen** der §§ 29 i. V. m. 30 ff. BauGB **erfüllt wären.**

Das Grundstück liegt im **Außenbereich** des § 35 BauGB. Dies setzt keine stadtferne Lage außerhalb der eigentlichen Gebiete städtischer Bebauung voraus, sondern **erfordert** lediglich, dass das Grundstück nicht **innerhalb** der **im Zusammenhang bebauten** Ortsteile i. S. v. § 34 BauGB liegt. Nach § 35 Abs. **1** BauGB sind **privilegierte** Vorhaben regelm. **zulässig** und nur ausnahmsweise **un**-zulässig; nach Abs. **2** sind **nicht** – privilegierte Vorhaben regelm. **un**–zulässig. Es gilt der Grundsatz einer größtmöglichen Schonung des Außenbereichs.

II.3.2.2 Nach § 35 Abs. 1 BauGB sind die dort bezeichneten Vorhaben im Außenbereich **privilegiert**, wenn öffentliche Belange nicht entgegenstehen und eine (ausreichende) **Erschließung** gesichert ist. Das gilt nach Abs. 1 Nr. **4** insbes. für Vorhaben, die „wegen ihrer besonderen **Anforderungen** oder **nachteiligen Wirkung** auf die **Umgebung** oder ihrer besonderen **Zweckbestimmung" nur** im **Außenbereich** ausgeführt werden **sollen**. Diese Privilegierung betrifft aber nur Anlagen, die **notwendigerweise** im Außenbereich errichtet werden *müssen* und gilt z. B. für Wetter- oder Wattstationen, Tierhaltungsbetriebe; Jagd- oder Skihütten. **(WE)Häuser** unterfallen dieser Kategorie dagegen **nicht**[308].

Sonstige Vorhaben sind nach § 35 Abs. **2** im Einzelfall **zulässig**, sofern **keine Beeinträchtigung öffentlicher Belange** zu befürchten ist, was u. a. in den Fällen des 35 Abs. 3 Ziff. **3** BauGB (schädliche Umwelteinwirkungen), Ziff. **5** (Naturschutz) und Ziff. **7** (Entstehen einer Splittersiedlung) in Betracht kommt.

Hier besteht mit der Errichtung des Hauses im Außenbereich die Gefahr der **Entstehung** einer **Splittersiedlung** (Ziff. **7**). Das geplante Haus ist somit wegen der Unvereinbarkeit mit § 35 Abs. 3 BauGB **materiell** nicht genehmigungsfähig[309]. Gründe für die Zulassung einer „Abweichung" nach § 67 Abs. 1 LBauO sind **nicht** einschlägig, da die Regelung nur für Vorschriften der LBauO gilt; § 67 Abs. 2 LBauO ist unanwendbar, da insbes. kein B-Plan existiert.

Ergebnis: Ein Anspruch auf Erteilung einer Baugenehmigung besteht nicht. Der VerpflichtungsWS ist mangels eines Anspruchs auf Erteilung der Baugenehmigung unbegründet.

308 Vgl. BVerwG, NVwZ 2000. 1048 sowie § 10 Abs. 1 BauNVO: WEH-Gebiete als Sondergebiete.
309 Vgl. auch OVG M-V, Urt. v. 20.3.2012 – 3 L 12/08.

Zusatz: Auf Grund der **Konzentrationswirkung** des § 63 Abs. 1 S. 1 Ziff. 3 LBauO i. V. m. § 20 WaldG M-V entscheidet die **Bauaufsicht** grds. im **Einvernehmen** mit der **Forst**-Behörde. Hier war das Einvernehmen der Forstbehörde jedoch entbehrlich, da bereits nach **Baurecht** kein Genehmigungsanspruch bestand.

FALL 2
Der „Klassiker" zum Nachbarrechtsschutz – Der „Schweinemäster"-Fall.

Das Landratsamt L erteilt dem G die Baugenehmigung für ein Wohnhaus in der Gemeinde A. Das im Außenbereich liegende Baugrundstück grenzt an den Bauernhof des B an, der 200 Schweine hält. Der Stall befindet sich etwa 200 m von dem geplanten Wohnhaus entfernt. B erhebt Klage[310] gegen die Baugenehmigung und begründet sie damit, die heranrückende Wohnbebauung abwehren zu müssen, bevor die neuen Nachbarn bei den Behörden die Stilllegung seines Betriebs wegen der Geruchsbelästigungen betrieben.

G hält die Klage für unbegründet, weil bei den in der Gegend vorherrschenden Windverhältnissen keine unzumutbaren Belästigungen für die „Neubürger" zu erwarten seien.

LÖSUNG

I. Die Anfechtungsklage ist **zulässig.** Insbes. ist die Klagebefugnis nach § 42 Abs. 2 VwGO gegeben: Zur Anwendung gelangt nicht die Adressaten-, sondern die Möglichkeitstheorie, da B nicht Adressat der Genehmigung, sondern „nur" **Nachbar** ist. Die Prüfung, ob er in einem **subjektiven, nachbarschützenden** Recht betroffen ist, wird mit Hinweis darauf, dass dies nicht grds. auszuschließen ist, in die **Begründetheit** verlagert[311].

II. Die Klage ist nach §§ 113 Abs. 1 S. 1 VwGO **begründet**, soweit die dem G erteilte **Baugenehmigung** den B rechtswidrig in einem seiner subjektiven (**nachbarschützenden) Rechte verletzt.**

II.1 Mängel im Hinblick auf die **formelle Rechtmäßigkeit** der Genehmigung (Zuständigkeit, Verfahren, Form) sind nicht ersichtlich.

II.2 **Materielle Rechtmäßigkeit.** – Die **Baugenehmigung** ist gem. §§ 72 Abs. 1, 63 LBauO (vereinfachtes Verfahren) zu erteilen, wenn das Vorhaben keine öffentlich-rechtlichen, im bauaufsichtlichen Genehmigungsverfahren zu prüfende Vorschriften verletzt.

---

310 Da die Klage wegen §§ 212 a BauGB, 80 Abs. 2 S. 1 Nr. 3 VwGO keine a. W. besitzt, muss B ggf. zusätzlich vorläufigen Rechtsschutz beantragen.

311 Der Prüfungsaufbau wird unterschiedlich gehandhabt. Die Prüfung, ob ein subjektives Recht vorhanden ist, bereits in der Zulässigkeit führt zu einer unnötigen „Kopflastigkeit" des Aufbaus.

Bei dem **Neubau** im **Außenbereich** handelt es sich um eine nach § 63 LBauO **genehmigungsbedürftige** bauliche, aus Baustoffen hergestellte Anlage i. S. d. § 2 Abs. 1 LBauO. Für eine **Ausnahme** vom Genehmigungserfordernis (§ 62 Abs. 2 LBauO, vgl. Fall 1) bestehen keine Anhaltspunkte. Dann dürften öffentlich-**rechtliche** (nachbarschützende**) Vorschriften** nicht entgegenstehen.

B ist möglicherweise in einem **subjektiven** Recht verletzt, wenn die Genehmigung unter Verstoß gegen solche baurechtlichen Vorschriften erteilt wurde, die nicht ausschließlich öffentlichen Interessen dienen, sondern zumindest *auch* seine **Interessen als Nachbar** schützen[312]. Die **bauplanungsrechtliche** Zulässigkeit des Neubaus (§§ 29 ff. BauGB) im Außenbereich beurteilt sich als **nicht-privilegiertes** Vorhaben nach § 35 Abs. 2 bzw. 3 BauGB. Die Genehmigung könnte gegen § 35 BauGB i. V. m. dem **Rücksichtnahmegebot** (vgl. § 15 Abs. 1 S. 2 BauNVO) **verstoßen,** wenn das Vorhaben öffentliche Belange i. S. d. § 35 Abs. 3 BauGB **beeinträchtigt**. Das Rücksichtnahmegebot ist „kein **generelles** Rechtsprinzip des öffentlichen Baurechts, vielmehr Bestandteil einzelner gesetzlicher Vorschriften und als solches in den Tatbestandsmerkmalen der §§ 30–35 BauGB, 15 Abs. 1 S. 2 bzw. 3 BauNVO enthalten"[313].

Diese Regeln bestehen aber grds. nur im Allgemeininteresse (**objektive** Bedeutung) und berechtigen die Baubehörden zur Ablehnung von Vorhaben, die z. B. unzumutbare Störungen im Baugebiet oder dessen Umgebung verursachen. Sie besitzen somit **keine** *generelle*, können jedoch in **Ausnahmefällen** *partielle* **Schutznormqualität** aufweisen, da der Gesetzgeber die Zuordnung (gewisser störender Betriebe) in den Außenbereich angeordnet hat.

Beim Rücksichtnahmegebot handelt es sich um einen von der Rechtsprechung entwickelten baurechtlichen Grundsatz, aufgrund dessen das **Verhältnis** eines **neuen** Bauvorhabens zu anderen, bereits in der Umgebung **vorhandenen** zu beurteilen ist. Bei Außenbereichsvorhaben hat es für die **Privilegierten** (des § 35 Abs. 1) in § 35 Abs. 3 **S. 1** Nr. 3 BauGB in Bezug auf **Vorhaben**, die „schädliche(n) Umwelteinwirkungen ... **ausgesetzt"** sind, eine **ausdrückliche Regelung** erfahren"[314].

B kann für die Einbeziehung in den Schutz der Norm grds. seine **qualitative** und zugleich **individuelle Betroffenheit** geltend machen. § 35 Abs. 2 i. V. m. 3 S. 1 Nr. 3 BauGB schützt insofern *partiell* seine Interessen, da er eine **privilegierte Nutzung** i. S. d. §§ 35 Abs. 1 Nr. 1, 201 BauGB (Begriff der Landwirtschaft; Futtermittelbasis) unterhält, die durch die Erteilung der Baugenehmigung erheblich betroffen ist. Seinem Betrieb droht der Erlass von Auflagen (§ 5 Abs. 1 BImSchG), ggf. sogar die Schließung.

312 Vgl. *Battis*, a. a. O., Rdnr. 640.

313 BVerwG, NVwZ 1999. 879; *Kersten*, a. a. O., Rdnrn. 298 ff.; *Otto*, a.a.O,, § 17 Rdnrn. 49 ff. (S. 269 f.) *Schlacke/Lege*, a. a. O., Rdnrn. 182 f.

314 Vgl. BVerwG, NVwZ 2018. 509, dazu Anm. *Muckel*, JA 2018. 79.

Da der **Neubau** durch die Geruchsbelästigungen **schädlichen Umwelteinwirkungen** (i. S. d. § 3 BImSchG) gem. §§ 35 Abs. 3 S. 1 Nr. 3, 2. Alt. BauGB **ausgesetzt** wäre, liegt grds. ein **Verstoß** gegen die nachbarschützende Bestimmung des § 35 BauGB i. V. m. dem Rücksichtnahmegebot vor. Auch Vorhaben, die an emittierende Betriebe **heranrücken** und deren Emissionen ausgesetzt sind, können dagegen verstoßen[315]. Die Entscheidung erfordert aber **konkret** eine **Abwägung** zwischen dem, was **einerseits** dem Rücksichtnahme-**Begünstigten** und andererseits dem Rücksichtnahme-**Pflichtigen zuzumuten ist**[316].

Besondere Schutzwürdigkeit genießen, wie erwähnt, **privilegierte** Vorhaben; bei **Vorbelastung** der Umgebung, z. B. durch gewerbliche Emissionen im Außenbereich, muss ein neues Vorhaben eine **verminderte** Schutzwürdigkeit hinnehmen[317]. Vorliegend verursacht die Mastanlage erhebliche Geruchsbelästigungen, die die Grenze des Zumutbaren für die zukünftigen Bewohner überschreiten. Die – nicht – privilegierte Wohnbebauung ist damit gegenüber dem privilegierten Vorhaben des B zu besonderer Rücksichtnahme verpflichtet. Die Neubürger können aufgrund der Situationsgebundenheit nicht verlangen, von den ortsüblichen Geruchsimmissionen verschont zu bleiben. Der Hinweis des G auf die in der Gegend „vorherrschenden Windverhältnisse" dürfte als reine Schutzbehauptung zu werten sein. Das Neubauvorhaben verletzt öffentliche Belange und ist daher nach § 35 Abs. 2 i. V. m. Abs. 3 BauGB und dem Rücksichtnahmegebot nicht genehmigungsfähig.

Ergebnis: Die **Anfechtungsklage** des B ist **begründet,** die rechtswidrige Baugenehmigung verletzt ihn in seinem **subjektiven Recht** auf Rücksichtnahme.

315 OVG NRW, NWVBl 2002. 192; OVG M-V, Entschdg. v. 9.2.1999, DÖV 1999.701.
316 BVerwG, NVwZ 2005. 328; OVG M-V, Beschl, v, 10.7.2018 – 3 M 39/18.
317 Vgl. BVerwG, Urt. v. 27.6.2017, BVerwGE 159. 187.

FALL 3
Baustopp

Die Bauaufsichtsbehörde der Stadt S stellt fest, dass auf einem erschlossenen Grundstück mit der Errichtung eines Hauses begonnen wird, ohne dass das Vorhaben der Stadt bekannt ist. Bauherr B erklärt auf Vorhalt, dass sich das Grundstück im Geltungsbereich eines (einfachen) Bebauungsplanes befinde, man alle Vorschriften respektieren würde, sich aber zunächst um einen zügigen Baubeginn kümmern müsse.

Die Behörde ordnet daraufhin 1. die Stilllegung der Bauarbeiten an und droht 2. ein Zwangsgeld in Höhe von 5 000 € an, falls die Arbeiten fortgesetzt würden.

B legt fristgerecht einen zulässigen Widerspruch ein. Mit Erfolg? – Zusatzfrage: Kommt ggf. auch eine Versiegelung der Baustelle in Betracht?

LÖSUNG

A. Stilllegung der Baustelle (Grund-VA)

II. Begründetheit

§§ 113 Abs. 1, 68 VwGO. – Nach 79 Abs. 1 LBauO kann die **Einstellung** der Bauarbeiten **angeordnet** werden, wenn Anlagen im Widerspruch zu öffentlich-rechtlichen Vorschriften u. a. **errichtet** werden.

II.1 Formelle Rechtmäßigkeit des VA

Sachliche und **instanzielle Zuständigkeit** liegen nach §§ 57 Abs. 1 S. 1, 58 Abs. 1 LBauO bei der unteren **Bauaufsichtsbehörde**, die nach §§ 3 LVwVfG, 5 SOG auch örtlich zuständig ist.

II.2 Materielle Rechtmäßigkeit des VA

Nach § 79 Abs. 1 LBauO müsste B die Errichtung seines Hauses im Widerspruch zu öffentlich-rechtlichen Vorschriften betrieben haben. Im Rahmen der Prüfung der **materiellen** Rechtmäßigkeit des **Grund-VA** ist zwischen **formeller und materieller** Baurechtswidrigkeit der baulichen Anlage zu unterscheiden.

Formell baurechtswidrig ist ein Vorhaben, wenn objektive Anhaltspunkte dafür vorliegen, dass es ohne erforderliche Genehmigung[318] **errichtet** oder damit **begonnen** wurde. **Materiell** baurechtswidrig sind Vorhaben, die den einschlägigen Vorschriften des **Bauplanungsrechts** (BauGB, BauNVO) und/oder ggf. auch des **Bauordnungsrechts**[319] widersprechen. Für die Rechtmäßigkeit einer **Bau-Einstellungsverfügung** reicht die **formelle** Baurechtswidrigkeit des Vorhabens.

Vorliegend könnte es an der **erforderlichen** Genehmigung fehlen, sofern das Haus nicht als freigestelltes Vorhaben nach §§ 62 Abs. **2** Nr. 1 LBauO, 30 Abs. 1 BauGB lediglich **anzeigepflichtig** wäre. Dann müsste der Neubau im Geltungsbereich eines **qualifizierten** B-Plans liegen. Laut Sachverhalt besteht jedoch lediglich ein einfacher B-Plan i. S. d. § 30 Abs. 3 BauGB. Damit ist das Vorhaben nach §§ 63 f. LBauO **genehmigungspflichtig**. Da es an der erforderlichen Baugenehmigung fehlt, liegt **formelle** Baurechtswidrigkeit und damit ein Verstoß gegen öffentlich-rechtliche Vorschriften vor. B ist als Bauherr auch **Störer** gem. §§ 52 LBauO, 69 f. SOG.

Fehler im Rahmen des **intendierten Ermessens** (Entscheidungs- und Auswahl-Ermessen) sind nicht erkennbar. Die Bauaufsichtsbehörde ist bei Vorliegen der Tatbestandsvoraussetzungen der Ermächtigungsgrundlage prinzipiell zum Einschreiten verpflichtet. Die Baueinstellungsverfügung ist materiell rechtmäßig.

Ergebnis: Die Stopp-Verfügung ist insgesamt rechtmäßig, der Anfechtungs-WS **unbegründet.**

B. Der Widerspruch gegen die Zwangsgeld-*Androhung*

I. **Zulässigkeit** gem. §§ 68 Abs. 1, 40, 42 Abs. 1 VwGO – Die **Androhung** (des Zwangsgeldes) stellt einen **eigenständigen** und damit **anfechtbaren VA** dar.

II. **Begründetheit** – §§ 113 Abs. 1, 68 Abs. 1 VwGO. – Ermächtigungsgrundlage sind die §§ 87 ff. SOG.

a) Formell

Nach § 82 SOG folgt die Zuständigkeit für den **Vollzug** derjenigen für den Grund-VA. Die nach § 87 Abs. 1 S. 1 SOG grds. erforderliche Schriftform ist eingehalten. Damit ist die Androhung formell rechtmäßig.

b) Materiell

Der **Regelvollzug** nach § 80 Abs. 1 SOG setzt einen **vollziehbaren** VA voraus. Die **Einstellungsverfügung** ist weder aufgrund Fristablaufs noch aufgrund einer

318 Vgl. Teil 5 Abschn 4, Erl. I.3.1; so z. B. im Fall OVG M-V, Beschl. v. 3.12.2008 – 3 M 152/08.
319 Dazu gehören z. B. auch die Abstandsvorschriften des § 6 LBauO.

Anordnung der sofortigen Vollziehung nach § 80 Abs. 2 S. 1 Nr. 4 VwGO vollziehbar. Also dürfte der Vollzug mit der **Androhung** als erstem Schritt des **Vollzuges** mangels **vollziehbaren** Titels *eigentlich* nicht beginnen. Nach § 87 Abs. 3 S. 1 SOG kann die Androhung aber auch mit dem nicht vollziehbaren Grund-VA **verbunden** werden (gesetzliche Ausnahme zu § 80 Abs. 1 SOG). Damit ist die Androhung auch materiell, damit insgesamt rechtmäßig und der **WS** auch insoweit **unbegründet**.

***Zusatzfrage – Versiegelung* bei Fortsetzung der Bauarbeiten trotz Einstellungsverfügung.**

I. Zulässigkeit einer Klage – Es liegt aufgrund der Sperrwirkung der Versiegelung die **Anwendung** unmittelbaren Zwangs und damit ein **Realakt** vor; daher ist nur eine **Feststellungs**– bzw. **Leistungsklage** gem. § 43 VwGO statthaft.

II. § 43 VwGO – Mit der Feststellungsklage kann die Rechtmäßigkeit von Maßnahmen ohne VA-Qualität, wie hier diejenige der Rechtmäßigkeit der **Vollzugsmaßnahme** überprüft werden. Die **Versiegelung** der baulichen Anlage gem. § 79 Abs. 2 LBauO ist mildeste **Spezial**-Form des unmittelbaren Zwangs[320]. Daraus **folgt**, es muss weder ein **vollziehbarer** VA, noch eine **Androhung** nach §§ 80 Abs. 1, 87 SOG vorliegen. Auch muss kein Vollzugsbeamter nach § 103 SOG tätig werden.

Ergebnis: Die Versiegelung war rechtmäßig.

---

320 Vgl. OVG MV, Beschl. v. 17.4.2018, NordÖR 2018.383; Teil 5, Abschn. 4, Erl. I.3.2

FALL 4
Abrissanordnung gegenüber einem im „Grünen" erbauten Wochenendhaus

V möchte im Grünen wohnen, sucht sich ein idyllisches Fleckchen, erwirbt das Grundstück vom bisherigen Eigentümer und baut ohne Baugenehmigung ein (Wochenend-)Haus. Als er fertig ist, verlangt die Bauordnungsbehörde den Abriss innerhalb einer Frist von drei Monaten ab Bestandskraft der Verfügung. Kann E mit Erfolg einen zulässigen WS gegen die Verfügung einlegen, wenn er darauf hinweist,

1. **er genieße Bestandsschutz,**
2. **er habe das Haus für fünf Jahre an D vermietet,**
3. **bzw. das Grundstück inzwischen an D veräußert,**
4. **es würden im betreffenden Gebiet andere, ungenehmigt errichtete Wochenendhäuser geduldet?**

LÖSUNG

A. WS gegen Grund-VA (Abriss)

Anm.: Der Fall kann als Fortsetzung von Fall 1 verstanden werden.

II. **Begründetheit**, §§ 113 Abs. 1 S. 1, 68 Abs. 1 VwGO – Der Anfechtungs-WS hat Erfolg, soweit die Abriss-Verfügung den A rechtswidrig in seinen Rechten verletzt bzw. im Rahmen von Ermessen zweckwidrig ist. Ermächtigungsgrundlage ist § 80 Abs. 1 LBauO.

II.1 Formelle Rechtmäßigkeit des VA

Sachliche und instanzielle Zuständigkeit liegen nach §§ 57 Abs. 1 S. 1, 58 Abs. 1 LBauO bei der unteren Bauaufsichtsbehörde der Stadt bzw. des Kreises, in dem das Grundstück liegt, und die nach §§ 3 VwVfG, 5 SOG auch örtlich zuständig ist.

II.2 Materielle Rechtmäßigkeit

Nach § 80 Abs. 1 LBauO können (bauliche) Anlagen, die im Widerspruch zu öffentlich-rechtlichen Vorschriften errichtet wurden, **beseitigt** werden, sofern nicht auf andere Art und Weise **rechtmäßige Zustände** hergestellt werden können.

II.2.1 Tatbestandsvoraussetzung für eine **Abriss-Verfügung (Verstoß gegen öffentlich-rechtliche Vorschriften)** ist die **„Doppelte (formelle/materielle) Baurechtswidrigkeit“**[321].

II.2.1.1 Formelle **Baurechtswidrigkeit** – Nach § 59 Abs. 1 LBauO bedarf die Errichtung pp. baulicher Anlagen der Baugenehmigung, soweit die §§ 60–62 LBauO nichts anderes bestimmen[322]. Das WEH **bedurfte** einer **Baugenehmigung** nach §§ 62 Abs. 2 Nr. 1, 63 LBauO; das Vorhaben ist **mangels** erteilter Genehmigung in einem Gebiet ohne qualifizierten B-Plan (§ 30 Abs. 1 BauGB) **formell** baurechtswidrig/illegal.

II.2.1.2 Das WEH wäre auch materiell **baurechtswidrig**, wenn insbes. die **planungsrechtlichen** Voraussetzungen der §§ 29 i. V. m. 30 ff. BauGB für das Vorhaben nicht vorliegen, so dass auch keine – **nachträgliche – Baugenehmigung** erteilt und damit – nicht auf „andere Art und Weise“ – rechtmäßige Zustände hergestellt werden können (vgl. § 80 Abs. 1 LBauO). Das Grundstück liegt im **Außenbereich**, so dass § 35 BauGB zur Anwendung kommt.

Nach § 35 Abs. 1 BauGB sind **privilegierte Vorhaben** regelm. **zulässig**, nur ausnahmsweise **un**-zulässig; nach § 35 Abs. 2 sind **nicht** – privilegierte Vorhaben regelm. **un**-zulässig. Gem. § 35 Abs. 1 Nr. **4** BauGB sind **privilegiert Vorhaben**, die wegen ihrer besonderen Anforderungen an die Umgebung, ihrer nachteiligen Wirkung auf die Umgebung oder ihrer besonderen Zweckbestimmung nur im Außenbereich ausgeführt werden sollen. Diese **Privilegierung** betrifft aber nur Anlagen, die **notwendigerweise** im Außenbereich errichtet werden müssen. **WEH** unterfallen dieser Kategorie **nicht** (vgl. Fall 1).

Es liegt daher ein sonstiges **Vorhaben** i. S. v. § 35 Abs. 2 BauGB vor, das grds. **unzulässig** ist und nur im **Einzelfall** zugelassen werden kann, wenn öffentliche **Belange** i. S. v. 35 Abs. 3 S. 1 Ziff. 3, 5 und 7 BauGB **nicht beeinträchtigt** werden **und** die **Erschließung** gesichert ist. **Hier** ist **kein** Grund ersichtlich, die gesetzliche Grundentscheidung, den Außenbereich seiner natürlichen Nutzung zu erhalten, **umzustoßen**. – Auch **eine Ausnahme** nach § 35 Abs. 4 BauGB (Teilprivilegierung) greift **nicht** ein; bei der Vorschrift geht es darum, den Strukturwandel der **Landwirtschaft** zu ermöglichen.

Gründe für eine **Befreiung** nach § 31 Abs. 2 BauGB sind nicht ersichtlich. – **Zwischen**-Ergebnis: Das **Vorhaben** ist formell und materiell baurechtswidrig. – Zum **intendierten Ermessen** vgl. Fall 3.

Erg.: Das Vorhaben war formell und materiell baurechtswidrig. Da auch auf andere Art und Weise keine rechtmäßigen Zustände hergestellt werden können, war die Abrissverfügung insges. **rechtmäßig**, der WS ist zurückzuweisen.

321 Dazu *Schoch*, Jura 2005.178, 181; Teil 5 Abschn. 4, Erl. 1.2.
322 Vgl. Fall 1 unter II. 2.

Zu den üblichen (Fall-relevanten) **Einwendungen** gegen **Abrissverfügungen**:

1. V könnte sich auf **Bestandsschutz** berufen und damit die materielle Baurechtswidrigkeit „aushebeln".

Sofern ein Vorhaben gegen einfach-gesetzliche Vorschriften verstößt, kann sich seine Zulässigkeit ggf. aus dem Gesichtspunkt des **Bestandsschutzes** ergeben. Die **materielle** Baurechtswidrigkeit muss seit Errichtung des Vorhabens **durchgehend** vorliegen, andernfalls – bei zeitweiliger (mindestens drei-monatiger, vgl. § 75 S. 2 VwGO) **Unterbrechung** kann das Erfordernis **durchgehender** materieller **Baurechts-Widrigkeit fehlen** und zu **Bestandsschutz** führen.

Nach **BVerwG**[323] findet **verfassungsrechtlicher** Bestandsschutz aufgrund der Rechtsprechung des BVerfG[324] **keine** Anwendung mehr: Der Gesetzgeber „hat in § 35 BauGB für Vorhaben im **Außenbereich** eine Regelung geschaffen, die danach differenziert", ob es sich um ein **privilegiertes**, ein **sonstiges** oder ein **begünstigtes Vorhaben** i.S.d. Abs. 1, 2 und 4 handelt. Damit wurde für die bauliche Nutzung des Außenbereichs eine – verhältnismäßige – **Inhalts-** und **Schrankenbestimmung** i.S.d. Art. 14 Abs. 1 S. 2 GG getroffen. Es liegt mit § 35 BauGB eine **abschließende** Regelung des Bestandsschutzes für den Außenbereich vor. Dafür, dass im **Fall** zwischenzeitlich Genehmigungsfähigkeit gegeben war, fehlen Anhaltspunkte ... Somit scheidet ein Anspruch auf (nachträgliche) Genehmigung im Außenbereich und damit auch die Möglichkeit aus, „auf andere Art und Weise rechtmäßige Zustände" herzustellen.

2. Die Abrissverfügung könnte jedoch **rechtswidrig/nichtig** sein, wenn aufgrund der **Vermietung** der Wohnung an M ggf. etwas **Unmögliches** von V verlangt wird.

Die Abrissverfügung enthält keine **tatsächlich** unmöglichen Anordnungen. Das WEH kann ohne weiteres abgerissen werden, § 44 Abs. 2 Nr. 4 LVwVfG, greift **nicht** ein. Es könnte aber **rechtliche** Unmöglichkeit vorliegen. V würde – zivilrechtlich – gegen den gültigen Mietvertrag (§ 535 S. 1 BGB) verstoßen, wenn er das Haus abreißt. Eine Kündigung der M scheidet wegen des Mietvertrages aus.

Werden mit der Verfügung **Rechte Dritter** betroffen (zivilrechtliche **Nebenberechtigung;** hier: Mitbesitz), sind Primär- und Sekundärebene für die Inanspruchnahme der Pflichtigen zu unterscheiden. Auf der **Primärebene** darf sich die Behörde nicht auf eine Anordnung gegenüber nur *einem* Pflichtigen beschränken, sondern muss sie gegenüber **sämtlichen** Berechtigten aussprechen (hier an D). Richtet sich die

323 DÖV 2001. 959; oben Teil 5 Abschn. 4, Erl. 1.4.3.
324 NVwZ-RR 1996. 483 – Nassauskiesung.

Verfügung lediglich gegen einen Berechtigten, liegt **rechtliche,** sich aus der privatrechtlichen Nebenberechtigung ergebende **Unmöglichkeit** vor. Sie führt allerdings **nicht** zur Rechtswidrigkeit/Nichtigkeit des Grund-VA (arg. e § 44 Abs. 2 Nr. 4 LVwVfG, enge Auslegung), sondern lediglich (auf der **Sekundärebene**) zu einem **Vollzugshindernis.** Die Behörde muss also eine **Duldungs**-Verfügung gegenüber D erlassen. Dessen **Störer**-Eigenschaft folgt aus der *Besitz*-Zustandshaftung. Ist D durch unanfechtbare Duldungs-Verfügung verpflichtet, den Abbruch zu dulden, **entfällt** die rechtliche Unmöglichkeit.

Ergebnis: Das **Fehlen** der Duldungs- berührt nicht die **Wirksamkeit** der **Grund**-Verfügung, sondern lediglich deren **Durchsetzbarkeit**[325].

3. Einwendung der Rechtsnachfolge: Kann die Behörde die **ursprüngliche** Verfügung auch gegen Erwerber **D** gem. §§ 80 ff. SOG **vollziehen** oder muss sie eine **neue** Verfügung **erlassen?**

Die Frage, ob die **Grundverfügung** auch gegenüber dem Rechtsnachfolger (D) **wirkt**, ist eine Frage des jeweiligen **materiellen** Rechts. Die Verfügung. müsste zunächst übergangsfähig (übertragbar) sein. Ge-/Verbote gehen über, wenn das geforderte Verhalten **vertretbar** ist. Der **Abriss** ist eine – im Wege der Ersatzvornahme durchführbare – und damit **vertretbare** Handlung, also übergangsfähig. V war Handlungs- und Zustandsstörer, die Haftung kann grds. übergehen.

Weiterhin muss ein Übergangs-**Tatbestand** (Rechtsgrund für die Übertragung; **Vorbehalt** des Gesetzes) vorliegen. Der Rechtsgrund für die Übertragung von Rechten und Pflichten im Bauordnungsrecht ist § 58 Abs. 2 LBO. Danach gelten bauaufsichtliche Maßnahmen in Form von Abrissanordnungen und Nutzungsuntersagungen ... auch gegenüber den Rechtsnachfolgern.

Der ursprüngliche VA muss dem Rechtsnachfolger D **bekannt** gemacht werden (Übergangsmiteilung), vgl. §§ 41, 43 LVwVfG. Damit **wirkt** der Titel auch ihm gegenüber. Das heißt i. E., dass die Behörde die ursprünglich gegen V gerichtete Verfügung gegenüber D vollziehen kann, also **keine neue** Verfügung erlassen und den Rechtsweg nicht erneut (gegen D) beschreiten muss. Nach § 84 Abs. 2 SOG soll der gegen den ursprünglichen Pflichtigen **begonnene Vollzug** gegen den Dritten im jeweiligen Stadium (Androhung, Festsetzung) fortgesetzt werden dürfen (str.)[326].

4. Es könnte mit dem – einseitigen – Vorgehen gegen V das **Ermessen** fehlerhaft gehandhabt worden sein. Zwar gilt **intendiertes Ermessen,** aber Verhältnismäßigkeit und ev. Verstöße gegen Art. 3 Abs. 1 GG sind zu problematisieren.

325 BVerwGE 40.101; *Maurer/Waldhoff*, a. a. O., § 1o Rdnr. 55; *Schenke*, a. a. O., Rdnrn. 353, 381, 605; OVG M-V, Beschl. v. 25.1.2010 – 3 L 89/06.

326 Vgl. oben Teil 5 Abschn. 1, Erl. II.3.2.

Ggf. liegt ein Verstoß gegen den **Verhältnismäßigkeitsgrundsatz** (§ 15 SOG) vor, weil die wirtschaftlichen **Nachteile** für den **Bauherrn** außer Verhältnis zum angestrebten Erfolg stehen ... Eine Abrissverfügung **konkretisiert** jedoch lediglich das **normale wirtschaftliche Risiko**, mit dem Schwarzbauten zwangsläufig behaftet sind. Also liegt *deswegen* kein Ermessensfehler vor.

Ermessensfehlgebrauch wegen **Duldung anderer nicht**-genehmigter Anlagen als Verletzung des **Gleichbehandlungsgebots?** Das Ermessen ist durch das allgemeine **Willkürverbot** des Art. 3 Abs. 1 GG begrenzt. V kann aus der Tatsache, dass die Behörde die rechtswidrige anderweitige bauliche Entwicklung nicht unterbunden hat, jedoch **keinen Anspruch auf Gleichbehandlung** herleiten, da das Willkürverbot die Behörde nur zu einem **rechtmäßigen** Handeln, **nicht** aber zur **Wiederholung** von **Gesetzesverstößen** zwingt: Es gibt **„keinen Anspruch auf Fehlerwiederholung"** – keine Gleichheit im Unrecht. Auch bei vergleichbaren Fällen besteht keine Verpflichtung zu gleichzeitigem, flächendeckendem Vorgehen der Behörde, sofern für ein **sukzessives** Vorgehen sachliche Gründe vorliegen. Die Behörden dürfen zwar auch gegenüber Rechtsverletzern nicht willkürlich handeln, indem sie lediglich den einen oder anderen herausgreifen. Es ist aber **zulässig**, nicht gegen alle Schwarzbauer **gleichzeitig**, sondern insbes. nach Alter oder Intensität gestuft, vorzugehen. Dem Vorgehen muss nur **in jedem Fall** ein sachlich gerechtfertigtes **System** zugrunde liegen.

Ergebnis: Es liegt auch **materielle** Baurechtswidrigkeit vor. Die Abrissverfügung war insges. rechtmäßig[327].

327 Zur – ausnahmsweisen – Anordnung der Sofortigen Vollziehbarkeit (§ 80 Abs. 2 Nr. 4 VwGO) einer Abrissverfügung vgl. OVG M-V, Beschl. v. 20.4.2016, NordÖR 2016. 500 sowie Teil 5 Abschn. 4, Erl. III.1.

FALL 5
Die „neue“ Ferienwohnung

E ist Eigentümer eines Grundstücks in F und vermietet im Dachgeschoss seines baugenehmigten Wohnhauses, das im unbeplanten Innenbereich eines (faktischen) allgemeinen Wohngebiets liegt, eine Ferienwohnung (Fewo). Die Bauaufsichtsbehörde untersagt ihm mit Verfügung vom ... 2025 deren Vermietung, ordnete die sofortige Vollziehung an und droht für den Fall der Nichtbefolgung ein Zwangsgeld an. Weitere Maßnahmen in der Umgebung würden folgen, um der schleichenden Entwicklung der Gegend zu einer „Rollladen-Siedlung“ zu begegnen.

E legt gegen die Verfügung Widerspruch ein und beantragt vorläufigen Rechtsschutz beim VG, den er wie folgt begründet:
1. **Er besitze eine Baugenehmigung für das Wohnhaus;**
2. **falls diese Baugenehmigung die Fewo nicht abdecke, sei die Nutzung jedenfalls offensichtlich genehmigungsfähig,**
3. **außerdem vermieteten etwa ein Dutzend andere Hauseigentümer in der Gegend seit langem Wohnungen als Fewo, ohne dass die Bauaufsicht eingeschritten sei, er gehe daher davon aus, dass die Nutzungsuntersagung seiner Fewo einseitig und daher rechtswidrig sei.**

Wie wird das VG über den gem. §§ 80 Abs. 2 S. 1 Nr. 4 i. V. m. Abs. 5 VwGO zulässigen Antrag auf vorläufigen Rechtsschutz entscheiden?

Alt.: Wie wäre es, wenn das Grundstück des E in einem reinen Wohngebiet läge?

LÖSUNG

Gliederung

I. Begründetheit des Antrags auf vorläufigen Rechtsschutz

I.1 Rechtmäßigkeit des Fewo-Nutzungsverbots

Von der unproblematischen formellen Rechtmäßigkeit der *Nutzungsuntersagung*, **insbes. der behördlichen Zuständigkeit nach § 57 Abs. 2 S. 1 LBauO wird ausgegangen.** Die gerichtliche Sachentscheidung über den Antrag auf vorläufigen Rechtsschutz ergeht nach § 80 Abs. 5 VwGO auf Grundlage einer umfassenden Interessenabwägung, bei der vor allem Erkenntnisse über die **Rechtmäßigkeit** des zu **vollziehenden VA,** hier der **Nutzungsuntersagung**, bedeutsam sind.

Die materielle Rechtmäßigkeit des Nutzungsverbots setzt nach § 80 Abs. 2 LBauO voraus, dass die Anlage als Fewo im Widerspruch zu öffentlich-rechtlichen Vorschriften genutzt wird. Dafür reicht grds. allein die formelle Baurechtswidrigkeit der untersagten (Fewo-)Nutzung[328]. Da die Nutzungsuntersagung den Bauherrn dazu veranlassen soll, das Genehmigungsverfahren zu beschreiten und es nicht Sache des Gerichts ist, bauaufsichtliche Prüfungen im Eilverfahren vorweg zu nehmen, bedarf es regelmäßig keiner Prüfung der materiellen Rechtmäßigkeit einer beanstandeten Nutzungsänderung. Etwas anderes kann allerdings daraus folgen, dass das Vorhaben offenbar genehmigungsfähig ist, so dass ein Nutzungsverbot als unverhältnismäßig erscheinen und dessen materielle Rechtmäßigkeit erschüttern könnte.

I.1.1 Formelle Baurechtswidrigkeit der Wohnungs-*Umnutzung*

Die **Umwidmung** der Wohnung zur Fewo wäre **formell** baurechtswidrig, wenn es sich dabei um eine gem. § 59 Abs. 1 LBauO **genehmigungsbedürftige Nutzungsänderung** handelte. Davon ist auszugehen, wenn ein Vergleich mit der früheren Nutzung ergibt, dass deren Variationsbreite mit der aktuellen Verwendung überschritten wird und aufgrund der daraus folgenden Geltung anderer öffentlich-rechtlicher Vorschriften die Genehmigungsfrage neu aufgeworfen wird[329].

Die Geltung anderer Vorschriften beruht vorliegend darauf, dass die ursprüngliche Baugenehmigung für das Wohnhaus (vgl. § 4 Abs. 2 Nr. 1 BauNutzVO) die neue Nutzung als Fewo nicht abdeckt: „Wohnen" meint eine keinen Erwerbszwecken

328 H. M., vgl. etwa OVG M-V, Beschl v. 14.11.2022. v. 24.7.2023 – 3 M 321/22 bzw. 65/23; VG SN, Urt. v. 16.1.2020 – 2 A 1308/18; OVG Schl. H., Beschl. v. 16.9.2020 – 1 MB 12/20; Nds. OVG, Beschl. v. 21.11.2023, DVBl 2024.379; Einf. Teil 5, Abschn. 4, Erl. 1.5.

329 Vgl. *Otto*, a. a. O., § 7 Rdnr. 22 (S. 107); VGH BW, Urt. v. 14.3.2024 – 14 S 1655/23 für die entspr. Problematik bei § 29 BauGB.

dienende, auf Dauer angelegte Häuslichkeit durch einen über einen längeren Zeitraum gleichbleibenden Benutzerkreis. Diese auf Dauer angelegte „Häuslichkeit" fehlt bei der Fewo-Nutzung, sie wird von der durch die frühere Genehmigung „legalisierte Nutzung zu Dauerwohnzwecken" nicht erfasst. Damit verändert sich der Nutzungszweck entscheidend[330] und genießt somit auch keinen Bestandsschutz[331]. Da es der Umnutzung an der gem. § 59 Abs. 1 S. 1 LBauO zusätzlich erforderlichen Bauerlaubnis fehlt, ist sie formell baurechtswidrig.

Damit sind die Voraussetzungen für eine rechtmäßige Untersagungsverfügung grds. erfüllt, da die formelle Baurechtswidrigkeit der untersagten Nutzung, wie erwähnt, ausreicht.

I.1.2 Materielle Baurechtswidrigkeit der Umnutzung

I.1.2.1 Offensichtliche *Genehmigungsfähigkeit* der Wohnungs-Umnutzung nach §§ 29ff. BauG?

Die Bauaufsicht hat bei Ausübung ihres intendierten **Ermessens** bzw. im Rahmen der **Verhältnismäßigkeitsprüfung** der Nutzungsuntersagung **unter Anlegung strenger Maßstäbe – über die formelle Baurechtswidrigkeit hinaus – zusätzlich** zu untersuchen, ob das Verbot ggf. deswegen **materiell** fehlerhaft ist, weil die **Nutzungsänderung**, wie von E vorgetragen, **offensichtlich genehmigungsfähig** ist[332]. Zwar ist das bauaufsichtliche Einschreiten bereits bei formellen Verstößen gegen die Genehmigungspflicht im öffentlichen Interesse grds. geboten, aber eine möglicherweise erfolgreiche **Stellung** eines **Bauantrags** könnte gegenüber dem Nutzungsverbot ein **milderes Mittel** darstellen und daher die Rechtswidrigkeit des Nutzungsverbots bewirken.

Zur Klärung der Genehmigungsfähigkeit der **Umnutzung** müsste deren **materielle** Baurechtswidrigkeit normalerweise ausführlich geprüft werden, bei einer Nutzungsuntersagung unter Anordnung des Sofortvollzugs kann sich die Prüfung jedoch darauf beschränken, ob die **(nachträgliche)** Genehmigungsfähigkeit **offensichtlich** vorliegt weil die Erteilung der Baugenehmigung gegenüber der Nutzungsuntersagung „geradezu handgreiflich" als milderes Mittel erscheint und es keiner näheren Prüfung bedarf, „dass der vom Bauherrn gewünschte Zustand öffentlichem Bau-Planungsrecht vollständig entspricht"[333]. Insbes. bei illegal genutzten baulichen

---

330 Vgl. OVG M-V, Beschl. v. 14.11.2022 – 3 M 321/22; OVG SH, Beschl. v. 16.9.2020 – 1 MB 12/20; BVerwG, Urt. v. 18.10.2017, BVerwGE 160.104=NVwZ 2018. 824.

331 Vgl. OVG Berlin/B., Urt. v. 28.9.2023 – 5 B 5/22; OVG M-V, Beschl. v. 27.3.2015 – 3 M 38/15; BVerwG, Urt. v. 27.8.1998, NVwZ 1999.523; BVerfG, Beschl. v. 29,4.2022 – 1 BvL 2/6-17; s. auch Einf. Teil 5, Abschn. 4, Erl. 1.3 bzw. 1.5.

332 Vgl. OVG SH., Beschl. v. 16.9.2020; OVG M-V Beschl. v. 24.7.2023, beide a. a. O.; Handlungsleitfaden zur Zulässigkeit von Fewo's, Min. f. Wirtschaft ... M-V, 2014, S. 12f.

333 Vgl. *Schoch*, Jura 2005.183; *Sauthoff*, NordÖR 2021.107; OVG SH, Beschl. v. 2.7.2024 – 8 B 14/24; OVG M-V, Beschl. v. 27.3.2015 – 3 M 38/15, v. 14.4.2015, NordÖR 2015.325, v. 19.1.2016 sowie v. 24.7.2023 – 3 L 161/11 bzw. 3 M 65/23.

Anlagen müssen in einem vorläufigen Verfahren jedenfalls erhebliche **Gründe für eine ausnahmsweise weitere Nutzung bis zur** *endgültigen Entscheidung* **über die materielle Genehmigungsfähigkeit vorliegen.**

Die nachträgliche **Genehmigung** würde gem. § 72 Abs. 1 LBauO voraussetzen, dass der Umwidmung zur Fewo keine im Baugenehmigungsverfahren zu prüfende öffentlich-rechtliche Vorschriften **entgegenstünden**. Im hier einschlägigen **vereinfachten** Genehmigungsverfahren gem. § 63 LBauO werden grds. keine materiellen bau-ordnungsrechtlichen, sondern lediglich die **bau-planungsrechtlichen Vorschriften** über die Zulässigkeit von **Anlagen** anhand der §§ 29ff. **BauGB** i. V. m. der BauNutzVO geprüft.

I.1.2.1.1 Umnutzung der Fewo als bauliche Anlage i. S. d. § 29 BauGB

Die Umnutzung der Wohnung zur Fewo könnte ein Vorhaben in Form der Nutzungsänderung einer baulichen Anlage i. S. d. § 29 BauGB darstellen. Unter dem bau-planungsrechtlichen Begriff der baulichen Anlage wird eine auf Dauer mit dem Erdboden verbundene, aus Baustoffen und -teilen hergestellte künstliche Anlage verstanden; diese Voraussetzungen erfüllt das von E bewohnte Gebäude. Vom bau-ordnungsrechtlichen unterscheidet sich der planungsrechtliche Anlagenbegriff dadurch, dass er zusätzlich eine bodenrechtliche Relevanz[334] voraussetzt und die in § 1 Abs. 5 bzw. 6 BauGB genannten Belange (etwa allgemeine Anforderungen an gesunde Wohn- und Arbeitsverhältnisse. Wohnbedürfnisse der Bevölkerung) derart berührt, dass das Bedürfnis nach einer verbindlichen Bauleitplanung hervorgerufen und damit eine Kontrolle im Rahmen der Zulässigkeitsmaßstäbe der §§ 30 bis 37 BauGB ermöglicht wird[335]. Eine Nutzungsänderung i. S. v. § 29 BauGB liegt nur vor, wenn durch eine abweichende Nutzung der Anlage bodenrechtliche Belange neu berührt werden (können), der neuen Nutzung unter städtebaulichen Gesichtspunkten also eine andere Qualität zukommt[336].

Dies könnte für die Umnutzung durch E deswegen zutreffen, weil mit einer zunehmenden Anzahl von Fewos dem Wohnungsmarkt in entsprechendem Umfang vermittelbare Wohnungen entzogen werden und die Entstehung von „Rolladensiedlungen" begünstigt wird. Aufgrund der vorhandenen bodenrechtlichen Relevanz findet daher eine Überprüfung der Genehmigungsfähigkeit des Vorhabens anhand der §§ 29f BauGB statt.

---

334 Grund dafür ist die nach Art.74 Abs. 1 Nr. 18 GG auf das Bodenrecht beschränkte bundesrechtliche Gesetzgebungskompetenz.

335 Vgl. BVerwG, Urt. v. 16.12.1993, NVwZ 1994, 1010; *Kersten*, a. a. O., Rdnrn. 269f. m. Nw.

336 Vgl. BVerwG, NVwZ 1999, 417.

I.1.2.1.2 (Un-)Zulässigkeit der Umnutzung nach § 34 BauGB i. V. m. der BauNutzVO

Das Vorhaben des E ist im unbeplanten Innenbereich des § 34 BauGB zulässig, wenn es sich nach Art und Maß der baulichen Nutzung in die nähere Umgebung **einfügt**. Sofern die Eigenart der Umgebung des Vorhabens einem der in der **BauNutzVO geregelten** Baugebiete entspricht, beurteilt sich dessen Zulässigkeit aufgrund der Spezialregelung des § 34 Abs. 2 BauGB allein danach, ob die Art der Nutzung dort allgemein zulässig wäre. Die planungsrechtliche Genehmigungsfähigkeit der Fewo im allgemeinen Wohngebiet hängt daher davon ab, ob sie nach §§ 13a i. V. m. 4 Abs. 3 Ziff. 1 bzw. 2 BauNutzVO ggf. als **Beherbergungs**- bzw. nicht störender **Gewerbebetrieb** (ausnahmsweise) zulässig ist. **§ 13a S. 1 BauNVO**[337] definiert **Fewos** u. a. als Räume, die einem ständig wechselndem Gästekreis **entgeltlich** zur Unterkunft überlassen werden und zur Begründung einer eigenen Häuslichkeit geeignet ... sind.

Aus der Erwähnung grds. zulässiger Betriebe in allgemeinen Wohngebieten folgt aber noch kein **unmittelbarer bzw. offensichtlicher Anspruch des E auf Erteilung einer Umnutzungsgenehmigung.** Nach der Rechtsprechung der „nördlichen" OVGs[338] ist eine Gleichsetzung der erwähnten Beherbergungsbetriebe und **Fewos unzulässig,** weil letztere typischerweise auf die **Selbstversorgung** der Feriengäste ausgerichtet sind und es ihnen an den beherbergungstypischen Dienstleistungsangeboten (Frühstücksbuffet etc.) fehlt; es handelt sich danach bei Beherbergungsbetrieben bzw. Fewos um bauplanungsrechtlich unterschiedliche Nutzungsarten. Eine Genehmigung der Umwidmung käme somit nur für den Fall in Betracht, dass die Fewo des E als nicht störender **Gewerbebetrieb** einzuordnen wäre.

Die **Genehmigungsentscheidung** für beide von §§ 13a i. V. m. 4 BauNutzVO erwähnten Betriebsformen, **also auch für die „nicht störenden Gewerbebetriebe", als Ausnahme im Ermessen der Behörde, welche die Genehmigung auch versagen kann. Eine weitere Prüfung, ob die Fewo-Nutzung als nicht-störender Gewerbebetrieb qualifiziert werden kann, erscheint damit entbehrlich,** weil dem Sachverhalt keinerlei „handgreifliche" Umstände zu entnehmen sind, wonach eine nachträgliche Genehmigung als Gewerbebetrieb als offensichtlich einzig mögliche Entscheidung in Betracht käme.

Daraus folgt, dass die Umwidmung zur Fewo entgegen der Annahme des E (Einwand Nr. 2) nicht genehmigungsfähig, das Nutzungsverbot daher verhältnismäßig und insoweit auch materiell rechtmäßig ist.

---

337 Vgl. dazu BVerwG, Urt. v. 18.10.2017, a. a. O.; ausf. *Blechschmidt*, a. a. O., § 13a BauNutzVO, Rdnrn, 21ff.; Fallbearbeitung von *Kraus*, JA 2019. 45.

338 OVG M-V, Urt. v. 19.2.2014 – 3 L 212/12, Beschl. v. 10.6.2015, v. 6. 11.2019, v. 4.9.2024 – 3 M 85/14, 3 K 489/15 bzw. 3 KM 572/23; OVG Schl. H., Beschl. v. 16.9.2020, v. 23.3.2023 – 1 MB 12/20 bzw. 18/22; VGH BW, Urt. v. 14.3.2024; str. a. A. *Blechschmid*, a. a. O., § 13a BauNutzVO, Rdnrn. 2, 34 m. N.; vgl. auch für ein „Boardinghouse" VGH BW, Urt. v. 14.3.2024 – 14 S 1655/23.

I.2 Vereinbarkeit des Nutzungsverbots mit dem Gleichbehandlungsgrundsatz?

Auch der weitere Einwand (Nr. 3) des E, die Untersagungsverfügung verstoße gegen den **Gleichbehandlungsgrundsatz** und sei daher rechtswidrig, trifft nicht zu.

Die Bauaufsicht darf bei ihren Anordnungen einzelne Bürger nach Art. 3 Abs. 1 GG nicht willkürlich, ohne rechtfertigenden Grund benachteiligen und damit ihr Ermessen fehlerhaft ausüben. Das könnte vorliegend der Fall sein, weil **in der Umgebung der Wohnung eine Vielzahl von Fewos angeboten werden, deren Vermietung die Bauaufsichtsbehörde zwar jederzeit verbieten könnte, bisher aber offensichtlich nicht in Angriff genommen** und stattdessen lediglich gegen E ein Nutzungsverbot erlassen hat. Rechtswidrige Zustände, die bei einer Vielzahl von Grundstücken vorliegen, müssen jedoch nicht stets gleichzeitig und flächendeckend bekämpft werden. Angesichts knapper personeller und sachlicher Mittel darf sich die Behörde auch anlassbezogen auf die Regelung von Einzelfällen beschränken, sofern dafür sachliche **Gründe** vorliegen und z. B. zunächst ein „Musterfall" betrieben wird, um ggf. im Anschluss an dessen gerichtliche Bestätigung ähnliche Fälle aufzugreifen[339]: „Bei der Beurteilung der Frage, ob nicht genehmigte ... bauliche Anlagen bei der Art der Nutzung zu berücksichtigen sind, ist wesentlich, ob sie von den ... Behörden in einer Weise geduldet wurden, die keinen Zweifel daran lässt, dass sie sich mit ... der Art ihrer Nutzung abgefunden haben. Auszuscheiden sind demnach ungenehmigte und ... nicht genehmigungsfähige Gebäude, deren Beseitigung jederzeit verlangt werden kann und nach Lage der Dinge auch zu erwarten ist"[340].

Vorliegend hat die Bauaufsicht zu erkennen gegeben, dass sie eine umfassende Prüfung der Umstände für die rechtmäßige Umwidmung auch anderer Fewos in dem betreffenden Gebiet beabsichtige, so dass ein gegen den Gleichheitsgrundsatz verstoßendes Vorgehen aufgrund der bislang allein gegen E ergangenen Untersagungsverfügung nicht angenommen werden kann.

I.3 Auch gegen die **Anordnung** der **sofortigen Vollziehung** für eine Nutzungsuntersagung bestehen keine Bedenken, da die gesetzlichen Voraussetzungen für ihren Erlass vorliegen und eine zusätzliche Begründung des Sofortvollzugs regelmäßig als entbehrlich gilt[341].

II. Gesamtergebnis: Die sofort vollziehbare **Nutzungsuntersagung ist rechtmäßig. Das VG wird den Antrag des E auf vorläufigen Rechtsschutz als unbegründet zurückweisen.**

339 Vgl. *Schoch*, Jura 2005.182; *Otto*, a. a. O., § 13 Rdnr. 22 ff. (S. 222f.); vgl. auch Fall 4 unter 4.

340 Vgl. OVG M-V, Beschl. v. 13.8.2007 – 3 M 48/07, NordÖR S. 456, v. 10.6.2015, v. 24.7.2023 – 3 M 85/14 bzw. 65/23; vgl. auch Teil 5 Abschn. 4, Erl. 1.4.4.

341 Vgl. OVG M-V, Beschl. v. 24.7.2023, a.a.O,

III. **Alternative:** § 13a S. 2, 2. HS BauNutzVO zielt auf Fewos in **reinen** Wohngebieten ab, die dort gem. § 3 Abs. 3 Nr. 1 **2. Alt.** BauNutzVO, insbes. bei einer baulich untergeordneten Bedeutung gegenüber der im Gebäude herrschenden Hauptnutzung, zu den kleinen **Beherbergungsbetrieben** gehören **können**. Die Rechtsprechung lehnt jedoch, wie erwähnt[342], eine Gleichsetzung von Fewos und Beherbergungsbetrieben unabhängig von ihrer Größe ab, so dass im Ergebnis eine Genehmigung für die Wohnungsumnutzung seitens des E auch im reinen Wohngebiet aus bauplanungsrechtlichen Gründen scheitern würde.

342 Vgl. Fn. 340; BVerwG, a. a. O., Fn. 332.

C. Anhang – Gesetzestexte

Landesbauordnung Mecklenburg-Vorpommern (LBauO M-V)[1,2]

in der Fassung der Bekanntmachung vom 15. Oktober 2015 (GVOBl. M-V S. 344), die zuletzt durch Artikel 2 des Gesetzes vom 18. März 2025 (GVOBl. M-V S. 130) geändert worden ist

– Fassung ab 1. April 2025 –

INHALTSÜBERSICHT

1 Die Verpflichtung aus der Richtlinie 98/34/EG des Europäischen Parlaments und des Rates vom 22. Juni 1998 über ein Informationsverfahren auf dem Gebiet der Normen und technischen Vorschriften und der Vorschriften für die Dienste der Informationsgesellschaft (ABl. L 204 vom 21.7.1998, S. 37), die zuletzt durch Artikel 26 Absatz 2 der Verordnung (EU) Nr. 1025/2012 des Europäischen Parlaments und des Rates vom 25. Oktober 2012 (ABl. L 316 vom 14.11.2012, S. 12) geändert worden ist, sind beachtet worden.

2 Die Änderungen mit Wirkung ab **1. Juli 2025** sind bereits mit einbezogen worden.

TEIL 1
Allgemeine Vorschriften

§ 1
Anwendungsbereich

(1) [1]Dieses Gesetz gilt für bauliche Anlagen und Bauprodukte. [2]Es gilt auch für Grundstücke sowie für andere Anlagen und Einrichtungen, an die in diesem Gesetz oder in Vorschriften aufgrund dieses Gesetzes Anforderungen gestellt werden.

(2) Dieses Gesetz gilt nicht für

1. Anlagen des öffentlichen Verkehrs einschließlich Zubehör, Nebenanlagen und Nebenbetrieben, ausgenommen Gebäude,
2. Anlagen, die der Bergaufsicht unterliegen, ausgenommen Gebäude,
3. Rohrleitungsanlagen sowie Leitungen aller Art, ausgenommen in Gebäuden,
4. Kräne und Krananlagen mit Ausnahme der Kranbahnen und Kranfundamente,
5. Schiffe und andere schwimmende Anlagen in Häfen, für die wasserverkehrsrechtliche Regelungen getroffen sind, ausgenommen schwimmende Häuser,
6. Messestände in Messe- und Ausstellungsgebäuden,
7. Regale und Regalanlagen in Gebäuden, soweit sie nicht Teil der Gebäudekonstruktion sind und keine Erschließungsfunktion haben.

§ 2
Begriffe

(1) [1]Bauliche Anlagen sind mit dem Erdboden verbundene, aus Bauprodukten hergestellte Anlagen; eine Verbindung mit dem Boden besteht auch dann, wenn die Anlage durch eigene Schwere auf dem Boden ruht oder auf ortsfesten Bahnen begrenzt beweglich ist oder wenn die Anlage nach ihrem Verwendungszweck dazu bestimmt ist, überwiegend ortsfest benutzt zu werden. [2]Bauliche Anlagen sind auch

1. Aufschüttungen und Abgrabungen,
2. Lagerplätze, Abstellplätze und Ausstellungsplätze,

3. Sport- und Spielflächen,
4. Campingplätze, Wochenendplätze und Zeltplätze,
5. Freizeit- und Vergnügungsparks,
6. Stellplätze für Kraftfahrzeuge,
7. Gerüste,
8. Hilfseinrichtungen zur statischen Sicherung von Bauzuständen,
9. Regale im Freien und Regale, die Teil der Gebäudekonstruktion sind oder Erschließungsfunktion haben,
10. Werbeanlagen (§ 10).

[3]Anlagen sind bauliche Anlagen und sonstige Anlagen und Einrichtungen im Sinne des § 1 Absatz 1 Satz 2.

(2) [1]Gebäude sind selbstständig benutzbare, überdeckte bauliche Anlagen, die von Menschen betreten werden können und geeignet oder bestimmt sind, dem Schutz von Menschen, Tieren oder Sachen zu dienen. [2]Wohngebäude sind Gebäude, die nur Wohnungen und die zugehörigen Garagen und Nebenräume enthalten, darüber hinaus allenfalls Räume für die Berufsausübung freiberuflich oder in ähnlicher Art Tätiger, denen gegenüber die Wohnungen überwiegen müssen.

(3) [1]Gebäude werden in folgende Gebäudeklassen eingeteilt:
1. Gebäudeklasse 1:
   a) freistehende Gebäude mit einer Höhe bis zu 7 m und nicht mehr als zwei Nutzungseinheiten von insgesamt nicht mehr als 400 m² und
   b) freistehende land- oder forstwirtschaftlich genutzte Gebäude,
2. Gebäudeklasse 2:
   Gebäude mit einer Höhe bis zu 7 m und nicht mehr als zwei Nutzungseinheiten von insgesamt nicht mehr als 400 m²,
3. Gebäudeklasse 3:
   sonstige Gebäude mit einer Höhe bis zu 7 m,
4. Gebäudeklasse 4:
   Gebäude mit einer Höhe bis zu 13 m und Nutzungseinheiten mit jeweils nicht mehr als 400 m²,
5. Gebäudeklasse 5:
   sonstige Gebäude einschließlich unterirdischer Gebäude.

[2]Höhe im Sinne des Satzes 1 ist das Maß der Fußbodenoberkante des höchstgelegenen Geschosses, in dem ein Aufenthaltsraum möglich ist, über der Geländeoberfläche im Mittel. [3]Die Grundflächen der Nutzungseinheiten im Sinne dieses Gesetzes sind die Brutto-Grundflächen; bei der Berechnung der Brutto-Grundflächen nach Satz 1 bleiben Flächen in Kellergeschossen außer Betracht. [4]Wird ein Nebengebäude an ein Gebäude der Gebäudeklasse 1 angebaut, verändert sich die Gebäudeklasse nicht, wenn das Nebengebäude nach § 61 Absatz 1 Nummer 1 Buchstabe a oder b verfahrensfrei ist.

(4) Sonderbauten sind Anlagen und Räume besonderer Art oder Nutzung, die einen der nachfolgenden Tatbestände erfüllen:
1. Hochhäuser (Gebäude mit einer Höhe nach Absatz 3 Satz 2 von mehr als 22 m),
2. bauliche Anlagen mit einer Höhe von mehr als 30 m,
3. Gebäude mit mehr als 1 600 m² Grundfläche des Geschosses mit der größten Ausdehnung, ausgenommen Wohngebäude und Garagen,
4. Verkaufsstätten, deren Verkaufsräume und Ladenstraßen eine Grundfläche von insgesamt mehr als 800 m² haben,
5. Gebäude mit Räumen, die einer Büro- oder Verwaltungsnutzung dienen und einzeln eine Grundfläche von mehr als 400 m² haben,
6. Gebäude mit Räumen, die einzeln für die Nutzung durch mehr als 100 Personen bestimmt sind,
7. Versammlungsstätten
   a) mit Versammlungsräumen, die insgesamt mehr als 200 Besucher fassen, wenn diese Versammlungsräume gemeinsame Rettungswege haben,
   b) im Freien mit Szenenflächen sowie Freisportanlagen jeweils mit Tribünen, die keine Fliegenden Bauten sind und insgesamt mehr als 1 000 Besucher fassen,
8. Schank- und Speisegaststätten mit mehr als 40 Gastplätzen in Gebäuden oder mehr als 1 000 Gastplätze im Freien, Beherbergungsstätten mit mehr als zwölf

Betten und Spielhallen mit mehr als 150 m^2 Grundfläche,
9. Gebäude mit Nutzungseinheiten zum Zwecke der Pflege oder Betreuung von Personen mit Pflegebedürftigkeit oder Behinderung, deren Selbstrettungsfähigkeit eingeschränkt ist, wenn die Nutzungseinheiten
   a) einzeln für mehr als acht Personen oder
   b) für Personen mit Intensivpflegebedarf bestimmt sind oder
   c) einen gemeinsamen Rettungsweg haben und für insgesamt mehr als zwölf Personen bestimmt sind,
10. Krankenhäuser,
11. sonstige Einrichtungen zur Unterbringung von Personen sowie Wohnheime,
12. Tageseinrichtungen für Kinder, Menschen mit Behinderung und alte Menschen, ausgenommen Tageseinrichtungen einschließlich Tagespflege für nicht mehr als zehn Kinder,
13. Schulen, Hochschulen und ähnliche Einrichtungen,
14. Justizvollzugsanstalten und bauliche Anlagen für den Maßregelvollzug,
15. Camping- und Wochenendplätze,
16. Freizeit- und Vergnügungsparks,
17. Fliegende Bauten, soweit sie einer Ausführungsgenehmigung bedürfen,
18. Regallager mit einer Oberkante Lagerguthöhe von mehr als 7,50 m,
19. bauliche Anlagen, deren Nutzung durch Umgang oder Lagerung von Stoffen mit Explosions- oder erhöhter Brandgefahr verbunden ist,
20. Anlagen und Räume, die in den Nummern 1 bis 19 nicht aufgeführt und deren Art oder Nutzung mit vergleichbaren Gefahren verbunden sind.

(5) Aufenthaltsräume sind Räume, die zum nicht nur vorübergehenden Aufenthalt von Menschen bestimmt oder geeignet sind.

(6) [1]Geschosse sind oberirdische Geschosse, wenn ihre Deckenoberkanten im Mittel mehr als 1,40 m über die Geländeoberfläche hinausragen; im Übrigen sind sie Kellergeschosse. [2]Vollgeschosse sind Geschosse, deren Deckenoberkante im Mittel mehr als 1,40 m über die Geländeoberfläche hinausragt und die über mindestens zwei Drittel ihrer Grundfläche eine lichte Höhe von mindestens 2,30 m haben. [3]Hohlräume zwischen der obersten Decke und der Bedachung, in denen Aufenthaltsräume nicht möglich sind, sind keine Geschosse.

(7) [1]Stellplätze sind Flächen, die dem Abstellen von Kraftfahrzeugen außerhalb der öffentlichen Verkehrsflächen dienen. [2]Garagen sind Gebäude oder Gebäudeteile zum Abstellen von Kraftfahrzeugen. [3]Ausstellungs-, Verkaufs-, Werk- und Lagerräume für Kraftfahrzeuge sind keine Stellplätze oder Garagen.

(8) Feuerstätten sind in oder an Gebäuden ortsfest benutzte Anlagen oder Einrichtungen, die dazu bestimmt sind, durch Verbrennung Wärme zu erzeugen.

(9) Barrierefrei sind bauliche Anlagen, soweit sie für Menschen mit Behinderung in der allgemein üblichen Weise, ohne besondere Erschwernis und grundsätzlich ohne fremde Hilfe zugänglich und nutzbar sind.

(10) Bauprodukte sind
1. Produkte, Baustoffe, Bauteile und Anlagen sowie Bausätze nach Artikel 2 Nummer 2 der Verordnung (EU) Nr. 305/2011 des Europäischen Parlaments und des Rates vom 9. März 2011 zur Festlegung harmonisierter Bedingungen für die Vermarktung von Bauprodukten und zur Aufhebung der Richtlinie 89/106/EWG des Rates (ABl. L 88 vom 4. April 2011, S. 5), die hergestellt werden, um dauerhaft in bauliche Anlagen eingebaut zu werden,
2. aus Produkten, Baustoffen, Bauteilen sowie Bausätzen nach Artikel 2 Nummer 2 der Verordnung (EU) Nr. 305/2011 vorgefertigte Anlagen, die hergestellt werden, um mit dem Erdboden verbunden zu werden

und deren Verwendung sich auf die Anforderungen nach § 3 auswirken kann.

(11) Bauart ist das Zusammenfügen von Bauprodukten zu baulichen Anlagen oder Teilen von baulichen Anlagen.

§ 3
Allgemeine Anforderungen

[1]Anlagen sind so anzuordnen, zu errichten und zu ändern, dass die öffentliche Sicherheit und Ordnung, insbesondere Leben, Gesundheit und die natürlichen Lebensgrundlagen nicht gefährdet werden; dabei sind die Grundanforderungen an Bauwerke nach Anhang I der Verordnung (EU) Nr. 305/2011 zu berücksichtigen. [2]Dies gilt auch für die Beseitigung von Anlagen und bei der Änderung ihrer Nutzung. [3]Anlagen müssen bei ordnungsgemäßer Instandhaltung die allgemeinen Anforderungen des Satzes 1 ihrem Zweck entsprechend angemessen dauerhaft erfüllen und ohne Missstände benutzbar sein.

TEIL 2
Das Grundstück und seine Bebauung

§ 4
Bebauung der Grundstücke mit Gebäuden

(1) Gebäude dürfen nur errichtet oder geändert werden, wenn das Grundstück in angemessener Breite an einer befahrbaren öffentlichen Verkehrsfläche liegt oder wenn das Grundstück eine befahrbare, öffentlich-rechtlich gesicherte Zufahrt zu einer befahrbaren öffentlichen Verkehrsfläche hat.
(2) Ein Gebäude auf mehreren Grundstücken ist nur zulässig, wenn öffentlich-rechtlich gesichert ist, dass dadurch keine Verhältnisse eintreten können, die Vorschriften dieses Gesetzes oder aufgrund dieses Gesetzes widersprechen.

§ 5
Zugänge und Zufahrten auf den Grundstücken

(1) [1]Von öffentlichen Verkehrsflächen ist insbesondere für die Feuerwehr ein geradliniger Zu- oder Durchgang zu rückwärtigen Gebäuden zu schaffen; zu anderen Gebäuden ist er zu schaffen, wenn der zweite Rettungsweg dieser Gebäude über Rettungsgeräte der Feuerwehr führt. [2]Zu Gebäuden, bei denen die Oberkante der Brüstung von zum Anleitern bestimmten Fenstern oder Stellen mehr als 8 m über Gelände liegt, ist in den Fällen des Satzes 1 anstelle eines Zu- oder Durchgangs eine Zu- oder Durchfahrt zu schaffen. [3]Ist für die Personenrettung der Einsatz von Hubrettungsfahrzeugen erforderlich, sind die dafür erforderlichen Aufstell- und Bewegungsflächen vorzusehen. [4]Bei Gebäuden, die ganz oder mit Teilen mehr als 50 m von einer öffentlichen Verkehrsfläche entfernt sind, sind Zufahrten oder Durchfahrten nach Satz 2 zu den vor und hinter den Gebäuden gelegenen Grundstücksteilen und Bewegungsflächen herzustellen, wenn sie aus Gründen des Feuerwehreinsatzes erforderlich sind.
(2) [1]Zu- und Durchfahrten, Aufstellflächen und Bewegungsflächen müssen für Feuerwehrfahrzeuge ausreichend befestigt und tragfähig sein; sie sind als solche zu kennzeichnen und ständig freizuhalten; die Kennzeichnung von Zufahrten muss von der öffentlichen Verkehrsfläche aus sichtbar sein. [2]Fahrzeuge dürfen auf den Flächen nach Satz 1 nicht abgestellt werden.

§ 6
Abstandsflächen, Abstände

(1) [1]Vor den Außenwänden von Gebäuden sind Abstandsflächen von oberirdischen Gebäuden freizuhalten. [2]Satz 1 gilt entsprechend für andere Anlagen, von denen Wirkungen wie von Gebäuden ausgehen, gegenüber Gebäuden und Grundstücksgrenzen. [3]Eine Abstandsfläche ist nicht erforderlich vor Außenwänden,

1. die an Grundstücksgrenzen errichtet werden, wenn nach planungsrechtlichen Vorschriften an die Grenze gebaut werden muss oder gebaut werden darf, oder
2. soweit nach der umgebenden Bebauung im Sinne des § 34 Absatz 1 Satz 1 des Baugesetzbuches abweichende Gebäudeabstände zulässig sind.

[4]Satz 2 gilt nicht im Außenbereich

1. für Antennen einschließlich der Masten mit einer maximalen Breite des Mastes

von 1,50 m und einer Gesamthöhe von nicht mehr als 50 m gegenüber anderen Grundstücken im Außenbereich und
2. für Windenergieanlagen.

(2) [1]Abstandsflächen sowie Abstände nach § 30 Absatz 2 Nummer 1 und § 32 Absatz 2 müssen auf dem Grundstück selbst liegen. [2]Sie dürfen auch auf öffentlichen Verkehrs-, Grün- und Wasserflächen liegen, jedoch nur bis zu deren Mitte. [3]Abstandsflächen sowie Abstände im Sinne des Satzes 1 dürfen sich ganz oder teilweise auf andere Grundstücke erstrecken, wenn öffentlich-rechtlich gesichert ist, dass sie nicht überbaut werden; Abstandsflächen dürfen auf die auf diesen Grundstücken erforderlichen Abstandsflächen nicht angerechnet werden.

(3) Die Abstandsflächen dürfen sich nicht überdecken; dies gilt nicht für
1. Außenwände, die in einem Winkel von mehr als 75 Grad zueinander stehen,
2. Außenwände zu einem fremder Sicht entzogenen Gartenhof bei Wohngebäuden der Gebäudeklassen 1 und 2,
3. Gebäude und andere bauliche Anlagen, die in den Abstandsflächen zulässig sind.

(4) [1]Die Tiefe der Abstandsfläche bemisst sich nach der Wandhöhe; sie wird senkrecht zur Wand gemessen. [2]Wandhöhe ist das Maß von der Geländeoberfläche bis zum Schnittpunkt der Wand mit der Dachhaut oder bis zum oberen Abschluss der Wand. [3]Die Höhe von Dächern mit einer Neigung von weniger als 70 Grad wird zu einem Drittel der Wandhöhe hinzugerechnet. [4]Andernfalls wird die Höhe des Daches voll hinzugerechnet. [5]Die Sätze 1 bis 4 gelten für Dachaufbauten entsprechend. [6]Das sich ergebende Maß ist H.

(5) [1]Die Tiefe der Abstandsflächen beträgt 0,4 H, mindestens 3 m. [2]In Gewerbe- und Industriegebieten sowie für Antennenanlagen im Außenbereich genügt eine Tiefe von 0,2 H, mindestens 3 m. [3]Vor den Außenwänden von Wohngebäuden der Gebäudeklassen 1 und 2 mit nicht mehr als drei oberirdischen Geschossen genügt als Tiefe der Abstandsfläche 3 m. [4]Werden von einer städtebaulichen Satzung oder einer Satzung nach § 86 Außenwände zugelassen oder vorgeschrieben, vor denen Abstandsflächen größerer oder geringerer Tiefe als nach den Sätzen 1 bis 3 liegen müssten, finden die Sätze 1 bis 3 keine Anwendung, es sei denn, die Satzung ordnet die Geltung dieser Vorschriften an.

(6) Bei der Bemessung der Abstandsflächen bleiben außer Betracht
1. vor die Außenwand vortretende Bauteile wie Gesimse und Dachüberstände,
2. Vorbauten, wenn sie
   a) insgesamt nicht mehr als ein Drittel der Breite der jeweiligen Außenwand in Anspruch nehmen,
   b) nicht mehr als 1,50 m vor diese Außenwand vortreten und
   c) mindestens 2 m von der gegenüberliegenden Nachbargrenze entfernt bleiben,
3. bei Gebäuden an der Grundstücksgrenze die Seitenwände von Vorbauten und Dachaufbauten, auch wenn sie nicht an der Grundstücksgrenze errichtet werden.

(7) [1]Bei der Bemessung der Abstandsflächen bleiben Maßnahmen zum Zwecke der Energieeinsparung und Solaranlagen an bestehenden Gebäuden, unabhängig davon, ob diese den Anforderungen der Absätze 2 bis 6 entsprechen, außer Betracht, wenn sie
1. eine Stärke von nicht mehr als 0,25 m aufweisen und
2. mindestens 2,50 m von der Nachbargrenze zurückbleiben.

[2]§ 67 Absatz 1 Satz 1 bleibt unberührt.

(8) [1]In den Abstandsflächen eines Gebäudes sowie ohne eigene Abstandsflächen sind, auch wenn sie nicht an die Grundstücksgrenze oder an das Gebäude angebaut werden, zulässig
1. Garagen und Gebäude ohne Aufenthaltsräume und ohne Feuerstätten mit einer mittleren Wandhöhe bis zu 3 m und einer Gesamtlänge je Grundstücksgrenze von 9 m,
2. gebäudeunabhängige Solaranlagen mit einer Höhe bis zu 3 m und einer Gesamtlänge je Grundstücksgrenze von 9 m,
3. Wärmepumpen, einschließlich ihrer Fundamente und Einhausungen, mit einer Höhe bis zu 2 m über der Geländeoberfläche und einer Länge von 3 m,

4. Stützmauern und geschlossene Einfriedungen in Gewerbe- und Industriegebieten, außerhalb dieser Baugebiete mit einer Höhe bis zu 2 m.

[2]Die Länge der die Abstandsflächentiefe gegenüber den Grundstücksgrenzen nicht einhaltenden Bebauung nach den Nummern 1 und 2 darf auf einem Grundstück insgesamt 15 m nicht überschreiten.

§ 7
Teilung von Grundstücken

(1) Durch die Teilung eines Grundstücks, das bebaut oder dessen Bebauung genehmigt ist, dürfen keine Verhältnisse geschaffen werden, die Vorschriften dieses Gesetzes oder aufgrund dieses Gesetzes widersprechen.

(2) Soll bei einer Teilung nach Absatz 1 von Vorschriften dieses Gesetzes oder aufgrund dieses Gesetzes abgewichen werden, ist § 67 entsprechend anzuwenden.

§ 8
Nicht überbaute Flächen der bebauten Grundstücke, Kinderspielplätze

(1) [1]Die nicht mit Gebäuden oder vergleichbaren baulichen Anlagen überbauten Flächen der bebauten Grundstücke sind

1. wasseraufnahmefähig zu belassen oder herzustellen und
2. zu begrünen oder zu bepflanzen,

soweit dem nicht die Erfordernisse einer anderen zulässigen Verwendung der Flächen entgegenstehen. [2]Satz 1 findet keine Anwendung, soweit Bebauungspläne oder andere Satzungen Festsetzungen zu den nicht überbauten Flächen treffen.

(2) Bei der Errichtung von Gebäuden mit mehr als drei Wohnungen ist auf dem Baugrundstück oder in unmittelbarer Nähe auf einem anderen geeigneten Grundstück, dessen dauerhafte Nutzung für diesen Zweck öffentlich-rechtlich gesichert sein muss, ein ausreichend großer Spielplatz für Kleinkinder anzulegen.

(3) [1]Die Verpflichtung nach Absatz 2 Satz 1 entfällt, wenn bei einem rechtmäßig bestehenden Gebäude Wohnungen geteilt oder Wohnraum durch Nutzungsänderung, durch Aufstocken des Gebäudes oder durch Ausbau des Dachraums geschaffen wird. [2]Absatz 2 Satz 2 bleibt unberührt.

(4) [1]Soweit der Bauherr zur Herstellung von Spielplätzen für Kleinkinder verpflichtet ist, kann die Gemeinde durch öffentlich-rechtlichen Vertrag mit dem Bauherrn vereinbaren, dass der Bauherr seine Verpflichtung ganz oder teilweise durch Zahlung eines Geldbetrages an die Gemeinde ablöst (Kinderspielplatzablösevertrag). [2]Der Anspruch der Gemeinde auf Zahlung des im Kinderspielplatzablösevertrages vereinbarten Geldbetrages entsteht mit Baubeginn.

(5) Die Gemeinde hat den Geldbetrag für die Ablösung von Kinderspielplätzen für die Herstellung zusätzlicher oder die Instandhaltung, die Instandsetzung oder die Modernisierung bestehender Kinderspielplätze zu verwenden.

TEIL 3
Bauliche Anlagen

ABSCHNITT 1
Gestaltung

§ 9
Gestaltung

[1]Bauliche Anlagen müssen nach Form, Maßstab, Verhältnis der Baumassen und Bauteile zueinander, Werkstoff und Farbe so gestaltet sein, dass sie nicht verunstaltet wirken. [2]Bauliche Anlagen dürfen das Straßen-, Orts- und Landschaftsbild nicht verunstalten.

§ 10
Anlagen der Außenwerbung, Warenautomaten

(1) [1]Anlagen der Außenwerbung (Werbeanlagen) sind alle ortsfesten Einrichtungen, die der Ankündigung oder Anpreisung oder als Hinweis auf Gewerbe oder Beruf dienen und vom öffentlichen Verkehrsraum aus sichtbar sind. [2]Hierzu zählen insbesondere Schilder,

Beschriftungen, Bemalungen, Lichtwerbungen, Schaukästen sowie für Zettelanschläge und Bogenanschläge oder Lichtwerbung bestimmte Säulen, Tafeln und Flächen.

(2) [1]Werbeanlagen dürfen nicht erheblich belästigen, insbesondere nicht durch ihre Größe, Häufung, Lichtstärke oder Betriebsweise. [2]Sie dürfen die der architektonischen Gliederung dienenden Bauteile nicht überschneiden oder verdecken.

(3) [1]Außerhalb der im Zusammenhang bebauten Ortsteile sind Werbeanlagen unzulässig. [2]Ausgenommen sind, soweit in anderen Vorschriften nichts anderes bestimmt ist,

1. Werbeanlagen an der Stätte der Leistung,
2. einzelne Hinweiszeichen an Verkehrsstraßen und Wegabzweigungen, die im Interesse des Verkehrs auf außerhalb der Ortsdurchfahrten liegende Betriebe oder versteckt liegende Stätten aufmerksam machen,
3. Schilder, die Inhaber und Art gewerblicher Betriebe kennzeichnen (Hinweisschilder), wenn sie vor Ortsdurchfahrten auf einer Tafel zusammengefasst sind,
4. Werbeanlagen an und auf Flugplätzen, Sportanlagen und Versammlungsstätten, soweit sie nicht in die freie Landschaft wirken,
5. Werbeanlagen auf Ausstellungs- und Messegeländen.

(4) [1]In Kleinsiedlungsgebieten, Dorfgebieten, reinen und allgemeinen Wohngebieten sind Werbeanlagen nur zulässig an der Stätte der Leistung sowie Anlagen für amtliche Mitteilungen und zur Unterrichtung der Bevölkerung über kirchliche, kulturelle, politische, sportliche und ähnliche Veranstaltungen; die jeweils freie Fläche dieser Anlagen darf auch für andere Werbung verwendet werden. [2]In reinen Wohngebieten darf an der Stätte der Leistung nur mit Hinweisschildern geworben werden. [3]An Haltestellen des öffentlichen Personennahverkehrs können auch andere Werbeanlagen zugelassen werden, soweit diese die Eigenart des Gebiets und das Ortsbild nicht beeinträchtigen.

(5) Die Absätze 1 bis 3 gelten für Warenautomaten entsprechend.

(6) Die Vorschriften dieses Gesetzes sind nicht anzuwenden auf

1. Anschläge und Lichtwerbung an dafür genehmigten Säulen, Tafeln und Flächen,
2. Werbemittel an Zeitungs- und Zeitschriftenverkaufsstellen,
3. Auslagen und Dekorationen in Fenstern und Schaukästen,
4. Wahlwerbung für die Dauer eines Wahlkampfs.

ABSCHNITT 2
Allgemeine Anforderungen an die Bauausführung

§ 11
Baustelle

(1) Baustellen sind so einzurichten, dass bauliche Anlagen ordnungsgemäß errichtet, geändert oder beseitigt werden können und Gefahren oder vermeidbare Belästigungen nicht entstehen.

(2) [1]Bei Bauarbeiten, durch die unbeteiligte Personen gefährdet werden können, ist die Gefahrenzone abzugrenzen oder durch Warnzeichen zu kennzeichnen. [2]Soweit erforderlich, sind Baustellen mit einem Bauzaun abzugrenzen, mit Schutzvorrichtungen gegen herabfallende Gegenstände zu versehen und zu beleuchten.

(3) Bei der Ausführung nicht verfahrensfreier Bauvorhaben hat der Bauherr an der Baustelle ein Schild, das die Bezeichnung des Bauvorhabens sowie die Namen und Anschriften des Entwurfsverfassers, des Bauleiters und der Unternehmer für den Rohbau enthalten muss, dauerhaft und von der öffentlichen Verkehrsfläche aus sichtbar anzubringen.

(4) Bäume, Hecken und sonstige Bepflanzungen, die aufgrund anderer Rechtsvorschriften zu erhalten sind, müssen während der Bauausführung geschützt werden.

§ 12
Standsicherheit

(1) [1]Jede bauliche Anlage muss im Ganzen und in ihren einzelnen Teilen für sich allein standsicher sein. [2]Die Standsicherheit anderer baulicher Anlagen und die Tragfähigkeit des Baugrundes der Nachbargrundstücke dürfen nicht gefährdet werden.

(2) Die Verwendung gemeinsamer Bauteile für mehrere bauliche Anlagen ist zulässig, wenn öffentlich-rechtlich gesichert ist, dass die gemeinsamen Bauteile bei der Beseitigung einer der baulichen Anlagen bestehen bleiben können.

§ 13
Schutz gegen schädliche Einflüsse

[1]Bauliche Anlagen müssen so angeordnet, beschaffen und gebrauchstauglich sein, dass durch Wasser, Feuchtigkeit, pflanzliche und tierische Schädlinge sowie andere chemische, physikalische oder biologische Einflüsse Gefahren oder unzumutbare Belästigungen nicht entstehen. [2]Baugrundstücke müssen für bauliche Anlagen geeignet sein.

§ 14
Brandschutz

Bauliche Anlagen sind so anzuordnen, zu errichten, zu ändern und in Stand zu halten, dass der Entstehung eines Brandes und der Ausbreitung von Feuer und Rauch (Brandausbreitung) vorgebeugt wird und bei einem Brand die Rettung von Menschen und Tieren sowie wirksame Löscharbeiten möglich sind.

§ 15
Wärme-, Schall-, Erschütterungsschutz

(1) Gebäude müssen einen ihrer Nutzung und den klimatischen Verhältnissen entsprechenden Wärmeschutz haben.

(2) [1]Gebäude müssen einen ihrer Nutzung entsprechenden Schallschutz haben. [2]Geräusche, die von ortsfesten Einrichtungen in baulichen Anlagen oder auf Baugrundstücken ausgehen, sind so zu dämmen, dass Gefahren oder unzumutbare Belästigungen nicht entstehen.

(3) Erschütterungen oder Schwingungen, die von ortsfesten Einrichtungen in baulichen Anlagen oder auf Baugrundstücken ausgehen, sind so zu dämmen, dass Gefahren oder unzumutbare Belästigungen nicht entstehen.

§ 16
Verkehrssicherheit

(1) Bauliche Anlagen und die dem Verkehr dienenden nicht überbauten Flächen von bebauten Grundstücken müssen verkehrssicher sein.

(2) Die Sicherheit und Leichtigkeit des öffentlichen Verkehrs darf durch bauliche Anlagen oder deren Nutzung nicht gefährdet werden.

§ 16a
Bauarten

(1) Bauarten dürfen nur angewendet werden, wenn bei ihrer Anwendung die baulichen Anlagen bei ordnungsgemäßer Instandhaltung während einer dem Zweck entsprechenden angemessenen Zeitdauer die Anforderungen dieses Gesetzes oder aufgrund dieses Gesetzes erlassener Vorschriften erfüllen und für ihren Anwendungszweck tauglich sind.

(2) [1]Bauarten, die von Technischen Baubestimmungen nach § 85a Absatz 2 Nummer 2 oder Nummer 3 Buchstabe a wesentlich abweichen oder für die es allgemein anerkannte Regeln der Technik nicht gibt, dürfen bei der Errichtung, Änderung und Instandhaltung baulicher Anlagen nur angewendet werden, wenn für sie

1. eine allgemeine Bauartgenehmigung durch das Deutsche Institut für Bautechnik oder
2. eine vorhabenbezogene Bauartgenehmigung durch die oberste Bauaufsichtsbehörde

erteilt worden ist. [2]§ 18 Absatz 2 bis 7 gilt entsprechend.

(3) [1]Anstelle einer allgemeinen Bauartgenehmigung genügt ein allgemeines bauaufsichtliches Prüfzeugnis für Bauarten, wenn die

Bauart nach allgemein anerkannten Prüfverfahren beurteilt werden kann. [2]In einer Technischen Baubestimmung nach § 85a werden diese Bauarten mit der Angabe der maßgebenden technischen Regeln bekannt gemacht. [3]§ 19 Absatz 2 gilt entsprechend.

(4) Wenn Gefahren im Sinne des § 3 nicht zu erwarten sind, kann die oberste Bauaufsichtsbehörde im Einzelfall oder für genau begrenzte Fälle allgemein festlegen, dass eine Bauartgenehmigung nicht erforderlich ist.

(5) [1]Bauarten bedürfen einer Bestätigung ihrer Übereinstimmung mit den Technischen Baubestimmungen nach § 85a Absatz 2, den allgemeinen Bauartgenehmigungen, den allgemeinen bauaufsichtlichen Prüfzeugnissen für Bauarten oder den vorhabenbezogenen Bauartgenehmigungen; als Übereinstimmung gilt auch eine Abweichung, die nicht wesentlich ist. [2]§ 21 Absatz 2 gilt für den Anwender der Bauart entsprechend.

(6) [1]Bei Bauarten, deren Anwendung in außergewöhnlichem Maß von der Sachkunde und Erfahrung der damit betrauten Personen oder von einer Ausstattung mit besonderen Vorrichtungen abhängt, kann in der Bauartgenehmigung oder durch Rechtsverordnung der obersten Bauaufsichtsbehörde vorgeschrieben werden, dass der Anwender über solche Fachkräfte und Vorrichtungen verfügt und den Nachweis hierüber gegenüber einer Prüfstelle nach § 24 Satz 1 Nummer 6 zu erbringen hat. [2]In der Rechtsverordnung können Mindestanforderungen an die Ausbildung, die durch Prüfung nachzuweisende Befähigung und die Ausbildungsstätten einschließlich der Anerkennungsvoraussetzungen gestellt werden.

(7) Für Bauarten, die einer außergewöhnlichen Sorgfalt bei Ausführung oder Instandhaltung bedürfen, kann in der Bauartgenehmigung oder durch Rechtsverordnung der obersten Bauaufsichtsbehörde die Überwachung dieser Tätigkeiten durch eine Überwachungsstelle nach § 24 Satz 1 Nummer 5 vorgeschrieben werden.

ABSCHNITT 3
Bauprodukte

§ 16b
Allgemeine Anforderungen für die Verwendung von Bauprodukten

(1) Bauprodukte dürfen nur verwendet werden, wenn bei ihrer Verwendung die baulichen Anlagen bei ordnungsgemäßer Instandhaltung während einer dem Zweck entsprechenden angemessenen Zeitdauer die Anforderungen dieses Gesetzes oder aufgrund dieses Gesetzes erlassener Vorschriften erfüllen und gebrauchstauglich sind.

(2) Bauprodukte, die in Vorschriften anderer Vertragsstaaten des Abkommens vom 2. Mai 1992 über den Europäischen Wirtschaftsraum genannten technischen Anforderungen entsprechen, dürfen verwendet werden, wenn das geforderte Schutzniveau nach § 3 gleichermaßen dauerhaft erreicht wird.

§ 16c
Anforderungen für die Verwendung von CE-gekennzeichneten Bauprodukten

[1]Ein Bauprodukt, das die CE-Kennzeichnung aufgrund der Verordnung (EU) Nr. 305/2011 trägt, darf verwendet werden, wenn die erklärten Leistungen den in diesem Gesetz oder aufgrund dieses Gesetzes erlassenen Vorschriften festgelegten Anforderungen für diese Verwendung entsprechen. [2]Die §§ 17 bis 25 Absatz 1 gelten nicht für Bauprodukte, die die CE-Kennzeichnung aufgrund der Verordnung (EU) Nr. 305/2011 tragen.

§ 17
Verwendbarkeitsnachweise

(1) Ein Verwendbarkeitsnachweis (§§ 18 bis 20) ist für ein Bauprodukt erforderlich, wenn

1. es keine Technische Baubestimmung und keine allgemein anerkannte Regel der Technik gibt,
2. das Bauprodukt von einer Technischen Baubestimmung (§ 85a Absatz 2 Nummer 3) wesentlich abweicht oder

3. eine Rechtsverordnung nach § 85 Absatz 4a es vorsieht.

(2) Ein Verwendbarkeitsnachweis ist nicht erforderlich für ein Bauprodukt,

1. das von einer allgemein anerkannten Regel der Technik abweicht oder
2. das für die Erfüllung der Anforderungen dieses Gesetzes oder aufgrund dieses Gesetzes erlassener Vorschriften nur eine untergeordnete Bedeutung hat.

§ 18
Allgemeine bauaufsichtliche Zulassung

(1) Das Deutsche Institut für Bautechnik erteilt auf Antrag unter den Voraussetzungen des § 17 Absatz 1 eine allgemeine bauaufsichtliche Zulassung für Bauprodukte, wenn deren Verwendbarkeit im Sinne des § 16b Absatz 1 nachgewiesen ist.

(2) [1]Die zur Begründung des Antrags erforderlichen Unterlagen sind beizufügen. [2]Soweit erforderlich, sind Probestücke vom Antragsteller zur Verfügung zu stellen oder durch Sachverständige, die das Deutsche Institut für Bautechnik bestimmen kann, zu entnehmen oder Probeausführungen unter Aufsicht der Sachverständigen herzustellen. [3]§ 69 Absatz 2 gilt entsprechend.

(3) Das Deutsche Institut für Bautechnik kann für die Durchführung der Prüfung die sachverständige Stelle und für Probeausführungen die Ausführungsstelle und Ausführungszeit vorschreiben.

(4) [1]Die allgemeine bauaufsichtliche Zulassung wird widerruflich und für eine bestimmte Frist erteilt, die in der Regel fünf Jahre beträgt. [2]Die Zulassung kann mit Nebenbestimmungen erteilt werden. [3]Sie kann auf in Textform gestelltem Antrag in der Regel um fünf Jahre verlängert werden. [4]§ 73 Absatz 2 Satz 2 gilt entsprechend.

(5) Die Zulassung wird unbeschadet der privaten Rechte Dritter erteilt.

(6) Das Deutsche Institut für Bautechnik macht die von ihm erteilten allgemeinen bauaufsichtlichen Zulassungen nach Gegenstand und wesentlichem Inhalt öffentlich bekannt.

(7) Allgemeine bauaufsichtliche Zulassungen nach dem Recht anderer Länder gelten auch im Land Mecklenburg-Vorpommern.

§ 19
Allgemeines bauaufsichtliches Prüfzeugnis

(1) [1]Bauprodukte, die nach allgemein anerkannten Prüfverfahren beurteilt werden, bedürfen anstelle einer allgemeinen bauaufsichtlichen Zulassung nur eines allgemeinen bauaufsichtlichen Prüfzeugnisses. [2]Dies wird mit der Angabe der maßgebenden technischen Regeln in den Technischen Baubestimmungen nach § 85a bekannt gemacht.

(2) [1]Ein allgemeines bauaufsichtliches Prüfzeugnis wird von einer Prüfstelle nach § 24 Satz 1 Nummer 1 für Bauprodukte nach Absatz 1 erteilt, wenn deren Verwendbarkeit im Sinne des § 16b Absatz 1 nachgewiesen ist. [2]§ 18 Absatz 2 und 4 bis 7 gilt entsprechend. [3]Die Anerkennungsbehörde für Stellen nach § 24 Satz 1 Nummer 1 und § 85 Absatz 4 Nummer 1 kann allgemeine bauaufsichtliche Prüfzeugnisse zurücknehmen oder widerrufen; die §§ 48 und 49 des Landesverwaltungsverfahrensgesetzes finden Anwendung.

§ 20
Nachweis der Verwendbarkeit von Bauprodukten im Einzelfall

[1]Mit Zustimmung der obersten Bauaufsichtsbehörde dürfen unter den Voraussetzungen des § 17 Absatz 1 im Einzelfall Bauprodukte verwendet werden, wenn ihre Verwendbarkeit im Sinne des § 16b Absatz 1 nachgewiesen ist. [2]Wenn Gefahren im Sinne des § 3 nicht zu erwarten sind, kann die oberste Bauaufsichtsbehörde im Einzelfall erklären, dass ihre Zustimmung nicht erforderlich ist.

§ 21
Übereinstimmungsbestätigung

(1) Bauprodukte bedürfen einer Bestätigung ihrer Übereinstimmung mit den Technischen Baubestimmungen nach § 85a Absatz 2, den allgemeinen bauaufsichtlichen Zulassungen,

den allgemeinen bauaufsichtlichen Prüfzeugnissen oder den Zustimmungen im Einzelfall; als Übereinstimmung gilt auch eine Abweichung, die nicht wesentlich ist.

(2) Die Bestätigung der Übereinstimmung erfolgt durch Übereinstimmungserklärung des Herstellers (§ 22).

(3) Die Übereinstimmungserklärung hat der Hersteller durch Kennzeichnung der Bauprodukte mit dem Übereinstimmungszeichen (Ü-Zeichen) unter Hinweis auf den Verwendungszweck abzugeben.

(4) Das Ü-Zeichen ist auf dem Bauprodukt, auf einem Beipackzettel oder auf seiner Verpackung oder, wenn dies Schwierigkeiten bereitet, auf dem Lieferschein oder auf einer Anlage zum Lieferschein anzubringen.

(5) Ü-Zeichen aus anderen Ländern und aus anderen Staaten gelten im Land Mecklenburg-Vorpommern.

§ 22
Übereinstimmungserklärung des Herstellers

(1) Der Hersteller darf eine Übereinstimmungserklärung nur abgeben, wenn er durch werkseigene Produktionskontrolle sichergestellt hat, dass das von ihm hergestellte Bauprodukt den Technischen Baubestimmungen, der allgemeinen bauaufsichtlichen Zulassung, dem allgemeinen bauaufsichtlichen Prüfzeugnis oder der Zustimmung im Einzelfall entspricht.

(2) [1]In den Technischen Baubestimmungen nach § 85a, in den allgemeinen bauaufsichtlichen Zulassungen, in den allgemeinen bauaufsichtlichen Prüfzeugnissen oder in den Zustimmungen im Einzelfall kann eine Prüfung der Bauprodukte durch eine Prüfstelle vor Abgabe der Übereinstimmungserklärung vorgeschrieben werden, wenn dies zur Sicherung einer ordnungsgemäßen Herstellung erforderlich ist. [2]In diesen Fällen hat die Prüfstelle das Bauprodukt daraufhin zu überprüfen, ob es den Technischen Baubestimmungen, der allgemeinen bauaufsichtlichen Zulassung, dem allgemeinen bauaufsichtlichen Prüfzeugnis oder der Zustimmung im Einzelfall entspricht.

(3) [1]In den Technischen Baubestimmungen nach § 85a, in den allgemeinen bauaufsichtlichen Zulassungen oder in den Zustimmungen im Einzelfall kann eine Zertifizierung vor Abgabe der Übereinstimmungserklärung vorgeschrieben werden, wenn dies zum Nachweis einer ordnungsgemäßen Herstellung eines Bauproduktes erforderlich ist. [2]Die oberste Bauaufsichtsbehörde kann im Einzelfall die Verwendung von Bauprodukten ohne Zertifizierung gestatten, wenn nachgewiesen ist, dass diese Bauprodukte den technischen Regeln, Zulassungen, Prüfzeugnissen oder Zustimmungen nach Absatz 1 entsprechen.

(4) Bauprodukte, die nicht in Serie hergestellt werden, bedürfen nur einer Übereinstimmungserklärung nach Absatz 1, sofern nichts anderes bestimmt ist.

§ 23
Zertifizierung

(1) Dem Hersteller ist ein Übereinstimmungszertifikat von einer Zertifizierungsstelle nach § 24 zu erteilen, wenn das Bauprodukt

1. den Technischen Baubestimmungen nach § 85a Absatz 2, der allgemeinen bauaufsichtlichen Zulassung, dem allgemeinen bauaufsichtlichen Prüfzeugnis oder der Zustimmung im Einzelfall entspricht und
2. einer werkseigenen Produktionskontrolle sowie einer Fremdüberwachung nach Maßgabe des Absatzes 2 unterliegt.

(2) [1]Die Fremdüberwachung ist von Überwachungsstellen nach § 24 durchzuführen. [2]Die Fremdüberwachung hat regelmäßig zu überprüfen, ob das Bauprodukt den Technischen Baubestimmungen nach § 85a Absatz 2, der allgemeinen bauaufsichtlichen Zulassung, dem allgemeinen bauaufsichtlichen Prüfzeugnis oder der Zustimmung im Einzelfall entspricht.

§ 24
Prüf-, Zertifizierungs-, Überwachungsstellen

[1]Die oberste Bauaufsichtsbehörde kann eine natürliche oder juristische Person als

1. Prüfstelle für die Erteilung allgemeiner bauaufsichtlicher Prüfzeugnisse (§ 19 Absatz 2),
2. Prüfstelle für die Überprüfung von Bauprodukten vor Bestätigung der Übereinstimmung (§ 22 Absatz 2),
3. Zertifizierungsstelle (§ 23 Absatz 1),
4. Überwachungsstelle für die Fremdüberwachung (§ 23 Absatz 2),
5. Überwachungsstelle für die Überwachung nach § 16a Absatz 7 und § 25 Absatz 2 oder
6. Prüfstelle für die Überprüfung nach § 16a Absatz 6 und § 25 Absatz 1

anerkennen, wenn sie oder die bei ihr Beschäftigten nach ihrer Ausbildung, Fachkenntnis, persönlichen Zuverlässigkeit, ihrer Unparteilichkeit und ihren Leistungen die Gewähr dafür bieten, dass diese Aufgaben den öffentlich-rechtlichen Vorschriften entsprechend wahrgenommen werden, und wenn sie über die erforderlichen Vorrichtungen verfügen. [2]Satz 1 ist entsprechend auf Behörden anzuwenden, wenn sie ausreichend mit geeigneten Fachkräften besetzt und mit den erforderlichen Vorrichtungen ausgestattet sind. [3]Die Anerkennung von Prüf-, Zertifizierungs- und Überwachungsstellen anderer Länder gilt auch im Land Mecklenburg-Vorpommern.

§ 25
Besondere Sachkunde- und Sorgfaltsanforderungen

(1) [1]Bei Bauprodukten, deren Herstellung in außergewöhnlichem Maß von der Sachkunde und Erfahrung der damit betrauten Personen oder von einer Ausstattung mit besonderen Vorrichtungen abhängt, kann in der allgemeinen bauaufsichtlichen Zulassung, in der Zustimmung im Einzelfall oder durch Rechtsverordnung der obersten Bauaufsichtsbehörde vorgeschrieben werden, dass der Hersteller über solche Fachkräfte und Vorrichtungen verfügt und den Nachweis hierüber gegenüber einer Prüfstelle nach § 24 Satz 1 Nummer 6 zu erbringen hat. [2]In der Rechtsverordnung können Mindestanforderungen an die Ausbildung, die durch Prüfung nachzuweisende Befähigung und die Ausbildungsstätten einschließlich der Anerkennungsvoraussetzungen gestellt werden.

(2) Für Bauprodukte, die wegen ihrer besonderen Eigenschaften oder ihres besonderen Verwendungszweckes einer außergewöhnlichen Sorgfalt bei Einbau, Transport, Instandhaltung oder Reinigung bedürfen, kann in der allgemeinen bauaufsichtlichen Zulassung, in der Zustimmung im Einzelfall oder durch Rechtsverordnung der obersten Bauaufsichtsbehörde die Überwachung dieser Tätigkeiten durch eine Überwachungsstelle nach § 24 Satz 1 Nummer 5 vorgeschrieben werden, soweit diese Tätigkeiten nicht bereits durch die Verordnung (EU) Nr. 305/2011 erfasst sind.

ABSCHNITT 4
Brandverhalten von Baustoffen und Bauteilen; Wände, Decken, Dächer

§ 26
Allgemeine Anforderungen an das Brandverhalten von Baustoffen und Bauteilen

(1) [1]Baustoffe werden nach den Anforderungen an ihr Brandverhalten unterschieden in
1. nichtbrennbare,
2. schwerentflammbare,
3. normalentflammbare.

[2]Baustoffe, die nicht mindestens normalentflammbar sind (leichtentflammbare Baustoffe) dürfen nicht verwendet werden; dies gilt nicht, wenn sie in Verbindung mit anderen Baustoffen nicht leichtentflammbar sind.

(2) [1]Bauteile werden nach den Anforderungen an ihre Feuerwiderstandsfähigkeit unterschieden in
1. feuerbeständige,
2. hochfeuerhemmende,
3. feuerhemmende;

die Feuerwiderstandsfähigkeit bezieht sich bei tragenden und aussteifenden Bauteilen auf deren Standsicherheit im Brandfall, bei raumabschließenden Bauteilen auf deren Wi-

derstand gegen die Brandausbreitung. [2]Bauteile werden zusätzlich nach dem Brandverhalten ihrer Baustoffe unterschieden in
1. Bauteile aus nichtbrennbaren Baustoffen,
2. Bauteile, deren tragende und aussteifende Teile aus nichtbrennbaren Baustoffen bestehen und die bei raumabschließenden Bauteilen zusätzlich eine in Bauteilebene durchgehende Schicht aus nichtbrennbaren Baustoffen haben,
3. Bauteile, deren tragende und aussteifende Teile aus brennbaren Baustoffen bestehen und die allseitig eine brandschutztechnisch wirksame Bekleidung aus nichtbrennbaren Baustoffen (Brandschutzbekleidung) und Dämmstoffe aus nichtbrennbaren Baustoffen haben,
4. Bauteile aus brennbaren Baustoffen.

[3]Soweit in diesem Gesetz oder in Vorschriften aufgrund dieses Gesetzes nichts anderes bestimmt ist, müssen
1. Bauteile, die feuerbeständig sein müssen, mindestens den Anforderungen des Satzes 2 Nummer 2,
2. Bauteile, die hochfeuerhemmend sein müssen, mindestens den Anforderungen des Satzes 2 Nummer 3

entsprechen.

[4]Abweichend von Satz 3 sind andere Bauteile, die feuerbeständig oder hochfeuerhemmend sein müssen, aus brennbaren Baustoffen zulässig, sofern sie den Technischen Baubestimmungen nach § 85a entsprechen. [5]Satz 4 gilt nicht für Wände nach § 30 Absatz 3 Satz 1 und Wände nach § 35 Absatz 4 Satz 1 Nummer 1.

§ 27
Tragende Wände, Stützen

(1) [1]Tragende und aussteifende Wände und Stützen müssen im Brandfall ausreichend lang standsicher sein. [2]Sie müssen
1. in Gebäuden der Gebäudeklasse 5 feuerbeständig,
2. in Gebäuden der Gebäudeklasse 4 hochfeuerhemmend,
3. in Gebäuden der Gebäudeklassen 2 und 3 feuerhemmend

sein.

[3]Satz 2 gilt
1. für Geschosse im Dachraum nur, wenn darüber noch Aufenthaltsräume möglich sind; § 29 Absatz 4 bleibt unberührt,
2. nicht für Balkone, ausgenommen offene Gänge, die als notwendige Flure dienen.

(2) Im Kellergeschoss müssen tragende und aussteifende Wände und Stützen
1. in Gebäuden der Gebäudeklassen 3 bis 5 feuerbeständig,
2. in Gebäuden der Gebäudeklassen 1 und 2 feuerhemmend

sein.

§ 28
Außenwände

(1) Außenwände und Außenwandteile wie Brüstungen und Schürzen sind so auszubilden, dass eine Brandausbreitung auf und in diesen Bauteilen ausreichend lang begrenzt ist.

(2) [1]Nichttragende Außenwände und nichttragende Teile tragender Außenwände müssen aus nichtbrennbaren Baustoffen bestehen; sie sind aus brennbaren Baustoffen zulässig, wenn sie als raumabschließende Bauteile feuerhemmend sind. [2]Satz 1 gilt nicht für
1. Türen und Fenster,
2. Fugendichtungen und
3. brennbare Dämmstoffe in nichtbrennbaren geschlossenen Profilen der Außenwandkonstruktionen.

(3) [1]Oberflächen von Außenwänden sowie Außenwandbekleidungen müssen einschließlich der Dämmstoffe und Unterkonstruktionen schwerentflammbar sein; Unterkonstruktionen aus normalentflammbaren Baustoffen sind zulässig, wenn die Anforderungen nach Absatz 1 erfüllt sind. [2]Balkonbekleidungen, die über die erforderliche Umwehrungshöhe hinaus hochgeführt werden, und mehr als zwei Geschosse überbrückende Solaranlagen an Außenwänden müssen schwerentflammbar sein. [3]Baustoffe, die schwerentflammbar sein müssen, in Bauteilen nach Satz 1 Halbsatz 1 und Satz 2 dürfen nicht brennend abfallen oder abtropfen.

(4) [1]Bei Außenwandkonstruktionen mit geschossübergreifenden Hohl- oder Lufträumen wie hinterlüfteten Außenwandbekleidungen sind gegen die Brandausbreitung besondere Vorkehrungen zu treffen. [2]Satz 1 gilt für Doppelfassaden entsprechend.

(5) [1]Die Absätze 2, 3 und 4 Satz 1 gelten nicht für Gebäude der Gebäudeklassen 1 bis 3; Absatz 4 Satz 2 gilt nicht für Gebäude der Gebäudeklassen 1 und 2. [2]Abweichend von Absatz 3 sind hinterlüftete Außenwandbekleidungen, die den Technischen Baubestimmungen nach § 85a entsprechen, mit Ausnahme der Dämmstoffe, aus normalentflammbaren Baustoffen zulässig.

§ 29
Trennwände

(1) Trennwände nach Absatz 2 müssen als raumabschließende Bauteile von Räumen oder Nutzungseinheiten innerhalb von Geschossen ausreichend lang widerstandsfähig gegen die Brandausbreitung sein.

(2) Trennwände sind erforderlich

1. zwischen Nutzungseinheiten sowie zwischen Nutzungseinheiten und anders genutzten Räumen, ausgenommen notwendigen Fluren,
2. zum Abschluss von Räumen mit Explosions- oder erhöhter Brandgefahr,
3. zwischen Aufenthaltsräumen und anders genutzten Räumen im Kellergeschoss.

(3) [1]Trennwände nach Absatz 2 Nummer 1 und 3 müssen die Feuerwiderstandsfähigkeit der tragenden und aussteifenden Bauteile des Geschosses haben, jedoch mindestens feuerhemmend sein. [2]Trennwände nach Absatz 2 Nummer 2 müssen feuerbeständig sein.

(4) Die Trennwände nach Absatz 2 sind bis zur Rohdecke, im Dachraum bis unter die Dachhaut zu führen; werden in Dachräumen Trennwände nur bis zur Rohdecke geführt, ist diese Decke als raumabschließendes Bauteil einschließlich der sie tragenden und aussteifenden Bauteile feuerhemmend herzustellen.

(5) Öffnungen in Trennwänden nach Absatz 2 sind nur zulässig, wenn sie auf die für die Nutzung erforderliche Zahl und Größe beschränkt sind; sie müssen feuerhemmende, dicht- und selbstschließende Abschlüsse haben.

(6) Die Absätze 1 bis 5 gelten nicht für Wohngebäude der Gebäudeklassen 1 und 2.

§ 30
Brandwände

(1) Brandwände müssen als raumabschließende Bauteile zum Abschluss von Gebäuden (Gebäudeabschlusswand) oder zur Unterteilung von Gebäuden in Brandabschnitte (innere Brandwand) ausreichend lang die Brandausbreitung auf andere Gebäude oder Brandabschnitte verhindern.

(2) Brandwände sind erforderlich

1. als Gebäudeabschlusswand, ausgenommen von Gebäuden ohne Aufenthaltsräume und ohne Feuerstätten mit nicht mehr als 50 m³ Brutto-Rauminhalt, wenn diese Abschlusswände an oder mit einem Abstand von weniger als 2,50 m gegenüber der Grundstücksgrenze errichtet werden, es sei denn, dass ein Abstand von mindestens 5 m zu bestehenden oder nach den baurechtlichen Vorschriften zulässigen künftigen Gebäuden gesichert ist,
2. als innere Brandwand zur Unterteilung ausgedehnter Gebäude in Abständen von nicht mehr als 40 m,
3. als innere Brandwand zur Unterteilung landwirtschaftlich genutzter Gebäude in Brandabschnitte von nicht mehr als 10 000 m³ Brutto-Rauminhalt,
4. als Gebäudeabschlusswand zwischen Wohngebäuden und angebauten landwirtschaftlich genutzten Gebäuden sowie als innere Brandwand zwischen dem Wohnteil und dem landwirtschaftlich genutzten Teil eines Gebäudes.

(3) [1]Brandwände müssen auch unter zusätzlicher mechanischer Beanspruchung feuerbeständig sein und aus nichtbrennbaren Baustoffen bestehen. [2]Anstelle von Brandwänden sind in den Fällen des Absatzes 2 Nummer 1 bis 3 zulässig

1. für Gebäude der Gebäudeklasse 4 Wände, die auch unter zusätzlicher mechanischer Beanspruchung hochfeuerhemmend sind,

2. für Gebäude der Gebäudeklassen 1 bis 3 hochfeuerhemmende Wände,
3. für Gebäude der Gebäudeklassen 1 bis 3 Gebäudeabschlusswände, die jeweils von innen nach außen die Feuerwiderstandsfähigkeit der tragenden und aussteifenden Teile des Gebäudes, mindestens jedoch feuerhemmende Bauteile, und von außen nach innen die Feuerwiderstandsfähigkeit feuerbeständiger Bauteile haben.

[3]In den Fällen des Absatzes 2 Nummer 4 sind anstelle von Brandwänden feuerbeständige Wände zulässig, wenn der Brutto-Rauminhalt des landwirtschaftlich genutzten Gebäudes oder Gebäudeteils nicht größer als 2 000 m^3 ist.

(4) [1]Brandwände müssen bis zur Bedachung durchgehen und in allen Geschossen übereinander angeordnet sein. [2]Abweichend davon dürfen anstelle innerer Brandwände Wände geschossweise versetzt angeordnet werden, wenn

1. die Wände im Übrigen Absatz 3 Satz 1 entsprechen,
2. die Decken, soweit sie in Verbindung mit diesen Wänden stehen, feuerbeständig sind, aus nichtbrennbaren Baustoffen bestehen und keine Öffnungen haben,
3. die Bauteile, die diese Wände und Decken unterstützen, feuerbeständig sind und aus nichtbrennbaren Baustoffen bestehen,
4. die Außenwände in der Breite des Versatzes in dem Geschoss oberhalb oder unterhalb des Versatzes feuerbeständig sind und
5. Öffnungen in den Außenwänden im Bereich des Versatzes so angeordnet oder andere Vorkehrungen so getroffen sind, dass eine Brandausbreitung in andere Brandabschnitte nicht zu befürchten ist.

(5) [1]Brandwände sind 0,30 m über die Bedachung zu führen oder in Höhe der Dachhaut mit einer beiderseits 0,50 m auskragenden feuerbeständigen Platte aus nichtbrennbaren Baustoffen abzuschließen; darüber dürfen brennbare Teile des Daches nicht hinweggeführt werden. [2]Bei Gebäuden der Gebäudeklassen 1 bis 3 sind Brandwände mindestens bis unter die Dachhaut zu führen. [3]Verbleibende Hohlräume sind vollständig mit nichtbrennbaren Baustoffen auszufüllen.

(6) Müssen Gebäude oder Gebäudeteile, die über Eck zusammenstoßen, durch eine Brandwand getrennt werden, so muss der Abstand dieser Wand von der inneren Ecke mindestens 5 m betragen; das gilt nicht, wenn der Winkel der inneren Ecke mehr als 120 Grad beträgt oder mindestens eine Außenwand auf 5 m Länge als öffnungslose feuerbeständige Wand aus nichtbrennbaren Baustoffen, bei Gebäuden der Gebäudeklassen 1 bis 4 als öffnungslose hochfeuerhemmende Wand ausgebildet ist.

(7) [1]Bauteile mit brennbaren Baustoffen dürfen über Brandwände nicht hinweggeführt werden. [2]Bei Außenwandkonstruktionen, die eine seitliche Brandausbreitung begünstigen können, wie hinterlüfteten Außenwandbekleidungen oder Doppelfassaden, sind gegen die Brandausbreitung im Bereich der Brandwände besondere Vorkehrungen zu treffen. [3]Außenwandbekleidungen von Gebäudeabschlusswänden müssen einschließlich der Dämmstoffe und Unterkonstruktionen nichtbrennbar sein. [4]Bauteile dürfen in Brandwände nur soweit eingreifen, dass deren Feuerwiderstandsfähigkeit nicht beeinträchtigt wird; für Leitungen, Leitungsschlitze und Schornsteine gilt dies entsprechend.

(8) [1]Öffnungen in Brandwänden sind unzulässig. [2]Sie sind in inneren Brandwänden nur zulässig, wenn sie auf die für die Nutzung erforderliche Zahl und Größe beschränkt sind; die Öffnungen müssen feuerbeständige, dicht- und selbstschließende Abschlüsse haben.

(9) In inneren Brandwänden sind feuerbeständige Verglasungen nur zulässig, wenn sie auf die für die Nutzung erforderliche Zahl und Größe beschränkt sind.

(10) Absatz 2 Nummer 1 gilt nicht für seitliche Wände von Vorbauten im Sinne des § 6 Absatz 6, wenn sie von dem Nachbargebäude oder der Nachbargrenze einen Abstand einhalten, der ihrer eigenen Ausladung entspricht, mindestens jedoch 1 m beträgt.

(11) Die Absätze 4 bis 10 gelten entsprechend auch für Wände, die nach Absatz 3 Satz 2 und 3 anstelle von Brandwänden zulässig sind.

§ 31
Decken

(1) [1]Decken müssen als tragende und raumabschließende Bauteile zwischen Geschossen im Brandfall ausreichend lang standsicher und widerstandsfähig gegen die Brandausbreitung sein. [2]Sie müssen
1. in Gebäuden der Gebäudeklasse 5 feuerbeständig,
2. in Gebäuden der Gebäudeklasse 4 hochfeuerhemmend,
3. in Gebäuden der Gebäudeklassen 2 und 3 feuerhemmend

sein. [3]Satz 2 gilt
1. für Geschosse im Dachraum nur, wenn darüber Aufenthaltsräume möglich sind; § 29 Absatz 4 bleibt unberührt,
2. nicht für Balkone, ausgenommen offene Gänge, die als notwendige Flure dienen.

(2) [1]Im Kellergeschoss müssen Decken
1. in Gebäuden der Gebäudeklassen 3 bis 5 feuerbeständig,
2. in Gebäuden der Gebäudeklassen 1 und 2 feuerhemmend

sein. [2]Decken müssen feuerbeständig sein
1. unter und über Räumen mit Explosions- oder erhöhter Brandgefahr, ausgenommen in Wohngebäuden der Gebäudeklassen 1 und 2,
2. zwischen dem landwirtschaftlich genutzten Teil und dem Wohnteil eines Gebäudes.

(3) Der Anschluss der Decken an die Außenwand ist so herzustellen, dass er den Anforderungen aus Absatz 1 Satz 1 genügt.

(4) Öffnungen in Decken, für die eine Feuerwiderstandsfähigkeit vorgeschrieben ist, sind nur zulässig
1. in Gebäuden der Gebäudeklassen 1 und 2,
2. innerhalb derselben Nutzungseinheit mit nicht mehr als insgesamt 400 m² in nicht mehr als zwei Geschossen,
3. im Übrigen, wenn sie auf die für die Nutzung erforderliche Zahl und Größe beschränkt sind und Abschlüsse mit der Feuerwiderstandsfähigkeit der Decke haben.

§ 32
Dächer

(1) Bedachungen müssen gegen eine Brandbeanspruchung von außen durch Flugfeuer und strahlende Wärme ausreichend lang widerstandsfähig sein (harte Bedachung).

(2) [1]Bedachungen, die die Anforderungen nach Absatz 1 nicht erfüllen, sind zulässig bei Gebäuden der Gebäudeklassen 1 bis 3, wenn die Dächer der Gebäude
1. einen Abstand von der Grundstücksgrenze von mindestens 12 m,
2. von Gebäuden auf demselben Grundstück mit harter Bedachung einen Abstand von mindestens 15 m,
3. von Gebäuden auf demselben Grundstück mit Bedachungen, die die Anforderungen nach Absatz 1 nicht erfüllen, einen Abstand von mindestens 24 m,
4. von Gebäuden auf demselben Grundstück ohne Aufenthaltsräume und ohne Feuerstätten mit nicht mehr als 50 m³ Brutto-Rauminhalt einen Abstand von mindestens 5 m

einhalten. [2]Soweit Dächer der Gebäude nach Satz 1 Abstand halten müssen, genügt bei Wohngebäuden der Gebäudeklassen 1 und 2 in den Fällen
1. der Nummer 1 ein Abstand von mindestens 6 m,
2. der Nummer 2 ein Abstand von mindestens 9 m,
3. der Nummer 3 ein Abstand von mindestens 12 m.

[3]Es dürfen zwei Wohngebäude mit jeweils nur einer Wohnung und mit weicher Bedachung als Doppelhaus aneinander gebaut werden, wenn die Grundstückseigentümer durch Baulast die Verpflichtung übernommen haben, mit weicher Bedachung aneinander zu bauen und das Aneinanderbauen zu dulden; ein solches Doppelhaus gilt im Sinne des Satzes 2 als ein Gebäude.

(3) Die Absätze 1 und 2 gelten nicht für

1. Gebäude ohne Aufenthaltsräume und ohne Feuerstätten mit nicht mehr als 50 m^3 Brutto-Rauminhalt,
2. lichtdurchlässige Bedachungen aus nichtbrennbaren Baustoffen; brennbare Fugendichtungen und brennbare Dämmstoffe in nichtbrennbaren Profilen sind zulässig,
3. Dachflächenfenster, Oberlichte und Lichtkuppeln von Wohngebäuden,
4. Eingangsüberdachungen und Vordächer aus nichtbrennbaren Baustoffen,
5. Eingangsüberdachungen aus brennbaren Baustoffen, wenn die Eingänge nur zu Wohnungen führen.

(4) Abweichend von den Absätzen 1 und 2 sind

1. lichtdurchlässige Teilflächen aus brennbaren Baustoffen in Bedachungen nach Absatz 1 und
2. begrünte Bedachungen

zulässig, wenn eine Brandentstehung bei einer Brandbeanspruchung von außen durch Flugfeuer und strahlende Wärme nicht zu befürchten ist oder Vorkehrungen hiergegen getroffen werden.

(5) [1]Dachüberstände, Dachgesimse und Dachaufbauten, lichtdurchlässige Bedachungen, Dachflächenfenster, Lichtkuppeln, Oberlichte und Solaranlagen sind so anzuordnen und herzustellen, dass Feuer nicht auf andere Gebäudeteile und Nachbargrundstücke übertragen werden kann. [2]Von Brandwänden und von Wänden, die anstelle von Brandwänden zulässig sind, müssen folgende Abstände eingehalten werden:

1. ohne Abstand
   a) Dachflächenfenster, Oberlichte, Lichtkuppeln und Öffnungen in der Bedachung, wenn die Wände nach Halbsatz 1 mindestens 30 cm über die Bedachung geführt sind,
   b) Solaranlagen, Dachgauben und ähnliche Dachaufbauten aus brennbaren Baustoffen, wenn sie durch die Wände nach Halbsatz 1 gegen Brandübertragung geschützt sind,
2. mindestens 0,50 m
   Solaranlagen, die mit maximal 30 cm Höhe über der Dachhaut installiert oder im Dach integriert sind, wenn sie nicht unter Nummer 1 Buchstabe b fallen,
3. mindestens 1,25 m
   a) Dachflächenfenster, Oberlichte, Lichtkuppeln und Öffnungen in der Bedachung, die nicht unter Nummer 1 Buchstabe a fallen,
   b) Dachgauben und ähnliche Dachaufbauten, wenn sie nicht unter Nummer 1 Buchstabe b fallen,
   c) Solaranlagen, die nicht unter Nummer 1 Buchstabe b und 2 fallen.

(6) [1]Dächer von traufseitig aneinander gebauten Gebäuden müssen als raumabschließende Bauteile für eine Brandbeanspruchung von innen nach außen einschließlich der sie tragenden und aussteifenden Bauteile feuerhemmend sein. [2]Öffnungen in diesen Dachflächen müssen waagerecht gemessen mindestens 2 m von der Brandwand oder der Wand, die anstelle der Brandwand zulässig ist, entfernt sein.

(7) [1]Dächer von Anbauten, die an Außenwände mit Öffnungen oder ohne Feuerwiderstandsfähigkeit anschließen, müssen innerhalb eines Abstands von 5 m von diesen Wänden als raumabschließende Bauteile für eine Brandbeanspruchung von innen nach außen einschließlich der sie tragenden und aussteifenden Bauteile die Feuerwiderstandsfähigkeit der Decken des Gebäudeteils haben, an den sie angebaut werden. [2]Dies gilt nicht für Anbauten an Wohngebäude der Gebäudeklassen 1 bis 3.

(8) Dächer an Verkehrsflächen und über Eingängen müssen Vorrichtungen zum Schutz gegen das Herabfallen von Schnee und Eis haben, wenn dies die Verkehrssicherheit erfordert.

(9) Für vom Dach aus vorzunehmende Arbeiten sind sicher benutzbare Vorrichtungen anzubringen.

ABSCHNITT 5
Rettungswege, Öffnungen, Umwehrungen

§ 33
Erster und zweiter Rettungsweg

(1) Für Nutzungseinheiten mit mindestens einem Aufenthaltsraum wie Wohnungen, Praxen, selbstständige Betriebsstätten müssen in jedem Geschoss mindestens zwei voneinander unabhängige Rettungswege ins Freie vorhanden sein; beide Rettungswege dürfen jedoch innerhalb des Geschosses über denselben notwendigen Flur führen.

(2) [1]Für Nutzungseinheiten nach Absatz 1, die nicht zu ebener Erde liegen, muss der erste Rettungsweg über eine notwendige Treppe führen. [2]Der zweite Rettungsweg kann eine weitere notwendige Treppe oder eine mit Rettungsgeräten der Feuerwehr erreichbare Stelle der Nutzungseinheit sein. [3]Ein zweiter Rettungsweg ist nicht erforderlich, wenn die Rettung über einen sicher erreichbaren Treppenraum möglich ist, in den Feuer und Rauch nicht eindringen können (Sicherheitstreppenraum).

(3) [1]Gebäude, deren zweiter Rettungsweg über Rettungsgeräte der Feuerwehr führt und bei denen die Oberkante der Brüstung von zum Anleitern bestimmten Fenstern oder Stellen mehr als 8 m über der Geländeoberfläche liegt, dürfen nur errichtet werden, wenn die Feuerwehr über die erforderlichen Rettungsgeräte wie Hubrettungsfahrzeuge verfügt. [2]Bei Sonderbauten ist der zweite Rettungsweg über Rettungsgeräte der Feuerwehr nur zulässig, wenn keine Bedenken wegen der Personenrettung bestehen.

§ 34
Treppen

(1) [1]Jedes nicht zu ebener Erde liegende Geschoss und der benutzbare Dachraum eines Gebäudes müssen über mindestens eine Treppe zugänglich sein (notwendige Treppe). [2]Statt notwendiger Treppen sind Rampen mit flacher Neigung zulässig.

(2) [1]Einschiebbare Treppen und Rolltreppen sind als notwendige Treppen unzulässig. [2]In Gebäuden der Gebäudeklassen 1 und 2 sind einschiebbare Treppen und Leitern als Zugang zu einem Dachraum ohne Aufenthaltsraum zulässig.

(3) [1]Notwendige Treppen sind in einem Zuge zu allen angeschlossenen Geschossen zu führen; sie müssen mit den Treppen zum Dachraum unmittelbar verbunden sein. [2]Dies gilt nicht für Treppen

1. in Gebäuden der Gebäudeklassen 1 bis 3,
2. nach § 35 Absatz 1 Satz 3 Nummer 2.

(4) [1]Die tragenden Teile notwendiger Treppen müssen

1. in Gebäuden der Gebäudeklasse 5 feuerhemmend und aus nichtbrennbaren Baustoffen,
2. in Gebäuden der Gebäudeklasse 4 aus nichtbrennbaren Baustoffen,
3. in Gebäuden der Gebäudeklasse 3 aus nichtbrennbaren Baustoffen oder feuerhemmend

sein. [2]Tragende Teile von Außentreppen nach § 35 Absatz 1 Satz 3 Nummer 3 für Gebäude der Gebäudeklassen 3 bis 5 müssen aus nichtbrennbaren Baustoffen bestehen.

(5) Die nutzbare Breite der Treppenläufe und Treppenabsätze notwendiger Treppen muss für den größten zu erwartenden Verkehr ausreichen.

(6) [1]Treppen müssen einen festen und griffsicheren Handlauf haben. [2]Für Treppen sind Handläufe auf beiden Seiten und Zwischenhandläufe vorzusehen, soweit die Verkehrssicherheit dies erfordert.

(7) Eine Treppe darf nicht unmittelbar hinter einer Tür beginnen, die in Richtung der Treppe aufschlägt; zwischen Treppe und Tür ist ein ausreichender Treppenabsatz anzuordnen.

§ 35
Notwendige Treppenräume, Ausgänge

(1) [1]Jede notwendige Treppe muss zur Sicherstellung der Rettungswege aus den Geschossen ins Freie in einem eigenen, durchgehenden Treppenraum liegen (notwendiger Treppenraum). [2]Notwendige Treppenräume müssen so angeordnet und ausgebildet sein,

dass die Nutzung der notwendigen Treppen im Brandfall ausreichend lang möglich ist. [3]Notwendige Treppen sind ohne eigenen Treppenraum zulässig

1. in Gebäuden der Gebäudeklassen 1 und 2,
2. für die Verbindung von höchstens zwei Geschossen innerhalb derselben Nutzungseinheit von insgesamt nicht mehr als 200 m², wenn in jedem Geschoss ein anderer Rettungsweg erreicht werden kann,
3. als Außentreppe, wenn ihre Nutzung ausreichend sicher ist und im Brandfall nicht gefährdet werden kann.

(2) [1]Von jeder Stelle eines Aufenthaltsraumes sowie eines Kellergeschosses muss mindestens ein Ausgang in einen notwendigen Treppenraum oder ins Freie in höchstens 35 m Entfernung erreichbar sein. [2]Übereinanderliegende Kellergeschosse müssen jeweils mindestens zwei Ausgänge in notwendige Treppenräume oder ins Freie haben. [3]Sind mehrere notwendige Treppenräume erforderlich, müssen sie so verteilt sein, dass sie möglichst entgegengesetzt liegen und dass die Rettungswege möglichst kurz sind.

(3) [1]Jeder notwendige Treppenraum muss einen unmittelbaren Ausgang ins Freie haben. [2]Sofern der Ausgang eines notwendigen Treppenraumes nicht unmittelbar ins Freie führt, muss der Raum zwischen dem notwendigen Treppenraum und dem Ausgang ins Freie

1. mindestens so breit sein wie die dazugehörigen Treppenläufe,
2. Wände haben, die die Anforderungen an die Wände des Treppenraumes erfüllen,
3. rauchdichte und selbstschließende Abschlüsse zu notwendigen Fluren haben und
4. ohne Öffnungen zu anderen Räumen, ausgenommen zu notwendigen Fluren, sein.

(4) [1]Die Wände notwendiger Treppenräume müssen als raumabschließende Bauteile

1. in Gebäuden der Gebäudeklasse 5 die Bauart von Brandwänden haben,
2. in Gebäuden der Gebäudeklasse 4 auch unter zusätzlicher mechanischer Beanspruchung hochfeuerhemmend und
3. in Gebäuden der Gebäudeklasse 3 feuerhemmend

sein. [2]Dies ist nicht erforderlich für Außenwände von Treppenräumen, die aus nichtbrennbaren Baustoffen bestehen und durch andere an diese Außenwände anschließende Gebäudeteile im Brandfall nicht gefährdet werden können. [3]Der obere Abschluss notwendiger Treppenräume muss als raumabschließendes Bauteil die Feuerwiderstandsfähigkeit der Decken des Gebäudes haben; dies gilt nicht, wenn der obere Abschluss das Dach ist und die Treppenraumwände bis unter die Dachhaut reichen.

(5) In notwendigen Treppenräumen und in Räumen nach Absatz 3 Satz 2 müssen

1. Bekleidungen, Putze, Dämmstoffe, Unterdecken und Einbauten aus nichtbrennbaren Baustoffen bestehen,
2. Wände und Decken aus brennbaren Baustoffen eine Bekleidung aus nichtbrennbaren Baustoffen in ausreichender Dicke haben,
3. Bodenbeläge, ausgenommen Gleitschutzprofile, aus mindestens schwerentflammbaren Baustoffen bestehen.

(6) [1]In notwendigen Treppenräumen müssen Öffnungen

1. zu Kellergeschossen, zu nicht ausgebauten Dachräumen, Werkstätten, Läden, Lager- und ähnlichen Räumen sowie zu sonstigen Räumen und Nutzungseinheiten mit einer Fläche von mehr als 200 m², ausgenommen Wohnungen, mindestens feuerhemmende, rauchdichte und selbstschließende Abschlüsse,
2. zu notwendigen Fluren rauchdichte und selbstschließende Abschlüsse,
3. zu sonstigen Räumen und Nutzungseinheiten mindestens dicht- und selbstschließende Abschlüsse

haben. [2]Die Feuerschutz- und Rauchschutzabschlüsse dürfen lichtdurchlässige Seitenteile und Oberlichte enthalten, wenn der Abschluss insgesamt nicht breiter als 2,50 m ist.

(7) [1]Notwendige Treppenräume müssen zu beleuchten sein. [2]Notwendige Treppenräume ohne Fenster müssen in Gebäuden mit einer Höhe nach § 2 Absatz 3 Satz 2 von mehr als 13 m eine Sicherheitsbeleuchtung haben.

(8) [1]Notwendige Treppenräume müssen belüftet und zur Unterstützung wirksamer Löscharbeiten entraucht werden können. [2]Sie müssen
1. in jedem oberirdischen Geschoss unmittelbar ins Freie führende Fenster mit einem freien Querschnitt von mindestens 0,50 m^2 haben, die geöffnet werden können, oder
2. an der obersten Stelle eine Öffnung zur Rauchableitung haben.

[3]In den Fällen des Satzes 2 Nummer 1 ist in Gebäuden der Gebäudeklasse 5 an der obersten Stelle eine Öffnung zur Rauchableitung erforderlich; in den Fällen des Satzes 2 Nummer 2 sind in Gebäuden der Gebäudeklassen 4 und 5, soweit dies zur Erfüllung der Anforderungen nach Satz 1 erforderlich ist, besondere Vorkehrungen zu treffen. [4]Öffnungen zur Rauchableitung nach Satz 2 und 3 müssen in jedem Treppenraum einen freien Querschnitt von mindestens 1 m^2 und Vorrichtungen zum Öffnen ihrer Abschlüsse haben, die vom Erdgeschoss sowie vom obersten Treppenabsatz aus bedient werden können.

§ 36
Notwendige Flure, offene Gänge

(1) [1]Flure, über die Rettungswege aus Aufenthaltsräumen oder aus Nutzungseinheiten mit Aufenthaltsräumen zu Ausgängen in notwendige Treppenräume oder ins Freie führen (notwendige Flure), müssen so angeordnet und ausgebildet sein, dass die Nutzung im Brandfall ausreichend lang möglich ist. [2]Notwendige Flure sind nicht erforderlich
1. in Wohngebäuden der Gebäudeklassen 1 und 2,
2. in sonstigen Gebäuden der Gebäudeklassen 1 und 2, ausgenommen in Kellergeschossen,
3. innerhalb von Nutzungseinheiten mit nicht mehr als 200 m^2 und innerhalb von Wohnungen,
4. innerhalb von Nutzungseinheiten, die einer Büro- oder Verwaltungsnutzung dienen, mit nicht mehr als 400 m^2; das gilt auch für Teile größerer Nutzungseinheiten, wenn diese Teile nicht größer als 400 m^2 sind, Trennwände nach § 29 Absatz 2 Nummer 1 haben und jeder Teil unabhängig von anderen Teilen Rettungswege nach § 33 Absatz 1 hat.

(2) [1]Notwendige Flure müssen so breit sein, dass sie für den größten zu erwartenden Verkehr ausreichen. [2]In den Fluren ist eine Folge von weniger als drei Stufen unzulässig.

(3) [1]Notwendige Flure sind durch nichtabschließbare, rauchdichte und selbstschließende Abschlüsse in Rauchabschnitte zu unterteilen. [2]Die Rauchabschnitte sollen nicht länger als 30 m sein. [3]Die Abschlüsse sind bis an die Rohdecke zu führen; sie dürfen bis an die Unterdecke der Flure geführt werden, wenn die Unterdecke feuerhemmend ist. [4]Notwendige Flure mit nur einer Fluchtrichtung, die zu einem Sicherheitstreppenraum führen, dürfen nicht länger als 15 m sein. [5]Satz 1 bis 4 gilt nicht für offene Gänge nach Absatz 5.

(4) [1]Die Wände notwendiger Flure müssen als raumabschließende Bauteile feuerhemmend, in Kellergeschossen, deren tragende und aussteifende Bauteile feuerbeständig sein müssen, feuerbeständig sein. [2]Die Wände sind bis an die Rohdecke zu führen. [3]Sie dürfen bis an die Unterdecke der Flure geführt werden, wenn die Unterdecke feuerhemmend und ein demjenigen nach Satz 1 vergleichbarer Raumabschluss sichergestellt ist. [4]Türen in diesen Wänden müssen dicht schließen; Öffnungen zu Lagerbereichen im Kellergeschoss müssen feuerhemmende, dicht- und selbstschließende Abschlüsse haben.

(5) [1]Für Wände und Brüstungen notwendiger Flure mit nur einer Fluchtrichtung, die als offene Gänge vor den Außenwänden angeordnet sind, gilt Absatz 4 entsprechend. [2]Fenster sind in diesen Außenwänden ab einer Brüstungshöhe von 0,90 m zulässig.

(6) In notwendigen Fluren sowie in offenen Gängen nach Absatz 5 müssen
1. Bekleidungen, Putze, Unterdecken und Dämmstoffe aus nichtbrennbaren Baustoffen bestehen,
2. Wände und Decken aus brennbaren Baustoffen eine Bekleidung aus nichtbrennbaren Baustoffen in ausreichender Dicke haben.

§ 37
Fenster, Türen, sonstige Öffnungen

(1) Können die Fensterflächen nicht gefahrlos vom Erdboden, vom Innern des Gebäudes, von Loggien oder Balkonen aus gereinigt werden, so sind Vorrichtungen wie Aufzüge, Halterungen oder Stangen anzubringen, die eine Reinigung von außen ermöglichen.

(2) [1]Glastüren und andere Glasflächen, die bis zum Fußboden allgemein zugänglicher Verkehrsflächen herabreichen, sind so zu kennzeichnen, dass sie leicht erkannt werden können. [2]Weitere Schutzmaßnahmen sind für größere Glasflächen vorzusehen, wenn dies die Verkehrssicherheit erfordert.

(3) Eingangstüren von Wohnungen, die über Aufzüge erreichbar sein müssen, müssen eine lichte Durchgangsbreite von mindestens 0,90 m haben.

(4) [1]Jedes Kellergeschoss ohne Fenster muss mindestens eine Öffnung ins Freie haben, um eine Rauchableitung zu ermöglichen. [2]Gemeinsame Kellerlichtschächte für übereinander liegende Kellergeschosse sind unzulässig.

(5) [1]Fenster, die als Rettungswege nach § 33 Absatz 2 Satz 2 dienen, müssen im Lichten mindestens 0,90 m x 1,20 m groß und nicht höher als 1,20 m über der Fußbodenoberkante angeordnet sein. [2]Liegen diese Fenster in Dachschrägen oder Dachaufbauten, so darf ihre Unterkante oder ein davor liegender Austritt von der Traufkante horizontal gemessen nicht mehr als 1 m entfernt sein.

§ 38
Umwehrungen

(1) In, an und auf baulichen Anlagen sind zu umwehren oder mit Brüstungen zu versehen:
1. Flächen, die im Allgemeinen zum Begehen bestimmt sind und unmittelbar an mehr als 1 m tiefer liegende Flächen angrenzen; dies gilt nicht, wenn die Umwehrung dem Zweck der Flächen widerspricht,
2. nicht begehbare Oberlichte und Glasabdeckungen in Flächen, die im Allgemeinen zum Begehen bestimmt sind, wenn sie weniger als 0,50 m aus diesen Flächen herausragen,
3. Dächer oder Dachteile, die zum auch nur zeitweiligen Aufenthalt von Menschen bestimmt sind,
4. Öffnungen in begehbaren Decken sowie in Dächern oder Dachteilen nach Nummer 3, wenn sie nicht sicher abgedeckt sind,
5. nicht begehbare Glasflächen in Decken sowie in Dächern oder Dachteilen nach Nummer 3,
6. die freien Seiten von Treppenläufen, Treppenabsätzen und Treppenöffnungen (Treppenaugen),
7. Kellerlichtschächte und Betriebsschächte, die an Verkehrsflächen liegen, wenn sie nicht verkehrssicher abgedeckt sind.

(2) [1]In Verkehrsflächen liegende Kellerlichtschächte und Betriebsschächte sind in Höhe der Verkehrsfläche verkehrssicher abzudecken. [2]An und in Verkehrsflächen liegende Abdeckungen müssen gegen unbefugtes Abheben gesichert sein. [3]Fenster, die unmittelbar an Treppen liegen und deren Brüstung unter der notwendigen Umwehrungshöhe liegen, sind zu sichern.

(3) [1]Fensterbrüstungen von Flächen mit einer Absturzhöhe bis zu 12 m müssen mindestens 0,80 m, von Flächen mit mehr als 12 m Absturzhöhe mindestens 0,90 m hoch sein. [2]Geringere Brüstungshöhen sind zulässig, wenn durch andere Vorrichtungen wie Geländer die nach Absatz 4 vorgeschriebenen Mindesthöhen eingehalten werden.

(4) Andere notwendige Umwehrungen müssen folgende Mindesthöhen haben:

1. Umwehrungen zur Sicherung von Öffnungen in begehbaren Decken und Dächern sowie Umwehrungen von Flächen mit einer Absturzhöhe von 1 m bis zu 12 m	0,90 m,
2. Umwehrungen von Flächen mit mehr als 12 m Absturzhöhe	1,10 m.

ABSCHNITT 6
Technische Gebäudeausrüstung

§ 39
Aufzüge

(1) [1]Aufzüge im Innern von Gebäuden müssen eigene Fahrschächte haben, um eine Brandausbreitung in andere Geschosse ausreichend lang zu verhindern. [2]In einem Fahrschacht dürfen bis zu drei Aufzüge liegen. [3]Aufzüge ohne eigene Fahrschächte sind zulässig
1. innerhalb eines notwendigen Treppenraumes, ausgenommen in Hochhäusern,
2. innerhalb von Räumen, die Geschosse überbrücken,
3. zur Verbindung von Geschossen, die offen miteinander in Verbindung stehen dürfen,
4. in Gebäuden der Gebäudeklassen 1 und 2;

sie müssen sicher umkleidet sein.

(2) [1]Die Fahrschachtwände müssen als raumabschließende Bauteile
1. in Gebäuden der Gebäudeklasse 5 feuerbeständig und aus nichtbrennbaren Baustoffen,
2. in Gebäuden der Gebäudeklasse 4 hochfeuerhemmend,
3. in Gebäuden der Gebäudeklasse 3 feuerhemmend

sein; Fahrschachtwände aus brennbaren Baustoffen müssen schachtseitig eine Bekleidung aus nichtbrennbaren Baustoffen in ausreichender Dicke haben. [2]Fahrschachttüren und andere Öffnungen in Fahrschachtwänden mit erforderlicher Feuerwiderstandsfähigkeit sind so herzustellen, dass die Anforderungen nach Absatz 1 Satz 1 nicht beeinträchtigt werden.

(3) [1]Fahrschächte müssen zu lüften sein und eine Öffnung zur Rauchableitung mit einem freien Querschnitt von mindestens 2,5 vom Hundert der Fahrschachtgrundfläche, mindestens jedoch 0,10 m² haben. [2]Diese Öffnung darf einen Abschluss haben, der im Brandfall selbsttätig öffnet und von mindestens einer geeigneten Stelle aus bedient werden kann. [3]Die Lage der Rauchaustrittsöffnungen muss so gewählt werden, dass der Rauchaustritt durch Windeinfluss nicht beeinträchtigt wird.

(4) [1]Gebäude mit einer Höhe nach § 2 Absatz 3 Satz 2 von mehr als 13 m müssen Aufzüge in ausreichender Zahl haben. [2]Von diesen Aufzügen muss mindestens ein Aufzug Kinderwagen, Rollstühle, Krankentragen und Lasten aufnehmen können und Haltestellen in allen Geschossen haben. [3]Dieser Aufzug muss von allen Wohnungen in dem Gebäude und von der öffentlichen Verkehrsfläche aus stufenlos erreichbar sein. [4]Haltestellen im obersten Geschoss, im Erdgeschoss und in den Kellergeschossen sind nicht erforderlich, wenn sie nur unter besonderen Schwierigkeiten hergestellt werden können.

(5) [1]Fahrkörbe zur Aufnahme einer Krankentrage müssen eine nutzbare Grundfläche von mindestens 1,10 m x 2,10 m, zur Aufnahme eines Rollstuhls von mindestens 1,10 m x 1,40 m haben; Türen müssen eine lichte Durchgangsbreite von mindestens 0,90 m haben. [2]In einem Aufzug für Rollstühle und Krankentragen darf der für Rollstühle nicht erforderliche Teil der Fahrkorbgrundfläche durch eine verschließbare Tür abgesperrt werden. [3]Vor den Aufzügen muss eine ausreichende Bewegungsfläche vorhanden sein.

§ 40
Leitungsanlagen, Installationsschächte und -kanäle

(1) Leitungen dürfen durch raumabschließende Bauteile, für die eine Feuerwiderstandsfähigkeit vorgeschrieben ist, nur hindurchgeführt werden, wenn eine Brandausbreitung ausreichend lang nicht zu befürchten ist oder Vorkehrungen hiergegen getroffen sind; dies gilt nicht
1. für Gebäude der Gebäudeklassen 1 und 2,
2. innerhalb von Wohnungen,
3. innerhalb derselben Nutzungseinheit mit nicht mehr als insgesamt 400 m² in nicht mehr als zwei Geschossen.

(2) In notwendigen Treppenräumen, in Räumen nach § 35 Absatz 3 Satz 2 und in notwendigen Fluren sind Leitungsanlagen nur zuläs-

sig, wenn eine Nutzung als Rettungsweg im Brandfall ausreichend lang möglich ist.

(3) Für Installationsschächte und -kanäle gelten Absatz 1 sowie § 41 Absatz 2 Satz 1 und Absatz 3 entsprechend.

§ 41
Lüftungsanlagen

(1) Lüftungsanlagen müssen betriebssicher und brandsicher sein; sie dürfen den ordnungsgemäßen Betrieb von Feuerungsanlagen nicht beeinträchtigen.

(2) [1]Lüftungsleitungen sowie deren Bekleidungen und Dämmstoffe müssen aus nichtbrennbaren Baustoffen bestehen; brennbare Baustoffe sind zulässig, wenn ein Beitrag der Lüftungsleitung zur Brandentstehung und Brandweiterleitung nicht zu befürchten ist. [2]Lüftungsleitungen dürfen raumabschließende Bauteile, für die eine Feuerwiderstandsfähigkeit vorgeschrieben ist, nur überbrücken, wenn eine Brandausbreitung ausreichend lang nicht zu befürchten ist oder wenn Vorkehrungen hiergegen getroffen sind.

(3) Lüftungsanlagen sind so herzustellen, dass sie Gerüche und Staub nicht in andere Räume übertragen.

(4) [1]Lüftungsanlagen dürfen nicht in Abgasanlagen eingeführt werden; die gemeinsame Nutzung von Lüftungsleitungen zur Lüftung und zur Ableitung der Abgase von Feuerstätten ist zulässig, wenn keine Bedenken wegen der Betriebssicherheit und des Brandschutzes bestehen. [2]Die Abluft ist ins Freie zu führen. [3]Nicht zur Lüftungsanlage gehörende Einrichtungen sind in Lüftungsleitungen unzulässig.

(5) Die Absätze 2 und 3 gelten nicht

1. für Gebäude der Gebäudeklassen 1 und 2,
2. innerhalb von Wohnungen,
3. innerhalb derselben Nutzungseinheit mit nicht mehr als 400 m^2 in nicht mehr als zwei Geschossen.

(6) Für raumlufttechnische Anlagen und Warmluftheizungen gelten die Absätze 1 bis 5 entsprechend.

§ 42
Feuerungsanlagen, sonstige Anlagen zur Wärmeerzeugung, Brennstoffversorgung

(1) Feuerstätten und Abgasanlagen (Feuerungsanlagen) müssen betriebssicher und brandsicher sein.

(2) Feuerstätten dürfen in Räumen nur aufgestellt werden, wenn nach der Art der Feuerstätte und nach Lage, Größe, baulicher Beschaffenheit und Nutzung der Räume Gefahren nicht entstehen.

(3) [1]Abgase von Feuerstätten sind durch Abgasleitungen, Schornsteine und Verbindungsstücke (Abgasanlagen) so abzuführen, dass keine Gefahren oder unzumutbaren Belästigungen entstehen. [2]Abgasanlagen sind in solcher Zahl und Lage und so herzustellen, dass die Feuerstätten des Gebäudes ordnungsgemäß angeschlossen werden können. [3]Sie müssen leicht gereinigt werden können.

(4) [1]Behälter und Rohrleitungen für brennbare Gase und Flüssigkeiten müssen betriebssicher und brandsicher sein. [2]Diese Behälter sowie feste Brennstoffe sind so aufzustellen oder zu lagern, dass keine Gefahren oder unzumutbaren Belästigungen entstehen.

(5) Für die Aufstellung von ortsfesten Verbrennungsmotoren, Blockheizkraftwerken, Brennstoffzellen und Verdichtern sowie die Ableitung ihrer Verbrennungsgase gelten die Absätze 1 bis 3 entsprechend.

§ 43
Sanitäre Anlagen, Wasserzähler

(1) Fensterlose Bäder und Toiletten sind nur zulässig, wenn eine wirksame Lüftung gewährleistet ist.

(2) [1]Jede Wohnung muss einen eigenen Wasserzähler haben. [2]Dies gilt nicht bei Nutzungsänderungen, wenn die Anforderung nach Satz 1 nur mit unverhältnismäßigem Mehraufwand erfüllt werden kann.

§ 44
Kleinkläranlagen, Gruben

[1]Kleinkläranlagen und Gruben müssen wasserdicht und ausreichend groß sein. [2]Sie müssen eine dichte und sichere Abdeckung sowie Reinigungs- und Entleerungsöffnungen haben. [3]Diese Öffnungen dürfen nur vom Freien aus zugänglich sein. [4]Die Anlagen sind so zu entlüften, dass Gesundheitsschäden oder unzumutbare Belästigungen nicht entstehen. [5]Die Zuleitungen zu Abwasserentsorgungsanlagen müssen geschlossen, dicht, und, soweit erforderlich, zum Reinigen eingerichtet sein.

§ 45
Aufbewahrung fester Abfallstoffe

Feste Abfallstoffe dürfen innerhalb von Gebäuden vorübergehend aufbewahrt werden, in Gebäuden der Gebäudeklassen 3 bis 5 jedoch nur, wenn die dafür bestimmten Räume

1. Trennwände und Decken als raumabschließende Bauteile mit der Feuerwiderstandsfähigkeit der tragenden Wände und
2. Öffnungen vom Gebäudeinnern zum Aufstellraum mit feuerhemmenden, dicht- und selbstschließenden Abschlüssen haben,
3. unmittelbar vom Freien entleert werden können und
4. eine ständig wirksame Lüftung haben.

§ 46
Schutzanlagen

(1) Bauliche Anlagen, bei denen nach Lage, Bauart oder Nutzung Blitzschlag leicht eintreten oder zu schweren Folgen führen kann, sind mit dauernd wirksamen Blitzschutzanlagen zu versehen.

(2) [1]Windenergieanlagen, die nach dem 30. Dezember 2017 genehmigt werden und aufgrund luftfahrtrechtlicher Bestimmungen einer Nachtkennzeichnung bedürfen, sind mit einer bedarfsgesteuerten, dem Stand der Technik entsprechenden Nachteinschaltvorrichtung zu versehen, die nur bei der Annäherung eines Luftfahrzeugs aktiviert wird (bedarfsgesteuerte Nachtkennzeichnung), soweit dies nicht luftfahrtrechtliche Bestimmungen oder luftfahrtbehördliche Anordnungen im Einzelfall ausschließen. [2]Bei Vorhaben mit weniger als fünf neuen Windenergieanlagen kann auf Antrag des Bauherrn diese Verpflichtung abgelöst werden. [3]Die Verpflichtung zur bedarfsgesteuerten Nachtkennzeichnung besteht auch, wenn mehrere Vorhaben, die gleichzeitig von demselben oder mehreren Trägern verwirklicht werden sollen und in einem engen räumlichen und betrieblichen Zusammenhang stehen (kumulierende Vorhaben), zusammen mehr als vier Windenergieanlagen umfassen. [4]Ein enger räumlicher und betrieblicher Zusammenhang ist gegeben, wenn die Anlagen

- im Ergebnis wirtschaftlich beurteilt mehrheitlich den gleichen natürlichen oder juristischen Personen zuzuordnen sind, unbeschadet der gewählten Gesellschaftsform und entweder
- in demselben Eignungsgebiet liegen oder
- in demselben Bebauungsplangebiet liegen oder
- in demselben Flächennutzungsplangebiet liegen oder
- mit gemeinsamen Betriebseinrichtungen verbunden sind.

(3) [1]Der Bauherr hat im Falle des Absatzes 2 Satz 2 eine Ablöse je Windenergieanlage in Höhe von 100 TEUR an das für Energie zuständige Ministerium oder eine durch dieses bestimmte Behörde zu erbringen. [2]Das Land hat die Ablöse zweckgebunden für die Installation und für den Betrieb von bedarfsgesteuerten Nachtkennzeichnungen an bestehenden Windenergieanlagen zu verwenden. [3]Der Bauherr kann von dieser Verpflichtung bei Vorliegen besonderer Umstände befreit werden.

(4) Bei Windenergieanlagen auf See bleiben die seeverkehrsrechtlichen Anforderungen zur Befeuerung unberührt.

(5) Die Landesregierung berichtet beginnend am 31. Dezember 2018 dem Landtag jährlich über die Auswirkungen der Absätze 2 und 3 und des § 85 Absatz 7.

ABSCHNITT 7
Nutzungsbedingte Anforderungen

§ 47
Aufenthaltsräume

(1) 1Aufenthaltsräume müssen eine lichte Raumhöhe von mindestens 2,40 m haben, Aufenthaltsräume in Wohngebäuden der Gebäudeklassen 1 und 2 eine lichte Raumhöhe von mindestens 2,30 m. 2Im Dachraum muss diese Raumhöhe über mindestens der Hälfte ihrer Netto-Grundfläche vorhanden sein. 3Raumteile mit einer lichten Höhe bis zu 1,50 m bleiben bei der Berechnung der Netto-Grundfläche außer Betracht.
(2) 1Aufenthaltsräume müssen ausreichend belüftet und mit Tageslicht belichtet werden können. 2Sie müssen Fenster mit einem Rohbaumaß der Fensteröffnungen von mindestens 1/8 der Netto-Grundfläche des Raumes einschließlich der Netto-Grundfläche verglaster Vorbauten und Loggien haben.
(3) Aufenthaltsräume, deren Nutzung eine Belichtung mit Tageslicht verbietet, sowie Verkaufsräume, Schank- und Speisegaststätten, ärztliche Behandlungs-, Sport-, Spiel-, Werk- und ähnliche Räume sind ohne Fenster zulässig.

§ 48
Wohnungen

(1) 1Jede Wohnung muss eine Küche oder Kochnische haben. 2Fensterlose Küchen oder Kochnischen sind zulässig, wenn eine wirksame Lüftung gewährleistet ist.
(2) 1In Gebäuden der Gebäudeklassen 3 bis 5 mit Wohnungen sind leicht erreichbare und gut zugängliche Abstellräume für Kinderwagen, Fahrräder und Mobilitätshilfen sowie für jede Wohnung ein mindestens 5 m² großer Abstellraum herzustellen. 2Liegt der Abstellraum für eine Wohnung außerhalb der Wohnung, muss zusätzlich innerhalb der Wohnung eine Abstellfläche von mindestens 1 m² hergestellt werden.
(3) Jede Wohnung muss ein Bad mit Badewanne oder Dusche und eine Toilette haben.
(4) 1In Wohnungen müssen Schlafräume und Kinderzimmer sowie Flure, über die Rettungswege von Aufenthaltsräumen führen, jeweils mindestens einen Rauchwarnmelder haben. 2Die Rauchwarnmelder müssen so eingebaut oder angebracht und betrieben werden, dass Brandrauch frühzeitig erkannt und gemeldet wird.

§ 49
Stellplätze, Garagen und Abstellplätze für Fahrräder

(1) 1Die notwendigen Stellplätze und Garagen sowie Abstellmöglichkeiten für Fahrräder (§ 86 Absatz 1 Nummer 4) sind auf dem Baugrundstück oder in zumutbarer Entfernung davon auf einem geeigneten Grundstück herzustellen, dessen Benutzung für diesen Zweck öffentlich-rechtlich gesichert wird. 2Die Verpflichtung nach Satz 1 entfällt, wenn bei einem rechtmäßig bestehenden Gebäude Wohnungen geteilt oder Wohnraum durch Nutzungsänderung, durch Aufstocken des Gebäudes oder durch Ausbau des Dachraums geschaffen wird.
(2) Die Gemeinde hat den Geldbetrag für die Ablösung von Stellplätzen oder Garagen zu verwenden für
1. die Herstellung zusätzlicher oder die Instandhaltung, die Instandsetzung oder die Modernisierung bestehender Parkeinrichtungen,
2. sonstige Maßnahmen zur Entlastung der Straßen vom ruhenden Verkehr einschließlich investiver Maßnahmen des öffentlichen Personennahverkehrs.

§ 50
Barrierefreies Bauen

(1) 1In Gebäuden mit mehr als zwei Wohnungen müssen die Wohnungen eines Geschosses barrierefrei erreichbar sein; diese Verpflichtung kann auch durch barrierefrei erreichbare Wohnungen in mehreren Geschossen erfüllt werden. 2In diesen Wohnungen müssen die Wohn- und Schlafräume, eine Toilette, ein Bad, die Küche oder die Kochnische und, so-

weit vorhanden, der Freisitz barrierefrei sein. [3]§ 39 Absatz 4 bleibt unberührt.

(2) [1]Bauliche Anlagen, die öffentlich zugänglich sind, müssen in den dem allgemeinen Besucher- und Benutzerverkehr dienenden Teilen barrierefrei sein. [2]Dies gilt insbesondere für

1. Einrichtungen der Kultur und des Bildungswesens,
2. Sport- und Freizeitstätten,
3. Einrichtungen des Gesundheitswesens,
4. Büro-, Verwaltungs- und Gerichtsgebäude,
5. Verkaufs-, Gast- und Beherbergungsstätten,
6. Stellplätze, Garagen und Toilettenanlagen.

[3]Für die der zweckentsprechenden Nutzung dienenden Räume und Anlagen genügt es, wenn sie in dem erforderlichen Umfang barrierefrei sind. [4]Toilettenräume und notwendige Stellplätze für Besucher und Benutzer müssen in der erforderlichen Anzahl barrierefrei sein.

(3) Die Bauaufsichtsbehörde kann unabhängig von § 67 Abweichungen von den Absätzen 1 und 2 zulassen, soweit dies aus Gründen des Denkmalschutzes erforderlich ist oder die Anforderungen nur mit unverhältnismäßigem Mehraufwand erfüllt werden können; § 67 Absatz 2 gilt entsprechend.

§ 51
Sonderbauten

[1]An Sonderbauten (§ 2 Absatz 4) können im Einzelfall zur Verwirklichung der allgemeinen Anforderungen nach § 3 besondere Anforderungen gestellt werden. [2]Erleichterungen können gestattet werden, soweit es der Einhaltung von Vorschriften wegen der besonderen Art oder Nutzung baulicher Anlagen oder Räume oder wegen besonderer Anforderungen nicht bedarf. [3]Die Anforderungen und Erleichterungen nach Satz 1 und 2 können sich insbesondere erstrecken auf

1. die Anordnung der baulichen Anlagen auf dem Grundstück,
2. die Abstände von Nachbargrenzen, von anderen baulichen Anlagen auf dem Grundstück und von öffentlichen Verkehrsflächen sowie auf die Größe der freizuhaltenden Flächen der Grundstücke,
3. die Öffnungen nach öffentlichen Verkehrsflächen und nach angrenzenden Grundstücken,
4. die Anlage von Zu- und Abfahrten,
5. die Anlage von Grünstreifen, Baumpflanzungen und anderen Pflanzungen sowie die Begrünung oder Beseitigung von Halden und Gruben,
6. die Bauart und Anordnung aller für die Stand- und Verkehrssicherheit, den Brand-, Wärme-, Schall- oder Gesundheitsschutz wesentlichen Bauteile und die Verwendung von Baustoffen,
7. Brandschutzanlagen, -einrichtungen und -vorkehrungen,
8. die Löschwasserrückhaltung,
9. die Anordnung und Herstellung von Aufzügen, Treppen, Treppenräumen, Fluren, Ausgängen und sonstigen Rettungswegen,
10. die Beleuchtung und Energieversorgung,
11. die Lüftung und Rauchableitung,
12. die Feuerungsanlagen und Heizräume,
13. die Wasserversorgung,
14. die Aufbewahrung und Entsorgung von Abwasser und festen Abfallstoffen,
15. die Stellplätze und Garagen,
16. die barrierefreie Nutzbarkeit,
17. die zulässige Zahl der Benutzer, Anordnung und Zahl der zulässigen Sitz- und Stehplätze bei Versammlungsstätten, Tribünen und Fliegenden Bauten,
18. die Zahl der Toiletten für Besucher,
19. Umfang, Inhalt und Zahl besonderer Bauvorlagen, insbesondere eines Brandschutzkonzepts,
20. weitere zu erbringende Bescheinigungen,
21. die Bestellung und Qualifikation des Bauleiters und der Fachbauleiter,
22. den Betrieb und die Nutzung einschließlich der Bestellung und der Qualifikation eines Brandschutzbeauftragten,
23. Erst-, Wiederholungs- und Nachprüfungen und die Bescheinigungen, die hierüber zu erbringen sind.

TEIL 4
Die am Bau Beteiligten

§ 52
Grundpflichten

Bei der Errichtung, Änderung, Nutzungsänderung, Instandhaltung und der Beseitigung von Anlagen sind der Bauherr und im Rahmen ihres Wirkungskreises die anderen am Bau Beteiligten dafür verantwortlich, dass die öffentlich-rechtlichen Vorschriften eingehalten werden.

§ 53
Bauherr

(1) [1]Der Bauherr hat zur Vorbereitung, Überwachung und Ausführung eines nicht verfahrensfreien Bauvorhabens sowie der Beseitigung von Anlagen geeignete Beteiligte nach Maßgabe der §§ 54 bis 56 zu bestellen, soweit er nicht selbst zur Erfüllung der Verpflichtungen nach diesen Vorschriften geeignet ist. [2]Er hat dafür zu sorgen, dass die für die Ausführung des jeweiligen Bauvorhabens notwendigen Einzelzeichnungen, Einzelberechnungen und Anweisungen angefertigt werden. [3]Dem Bauherrn obliegen außerdem die nach den öffentlich-rechtlichen Vorschriften erforderlichen Anträge, Anzeigen und Nachweise. [4]Er hat die zur Erfüllung der Anforderungen dieses Gesetzes oder aufgrund dieses Gesetzes erlassener Vorschriften erforderlichen Nachweise und Unterlagen zu den verwendeten Bauprodukten und den angewandten Bauarten bereitzuhalten. [5]Werden Bauprodukte verwendet, die die CE-Kennzeichnung nach der Verordnung (EU) Nr. 305/2011 tragen, ist die Leistungserklärung bereitzuhalten. [6]Der Bauherr hat vor Baubeginn den Namen des Tragwerksplaners für die Beseitigung von Anlagen im Sinne des § 61 Absatz 3 Satz 4, den Namen des Bauleiters und während der Bauausführung einen Wechsel des Bauleiters unverzüglich der Bauaufsichtsbehörde in Textform mitzuteilen. [7]Wechselt der Bauherr, hat der neue Bauherr dies der Bauaufsichtsbehörde unverzüglich in Textform mitzuteilen.

(2) [1]Treten bei einem Bauvorhaben mehrere Personen als Bauherr auf, so kann die Bauaufsichtsbehörde verlangen, dass ihr gegenüber ein Vertreter bestellt wird, der die dem Bauherrn nach den öffentlich-rechtlichen Vorschriften obliegenden Verpflichtungen zu erfüllen hat. [2]Im Übrigen findet § 18 Absatz 1 Satz 2 und 3 und Absatz 2 des Landesverwaltungsverfahrensgesetzes mit der Maßgabe entsprechende Anwendung, dass eine Erklärung in Textform ausreichend ist.

§ 54
Entwurfsverfasser

(1) [1]Der Entwurfsverfasser muss nach Sachkunde und Erfahrung zur Vorbereitung des jeweiligen Bauvorhabens geeignet sein. [2]Er ist für die Vollständigkeit und Brauchbarkeit seines Entwurfs verantwortlich. [3]Der Entwurfsverfasser hat dafür zu sorgen, dass die für die Ausführung notwendigen Einzelzeichnungen, Einzelberechnungen und Anweisungen den öffentlich-rechtlichen Vorschriften entsprechen.

(2) [1]Hat der Entwurfsverfasser auf einzelnen Fachgebieten nicht die erforderliche Sachkunde und Erfahrung, so sind geeignete Fachplaner heranzuziehen. [2]Diese sind für die von ihnen gefertigten Unterlagen verantwortlich. [3]Für das ordnungsgemäße Ineinandergreifen aller Fachplanungen bleibt der Entwurfsverfasser verantwortlich.

§ 55
Unternehmer

(1) [1]Jeder Unternehmer ist für die mit den öffentlich-rechtlichen Anforderungen übereinstimmende Ausführung der von ihm übernommenen Arbeiten und insoweit für die ordnungsgemäße Einrichtung und den sicheren Betrieb der Baustelle verantwortlich. [2]Er hat die zur Erfüllung der Anforderungen dieses Gesetzes oder aufgrund dieses Gesetzes erlassener Vorschriften erforderlichen Nachweise und Unterlagen zu den verwendeten Bauprodukten und den angewandten Bauarten zu erbringen und auf der Baustelle bereitzuhalten. [3]Bei Bauprodukten, die die CE-

Kennzeichnung nach der Verordnung (EU) Nr. 305/2011 tragen, ist die Leistungserklärung bereitzuhalten.
(2) Jeder Unternehmer hat auf Verlangen der Bauaufsichtsbehörde für Arbeiten, bei denen die Sicherheit der Anlage in außergewöhnlichem Maße von der besonderen Sachkenntnis und Erfahrung des Unternehmers oder von einer Ausstattung des Unternehmens mit besonderen Vorrichtungen abhängt, nachzuweisen, dass er für diese Arbeiten geeignet ist und über die erforderlichen Vorrichtungen verfügt.

§ 56
Bauleiter

(1) [1]Der Bauleiter hat darüber zu wachen, dass die Baumaßnahme entsprechend den öffentlich-rechtlichen Anforderungen und den für die Ausführung notwendigen Einzelzeichnungen, Einzelberechnungen und Anweisungen durchgeführt wird und die dafür erforderlichen Weisungen zu erteilen. [2]Er hat im Rahmen dieser Aufgabe auf den sicheren bautechnischen Betrieb der Baustelle, insbesondere auf das gefahrlose Ineinandergreifen der Arbeiten der Unternehmer zu achten. [3]Die Verantwortlichkeit der Unternehmer bleibt unberührt.
(2) [1]Der Bauleiter muss über die für seine Aufgabe erforderliche Sachkunde und Erfahrung verfügen. [2]Verfügt er auf einzelnen Teilgebieten nicht über die erforderliche Sachkunde, so sind geeignete Fachbauleiter heranzuziehen. [3]Diese treten insoweit an die Stelle des Bauleiters. [4]Der Bauleiter hat die Tätigkeit der Fachbauleiter und seine Tätigkeit aufeinander abzustimmen.

TEIL 5
Bauaufsichtsbehörden, Verfahren

ABSCHNITT 1
Bauaufsichtsbehörden

§ 57
Aufbau und Zuständigkeit der Bauaufsichtsbehörden

(1) [1]Bauaufsichtsbehörden sind
1. die Landräte und die Oberbürgermeister der kreisfreien und großen kreisangehörigen Städte als untere Bauaufsichtsbehörden und
2. das für die Bauaufsicht zuständige Ministerium als oberste Bauaufsichtsbehörde.

[2]Die Landkreise, kreisfreien Städte und großen kreisangehörigen Städte nehmen die Aufgaben der unteren Bauaufsichtsbehörden im übertragenen Wirkungskreis wahr.
(2) [1]Für den Vollzug dieses Gesetzes sowie anderer öffentlich-rechtlicher Vorschriften für die Errichtung, Änderung, Nutzungsänderung und Beseitigung sowie die Nutzung und die Instandhaltung von Anlagen ist die untere Bauaufsichtsbehörde zuständig, soweit nichts anderes bestimmt ist. [2]Sind für zusammenhängende bauliche Anlagen mehrere Bauaufsichtsbehörden zuständig, so bestimmt die oberste Bauaufsichtsbehörde die zuständige Bauaufsichtsbehörde; dies gilt auch, wenn die örtliche Zuständigkeit aus anderen Gründen zweifelhaft oder eine örtliche Zuständigkeit einer unteren Bauaufsichtsbehörde nicht gegeben ist.
(3) Die unteren Bauaufsichtsbehörden sind zur Durchführung ihrer Aufgaben ausreichend mit geeigneten Fachkräften zu besetzen und mit den erforderlichen Vorrichtungen auszustatten.

§ 58
Aufgaben und Befugnisse der Bauaufsichtsbehörden

(1) [1]Die Bauaufsichtsbehörden haben bei der Errichtung, Änderung, Nutzungsänderung und Beseitigung sowie bei der Nutzung und

Instandhaltung von Anlagen darüber zu wachen, dass die öffentlich-rechtlichen Vorschriften eingehalten werden, soweit nicht andere Behörden zuständig sind. [2]Sie können in Wahrnehmung dieser Aufgaben die erforderlichen Maßnahmen treffen. [3]Sie sollen auf künftige Nutzungsmöglichkeiten der Anlagen, insbesondere durch alternative Mobilitätsformen (E-Mobilität) und Kommunikationsinfrastruktur (Breitband), hinwirken.

(2) Bauaufsichtliche Genehmigungen und sonstige Maßnahmen gelten auch für und gegen Rechtsnachfolger.

(3) [1]Die mit dem Vollzug dieses Gesetzes beauftragten Personen sind berechtigt, in Ausübung ihres Amtes Grundstücke und Anlagen einschließlich der Wohnungen zu betreten. [2]Das Grundrecht der Unverletzlichkeit der Wohnung (Artikel 13 des Grundgesetzes, Artikel 5 Absatz 3 der Verfassung des Landes Mecklenburg-Vorpommern) wird insoweit eingeschränkt.

ABSCHNITT 2 Genehmigungspflicht, Genehmigungsfreiheit

§ 59 Grundsatz

(1) [1]Die Errichtung, Änderung und Nutzungsänderung von Anlagen bedürfen der Baugenehmigung, soweit in den §§ 60 bis 62, 76 und 77 nichts anderes bestimmt ist. [2]Die Beseitigung von Anlagen, die als Denkmale in die Denkmallisten eingetragen sind, bedarf ebenfalls der Baugenehmigung.

(2) Handelt es sich bei dem genehmigungsbedürftigen Vorhaben um ein solches, das nach dem Gesetz über die Umweltverträglichkeitsprüfung oder nach dem Landes-UVP-Gesetz einer Umweltverträglichkeitsprüfung bedarf, so muss das Genehmigungsverfahren den Anforderungen des genannten Gesetzes entsprechen.

(3) Die Genehmigungsfreiheit nach den §§ 60 bis 62, 76 und 77 Absatz 1 Satz 3 sowie die Beschränkung der bauaufsichtlichen Prüfung nach den §§ 63, 64, 66 Absatz 4 und § 77 Absatz 3 entbinden nicht von der Verpflichtung zur Einhaltung der Anforderungen, die durch öffentlich-rechtliche Vorschriften an Anlagen gestellt werden, und lassen die bauaufsichtlichen Eingriffsbefugnisse unberührt.

§ 60 Vorrang anderer Gestattungsverfahren

Keiner Baugenehmigung, Abweichung, Genehmigungsfreistellung, Zustimmung und Bauüberwachung nach diesem Gesetz bedürfen

1. nach wasserrechtlichen Rechtsvorschriften zulassungsbedürftige Anlagen, die dem Ausbau oder der Unterhaltung eines Gewässers dienen, sowie Abwasserbehandlungsanlagen, die einer Umweltverträglichkeitsprüfung bedürfen, ausgenommen Gebäude, die Sonderbauten sind,
2. nach anderen Rechtsvorschriften zulassungsbedürftige Anlagen für die öffentliche Versorgung mit Elektrizität, Gas, Wärme und Wasser, ausgenommen Gebäude, die Sonderbauten sind,
3. Anlagen, die einer Errichtungsgenehmigung nach dem Atomrecht bedürfen,
4. Anlagen, die nach Produktsicherheitsrecht einer Genehmigung oder Erlaubnis bedürfen.

§ 61 Verfahrensfreie Bauvorhaben, Beseitigung von Anlagen

(1) Verfahrensfrei sind

1. folgende Gebäude:
   a) eingeschossige Gebäude mit einer Brutto-Grundfläche bis zu 10 m², außer im Außenbereich,
   b) Gebäude und Gebäudeteile einschließlich überdachter Stellplätze zum Abstellen von Fahrzeugen mit einer mittleren Wandhöhe bis zu 3 m und einer Brutto-Grundfläche bis zu 30 m², außer im Außenbereich,
   c) Gebäude ohne Feuerungsanlagen mit einer traufseitigen Wandhöhe bis zu 5 m, die einem land- oder forstwirt-

schaftlichen Betrieb oder einem Betrieb der gartenbaulichen Erzeugung im Sinne des § 35 Absatz 1 Nummer 1 und 2 und § 201 des Baugesetzbuches dienen, höchstens 150 m² Brutto-Grundfläche haben und nur zur Unterbringung von Sachen oder zum vorübergehenden Schutz von Tieren bestimmt sind,
   d) Gewächshäuser mit einer Firsthöhe bis zu 5 m, die einem landwirtschaftlichen Betrieb oder einem Betrieb der gartenbaulichen Erzeugung im Sinne des § 35 Absatz 1 Nummer 1 und 2 und § 201 des Baugesetzbuches dienen und höchstens 250 m² Brutto-Grundfläche haben, sowie vorübergehend aufgestellte Folientunnel mit höchstens 1 600 m² Grundfläche,
   e) Fahrgastunterstände, die dem öffentlichen Personenverkehr oder der Schülerbeförderung dienen,
   f) Schutzhütten für Wanderer, die jedermann zugänglich sind und keine Aufenthaltsräume haben,
   g) Terrassenüberdachungen mit einer Fläche bis zu 30 m² und einer Tiefe bis zu 3 m,
   h) Gartenlauben in Kleingartenanlagen im Sinne des § 1 Absatz 1 des Bundeskleingartengesetzes,
   i) Wochenendhäuser bis 40 m² Grundfläche auf den dafür vorgesehenen Bereichen von Campingplätzen;
2. Anlagen der technischen Gebäudeausrüstung, ausgenommen freistehende Abgasanlagen mit einer Höhe von mehr als 10 m;
3. folgende Anlagen zur Nutzung erneuerbarer Energien:
   a) Solaranlagen in, an und auf Dach- und Außenwandflächen, ausgenommen bei Hochhäusern, sowie die damit verbundene Änderung der Nutzung oder der äußeren Gestalt des Gebäudes,
   b) gebäudeunabhängige Solaranlagen mit einer Höhe bis zu 3 m und einer Gesamtlänge bis zu 9 m,
   c) Windenergieanlagen bis zu 10 m Höhe, gemessen von der Geländeoberfläche bis zum höchsten Punkt der vom Rotor bestrichenen Fläche und einem Rotordurchmesser bis zu 3 m, außer in reinen, allgemeinen und besonderen Wohngebieten und in Mischgebieten;
4. folgende Anlagen der Ver- und Entsorgung:
   a) Brunnen,
   b) Anlagen, die der Telekommunikation, der öffentlichen Versorgung mit Elektrizität, Gas, Öl, Wärme und Wasser oder der Wasserwirtschaft dienen, mit einer Höhe bis zu 5 m und einer Brutto-Grundfläche bis zu 10 m²;
5. folgende Masten, Antennen und ähnliche Anlagen:
   a) unbeschadet der Nummer 4 Buchstabe b Antennen einschließlich der Masten mit einer Höhe bis zu 15 m, auf Gebäuden, gemessen ab dem Schnittpunkt der Anlage mit der Dachhaut, im Außenbereich frei stehend mit einer Höhe bis zu 20 m und zugehöriger Versorgungseinheiten mit einem Brutto-Rauminhalt bis zu 10 m³ sowie, soweit sie in, auf oder an einer bestehenden baulichen Anlage errichtet werden, die damit verbundene Änderung der Nutzung oder der äußeren Gestalt der Anlage; bei Masten mit mehr als 10 m Höhe muss vor Baubeginn die Standsicherheit der Maßnahme durch einen qualifizierten Tragwerksplaner im Sinne des § 66 Absatz 2 beurteilt und im erforderlichen Umfang nachgewiesen werden,
   b) Masten und Unterstützungen für Fernsprechleitungen, für Leitungen zur Versorgung mit Elektrizität, für Seilbahnen und für Leitungen sonstiger Verkehrsmittel, für Sirenen und für Fahnen,
   c) Masten, die aus Gründen des Brauchtums errichtet werden,
   d) Signalhochbauten für die Landesvermessung;

6. folgende Behälter:
   a) ortsfeste Behälter für Flüssiggas mit einem Fassungsvermögen von weniger als 3 t, für nicht verflüssigte Gase mit einem Brutto-Rauminhalt bis zu 6 m^3,
   b) ortsfeste Behälter für brennbare oder wassergefährdende Flüssigkeiten mit einem Brutto-Rauminhalt bis zu 10 m^3,
   c) ortsfeste Behälter sonstiger Art mit einem Brutto-Rauminhalt bis zu 50 m^3 und einer Höhe bis zu 3 m,
   d) Gärfutterbehälter mit einer Höhe bis zu 6 m und Schnitzelgruben,
   e) Fahrsilos und ähnliche Anlagen,
   f) Wasserbecken mit einem Beckeninhalt bis zu 100 m^3;
7. folgende Mauern und Einfriedungen:
   a) Mauern einschließlich Stützmauern und Einfriedungen mit einer Höhe bis zu 2 m, außer im Außenbereich,
   b) offene Einfriedungen für Grundstücke, die einem land- oder forstwirtschaftlichen Betrieb im Sinne des § 35 Absatz 1 Nummer 1 und 2 und § 201 des Baugesetzbuches dienen;
8. private Verkehrsanlagen einschließlich Brücken und Durchlässen mit einer lichten Weite bis zu 5 m und Untertunnelungen mit einem Durchmesser bis zu 3 m;
9. Aufschüttungen und Abgrabungen mit einer Höhe oder Tiefe bis zu 2 m und einer Grundfläche bis zu 30 m^2, im Außenbereich bis zu 300 m^2;
10. folgende Anlagen in Gärten und zur Freizeitgestaltung:
   a) Schwimmbecken mit einem Beckeninhalt bis zu 100 m^3 einschließlich dazugehöriger luftgetragener Überdachungen, außer im Außenbereich,
   b) Sprungschanzen, Sprungtürme und Rutschbahnen mit einer Höhe bis zu 10 m,
   c) Anlagen, die der zweckentsprechenden Einrichtung von Spiel-, Abenteuerspiel-, Bolz- und Sportplätzen, Reit- und Wanderwegen, Trimm- und Lehrpfaden dienen, ausgenommen Gebäude und Tribünen,
   d) Wohnwagen, Zelte und bauliche Anlagen, die keine Gebäude sind, auf Camping-, Zelt- und Wochenendplätzen,
   e) Anlagen, die der Gartennutzung, der Gartengestaltung oder der zweckentsprechenden Einrichtung von Gärten dienen, ausgenommen Gebäude und Einfriedungen,
   f) Stege ohne Aufbauten in und an Gewässern;
11. folgende tragende und nichttragende Bauteile:
   a) nichttragende und nichtaussteifende Bauteile in baulichen Anlagen,
   b) die Änderung tragender oder aussteifender Bauteile innerhalb von Wohngebäuden der Gebäudeklassen 1 und 2,
   c) Fenster und Türen sowie die dafür bestimmten Öffnungen,
   d) Außenwandbekleidungen einschließlich Maßnahmen der Wärmedämmung, ausgenommen bei Hochhäusern, Verblendungen und Verputz baulicher Anlagen,
   e) Bedachung einschließlich Maßnahmen der Wärmedämmung, ausgenommen bei Hochhäusern;
12. folgende Werbeanlagen, Warenautomaten:
   a) Werbeanlagen mit einer Ansichtsfläche bis zu 1 m^2,
   b) Werbeanlagen, die nach ihrem erkennbaren Zweck nur vorübergehend für höchstens zwei Monate angebracht werden, außer im Außenbereich,
   c) Schilder, die Inhaber und Art gewerblicher Betriebe kennzeichnen (Hinweisschilder), wenn sie vor Ortsdurchfahrten auf einer einzigen Tafel zusammengefasst sind,
   d) Werbeanlagen in durch Bebauungsplan festgesetzten Gewerbe-, Industrie- und vergleichbaren Sondergebieten an der Stätte der Leistung mit einer Höhe bis zu 10 m,
   e) Warenautomaten

sowie, soweit sie in, auf oder an einer bestehenden baulichen Anlage errichtet werden, die damit verbundene Änderung der Nutzung oder der äußeren Gestalt der Anlage;

13. folgende vorübergehend aufgestellte oder benutzbare Anlagen:
    a) Baustelleneinrichtungen einschließlich der Lagerhallen, Schutzhallen und Unterkünfte,
    b) Gerüste,
    c) Toilettenwagen,
    d) Behelfsbauten, die der Landesverteidigung, dem Katastrophenschutz oder der Unfallhilfe dienen,
    e) bauliche Anlagen, die für höchstens drei Monate auf genehmigtem Messe- und Ausstellungsgelände errichtet werden, ausgenommen Fliegende Bauten,
    f) Verkaufsstände und andere bauliche Anlagen auf Straßenfesten, Volksfesten und Märkten, ausgenommen Fliegende Bauten,
    g) ortsveränderliche Antennenanlagen, die für längstens 24 Monate aufgestellt werden; bei Masten mit mehr als 10 m Höhe muss vor Baubeginn die Standsicherheit der Maßnahme durch einen qualifizierten Tragwerksplaner im Sinne des § 66 Absatz 2 beurteilt und im erforderlichen Umfang nachgewiesen werden;
14. folgende Plätze:
    a) Lager- und Abstellplätze, die einem land- oder forstwirtschaftlichen Betrieb im Sinne des § 35 Absatz 1 Nummer 1 und 2 und § 201 des Baugesetzbuches dienen und, soweit sie befestigt sind, eine Fläche von nicht mehr als 1 000 m² haben,
    b) nicht überdachte Stellplätze mit einer Fläche bis zu 30 m² und deren Zufahrten,
    c) Kinderspielplätze im Sinne des § 8 Absatz 2 Satz 1;
15. folgende sonstige Anlagen:
    a) Fahrradabstellanlagen mit einer Fläche bis zu 30 m²,
    b) Zapfsäulen und Tankautomaten genehmigter Tankstellen sowie Ladestationen für Elektromobilität und die damit verbundene Änderung der Nutzung,
    c) Regale mit einer Höhe bis zu 7,50 m Oberkante Lagergut,
    d) Grabdenkmale auf Friedhöfen, Feldkreuze, Denkmäler und sonstige Kunstwerke jeweils mit einer Höhe bis zu 4 m,
    e) andere unbedeutende Anlagen oder unbedeutende Teile von Anlagen wie Hauseingangsüberdachungen, Markisen, Rollläden, Terrassen, Maschinenfundamente, Straßenfahrzeugwaagen, Pergolen, Jägerstände, Wildfütterungen, Bienenfreistände, Taubenhäuser, Hofeinfahrten und Teppichstangen,
    f) Kompostanlagen bis zu 300 m² Lager- und Rottefläche.

(2) Verfahrensfrei ist die Änderung der Nutzung von Anlagen, wenn

1. für die neue Nutzung keine anderen öffentlich-rechtlichen Anforderungen nach § 64 in Verbindung mit § 66 als für die bisherige Nutzung in Betracht kommen,
2. die Errichtung oder Änderung der Anlagen nach Absatz 1 verfahrensfrei wäre.

(3) [1]Verfahrensfrei ist die Beseitigung von

1. Anlagen nach Absatz 1,
2. freistehenden Gebäuden der Gebäudeklassen 1 und 3,
3. sonstigen Anlagen, die keine Gebäude sind, mit einer Höhe bis zu 10 m.

[2]Die beabsichtigte Beseitigung aller übrigen Anlagen ist mindestens einen Monat zuvor der Bauaufsichtsbehörde anzuzeigen. [3]Die Sätze 1 und 2 gelten nicht für die Beseitigung von Anlagen, die als Denkmale in die Denkmallisten eingetragen sind. [4]Bei nicht freistehenden Gebäuden muss die Standsicherheit des Gebäudes oder der Gebäude, an die das zu beseitigende Gebäude angebaut ist, durch einen qualifizierten Tragwerksplaner im Sinne des § 66 Absatz 2 beurteilt und im erforderlichen Umfang nachgewiesen werden; die Beseitigung ist, soweit notwendig, durch den qualifizierten Tragwerksplaner zu über-

wachen. [5]Satz 4 gilt nicht, soweit an verfahrensfreie Gebäude angebaut ist. [6]§ 72 Absatz 7 Nummer 2 und Absatz 9 gilt entsprechend.

(4) Verfahrensfrei sind Instandhaltungsarbeiten.

§ 62
Genehmigungsfreistellung

(1) [1]Keiner Genehmigung bedarf

1. unter den Voraussetzungen des Absatzes 2 die Errichtung, Änderung und Nutzungsänderung von
   a) Wohngebäuden,
   b) sonstigen baulichen Anlagen, die keine Gebäude sind, und
   c) Nebengebäuden und Nebenanlagen zu Bauvorhaben der Buchstaben a und b,
2. unter den Voraussetzungen des Absatzes 2 Nummer 3 und 4 im Anwendungsbereich des § 34 des Baugesetzbuches die Änderung und Nutzungsänderung von Dachgeschossen zu Wohnzwecken einschließlich der Errichtung von Dachgauben bei Gebäuden.

[2]Satz 1 Nummer 1 und 2 gelten nicht, wenn die baulichen Anlagen Sonderbauten sind oder werden, sowie für die Errichtung, Änderung oder Nutzungsänderung

1. eines oder mehrerer Gebäude, wenn dadurch dem Wohnen dienende Nutzungseinheiten mit einer Größe von insgesamt mehr als 5 000 m² Brutto-Grundfläche geschaffen werden,
2. baulicher Anlagen, die öffentlich zugänglich sind, wenn dadurch die gleichzeitige Nutzung durch mehr als 100 zusätzliche Besucher ermöglicht wird,

die innerhalb des angemessenen Sicherheitsabstands eines Betriebsbereichs im Sinne des § 3 Absatz 5a des Bundes-Immissionsschutzgesetzes in der Fassung der Bekanntmachung vom 17. Mai 2013 (BGBl. I S. 1274; 2021 I S. 123), das zuletzt durch Artikel 11 Absatz 3 des Gesetzes vom 26. Juli 2023 (BGBl. 2023 I Nr. 202) geändert worden ist, liegen; ist der angemessene Sicherheitsabstand nicht bekannt, ist maßgeblich, ob sich das Vorhaben innerhalb des Achtungsabstands des Betriebsbereichs befindet.

(2) Nach Absatz 1 ist ein Bauvorhaben genehmigungsfrei gestellt, wenn

1. es im Geltungsbereich eines Bebauungsplans im Sinne des § 30 Absatz 1 oder der §§ 12, 30 Absatz 2 des Baugesetzbuches liegt,
2. es den Festsetzungen des Bebauungsplanes nicht widerspricht oder die erforderlichen Befreiungen und Ausnahmen nach § 31 des Baugesetzbuches erteilt worden sind,
3. die Erschließung im Sinne des Baugesetzbuches gesichert ist und
4. die Gemeinde nicht innerhalb der Frist nach Absatz 3 Satz 2 erklärt, dass das vereinfachte Baugenehmigungsverfahren durchgeführt werden soll oder eine vorläufige Untersagung nach § 15 Absatz 1 Satz 2 des Baugesetzbuches beantragt wurde.

(3) [1]Der Bauherr hat die erforderlichen Unterlagen bei der Gemeinde einzureichen; die Gemeinde legt, soweit die Unterlagen nicht elektronisch eingereicht wurden und sie nicht selbst Trägerin der Bauaufsichtsbehörde ist, eine Ausfertigung der Unterlagen unverzüglich der Bauaufsichtsbehörde vor. [2]Mit dem Bauvorhaben darf einen Monat nach Eingang der erforderlichen Unterlagen bei der Gemeinde begonnen werden. [3]Teilt die Gemeinde dem Bauherrn vor Ablauf der Frist mit, dass kein Genehmigungsverfahren durchgeführt werden soll und sie eine Untersagung nach § 15 Absatz 1 Satz 2 des Baugesetzbuches nicht beantragen wird, darf der Bauherr mit der Ausführung des Bauvorhabens beginnen; von der Mitteilung nach Halbsatz 1 hat die Gemeinde die Bauaufsichtsbehörde zu unterrichten. [4]Will der Bauherr mit der Ausführung des Bauvorhabens mehr als drei Jahre, nachdem die Bauausführung nach Satz 2 und 3 zulässig geworden ist, beginnen, gilt Satz 1 bis 3 entsprechend.

(4) [1]Die Erklärung der Gemeinde nach Absatz 2 Nummer 4 erste Alternative kann insbesondere deshalb erfolgen, weil sie eine Überprüfung der sonstigen Voraussetzungen des Absatzes 2 oder des Bauvorhabens aus

anderen Gründen für erforderlich hält. [2]Darauf, dass die Gemeinde von ihrer Erklärungsmöglichkeit keinen Gebrauch macht, besteht kein Rechtsanspruch. [3]Erklärt die Gemeinde, dass das vereinfachte Baugenehmigungsverfahren durchgeführt werden soll, hat sie dem Bauherrn vorgelegte Unterlagen zurückzureichen. [4]Hat der Bauherr bei der Einreichung der Unterlagen bestimmt, dass diese im Fall der Erklärung nach Absatz 2 Nummer 4 als Bauantrag zu behandeln sind, leitet sie die Unterlagen gleichzeitig mit der Erklärung an die Bauaufsichtsbehörde weiter. [5]Werden Unterlagen gleichzeitig bei der Bauaufsichtsbehörde elektronisch eingereicht, informiert die Gemeinde die Bauaufsichtsbehörde über die Abgabe der Erklärung nach Absatz 2 Nummer 4 erste Alternative und gegebenenfalls über die Erklärung des Bauherrn, dass die Einreichung der Unterlagen als Bauantrag behandelt werden soll.

(5) [1]§ 66 bleibt unberührt. [2]§ 68 Absatz 2 Satz 1, Absatz 4 Satz 1 und 2, § 72 Absatz 7 Nummer 2, Absatz 8 und 9 sind entsprechend anzuwenden.

(6) Die vorläufige Untersagung eines Vorhabens nach § 15 Absatz 1 Satz 2 des Baugesetzbuches ist durch die Bauaufsichtsbehörde innerhalb eines Monats nach Eingang des Antrages der Gemeinde auszusprechen.

(7) Ist das Vorhaben wegen Verstoßes gegen Vorschriften, die wegen der Unwirksamkeit des Bebauungsplans anzuwenden sind, rechtswidrig, darf die Beseitigung oder Untersagung der Nutzung nur angeordnet werden, soweit Rechte Dritter verletzt werden.

ABSCHNITT 3
Genehmigungsverfahren

§ 63
Vereinfachtes Baugenehmigungsverfahren

(1) [1]Bei
a) Wohngebäuden,
b) sonstigen baulichen Anlagen, die keine Gebäude sind,
c) Nebengebäuden und Nebenanlagen zu Bauvorhaben nach den Buchstaben a und b,
d) Mobilställen,

ausgenommen Sonderbauten, prüft die Bauaufsichtsbehörde

1. die Übereinstimmung mit den Vorschriften über die Zulässigkeit der baulichen Anlagen nach den §§ 29 bis 38 des Baugesetzbuches,
2. beantragte Abweichungen im Sinne des § 67 Absatz 1 und 2 Satz 2 und gemäß § 50 Absatz 3 sowie die Übereinstimmung mit den Vorschriften des § 6,
3. andere öffentlich-rechtliche Anforderungen, soweit wegen der Baugenehmigung eine Entscheidung nach anderen öffentlich-rechtlichen Vorschriften entfällt oder ersetzt wird.

[2]§ 61 Absatz 3 Satz 2 bis 5 und § 66 bleiben unberührt.

Fassung mit Wirkung bis 1. Juli 2025:

(2) [1]Über den Bauantrag ist innerhalb von drei Monaten nach Eingang des vollständigen Antrages zu entscheiden; die Bauaufsichtsbehörde kann diese Frist aus wichtigem Grund in Textform gegenüber dem Bauherrn um bis zu einem Monat verlängern. [2]Die Genehmigung gilt als erteilt, wenn sie nicht innerhalb der nach Satz 1 maßgeblichen Frist versagt wird. [3]Dies gilt nicht, wenn die Bauaufsichtsbehörde dem Bauherrn innerhalb der nach Satz 1 Halbsatz 1 maßgeblichen Frist mitteilt, dass die Gemeinde ihr nach dem Baugesetzbuch erforderliches Einvernehmen versagt hat und die Ersetzung nach § 71 erfolgen soll. [4]Satz 1 gilt auch nicht, wenn für die Entscheidung über die Zulässigkeit des Vorhabens nach anderen öffentlich-rechtlichen Vorschriften Verbände beteiligt werden müssen.

Fassung mit Wirkung ab 1. Juli 2025:

(2) [1]Über den Bauantrag ist innerhalb von drei Monaten zu entscheiden; die Bauaufsichtsbehörde kann diese Frist aus wichtigem Grund in Textform gegenüber dem Bauherrn um bis zu einem Monat verlängern. [2]Die Frist für die Entscheidung beginnt nach Zugang des Bauantrags. [3]For-

dert die untere Bauaufsichtsbehörde innerhalb von drei Wochen nach Zugang des Bauantrags Unterlagen nach, beginnt die Frist nach Zugang dieser Unterlagen. [4]Die Möglichkeit zur Nachforderung weiterer Unterlagen bleibt hiervon unberührt. [5]Die Genehmigung gilt als erteilt, wenn sie nicht innerhalb der nach Satz 1 maßgeblichen Frist versagt wird. [6]Dies gilt nicht, wenn

1. *der Bauherr vor Ablauf der Entscheidungsfrist gegenüber der Baugenehmigungsbehörde in Textform auf den Eintritt der Genehmigungsfiktion verzichtet hat,*
2. *die Bauaufsichtsbehörde dem Bauherrn innerhalb der nach Satz 1 Halbsatz 1 maßgeblichen Frist mitteilt, dass die Gemeinde ihr nach dem Baugesetzbuch erforderliches Einvernehmen versagt hat und die Ersetzung nach § 71 erfolgen soll oder*
3. *für die Entscheidung über die Zulässigkeit des Vorhabens nach anderen öffentlich-rechtlichen Vorschriften Verbände beteiligt werden müssen.*

[7]Im Fall des Satzes 5 findet § 72 Absatz 3 und 4 keine Anwendung.

§ 64 Baugenehmigungsverfahren

[1]Bei genehmigungsbedürftigen baulichen Anlagen, die nicht unter § 63 fallen, prüft die Bauaufsichtsbehörde

1. die Übereinstimmung mit den Vorschriften über die Zulässigkeit der baulichen Anlagen nach den §§ 29 bis 38 des Baugesetzbuches,
2. Anforderungen nach den Vorschriften dieses Gesetzes und aufgrund dieses Gesetzes,
3. andere öffentlich-rechtliche Anforderungen, soweit wegen der Baugenehmigung eine Entscheidung nach anderen öffentlich-rechtlichen Vorschriften entfällt oder ersetzt wird.

[2]§ 66 bleibt unberührt.

§ 65 Bauvorlageberechtigung

(1) [1]Bauvorlagen für die nicht verfahrensfreie Errichtung und Änderung von Gebäuden müssen von einem Entwurfsverfasser erstellt sein, der bauvorlageberechtigt ist. [2]Dies gilt nicht für

1. Bauvorlagen, die üblicherweise von Fachkräften mit anderer Ausbildung als nach Absatz 2 verfasst werden, und
2. geringfügige oder technisch einfache Bauvorhaben.

(2) Bauvorlageberechtigt ist, wer

1. die Berufsbezeichnung „Architekt" führen darf,
2. in die von der Ingenieurkammer Mecklenburg-Vorpommern geführte Liste der Bauvorlageberechtigten eingetragen oder, ohne eine solche Listeneintragung, gemäß § 65d bauvorlageberechtigt ist.

(3) Bauvorlageberechtigt sind ferner

1. für die in Absatz 1 Satz 2 genannten Vorhaben und für Gebäude der Gebäudeklassen 1 und 2, die keine Sonderbauten sind,
   a) Berufsangehörige, die über inländische oder auswärtige Hochschulabschlüsse nach § 65a verfügen,
   b) die Meisterinnen und Meister des Maurer-, Zimmerer- oder des Beton- und Stahlbetonbauerhandwerks,
   c) die staatlich geprüften Technikerinnen und staatlich geprüften Techniker der Fachrichtung Bautechnik mit dem Schwerpunkt Hochbau.
2. Berufsangehörige, die die Berufsbezeichnung „Innenarchitekt" führen dürfen, für die mit der Berufsaufgabe des Innenarchitekten verbundenen baulichen Änderungen von Gebäuden sowie
3. Berufsangehörige, die einen berufsqualifizierenden Hochschulabschluss eines Studiums der Fachrichtung Bauingenieurwesen gemäß den in der Anlage geregelten Leitlinien oder der Fachrichtung Architektur nachweisen können, danach mindestens zwei Jahre auf dem Gebiet der Entwurfsplanung von Gebäuden praktisch tätig gewesen und Bediensteter einer juristischen Person des öffentlichen Rechts sind, für die dienstliche Tätigkeit.

(4) Bauvorlageberechtigte nach Absatz 3 Nummer 1 sind in ein von der Ingenieurkammer Mecklenburg-Vorpommern zu führen-

des Verzeichnis der eingeschränkt Bauvorlageberechtigten einzutragen.

(5) [1]Die Bauvorlageberechtigten nach Absatz 3 Nummer 1 sind verpflichtet, sich jährlich im Bereich des öffentlichen Baurechts fortzubilden. [2]Die Erfüllung der jährlichen Fortbildungspflicht haben die Bauvorlageberechtigten gegenüber der Ingenieurkammer Mecklenburg-Vorpommern nachzuweisen. [3]Sie haben sich ausreichend gegen Haftpflichtansprüche zu versichern, die aus ihrer eigenverantwortlichen Tätigkeit herrühren können. [4]Es ist eine Nachhaftung des Versicherers für mindestens fünf Jahre nach Beendigung des Versicherungsvertrages zu vereinbaren. [5]Die Mindestversicherungssumme beträgt für jeden Versicherungsfall 1,5 Millionen Euro für Personenschäden und 300 000 Euro für Sach- und Vermögensschäden. [6]Als Jahreshöchstleistung für alle im Versicherungsjahr verursachten Schäden muss der dreifache Betrag der Mindestversicherungssumme veranschlagt sein. [7]Dieser Versicherungsschutz ist gegenüber der Ingenieurkammer Mecklenburg-Vorpommern nachzuweisen. [8]Die Ingenieurkammer Mecklenburg-Vorpommern kann das Tätigwerden als eingeschränkt bauvorlageberechtigte Person untersagen und die Eintragung in das Verzeichnis nach Absatz 4 Satz 1 löschen, wenn die Voraussetzungen nicht erfüllt sind.

(6) [1]Soweit nicht eine Bauvorlageberechtigung nach § 65d vorliegt, gelten für die Eintragung von nach Absatz 3 Nummer 1 Buchstabe a Bauvorlageberechtigten in das Verzeichnis nach Absatz 4 die §§ 65a und 65c mit Ausnahme von § 65a Absatz 1 Satz 1 Nummer 2 entsprechend. [2]Für die Eintragung in die Liste nach § 65 Absatz 2 Nummer 2 oder in das Verzeichnis nach Absatz 4 müssen die Berufsangehörigen über die Sprachkenntnisse verfügen, die für die Ausübung der Berufstätigkeit in Deutschland erforderlich sind. [3]Für die Löschung aus der Liste nach § 65 Absatz 2 Nummer 2 oder aus dem Verzeichnis nach § 65d Absatz 1 gilt § 12 des Architekten- und Ingenieurgesetzes entsprechend.

(7) Die Verfahren können mit Ausnahme der Durchführung von Ausgleichsmaßnahmen nach § 65c und nach § 65d Absatz 3 Satz 4 aus der Ferne und elektronisch leicht über die einheitliche Stelle im Sinne des § 71a des Landesverwaltungsverfahrensgesetzes in Verbindung mit § 1 Absatz 1 des Einheitlicher-Ansprechpartner-Errichtungsgesetzes Mecklenburg-Vorpommern abgewickelt werden.

§ 65a
Voraussetzung für die Eintragung in die Liste nach § 65 Absatz 2 Nummer 2

(1) [1]Auf Antrag ist in die Liste der Bauvorlageberechtigten von der Ingenieurkammer Mecklenburg-Vorpommern einzutragen, wer

1. einen berufsqualifizierenden Hochschulabschluss eines Studiums der Fachrichtung Bauingenieurwesen gemäß den in der Anlage geregelten Leitlinien an einer deutschen Hochschule nachweist und
2. danach mindestens zwei Jahre auf dem Gebiet der Entwurfsplanung von Gebäuden praktisch tätig gewesen ist.

[2]Dem Antrag sind die zur Beurteilung erforderlichen Unterlagen beizufügen. [3]Die Ingenieurkammer Mecklenburg-Vorpommern bestätigt unverzüglich den Eingang der Unterlagen und teilt gegebenenfalls mit, welche Unterlagen fehlen. [4]Die Eingangsbestätigung muss folgende Angaben enthalten:

1. die in Satz 5 genannte Frist,
2. die Erklärung, dass der Antrag als genehmigt gilt, wenn über ihn nicht rechtzeitig entschieden wird, und
3. im Fall der Nachforderung von Unterlagen die Mitteilung, dass die Frist nach Satz 5 erst beginnt, wenn die Unterlagen vollständig sind.

[5]Bestehen begründete Zweifel an der Echtheit oder an der inhaltlichen Richtigkeit der vorgelegten Unterlagen, so kann die Ingenieurkammer Mecklenburg-Vorpommern, soweit unbedingt geboten, die antragstellende Person auffordern, weitere Unterlagen, insbesondere beglaubigte Kopien, vorzulegen; sie kann sich auch an die zuständige Stelle wenden. [6]Über den Antrag ist innerhalb von drei Monaten nach Vorlage der vollständigen Unterlagen zu entscheiden; die Ingenieurkammer Mecklenburg-Vorpommern kann die

Frist gegenüber dem Antragsteller einmal um bis zu einen Monat verlängern. [7]Die Fristverlängerung und deren Ende sind ausreichend zu begründen und dem Antragsteller vor Ablauf der ursprünglichen Frist mitzuteilen. [8]Der Antrag gilt als genehmigt, wenn über ihn nicht innerhalb der nach Satz 5 maßgeblichen Frist entschieden worden ist.

(2) Auf Antrag ist in die Liste der Bauvorlageberechtigten einzutragen, wer über einen auswärtigen Hochschulabschluss verfügt, der den in Absatz 1 Satz 1 Nummer 1 genannten Anforderungen gleichwertig ist, und die Anforderung des Absatzes 1 Satz 1 Nummer 2 erfüllt.

(3) [1]In die Liste nach Absatz 1 wird auch eingetragen, wer

1. in Bezug auf die Studienanforderungen einen Ausbildungsnachweis nach Artikel 1 der Richtlinie 2005/36/EG des Europäischen Parlaments und des Rates vom 7. September 2005 über die Anerkennung von Berufsqualifikationen (ABl. L 255 vom 30.9.2005, S. 229) besitzt, soweit diese in einem Mitgliedstaat der Europäischen Union oder einem diesem durch Abkommen gleichgestellten Staat erforderlich sind, um in dessen Hoheitsgebiet die Erlaubnis zur Aufnahme und Ausübung dieses Berufes zu erhalten,
2. einen den Anforderungen nach Artikel 13 Absatz 2 Satz 2 der Richtlinie 2005/36/EG genügenden Ausbildungsnachweis besitzt und
3. eine den Anforderungen nach Absatz 1 Satz 1 Nummer 2 vergleichbare berufspraktische Tätigkeit nachweisen kann.

[2]Satz 1 gilt auch für Antragsteller, die

1. diesen Beruf ein Jahr lang vollzeitbeschäftigt oder während einer entsprechenden Gesamtdauer in Teilzeit während der vorhergehenden zehn Jahre in Mitgliedstaaten der Europäischen Union oder einem gleichgestellten Staat ausgeübt haben, sofern der Beruf im Niederlassungsmitgliedstaat nicht reglementiert ist,
2. im Besitz eines Befähigungs- oder Ausbildungsnachweises sind, der den Anforderungen nach Artikel 13 Absatz 2 Satz 2 der Richtlinie 2005/36/EG genügt und
3. keine wesentlichen Unterschiede gemäß Absatz 1 Satz 1 Nummer 1 bestehen.

(4) Einer Eintragung nach Absatz 1 oder 2 bedarf es nicht, wenn der Antragsteller aufgrund einer Regelung eines anderen Landes bauvorlageberechtigt ist.

(5) § 17 des Berufsqualifikationsfeststellungsgesetzes findet Anwendung.

§ 65b
Eintragungsverfahren für Antragstellende nach § 65a Absatz 3

(1) Für die Form des Antrags auf Eintragung, die einzureichenden Unterlagen sowie das diesbezügliche Verfahren gelten §§ 12 und 13 des Berufsqualifikationsfeststellungsgesetzes.

(2) [1]Antragsteller haben Unterlagen nach Artikel 50 Absatz 1 der Richtlinie 2005/36/EG in Verbindung mit deren Anhang VII Nummer 1 Buchstabe a und b Satz 1 sowie auf Anforderung nach Anhang VII Nummer 1 Buchstabe b Satz 2 dieser Richtlinie vorzulegen. [2]Geben sie an, hierzu nicht in der Lage zu sein, wendet sich die Ingenieurkammer Mecklenburg-Vorpommern zur Beschaffung der erforderlichen Unterlagen an die Kontaktstelle, die zuständige Behörde oder eine Ausbildungsstelle. [3]Bei Ausbildungsnachweisen gemäß Artikel 50 Absatz 3 der Richtlinie 2005/36/EG kann die Ingenieurkammer Mecklenburg-Vorpommern bei berechtigten Zweifeln von der zuständigen Stelle des Ausstellungsstaates die Überprüfung der Kriterien gemäß Artikel 50 Absatz 3 Buchstabe a bis c der Richtlinie 2005/36/EG verlangen. [4]Waren Antragsteller bereits in einem anderen Mitgliedstaat der Europäischen Union oder einem gleichgestellten Staat tätig, kann die Ingenieurkammer Mecklenburg-Vorpommern im Fall berechtigter Zweifel von der im Herkunftsstaat zuständigen Behörde eine Bestätigung der Tatsache verlangen, dass die Ausübung dieses Berufes nicht aufgrund schwerwiegenden standeswidrigen Verhaltens oder einer Verurteilung wegen strafbarer Handlungen untersagt worden ist. [5]Im Übrigen finden die Vorschriften des Artikels 50 Absatz 1 der Richtlinie 2005/36/EG in Verbindung mit deren Anhang VII Nummer 1

Buchstabe d, e, f und g Anwendung. [6]Die auf Verlangen übermittelten Unterlagen und Bescheinigungen dürfen bei ihrer Vorlage nicht älter als drei Monate sein. [7]Der Informationsaustausch erfolgt über das Binnenmarkt-Informationssystem (IMI).

(3) [1]Über die Eintragung in die Liste nach § 65a Absatz 1 ist eine Bescheinigung auszustellen. [2]Die Liste enthält folgende Angaben:

1. Zeitpunkt der Eintragung,
2. Familienname, Geburtsname und Vornamen,
3. Geburtsdatum, Geburtsort und Geschlecht,
4. akademische Grade und Titel,
5. ladungsfähige Adresse.

[3]Die Liste enthält darüber hinaus Angaben über die Staatsangehörigkeit der Antragsteller und den Staat, in dem sie ihre Berufsqualifikationen erworben haben. [4]Wesentliche Änderungen gegenüber der nach Satz 2 bescheinigten Situation sind der Ingenieurkammer Mecklenburg-Vorpommern unverzüglich mitzuteilen.

(4) Kann eine Eintragung in die Liste nicht erfolgen, weil der Antragsteller die Voraussetzungen des § 65a Absatz 3 nicht erfüllt, ist dies durch Bescheid nach § 10 des Berufsqualifikationsfeststellungsgesetzes festzustellen.

§ 65c
Ausgleichsmaßnahmen

(1) [1]Antragsteller, die nicht in die Liste nach § 65a Absatz 2 oder 3 eingetragen werden können, weil sie aufgrund von wesentlichen Unterschieden nicht über eine gleichwertige Berufsqualifikation verfügen, und die über einen Ausbildungsnachweis verfügen, der dem Berufsqualifikationsniveau nach Artikel 11 Buchstaben b, c, d oder e der Richtlinie 2005/36/EG entspricht, können einen höchstens dreijährigen Anpassungslehrgang absolvieren oder eine Eignungsprüfung ablegen. [2]Beantragt ein Inhaber einer Berufsqualifikation gemäß Artikel 11 Buchstabe a der Richtlinie 2005/36/EG die Anerkennung seiner Berufsqualifikationen und ist die erforderliche Berufsqualifikation unter Artikel 11 Buchstabe d der Richtlinie 2005/36/EG eingestuft, so kann die Ingenieurkammer Mecklenburg-Vorpommern sowohl einen Anpassungslehrgang als auch eine Eignungsprüfung vorschreiben.

(2) [1]Die Einzelheiten zur Durchführung von Ausgleichsmaßnahmen werden durch Satzung der Ingenieurkammer Mecklenburg-Vorpommern festgelegt. [2]Die Satzung bedarf, abweichend von § 22 Absatz 1 Satz 1 Nummer 15 in Verbindung mit Absatz 4 des Architekten- und Ingenieurgesetzes, der Genehmigung der für die Ingenieurkammer Mecklenburg-Vorpommern zuständigen Rechtsaufsichtsbehörde.

(3) Die Ingenieurkammer Mecklenburg-Vorpommern kann mit anderen zuständigen Stellen innerhalb der Bundesrepublik Deutschland länderübergreifende Vereinbarungen zur Durchführung von Ausgleichsmaßnahmen schließen. [2]Die Vereinbarung bedarf der Genehmigung der für die Ingenieurkammer Mecklenburg-Vorpommern zuständigen Rechtsaufsichtsbehörde.

§ 65d
Vorübergehende und gelegentliche Dienstleistungserbringung von bauvorlageberechtigten Ingenieuren, Anzeigeverfahren

(1) Dienstleister, die nach Maßgabe der Absätze 2 und 3 zur vorübergehenden und gelegentlichen Erstellung von Bauvorlagen berechtigt sind, sind in ein entsprechendes Verzeichnis der Ingenieurkammer Mecklenburg-Vorpommern einzutragen.

(2) [1]Ein Dienstleister hat das erstmalige Erbringen von Dienstleistungen zuvor der Ingenieurkammer Mecklenburg-Vorpommern in Textform anzuzeigen. [2]Einer Anzeige nach Satz 1 bedarf es nicht, wenn der Dienstleister bereits aufgrund einer Regelung eines anderen Landes zur Dienstleistungserbringung berechtigt ist. [3]Zusammen mit der Anzeige sind folgende Unterlagen vorzulegen:

1. ein Identitätsnachweis,
2. eine Bescheinigung, dass er in einem Mitgliedstaat der Europäischen Union oder einem diesem durch Abkommen gleichgestellten Staat rechtmäßig zur Aus-

übung der betreffenden Tätigkeit niedergelassen ist und ihm die Ausübung dieser Tätigkeit zum Zeitpunkt der Vorlage der Bescheinigung nicht, auch nicht vorübergehend, untersagt ist,
3. ein Berufsqualifikationsnachweis,
4. in den in § 65a Absatz 3 Satz 2 genannten Fällen ein Nachweis in beliebiger Form darüber, dass der Dienstleister die betreffende Tätigkeit mindestens ein Jahr während der vorhergehenden zehn Jahre ausgeübt hat, sofern der Beruf im Niederlassungsmitgliedstaat nicht reglementiert ist und
5. ein Nachweis über den Versicherungsschutz.

[4]Die §§ 12 und 13 des Berufsqualifikationsfeststellungsgesetzes sind anzuwenden.

(3) [1]Die Vorlage der Meldung nach Absatz 2 berechtigt den Dienstleister zur Erstellung von Bauvorlagen. [2]Der Ingenieurkammer Mecklenburg-Vorpommern steht es frei, die Unterlagen nach Absatz 2 Satz 3 nachzuprüfen. [3]Die Erstellung von Bauvorlagen ist dem Dienstleister zu untersagen, wenn der Dienstleister nicht zur Ausübung desselben Berufs rechtmäßig in einem Mitgliedstaat niedergelassen ist, ihm die Ausübung dieser Tätigkeit nach der Anzeige untersagt wird oder die Voraussetzungen des § 65a Absatz 3 Satz 2 nicht erfüllt. [4]In diesem Fall ist dem Dienstleister die Möglichkeit einzuräumen, fehlende Kenntnisse, Fähigkeiten und Kompetenzen durch einen Anpassungslehrgang zu erwerben oder durch eine Eignungsprüfung nachzuweisen. [5]Ist der Dienstleister zur Ausübung desselben Berufs rechtmäßig in einem Mitgliedstaat niedergelassen oder erfüllt er die Voraussetzungen des § 65a Absatz 3 Satz 2, so darf ihm die Erstellung von Bauvorlagen nicht aufgrund seiner Berufsqualifikation beschränkt werden. [6]Für die Bestimmung desselben Berufs im Sinne dieses Absatzes gilt das gestufte System des § 65.

(4) [1]Das Recht zur Führung der Berufsbezeichnung des Niederlassungsstaats nach Artikel 7 Absatz 3 der Richtlinie 2005/36/EG bleibt unberührt. [2]Die Berufsbezeichnung ist dann so zu führen, dass keine Verwechslung mit einer inländischen Berufsbezeichnung möglich ist.

(5) [1]Auswärtige bauvorlageberechtigte Ingenieure haben die Berufspflichten zu beachten. [2]Sie sind hierfür wie Mitglieder der Ingenieurkammer Mecklenburg-Vorpommern zu behandeln. [3]Die Ingenieurkammer Mecklenburg-Vorpommern stellt über die Eintragung in das Verzeichnis nach Absatz 1 Satz 1 eine auf fünf Jahre befristete Bescheinigung aus, die auf Antrag verlängert werden kann. [4]Durch die Eintragung in das Verzeichnis darf das Erbringen der Dienstleistungen nicht verzögert, erschwert oder verteuert werden.

(6) § 17 des Berufsqualifikationsfeststellungsgesetzes findet Anwendung.

§ 66
Bautechnische Nachweise

(1) [1]Die Einhaltung der Anforderungen an die Standsicherheit, den Brand-, Schall- und Erschütterungsschutz ist nach näherer Maßgabe der Verordnung aufgrund § 85 Absatz 3 nachzuweisen (bautechnische Nachweise); dies gilt nicht für verfahrensfreie Bauvorhaben, einschließlich der Beseitigung von Anlagen, soweit nicht in diesem Gesetz oder in der Rechtsverordnung aufgrund § 85 Absatz 3 anderes bestimmt ist. [2]Die Bauvorlageberechtigung nach § 65 Absatz 2 Nummer 1 und 2, Absatz 3 Nummer 3 schließt die Berechtigung zur Erstellung der bautechnischen Nachweise ein, soweit nicht nachfolgend Abweichendes bestimmt ist.

(2) [1]Bei
1. Gebäuden der Gebäudeklassen 1 bis 3,
2. sonstigen baulichen Anlagen, die keine Gebäude sind,

muss der Standsicherheitsnachweis von einer Person mit einem berufsqualifizierenden Hochschulabschluss eines Studiums der Fachrichtung Architektur, Hochbau oder des Bauingenieurwesens mit einer mindestens dreijährigen Berufserfahrung in der Tragwerksplanung erstellt sein, der in einer von der Architektenkammer Mecklenburg-Vorpommern oder der Ingenieurkammer Mecklenburg-Vorpommern zu führenden Liste eingetragen ist; Eintragungen anderer Länder gelten auch in Mecklenburg-Vorpommern. [2]Auch bei anderen Bauvorhaben darf der Standsicherheitsnachweis von einem Tragwerksplaner nach Satz 1 erstellt werden. [3]Bei Bauvorhaben der Gebäudeklasse 4, ausgenommen Sonderbauten sowie Mittel- und Großgaragen im Sinne der Verordnung nach § 85 Absatz 1 Nummer 3, muss der Brandschutznachweis erstellt sein von

1. einem für das Bauvorhaben Bauvorlageberechtigten, der die erforderlichen Kenntnisse des Brandschutzes nachgewiesen hat,
2. a) einem Angehörigen der Fachrichtung Architektur, Hochbau, Bauingenieurwesen oder eines Studiengangs mit Schwerpunkt Brandschutz, der ein Studium an einer deutschen Hochschule oder ein gleichwertiges Studium an einer ausländischen Hochschule abgeschlossen hat, oder
   b) einem Absolventen einer Ausbildung für mindestens den gehobenen feuerwehrtechnischen Dienst,

   der nach Abschluss der Ausbildung mindestens zwei Jahre auf dem Gebiet der brandschutztechnischen Planung und Ausführung von Gebäuden oder deren Prüfung praktisch tätig gewesen ist und die erforderlichen Kenntnisse des Brandschutzes nachgewiesen hat, oder
3. einem Prüfingenieur für Brandschutz,

der in einer von der Architektenkammer Mecklenburg-Vorpommern oder der Ingenieurkammer Mecklenburg-Vorpommern zu führenden Liste eingetragen ist; Eintragungen anderer Länder gelten auch in Mecklenburg-Vorpommern.

[4]Auch bei anderen Bauvorhaben darf der Brandschutznachweis von einem Brandschutzplaner nach Satz 3 erstellt werden. [5]Für Personen, die in einem anderen Mitgliedstaat der Europäischen Union oder einem nach dem Recht der Europäischen Gemeinschaft gleichgestellten Staat zur Erstellung von Standsicherheits- oder Brandschutznachweisen niedergelassen sind, gilt § 65d entsprechend; die vergleichbare Berechtigung und die vergleichbaren Anforderungen richten sich dabei nach Satz 1 oder 3. [6]Die Anzeige oder der Antrag auf Erteilung einer Bescheinigung ist bei der nach Satz 1 oder 3 zuständigen Stelle einzureichen.

(3) [1]Bei

1. Gebäuden der Gebäudeklassen 4 und 5,
2. wenn dies nach Maßgabe eines in der Rechtsverordnung nach § 85 Absatz 3 geregelten Kriterienkatalogs erforderlich ist, bei
   a) Gebäuden der Gebäudeklassen 1 bis 3,
   b) Behältern, Brücken, Stützmauern, Tribünen,
   c) Fundamenten von Windenergieanlagen, bei denen die Höhe der Windenergieanlage, gemessen von der Geländeoberfläche bis zum höchsten Punkt der vom Rotor bestrichenen Fläche, mehr als 10 m beträgt,
   d) sonstigen baulichen Anlagen, die keine Gebäude sind, mit einer Höhe von mehr als 10 m

muss der Standsicherheitsnachweis bauaufsichtlich geprüft sein; das gilt nicht für Wohngebäude der Gebäudeklassen 1 und 2 sowie deren Nebengebäude.

[2]Bei

1. Sonderbauten,
2. Mittel- und Großgaragen im Sinne der Verordnung nach § 85 Absatz 1 Nummer 3,
3. Gebäuden der Gebäudeklasse 5

muss der Brandschutznachweis bauaufsichtlich geprüft sein.

(4) [1]Außer in den Fällen des Absatzes 3 werden bautechnische Nachweise nicht geprüft; § 67 bleibt unberührt. [2]Einer bauaufsichtlichen Prüfung bedarf es ferner nicht, soweit für das Bauvorhaben Standsicherheitsnachweise vorliegen, die von einem Prüfamt für Standsicherheit allgemein geprüft sind (Typenprüfung); Typenprüfungen anderer Länder gelten auch im Land Mecklenburg-Vorpommern.

(5) Das Verfahren nach Absatz 2 kann über eine einheitliche Stelle nach § 1 Absatz 1 des Einheitlicher-Ansprechpartner-Errichtungsgesetzes abgewickelt werden.

§ 67
Abweichungen

(1) [1]Die Bauaufsichtsbehörde kann Abweichungen von Anforderungen dieses Gesetzes und aufgrund dieses Gesetzes erlassener Vorschriften zulassen, wenn sie unter Berücksichtigung des Zwecks der jeweiligen Anforderung und unter Würdigung der öffentlich-rechtlich geschützten nachbarlichen Belange mit den öffentlichen Belangen, insbesondere den Anforderungen des § 3 vereinbar sind. [2]§ 85a Absatz 1 Satz 3 bleibt unberührt.
(2) [1]Die Zulassung von Abweichungen nach Absatz 1, von Ausnahmen und Befreiungen von den Festsetzungen eines Bebauungsplans oder einer sonstigen städtebaulichen Satzung oder von Regelungen der Baunutzungsverordnung ist gesondert zu beantragen; der Antrag ist zu begründen. [2]Für Anlagen, die keiner Genehmigung bedürfen, sowie für Abweichungen von Vorschriften, die im Genehmigungsverfahren nicht geprüft werden, gilt Satz 1 entsprechend.
(3) Über Abweichungen nach Absatz 1 Satz 1 von örtlichen Bauvorschriften sowie über Ausnahmen und Befreiungen nach Absatz 2 Satz 1 entscheidet bei verfahrensfreien Bauvorhaben die Gemeinde nach Maßgabe der Absätze 1 und 2.

§ 68
Bauantrag, Bauvorlagen

(1) Der Bauantrag ist bei der Bauaufsichtsbehörde einzureichen.
(2) [1]Mit dem Bauantrag sind alle für die Beurteilung des Bauvorhabens und die Bearbeitung des Bauantrags erforderlichen Unterlagen (Bauvorlagen) einzureichen. [2]Es kann gestattet werden, dass einzelne Bauvorlagen nachgereicht werden.
(3) In besonderen Fällen kann zur Beurteilung der Einwirkung des Bauvorhabens auf die Umgebung verlangt werden, dass es in geeigneter Weise auf dem Baugrundstück dargestellt wird.
(4) Ist der Bauherr nicht Grundstückseigentümer, kann die Zustimmung des Grundstückseigentümers zu dem Bauvorhaben gefordert werden.

§ 69
Behandlung des Bauantrags

(1) [1]Die Bauaufsichtsbehörde hört zum Bauantrag die Gemeinde und diejenigen Stellen,
1. deren Beteiligung oder Anhörung für die Entscheidung über den Bauantrag durch Rechtsvorschrift vorgeschrieben ist, oder
2. ohne deren Stellungnahme die Genehmigungsfähigkeit des Bauantrags nicht beurteilt werden kann;

die Beteiligung oder Anhörung entfällt, wenn die Gemeinde oder die jeweilige Stelle dem Bauantrag bereits vor Einleitung des Baugenehmigungsverfahrens zugestimmt hat. [2]Bedarf die Erteilung der Baugenehmigung der Zustimmung oder des Einvernehmens einer anderen Körperschaft, Behörde oder sonstigen Stelle, so gilt diese als erteilt, wenn sie nicht einen Monat nach Eingang des Ersuchens verweigert wird; von der Frist nach Halbsatz 1 abweichende Regelungen durch Rechtsvorschrift bleiben unberührt. [3]Stellungnahmen bleiben unberücksichtigt, wenn sie nicht innerhalb eines Monats nach Aufforderung zur Stellungnahme bei der Bauaufsichtsbehörde eingehen, es sei denn, die verspätete Stellungnahme ist für die Rechtmäßigkeit der Entscheidung über den Bauantrag von Bedeutung.

Fassung mit Wirkung bis 1. Juli 2025:

(2) [1]Ist der Bauantrag unvollständig oder weist er sonstige erhebliche Mängel auf, fordert die Bauaufsichtsbehörde den Bauherrn zur Behebung der Mängel innerhalb einer angemessenen Frist auf. [2]Werden die Mängel innerhalb der Frist nicht behoben, ist der Antrag zurückzuweisen.

Fassung mit Wirkung ab 1. Juli 2025:

(2) [1]Ist der Bauantrag unvollständig oder weist er sonstige erhebliche Mängel auf, fordert die Bauaufsichtsbehörde den Bauherrn zur Behebung der Mängel innerhalb einer angemessenen Frist auf. [2]Werden die Mängel innerhalb der Frist nicht

behoben, gilt der Antrag als zurückgenommen, wenn der Antragsteller auf diese Rechtsfolge hingewiesen worden ist.

§ 70
Beteiligung der Nachbarn und der Öffentlichkeit

(1) [1]Die Bauaufsichtsbehörde soll die Eigentümer benachbarter Grundstücke (Nachbarn) vor Erteilung von Abweichungen und Befreiungen benachrichtigen, wenn zu erwarten ist, dass öffentlich-rechtlich geschützte nachbarliche Belange berührt werden. [2]Einwendungen sind innerhalb von zwei Wochen nach Zugang der Benachrichtigung bei der Bauaufsichtsbehörde in Textform oder zur Niederschrift vorzubringen.

(2) Die Benachrichtigung entfällt, wenn die zu benachrichtigenden Nachbarn dem Bauvorhaben zugestimmt haben.

(3) [1]Haben die Nachbarn dem Bauvorhaben nicht zugestimmt, ist ihnen die Baugenehmigung zuzustellen. [2]Bei mehr als 20 Nachbarn, denen die Baugenehmigung zuzustellen ist, kann die Zustellung nach Satz 1 durch öffentliche Bekanntmachung ersetzt werden; die Bekanntmachung hat den verfügenden Teil der Baugenehmigung, die Rechtsbehelfsbelehrung sowie einen Hinweis darauf zu enthalten, wo die Akten des Baugenehmigungsverfahrens eingesehen werden können. [3]Sie ist im amtlichen Veröffentlichungsblatt der Bauaufsichtsbehörde bekannt zu machen. [4]Die Zustellung gilt mit dem Tag der Bekanntmachung als bewirkt.

(4) [1]Bei baulichen Anlagen, die aufgrund ihrer Beschaffenheit oder ihres Betriebs geeignet sind, die Allgemeinheit oder die Nachbarschaft zu gefährden, zu benachteiligen oder zu belästigen, kann die Bauaufsichtsbehörde auf Antrag des Bauherrn das Bauvorhaben in ihrem amtlichen Veröffentlichungsblatt und außerdem in örtlichen Tageszeitungen, die im Bereich des Standorts der Anlage verbreitet sind, öffentlich bekannt machen; verfährt die Bauaufsichtsbehörde nach Halbsatz 1, findet Absatz 1 keine Anwendung. [2]Nach der Bekanntmachung sind der Antrag und die Bauvorlagen sowie die entscheidungserheblichen Berichte und Empfehlungen, die der Bauaufsichtsbehörde zum Zeitpunkt der Bekanntmachung vorliegen, einen Monat zur Einsicht auszulegen. [3]Mit Ablauf einer Frist von einem Monat nach der Bekanntmachung des Bauvorhabens nach Satz 1 Halbsatz 1 sind alle öffentlich-rechtlichen Einwendungen gegen das Bauvorhaben ausgeschlossen. [4]Die Zustellung der Baugenehmigung nach Absatz 3 Satz 1 kann durch öffentliche Bekanntmachung ersetzt werden; Absatz 3 Satz 4 sowie Satz 1 Halbsatz 1 gelten entsprechend. [5]In der Bekanntmachung nach Satz 1 Halbsatz 1 ist darauf hinzuweisen,

1. wo und wann die Akten des Verfahrens eingesehen werden können,
2. wo und wann Einwendungen gegen das Bauvorhaben vorgebracht werden können,
3. welche Rechtsfolgen mit Ablauf der Frist des Satzes 2 eintreten und
4. dass die Zustellung der Baugenehmigung durch öffentliche Bekanntmachung ersetzt werden kann.

(5) Bei der Errichtung, Änderung oder Nutzungsänderung

1. eines Gebäudes oder mehrerer Gebäude, wenn dadurch dem Wohnen dienende Nutzungseinheiten mit einer Größe von insgesamt mehr als 5 000 m² Brutto-Grundfläche geschaffen werden,
2. baulicher Anlagen, die öffentlich zugänglich sind, wenn dadurch die gleichzeitige Nutzung durch mehr als 100 zusätzliche Besucher ermöglicht wird,
3. baulicher Anlagen, die nach Durchführung des Bauvorhabens Sonderbauten nach § 2 Absatz 4 Nummer 9 Buchstabe c und Nummern 10 bis 13 sowie 15 und 16 sind,

ist eine Öffentlichkeitsbeteiligung entsprechend § 18 Absätze 2, 4 und 5 der Störfall-Verordnung – 12. BImSchV in der Fassung der Bekanntmachung vom 8. Juni 2005 (BGBl. I S. 1598), die durch Artikel 1 der Verordnung vom 9. Januar 2017 (BGBl. I S. 47) geändert worden ist, durchzuführen, wenn das oder die Gebäude oder baulichen Anlagen innerhalb des angemessenen Sicherheitsabstands nach § 3 Absatz 5c des Bundes-Immissionsschutzgesetzes liegen; es sei denn, die Immissionsschutzbehörde hat bestätigt, dass sich das Vorhaben außerhalb des angemessenen Sicherheitsabstands des Betriebsbereichs befindet.

§ 71
Ersetzung des gemeindlichen Einvernehmens

(1) [1]Hat eine Gemeinde ihr nach § 14 Absatz 2 Satz 2, § 22 Absatz 5 Satz 1, § 36 Absatz 1 Satz 1 und 2 des Baugesetzbuches erforderliches Einvernehmen rechtswidrig versagt, ist das fehlende Einvernehmen nach Maßgabe der Absätze 2 bis 4 zu ersetzen. [2]Die Ersetzung erfolgt durch die Erteilung der Baugenehmigung.

(2) § 82 der Kommunalverfassung findet keine Anwendung.

(3) [1]Die Baugenehmigung ist zugleich eine begründungspflichtige Ersatzvornahme. [2]Widerspruch und Anfechtungsklage einer Gemeinde gegen die Ersatzvornahme haben keine aufschiebende Wirkung.

(4) [1]Die Gemeinde ist vor Erteilung der Baugenehmigung anzuhören. [2]Dabei ist ihr Gelegenheit zu geben, binnen angemessener Frist erneut über das gemeindliche Einvernehmen zu entscheiden.

(5) Die Absätze 1 bis 4 finden entsprechende Anwendung, soweit innerhalb anderer Zulassungsverfahren die Entscheidung über die Baugenehmigung eingeschlossen ist.

§ 72
Baugenehmigung, Baubeginn

(1) Die Baugenehmigung ist zu erteilen, wenn dem Bauvorhaben keine öffentlich-rechtlichen Vorschriften entgegenstehen, die im bauaufsichtlichen Genehmigungsverfahren zu prüfen sind.

(2) Bei Vorhaben, für die nach dem Gesetz über die Umweltverträglichkeitsprüfung oder nach dem Landes-UVP-Gesetz eine Umweltverträglichkeitsprüfung durchgeführt wird, muss zudem sichergestellt sein, dass

1. Gefahren für die in § 2 Absatz 1 Nummer 1 bis 5 dieser Gesetze genannten Schutzgüter nicht hervorgerufen werden können und
2. Vorsorge gegen erhebliche nachteilige Auswirkungen auf die Schutzgüter, insbesondere durch Maßnahmen entsprechend dem Stand der Technik, getroffen wird.

(3) Die Baugenehmigung bedarf der Schriftform; sie ist nur insoweit zu begründen, als Abweichungen oder Befreiungen von nachbarschützenden Vorschriften zugelassen werden und der Nachbar nicht nach § 70 Absatz 2 zugestimmt hat.

(4) Die Baugenehmigung kann unter Auflagen, Bedingungen und dem Vorbehalt der nachträglichen Aufnahme, Änderung oder Ergänzung einer Auflage sowie befristet erteilt werden.

(5) Die Baugenehmigung wird unbeschadet der Rechte Dritter erteilt.

(6) [1]Wird mit der Baugenehmigung zugleich eine andere Gestattung erteilt, die nach öffentlich-rechtlichen Vorschriften einem Dritten bekannt zu geben ist, so hat die Bauaufsichtsbehörde die Bekanntgabe vorzunehmen. [2]Der Gemeinde ist, wenn sie nicht Trägerin der Bauaufsichtsbehörde ist, die Entscheidung der Bauaufsichtsbehörde durch eine Übermittlung des Bescheides zur Kenntnis zu geben.

(7) Mit der Bauausführung oder mit der Ausführung des jeweiligen Bauabschnitts darf erst begonnen werden, wenn

1. die Baugenehmigung dem Bauherrn zugegangen ist und
2. die Baubeginnsanzeige der Bauaufsichtsbehörde vorliegt.

(8) [1]Vor Baubeginn eines Gebäudes müssen die Grundrissfläche abgesteckt und seine Höhenlage festgelegt sein. [2]Baugenehmigungen, Bauvorlagen sowie bautechnische Nachweise, soweit es sich nicht um Bauvorlagen handelt, müssen an der Baustelle von Baubeginn an vorliegen.

(9) Der Bauherr hat den Ausführungsbeginn genehmigungsbedürftiger Vorhaben und die Wiederaufnahme der Bauarbeiten nach einer Unterbrechung von mehr als drei Monaten mindestens eine Woche vorher der Bauauf-

sichtsbehörde in Textform mitzuteilen (Baubeginnsanzeige).

(10) Die Bauaufsichtsbehörde kann Baubeginn und Lage des Baugrundstücks an andere Behörden und sonstige öffentliche Stellen zur Bekämpfung der Schwarzarbeit und illegalen Beschäftigung nach dem Gesetz zur Bekämpfung der Schwarzarbeit und illegalen Beschäftigung übermitteln.

§ 72a
Typengenehmigung

(1) [1]Für bauliche Anlagen, die in derselben Ausführung an mehreren Stellen errichtet werden sollen, wird auf Antrag durch die oberste Bauaufsichtsbehörde eine Typengenehmigung erteilt, wenn die baulichen Anlagen oder Teile von baulichen Anlagen den Anforderungen nach diesem Gesetz oder aufgrund dieses Gesetzes erlassenen Vorschriften entsprechen. [2]Eine Typengenehmigung kann auch für bauliche Anlagen erteilt werden, die in unterschiedlicher Ausführung, aber nach einem bestimmten System und aus bestimmten Bauteilen an mehreren Stellen errichtet werden sollen; in der Typengenehmigung ist die zulässige Veränderbarkeit festzulegen. [3]Für Fliegende Bauten wird eine Typengenehmigung nicht erteilt.

(2) [1]Die Typengenehmigung gilt fünf Jahre. [2]Die Frist kann auf Antrag jeweils bis zu fünf Jahre verlängert werden. [3]§ 73 Absatz 2 Satz 2 gilt entsprechend.

(3) Die oberste Bauaufsichtsbehörde kann Typengenehmigungen anderer Länder auch in Mecklenburg-Vorpommern anerkennen.

(4) [1]Eine Typengenehmigung entbindet nicht von der Verpflichtung, ein bauaufsichtliches Verfahren durchzuführen. [2]Die in der Typengenehmigung entschiedenen Fragen sind von der Bauaufsichtsbehörde nicht mehr zu prüfen.

§ 73
Geltungsdauer der Genehmigung

(1) Die Baugenehmigung und die Teilbaugenehmigung erlöschen, wenn innerhalb von drei Jahren nach ihrer Erteilung mit der Ausführung des Bauvorhabens nicht begonnen oder die Bauausführung länger als ein Jahr unterbrochen worden ist.

(2) [1]Die Frist nach Absatz 1 kann auf in Textform gestellten Antrag jeweils bis zu einem Jahr verlängert werden. [2]Sie kann auch rückwirkend verlängert werden, wenn der Antrag vor Fristablauf bei der Bauaufsichtsbehörde eingegangen ist.

§ 74
Teilbaugenehmigung

[1]Ist ein Bauantrag eingereicht, kann der Beginn der Bauarbeiten für die Baugrube und für einzelne Bauteile oder Bauabschnitte auf in Textform gestellten Antrag schon vor Erteilung der Baugenehmigung gestattet werden (Teilbaugenehmigung). [2]§ 72 gilt entsprechend.

§ 75
Vorbescheid

[1]Vor Einreichung des Bauantrags ist auf Antrag des Bauherrn zu einzelnen Fragen des Bauvorhabens ein Vorbescheid zu erteilen. [2]Der Vorbescheid gilt drei Jahre. [3]Die Frist kann auf in Textform gestellten Antrag jeweils bis zu einem Jahr verlängert werden. [4]Die §§ 68 bis 71, 72 Absatz 1 bis 5 und § 73 Absatz 2 Satz 2 gelten entsprechend.

§ 76
Genehmigung Fliegender Bauten

(1) [1]Fliegende Bauten sind bauliche Anlagen, die geeignet und bestimmt sind, an verschiedenen Orten wiederholt aufgestellt und zerlegt zu werden. [2]Baustelleneinrichtungen und Baugerüste sind keine Fliegenden Bauten.

(2) [1]Fliegende Bauten bedürfen, bevor sie erstmals aufgestellt und in Gebrauch genommen werden, einer Ausführungsgenehmigung. [2]Dies gilt nicht für

1. Fliegende Bauten mit einer Höhe bis zu 5 m, die nicht dazu bestimmt sind, von Besuchern betreten zu werden,
2. Fliegende Bauten mit einer Höhe bis zu 5 m, die für Kinder betrieben werden und

eine Geschwindigkeit von höchstens 1 m/s haben,
3. Bühnen, die Fliegende Bauten sind, einschließlich Überdachungen und sonstigen Aufbauten mit einer Höhe bis zu 5 m, einer Grundfläche bis zu 100 m² und einer Fußbodenhöhe bis zu 1,50 m,
4. erdgeschossige Zelte und betretbare Verkaufsstände, die Fliegende Bauten sind, jeweils mit einer Grundfläche bis zu 75 m²,
5. aufblasbare Spielgeräte mit einer Höhe des betretbaren Bereichs von bis zu 5 m oder mit überdachten Bereichen, bei denen die Entfernung zum Ausgang nicht mehr als 3 m, sofern ein Absinken der Überdachung konstruktiv verhindert wird, nicht mehr als 10 m beträgt.

(3) Die Ausführungsgenehmigung wird von der obersten Bauaufsichtsbehörde erteilt, soweit der Antragsteller seine Hauptwohnung oder seine gewerbliche Niederlassung in Mecklenburg-Vorpommern hat oder, wenn der Antragsteller seine Hauptwohnung oder seine gewerbliche Niederlassung außerhalb der Bundesrepublik Deutschland hat, der Fliegende Bau in Mecklenburg-Vorpommern erstmals aufgestellt und in Gebrauch genommen werden soll.

(4) [1]Die Genehmigung wird für eine bestimmte Frist erteilt, die höchstens fünf Jahre betragen soll; sie kann auf in Textform gestellten Antrag von der für die Erteilung der Ausführungsgenehmigung zuständigen Behörde jeweils bis zu fünf Jahren verlängert werden; § 73 Absatz 2 Satz 2 gilt entsprechend. [2]Die Genehmigungen werden in ein Prüfbuch eingetragen, dem eine Ausfertigung der mit einem Genehmigungsvermerk zu versehenden Bauvorlagen beizufügen ist. [3]Ausführungsgenehmigungen anderer Länder gelten auch im Land Mecklenburg-Vorpommern.

(5) [1]Der Inhaber der Ausführungsgenehmigung hat den Wechsel seines Wohnsitzes oder seiner gewerblichen Niederlassung oder die Übertragung eines Fliegenden Baus an Dritte der Bauaufsichtsbehörde anzuzeigen, die die Ausführungsgenehmigung erteilt hat. [2]Die Behörde hat die Änderungen in das Prüfbuch einzutragen und sie, wenn mit den Änderungen ein Wechsel der Zuständigkeit verbunden ist, der nunmehr zuständigen Behörde mitzuteilen.

(6) [1]Fliegende Bauten, die nach Absatz 2 Satz 1 einer Ausführungsgenehmigung bedürfen, dürfen unbeschadet anderer Vorschriften nur in Gebrauch genommen werden, wenn ihre Aufstellung der Bauaufsichtsbehörde des Aufstellungsortes unter Vorlage des Prüfbuches angezeigt ist. [2]Die Bauaufsichtsbehörde kann die Inbetriebnahme dieser Fliegenden Bauten von einer Gebrauchsabnahme abhängig machen. [3]Das Ergebnis der Abnahme ist in das Prüfbuch einzutragen. [4]In der Ausführungsgenehmigung kann bestimmt werden, dass Anzeigen nach Satz 1 nicht erforderlich sind, wenn eine Gefährdung im Sinne des § 3 Satz 1 nicht zu erwarten ist.

(7) [1]Die für die Erteilung der Gebrauchsabnahme zuständige Bauaufsichtsbehörde kann Auflagen machen oder die Aufstellung oder den Gebrauch Fliegender Bauten untersagen, soweit dies nach den örtlichen Verhältnissen oder zur Abwehr von Gefahren erforderlich ist, insbesondere weil die Betriebssicherheit oder Standsicherheit nicht oder nicht mehr gewährleistet ist oder weil von der Ausführungsgenehmigung abgewichen wird. [2]Wird die Aufstellung oder der Gebrauch untersagt, ist dies in das Prüfbuch einzutragen. [3]Die ausstellende Behörde ist zu benachrichtigen, das Prüfbuch ist einzuziehen und der ausstellenden Behörde zuzuleiten, wenn die Herstellung ordnungsgemäßer Zustände innerhalb angemessener Frist nicht zu erwarten ist.

(8) [1]Bei Fliegenden Bauten, die von Besuchern betreten und längere Zeit an einem Aufstellungsort betrieben werden, kann die für die Gebrauchsabnahme zuständige Bauaufsichtsbehörde aus Gründen der Sicherheit Nachabnahmen durchführen. [2]Das Ergebnis der Nachabnahme ist in das Prüfbuch einzutragen.

(9) § 68 Absatz 1, 2 und 4, § 81 Absatz 1 und 4 gelten entsprechend.

§ 77
Bauaufsichtliche Zustimmung

(1) [1]Nicht verfahrensfreie Bauvorhaben bedürfen keiner Genehmigung, Genehmigungsfreistellung und Bauüberwachung, wenn
1. die Leitung der Entwurfsarbeiten und die Bauüberwachung einer Baudienststelle des Bundes oder eines Landes übertragen ist und
2. die Baudienststelle ausreichend mit geeigneten Fachkräften besetzt ist.

[2]Solche baulichen Anlagen bedürfen jedoch der Zustimmung der unteren Bauaufsichtsbehörde. [3]Die Zustimmung entfällt, wenn die Gemeinde nicht widerspricht und, soweit ihre öffentlich-rechtlich geschützten Belange von Abweichungen, Ausnahmen und Befreiungen berührt sein können, die Nachbarn dem Bauvorhaben zustimmen. [4]Keiner Genehmigung, Genehmigungsfreistellung oder Zustimmung bedürfen unter den Voraussetzungen des Satzes 1 Baumaßnahmen in oder an bestehenden Gebäuden, soweit sie nicht zu einer Erweiterung des Bauvolumens oder zu einer nicht verfahrensfreien Nutzungsänderung führen, sowie die Beseitigung baulicher Anlagen. [5]Satz 3 gilt nicht für bauliche Anlagen, für die nach § 70 Absatz 5 eine Öffentlichkeitsbeteiligung durchzuführen ist.

(2) Der Antrag auf Zustimmung ist bei der unteren Bauaufsichtsbehörde einzureichen.

(3) [1]Die Bauaufsichtsbehörde prüft
1. die Übereinstimmung mit den Vorschriften über die Zulässigkeit der baulichen Anlagen nach den §§ 29 bis 38 des Baugesetzbuches und
2. andere öffentlich-rechtliche Anforderungen, soweit wegen der Zustimmung eine Entscheidung nach anderen öffentlich-rechtlichen Vorschriften entfällt oder ersetzt wird.

[2]Sie führt bei den in Absatz 1 Satz 5 genannten Anlagen die Öffentlichkeitsbeteiligung durch. [3]Die Bauaufsichtsbehörde entscheidet über Abweichungen, Ausnahmen und Befreiungen von den nach Satz 1 zu prüfenden sowie von anderen Vorschriften, soweit sie nachbarschützend sind und die Nachbarn nicht zugestimmt haben. [4]Im Übrigen bedarf die Zulässigkeit von Abweichungen, Ausnahmen und Befreiungen keiner bauaufsichtlichen Entscheidung.

(4) [1]Die Gemeinde ist vor Erteilung der Zustimmung zu hören. [2]§ 36 Absatz 2 Satz 2 Halbsatz 1 des Baugesetzbuches gilt entsprechend. [3]Im Übrigen sind die Vorschriften über das Baugenehmigungsverfahren entsprechend anzuwenden.

(5) [1]Anlagen, die der Landesverteidigung, dienstlichen Zwecken der Bundespolizei oder dem zivilen Bevölkerungsschutz dienen, sind abweichend von den Absätzen 1 bis 4 der unteren Bauaufsichtsbehörde vor Baubeginn in geeigneter Weise zur Kenntnis zu bringen; Absatz 1 Satz 3 Halbsatz 1 gilt entsprechend. [2]Im Übrigen wirken die Bauaufsichtsbehörden nicht mit. [3]§ 76 Absatz 2 bis 9 findet auf Fliegende Bauten, die der Landesverteidigung, dienstlichen Zwecken der Bundespolizei oder dem zivilen Bevölkerungsschutz dienen, keine Anwendung.

(6) [1]Die Baudienststelle trägt die Verantwortung dafür, dass Entwurf, Ausführung und Zustand der Anlagen den öffentlich-rechtlichen Vorschriften entsprechen. [2]§ 58 Absatz 1 Satz 2, § 79 und § 80 finden keine Anwendung.

ABSCHNITT 4
Bauaufsichtliche Maßnahmen

§ 78
Verbot unrechtmäßig gekennzeichneter Bauprodukte

Sind Bauprodukte entgegen § 21 mit dem Ü-Zeichen gekennzeichnet, kann die Bauaufsichtsbehörde die Verwendung dieser Bauprodukte untersagen und deren Kennzeichnung entwerten oder beseitigen lassen.

§ 79
Einstellung von Arbeiten

(1) [1]Werden Anlagen im Widerspruch zu öffentlich-rechtlichen Vorschriften errichtet, geändert oder beseitigt, kann die Bauauf-

sichtsbehörde die Einstellung der Arbeiten anordnen. [2]Dies gilt auch dann, wenn
1. die Ausführung eines Vorhabens entgegen den Vorschriften des § 72 Absatz 7 und 9 begonnen wurde, oder
2. bei der Ausführung
   a) eines genehmigungsbedürftigen Bauvorhabens von den genehmigten Bauvorlagen,
   b) eines genehmigungsfreigestellten Bauvorhabens von den eingereichten Unterlagen

   abgewichen wird,
3. Bauprodukte verwendet werden, die entgegen der Verordnung (EU) Nr. 305/2011 keine CE-Kennzeichnung oder entgegen § 21 kein Ü-Zeichen tragen,
4. Bauprodukte verwendet werden, die unberechtigt mit der CE-Kennzeichnung oder dem Ü-Zeichen (§ 21 Absatz 3) gekennzeichnet sind.

(2) Werden unzulässige Arbeiten trotz einer schriftlich oder mündlich verfügten Einstellung fortgesetzt, kann die Bauaufsichtsbehörde die Baustelle versiegeln oder die an der Baustelle vorhandenen Bauprodukte, Geräte, Maschinen und Bauhilfsmittel in amtlichen Gewahrsam bringen.

§ 80
Beseitigung von Anlagen, Nutzungsuntersagung

(1) Werden Anlagen im Widerspruch zu öffentlich-rechtlichen Vorschriften errichtet oder geändert, kann die Bauaufsichtsbehörde die teilweise oder vollständige Beseitigung der Anlagen anordnen, wenn nicht auf andere Weise rechtmäßige Zustände hergestellt werden können.

(2) [1]Werden Anlagen im Widerspruch zu öffentlich-rechtlichen Vorschriften genutzt, kann diese Nutzung untersagt werden. [2]Wird eine unzulässige Nutzung trotz einer schriftlich verfügten Nutzungsuntersagung fortgesetzt, so kann die Bauaufsichtsbehörde die Anlagen oder Teile der Anlagen versiegeln.

§ 80a
Anpassung von Anlagen, Anpassungsverlangen

(1) Die Bauaufsichtsbehörde kann verlangen, dass bestehende oder nach genehmigten Bauvorlagen bereits begonnene bauliche Anlagen angepasst werden, wenn
1. in diesem Gesetz oder in Vorschriften aufgrund dieses Gesetzes andere Anforderungen als nach dem bisherigen Recht gestellt werden oder
2. nicht voraussehbare Gefahren oder unzumutbare Beeinträchtigungen aufgetreten sind

und dies zur Abwehr von erheblichen Gefahren für Leben oder Gesundheit oder von schweren Nachteilen für die Allgemeinheit erforderlich ist.

(2) Sollen bauliche Anlagen wesentlich geändert werden, so kann die Bauaufsichtsbehörde verlangen, dass auch die nicht unmittelbar berührten Teile der baulichen Anlage mit diesem Gesetz oder den aufgrund dieses Gesetzes erlassenen Vorschriften in Einklang gebracht werden, wenn
1. die Bauteile, die diesen Vorschriften nicht mehr entsprechen, mit den beabsichtigten Arbeiten in einem konstruktiven Zusammenhang stehen und
2. die Durchführung dieser Vorschriften bei den von den Arbeiten nicht berührten Teilen der baulichen Anlage keine unzumutbaren Mehrkosten verursacht.

(3) Soweit bauliche Anlagen nicht genutzt werden und im Verfall begriffen sind, kann die Bauaufsichtsbehörde den Abbruch oder die Beseitigung anordnen, es sei denn, dass ein öffentliches oder schutzwürdiges privates Interesse an ihrer Erhaltung besteht oder auf andere Weise rechtmäßige Zustände hergestellt werden können.

(4) Die Vorschriften der § 58 Absatz 1 Satz 2 und § 80 bleiben unberührt.

ABSCHNITT 5
Bauüberwachung

§ 81
Bauüberwachung

(1) Die Bauaufsichtsbehörde kann die Einhaltung der öffentlich-rechtlichen Vorschriften und Anforderungen und die ordnungsgemäße Erfüllung der Pflichten der am Bau Beteiligten überprüfen.

(2) [1]Die Bauaufsichtsbehörde überwacht nach näherer Maßgabe der Rechtsverordnung nach § 85 Absatz 2 die Bauausführung bei baulichen Anlagen

1. nach § 66 Absatz 3 Satz 1 hinsichtlich des von ihr bauaufsichtlich geprüften Standsicherheitsnachweises,
2. nach § 66 Absatz 3 Satz 2 hinsichtlich des von ihr bauaufsichtlich geprüften Brandschutznachweises.

[2]Bei Gebäuden der Gebäudeklasse 4, ausgenommen Sonderbauten sowie Mittel- und Großgaragen im Sinne der Verordnung nach § 85 Absatz 1 Nummer 3, ist die mit dem Brandschutznachweis übereinstimmende Bauausführung vom Nachweisersteller oder einem anderen Nachweisberechtigten im Sinne des § 66 Absatz 2 Satz 3 zu bestätigen.

(3) Im Rahmen der Bauüberwachung können Proben von Bauprodukten, soweit erforderlich, auch aus fertigen Bauteilen zu Prüfzwecken entnommen werden.

(4) Im Rahmen der Bauüberwachung ist jederzeit Einblick in die Genehmigungen, Zulassungen, Prüfzeugnisse, Übereinstimmungszertifikate, Zeugnisse und Aufzeichnungen über die Prüfungen von Bauprodukten, in die CE-Kennzeichnungen und Leistungserklärungen nach der Verordnung (EU) Nr. 305/2011, in die Bautagebücher und andere vorgeschriebene Aufzeichnungen zu gewähren.

(5) Die Bauaufsichtsbehörde oder der Prüfsachverständige soll, soweit sie oder er im Rahmen der Bauüberwachung Erkenntnisse über systematische Rechtsverstöße gegen die Verordnung (EU) Nr. 305/2011 erlangt, diese der für die Marktüberwachung zuständigen Stelle mitteilen.

§ 82
Bauzustandsanzeigen, Aufnahme der Nutzung

(1) [1]Die Bauaufsichtsbehörde kann verlangen, dass ihr Beginn und Beendigung bestimmter Bauarbeiten angezeigt werden. [2]Die Bauarbeiten dürfen erst fortgesetzt werden, wenn die Bauaufsichtsbehörde der Fortführung der Bauarbeiten zugestimmt hat.

(2) [1]Der Bauherr hat die beabsichtigte Aufnahme der Nutzung einer nicht verfahrensfreien baulichen Anlage mindestens zwei Wochen vorher der Bauaufsichtsbehörde anzuzeigen. [2]In den Fällen des § 81 Absatz 2 Satz 2 ist die jeweilige Bestätigung mit der Anzeige nach Satz 1 vorzulegen. [3]Eine bauliche Anlage darf erst benutzt werden, wenn sie selbst, Zufahrtswege, Wasserversorgungs- und Abwasserentsorgungs- sowie Gemeinschaftsanlagen in dem erforderlichen Umfang sicher benutzbar sind, nicht jedoch vor dem in Satz 1 bezeichneten Zeitpunkt. [4]Feuerstätten dürfen erst in Betrieb genommen werden, wenn der bevollmächtigte Bezirksschornsteinfeger die Tauglichkeit und die sichere Benutzbarkeit der Abgasanlagen bescheinigt hat; hierzu ist ihm rechtzeitig Gelegenheit zu geben, auch den Rohbauzustand zu besichtigen. [5]Verbrennungsmotoren und Blockheizkraftwerke dürfen erst dann in Betrieb genommen werden, wenn der bevollmächtigte Bezirksschornsteinfeger die Tauglichkeit und sichere Benutzbarkeit der Leitungen zur Abführung von Verbrennungsgasen bescheinigt hat.

ABSCHNITT 6
Baulasten

§ 83
Baulasten, Baulastenverzeichnis

(1) [1]Durch Erklärung gegenüber der Bauaufsichtsbehörde können Grundstückseigentümer öffentlich-rechtliche Verpflichtungen zu einem ihre Grundstücke betreffenden Tun, Dulden oder Unterlassen übernehmen, die sich nicht schon aus öffentlich-rechtlichen Vorschriften ergeben (Baulasten). [2]Baulasten

werden unbeschadet der Rechte Dritter mit der Eintragung in das Baulastenverzeichnis wirksam und wirken auch gegenüber Rechtsnachfolgern.

(2) Die Erklärung nach Absatz 1 bedarf der Schriftform; die Unterschrift muss öffentlich beglaubigt oder vor der Bauaufsichtsbehörde geleistet oder vor ihr anerkannt werden.

(3) [1]Die Baulast geht durch Verzicht der Bauaufsichtsbehörde unter. [2]Der Verzicht ist zu erklären, wenn ein öffentliches Interesse an der Baulast nicht mehr besteht. [3]Vor dem Verzicht sollen der Verpflichtete und die durch die Baulast Begünstigten angehört werden. [4]Der Verzicht wird mit der Löschung der Baulast im Baulastenverzeichnis wirksam.

(4) [1]Das Baulastenverzeichnis wird von der Bauaufsichtsbehörde geführt. [2]In das Baulastenverzeichnis können auch eingetragen werden

1. andere baurechtliche Verpflichtungen des Grundstückseigentümers zu einem sein Grundstück betreffenden Tun, Dulden oder Unterlassen,
2. Auflagen, Bedingungen, Befristungen und Widerrufsvorbehalte.

(5) [1]Wer ein berechtigtes Interesse darlegt, kann in das Baulastenverzeichnis Einsicht nehmen oder sich einen Auszug erstellen lassen. [2]Öffentlich bestellte Vermessungsingenieure sowie Notare und Rechtsanwälte im nachgewiesenen Auftrag eines Notars sind befugt, das Baulastenverzeichnis einzusehen und eine Abschrift zu verlangen, ohne dass es der Darlegung eines berechtigten Interesses bedarf.

TEIL 6
Ordnungswidrigkeiten, Verordnungsermächtigungen; Übergangsbestimmungen

§ 84
Ordnungswidrigkeiten

(1) [1]Ordnungswidrig handelt, wer vorsätzlich oder fahrlässig

1. einer nach § 85 Absatz 1 bis 3 erlassenen Rechtsverordnung oder einer nach § 86 Absatz 1 und 2 erlassenen Satzung zuwiderhandelt, sofern die Rechtsverordnung oder die Satzung für einen bestimmten Tatbestand auf diese Bußgeldvorschrift verweist,
2. einer vollziehbaren schriftlichen Anordnung der Bauaufsichtsbehörde zuwiderhandelt, die aufgrund dieses Gesetzes oder aufgrund einer nach diesem Gesetz zulässigen Rechtsverordnung oder Satzung erlassen worden ist, sofern die Anordnung auf die Bußgeldvorschrift verweist,
3. ohne die erforderliche Baugenehmigung (§ 59 Absatz 1), Teilbaugenehmigung (§ 74) oder Abweichung (§ 67 und § 50 Absatz 3) oder abweichend davon bauliche Anlagen errichtet, ändert, benutzt oder entgegen § 61 Absatz 3 Satz 2 bis 5 beseitigt,
4. entgegen der Vorschrift des § 62 Absatz 3 Satz 2 bis 4 mit der Ausführung eines Bauvorhabens beginnt,
5. Fliegende Bauten ohne Ausführungsgenehmigung (§ 76 Absatz 2) in Gebrauch nimmt oder ohne Anzeige und Abnahme (§ 76 Absatz 6) in Gebrauch nimmt,
6. entgegen der Vorschrift des § 72 Absatz 7 mit Bauarbeiten beginnt, entgegen der Vorschrift des § 61 Absatz 3 Satz 6 mit der Beseitigung einer Anlage beginnt, entgegen den Vorschriften des § 82 Absatz 1 Bauarbeiten fortsetzt oder entgegen der Vorschrift des § 82 Absatz 2 Satz 1 und 2 bauliche Anlagen nutzt,
7. die Baubeginnsanzeige (§ 72 Absatz 9) nicht oder nicht fristgerecht erstattet,
8. Bauprodukte mit dem Ü-Zeichen kennzeichnet, ohne dass dafür die Voraussetzungen nach § 21 Absatz 3 vorliegen,
9. Bauprodukte entgegen § 21 Absatz 3 ohne das Ü-Zeichen verwendet,
10. Bauarten entgegen § 16a ohne Bauartgenehmigung oder allgemeines bauaufsichtliches Prüfzeugnis für Bauarten anwendet,
11. als Bauherr, Entwurfsverfasser, Unternehmer, Bauleiter oder als deren Vertre-

ter den Vorschriften der §§ 53 Absatz 1 Satz 1 bis 4 und 6 bis 7, 54 Absatz 1 Satz 3, 55 Absatz 1 Satz 1 und 2 oder 56 Absatz 1 zuwiderhandelt oder
12. der Vorschrift des § 48 Absatz 4 zuwiderhandelt.

[2]Ist eine Ordnungswidrigkeit nach Satz 1 Nummer 8 bis 10 begangen worden, können Gegenstände, auf die sich die Ordnungswidrigkeit bezieht, eingezogen werden; § 19 des Gesetzes über Ordnungswidrigkeiten ist anzuwenden.

(2) Ordnungswidrig handelt auch, wer wider besseres Wissen
1. unrichtige Angaben macht oder unrichtige Pläne oder Unterlagen vorlegt, um einen nach diesem Gesetz vorgesehenen Verwaltungsakt zu erwirken oder zu verhindern,
2. als Prüfingenieur unrichtige Prüfberichte erstellt,
3. unrichtige Angaben im Kriterienkatalog nach § 66 Absatz 3 Satz 1 Nummer 2 macht.

(3) Die Ordnungswidrigkeit kann mit einer Geldbuße bis zu 500 000 Euro geahndet werden.

(4) [1]Verwaltungsbehörde im Sinne des § 36 Absatz 1 Nummer 1 des Gesetzes über Ordnungswidrigkeiten ist die untere Bauaufsichtsbehörde. [2]Die Geldbußen fließen in die Kasse des Trägers der Bauaufsichtsbehörde.

§ 85
Verordnungsermächtigungen

(1) Zur Verwirklichung der in § 3, § 16a Absatz 1 und § 16b Absatz 1 bezeichneten Anforderungen wird die oberste Bauaufsichtsbehörde ermächtigt, durch Rechtsverordnung Vorschriften zu erlassen über
1. die nähere Bestimmung allgemeiner Anforderungen der §§ 4 bis 48,
2. Anforderungen an Feuerungsanlagen (§ 42),
3. Anforderungen an Garagen (§ 49),
4. besondere Anforderungen oder Erleichterungen, die sich aus der besonderen Art oder Nutzung der baulichen Anlagen für Errichtung, Änderung, Unterhaltung, Betrieb und Nutzung ergeben (§ 51), sowie über die Anwendung solcher Anforderungen auf bestehende bauliche Anlagen dieser Art,
5. Erst-, Wiederholungs- und Nachprüfung von Anlagen, die zur Verhütung erheblicher Gefahren oder Nachteile ständig ordnungsgemäß unterhalten werden müssen, und die Erstreckung dieser Nachprüfungspflicht auf bestehende Anlagen,
6. die Anwesenheit fachkundiger Personen beim Betrieb technisch schwieriger baulicher Anlagen und Einrichtungen wie Bühnenbetriebe und technisch schwierige Fliegende Bauten einschließlich des Nachweises der Befähigung dieser Personen.

(2) [1]Die oberste Bauaufsichtsbehörde wird ermächtigt, durch Rechtsverordnung Vorschriften zu erlassen über
1. Prüfingenieure und Prüfämter, denen bauaufsichtliche Prüfaufgaben einschließlich der Bauüberwachung und der Bauzustandsbesichtigung übertragen werden, sowie
2. Prüfsachverständige, die im Auftrag des Bauherrn oder des sonstigen nach Bauordnungsrecht Verantwortlichen die Einhaltung bauordnungsrechtlicher Anforderungen prüfen und bescheinigen.

[2]Die Rechtsverordnungen nach Satz 1 regeln, soweit erforderlich,
1. die Fachbereiche und die Fachrichtungen, in denen Prüfingenieure, Prüfämter und Prüfsachverständige tätig werden,
2. die Zuständigkeit für die Anerkennung, die Anerkennungsvoraussetzungen und das Anerkennungsverfahren,
3. Erlöschen, Rücknahme und Widerruf der Anerkennung einschließlich der Festlegung einer Altersgrenze,
4. die Aufgabenerledigung,
5. die Vergütung.

[3]Die oberste Bauaufsichtsbehörde kann durch Rechtsverordnung ferner, soweit Tragwerksplaner nach § 66 Absatz 2 Satz 1 oder Brandschutzplaner nach § 66 Absatz 2 Satz 3 noch nicht in ausreichendem Umfang eingetragen sind, anordnen, dass die Standsicherheits-

oder Brandschutznachweise bauaufsichtlich geprüft werden und die Bauausführung bauaufsichtlich überwacht wird.

(3) [1]Die oberste Bauaufsichtsbehörde wird ermächtigt, durch Rechtsverordnung Vorschriften zu erlassen über

1. Umfang, Inhalt und Zahl der erforderlichen Unterlagen einschließlich der Vorlagen bei der Anzeige der beabsichtigten Beseitigung von Anlagen nach § 61 Absatz 3 Satz 2 und bei der Genehmigungsfreistellung nach § 62,
2. die erforderlichen Anträge, Anzeigen, Nachweise, Bescheinigungen und Bestätigungen, auch bei verfahrensfreien Bauvorhaben,
3. das Verfahren im Einzelnen.

[2]Sie kann dabei

1. die Art der Übermittlung,
2. für verschiedene Arten von Bauvorhaben unterschiedliche Anforderungen und Verfahren,
3. den Gebrauch der von der obersten Bauaufsichtsbehörde veröffentlichten Formulare

vorschreiben.

(4) Die oberste Bauaufsichtsbehörde wird ermächtigt, durch Rechtsverordnung

1. die Zuständigkeit für die Anerkennung von Prüf-, Zertifizierungs- und Überwachungsstellen (§ 24) auf andere Behörden zu übertragen; die Zuständigkeit kann auch auf eine Behörde eines anderen Landes übertragen werden, die der Aufsicht einer obersten Bauaufsichtsbehörde untersteht oder an deren Willensbildung die oberste Bauaufsichtsbehörde mitwirkt,
2. das Ü-Zeichen festzulegen und zu diesem Zeichen zusätzliche Angaben zu verlangen,
3. das Anerkennungsverfahren nach § 24, die Voraussetzungen für die Anerkennung, ihre Rücknahme, ihren Widerruf und ihr Erlöschen zu regeln, insbesondere auch Altersgrenzen festzulegen sowie eine ausreichende Haftpflichtversicherung zu fordern,
4. die Zuständigkeit für die vorhabenbezogene Bauartgenehmigung nach § 16a Absatz 2 Satz 1 Nummer 2 und den Verzicht darauf im Einzelfall nach § 16a Absatz 4 sowie die Entscheidungen über Zustimmungen im Einzelfall nach § 20 ganz oder teilweise auf andere Stellen zu übertragen.

(4a) Die oberste Bauaufsichtsbehörde kann durch Rechtsverordnung vorschreiben, dass für bestimmte Bauprodukte und Bauarten, auch soweit sie Anforderungen nach anderen Rechtsvorschriften unterliegen, hinsichtlich dieser Anforderungen § 16a Absatz 2 sowie die §§ 17 bis 25 ganz oder teilweise anwendbar sind, wenn die anderen Rechtsvorschriften dies verlangen oder zulassen.

(5) [1]Die oberste Bauaufsichtsbehörde wird ermächtigt, durch Rechtsverordnung zu bestimmen, dass die Anforderungen der aufgrund des § 34 des Produktsicherheitsgesetzes und des § 49 Absatz 4 des Energiewirtschaftsgesetzes erlassenen Rechtsverordnungen entsprechend für Anlagen gelten, die weder gewerblichen noch wirtschaftlichen Zwecken dienen und in deren Gefahrenbereich auch keine Arbeitnehmer beschäftigt werden. [2]Sie kann auch die Verfahrensvorschriften dieser Verordnungen für anwendbar erklären oder selbst das Verfahren bestimmen sowie Zuständigkeiten und Gebühren regeln. [3]Dabei kann sie auch vorschreiben, dass danach zu erteilende Erlaubnisse die Baugenehmigung oder die Zustimmung nach § 77 einschließlich der zugehörigen Abweichungen einschließen sowie dass § 35 Absatz 2 des Produktsicherheitsgesetzes insoweit Anwendung findet.

(6) [1]Die oberste Bauaufsichtsbehörde wird ermächtigt, durch Rechtsverordnung zu bestimmen, dass natürliche oder juristische Personen des Privatrechts mit der Aufgabe der Erteilung der Ausführungsgenehmigungen für Fliegende Bauten (§ 76 Absatz 3) betraut werden. [2]In der Rechtsverordnung sind die sachlichen und persönlichen Voraussetzungen zu bestimmen, Regelungen über Rücknahme und Widerruf der Aufgabenübertragung zu treffen sowie die Aufsicht und die Kosten zu regeln.

(7) Das für Energie zuständige Ministerium wird ermächtigt, durch Rechtsverordnung Vorschriften zu § 46 Absatz 2 und 3 zu erlassen über

1. die abweichende Festsetzung der Höhe der Ablöse nach § 46 Absatz 3 Satz 1 zur Nachrüstung bestehender Windenergieanlagen mit einer bedarfsgesteuerten Nachtkennzeichnung,
2. dessen zweckgebundene Verwendung einschließlich der Berücksichtigung von Anträgen zur Nachrüstung,
3. die zuständige Behörde und Einzelheiten des Verwaltungsverfahrens, insbesondere zur Ausübung des Ermessens,
4. die Höhe der Gebühren für die Amtshandlungen und
5. nähere Bestimmungen zu den besonderen Umständen nach § 46 Absatz 3 Satz 3.

§ 85a
Technische Baubestimmungen

(1) [1]Die Anforderungen nach § 3 können durch Technische Baubestimmungen konkretisiert werden. [2]Die Technischen Baubestimmungen sind zu beachten. [3]Von den in den Technischen Baubestimmungen enthaltenen Planungs-, Bemessungs- und Ausführungsregelungen kann abgewichen werden, wenn mit einer anderen Lösung in gleichem Maße die Anforderungen erfüllt werden und in der Technischen Baubestimmung eine Abweichung nicht ausgeschlossen ist; die §§ 16a Absatz 2, 17 Absatz 1 und 67 Absatz 1 bleiben unberührt.

(2) Die Konkretisierungen können durch Bezugnahmen auf technische Regeln und deren Fundstellen oder auf andere Weise erfolgen, insbesondere in Bezug auf:
1. bestimmte bauliche Anlagen oder ihre Teile,
2. die Planung, Bemessung und Ausführung baulicher Anlagen und ihrer Teile,
3. die Leistung von Bauprodukten in bestimmten baulichen Anlagen oder ihren Teilen, insbesondere:
   a) Planung, Bemessung und Ausführung baulicher Anlagen bei Einbau eines Bauproduktes,
   b) Merkmale von Bauprodukten, die sich für einen Verwendungszweck auf die Erfüllung der Anforderungen nach § 3 auswirken,
   c) Verfahren für die Feststellung der Leistung eines Bauproduktes im Hinblick auf Merkmale, die sich für einen Verwendungszweck auf die Erfüllung der Anforderungen nach § 3 auswirken,
   d) zulässige oder unzulässige besondere Verwendungszwecke,
   e) die Festlegung von Klassen und Stufen in Bezug auf bestimmte Verwendungszwecke,
   f) die für einen bestimmten Verwendungszweck anzugebende oder erforderliche und anzugebende Leistung in Bezug auf ein Merkmal, das sich für einen Verwendungszweck auf die Erfüllung der Anforderungen nach § 3 auswirkt, soweit vorgesehen in Klassen und Stufen,
4. die Bauarten und die Bauprodukte, die nur eines allgemeinen bauaufsichtlichen Prüfzeugnisses nach § 16a Absatz 3 oder nach § 19 Absatz 1 bedürfen,
5. Voraussetzungen zur Abgabe der Übereinstimmungserklärung für ein Bauprodukt nach § 22,
6. die Art, den Inhalt und die Form technischer Dokumentation.

(3) Die Technischen Baubestimmungen sollen nach den Grundanforderungen nach Anhang I der Verordnung (EU) Nr. 305/2011 gegliedert sein.

(4) Die Technischen Baubestimmungen enthalten eine nicht abschließende Liste von Bauprodukten, die keines Verwendbarkeitsnachweises nach § 17 Absatz 1 bedürfen.

(5) Die oberste Bauaufsichtsbehörde erlässt die zur Durchführung dieses Gesetzes oder der Vorschriften aufgrund dieses Gesetzes erforderlichen Technischen Baubestimmungen auf der Grundlage der vom Deutschen Institut für Bautechnik nach Anhörung der beteiligten Kreise im Einvernehmen mit den obersten Bauaufsichtsbehörden der Länder veröffentlichten Verwaltungsvorschrift Technische Baubestimmungen.

§ 86
Örtliche Bauvorschriften

(1) Die Gemeinden können durch Satzung örtliche Bauvorschriften erlassen über

1. Anforderungen an die äußere Gestaltung baulicher Anlagen sowie von Werbeanlagen und Warenautomaten zur Erhaltung und Gestaltung von Ortsbildern,
2. das Verbot von Werbeanlagen und Warenautomaten aus ortsgestalterischen Gründen,
3. die Lage, Größe, Beschaffenheit, Ausstattung und Unterhaltung von Kinderspielplätzen (§ 8 Absatz 2) und die Höhe der Geldbeträge für die Ablösung der Kinderspielplätze,
4. Zahl, Größe und Beschaffenheit der Stellplätze oder Garagen sowie Abstellmöglichkeiten für Fahrräder (§ 49 Absatz 1), die unter Berücksichtigung der Sicherheit und Leichtigkeit des Verkehrs, der Bedürfnisse des ruhenden Verkehrs und der Erschließung durch Einrichtungen des öffentlichen Personennahverkehrs für Anlagen erforderlich sind, bei denen ein Zu- und Abgangsverkehr mit Kraftfahrzeugen oder Fahrrädern zu erwarten ist (notwendige Stellplätze und Abstellplätze für Fahrräder), einschließlich des Mehrbedarfs bei Änderungen und Nutzungsänderungen der Anlagen sowie die Ablösung der Herstellungspflicht und die Höhe der Ablösungsbeträge, die nach Art der Nutzung und Lage der Anlage unterschiedlich geregelt werden kann,
5. die Gestaltung der Plätze für bewegliche Abfallbehälter und der unbebauten Flächen der bebauten Grundstücke sowie über die Notwendigkeit, Art, Gestaltung und Höhe von Einfriedungen; dabei kann bestimmt werden, dass Vorgärten nicht als Arbeitsflächen oder Lagerflächen benutzt werden dürfen,
6. von § 6 abweichende Maße der Abstandsflächentiefe, soweit dies zur Gestaltung des Ortsbildes oder zur Verwirklichung der Festsetzungen einer städtebaulichen Satzung erforderlich ist und eine ausreichende Belichtung sowie der Brandschutz gewährleistet sind,
7. die Begrünung baulicher Anlagen.

(2) Die Gemeinde erlässt die örtliche Bauvorschrift als Satzung im übertragenen Wirkungskreis.

(3) [1]Örtliche Bauvorschriften können auch durch Bebauungsplan oder, soweit das Baugesetzbuch dies vorsieht, durch andere Satzungen nach den Vorschriften des Baugesetzbuches erlassen werden. [2]Werden die örtlichen Bauvorschriften durch Bebauungsplan oder durch eine sonstige städtebauliche Satzung nach dem Baugesetzbuch erlassen, so sind die Vorschriften des Ersten und des Dritten Abschnitts des Ersten Teils, des Ersten Abschnitts des Zweiten Teils, die §§ 13, 13a, 30, 31, 33, 36 und 214 und 215 des Baugesetzbuches entsprechend anzuwenden.

(4) [1]Anforderungen nach den Absätzen 1 und 2 können innerhalb der örtlichen Bauvorschrift auch in Form zeichnerischer Darstellungen gestellt werden. [2]Ihre Bekanntgabe kann dadurch ersetzt werden, dass dieser Teil der örtlichen Bauvorschrift bei der Gemeinde zur Einsicht ausgelegt wird; hierauf ist in den örtlichen Bauvorschriften hinzuweisen.

§ 87
Übergangsregelungen

(1) [1]Verfahren, die vor Inkrafttreten einer Änderung dieses Gesetzes eingeleitet wurden, werden nach den bisher geltenden Rechtsvorschriften abgeschlossen. [2]Auf Vorhaben, für die vor Inkrafttreten einer Änderung dieses Gesetzes ein Verfahren eingeleitet wurde, sind die geänderten materiell-rechtlichen Vorschriften nur anzuwenden, soweit sie für den Bauherrn eine günstigere Regelung enthalten.

(2) [1]Die Verwendung des Ü-Zeichens auf Bauprodukten, die die CE-Kennzeichnung aufgrund der Verordnung (EU) Nr. 305/2011 tragen, ist ab dem 1. Oktober 2019 nicht mehr zulässig. [2]Sind bereits in Verkehr gebrachte Bauprodukte, die die CE-Kennzeichnung aufgrund der Verordnung (EU) Nr. 305/2011 tragen, mit dem Ü-Zeichen gekennzeichnet,

verliert das Ü-Zeichen am 1. Oktober 2019 seine Gültigkeit.

(3) Bis zum 1. Oktober 2019 für Bauarten erteilte allgemeine bauaufsichtliche Zulassungen oder Zustimmungen im Einzelfall gelten als Bauartgenehmigung fort.

(4) [1]Bestehende Anerkennungen als Prüf-, Überwachungs- und Zertifizierungsstellen bleiben in dem bis zum 1. Oktober 2019 geregelten Umfang wirksam. [2]Vor diesem Tag gestellte Anträge gelten als Anträge nach diesem Gesetz.

(5) [1]Die in der Anlage bestimmten Ausbildungsanforderungen gelten nicht für Personen, die am 1. April 2025 ihr Studium bereits begonnen haben. [2]§ 65 ist in der bis zu diesem Zeitpunkt geltenden Fassung anzuwenden.

Anlage
(zu § 65 Absatz 3 Nummer 3, § 65a Absatz 1 Nummer 1)

Leitlinien zu Ausbildungsinhalten

Allgemeines

Die theoretischen und praktischen Inhalte des Studiums müssen auf die umfassenden Berufsaufgaben sowie auf die beruflichen Fähigkeiten und Tätigkeiten von Bauingenieuren ausgerichtet sein. Die Tätigkeit von Bauingenieuren umfasst im Wesentlichen die Planung, den Entwurf, die Konstruktion, die Ausführung, die Instandhaltung, den Betrieb und den Rückbau von Gebäuden und baulichen Anlagen jeder Art, insbesondere in den Bereichen des Hoch-, Verkehrs-, Tief- und Wasserbaus.

Inhaltliche Anforderungen an das Studium des Bauingenieurwesens

Im Rahmen eines hauptsächlich auf das Bauingenieurwesen ausgerichteten Studiengangs mit der Bezeichnung „Bauingenieurwesen" oder entsprechenden Studiengängen von mit mindestens drei Studienjahren (entspricht 180 ECTS-Leistungspunkten) müssen mindestens 135 ECTS-Punkte in Studienfächern erworben werden, die dem Bauwesen zugeordnet werden können.
Hierzu gehören:

1. Studienfächer, die ein fundiertes Grundlagenwissen im thematisch-naturwissenschaftlichen Bereich vermitteln: insbesondere Höhere Mathematik, technische Mechanik, Bauphysik, Bauchemie, Baustoffkunde und Technisches Darstellen,
2. Studienfächer, die allgemeine fachspezifische Grundlagen des Bauingenieurwesens vermitteln: insbesondere Baukonstruktion/Objektplanung Gebäude, Tragwerksplanung, Bauinformatik/Geoinformatik, Digitales Bauen, numerische Modellierung, Geotechnik, Bodenmechanik und Geodäsie,
3. Studienfächer, die spezifische Kenntnisse des konstruktiven Ingenieurbaus vermitteln: insbesondere Baustatik, Massivbau (Beton-, Stahlbeton- und Mauerwerksbau), Stahl- und Metallbau, Holzbau, Verbundbau, Glasbau und Kunststoffe, Brückenbau,
4. Studienfächer, die vertiefte Kenntnisse in bauingenieurspezifischen Spezialbereichen vermitteln: insbesondere Wasserwirtschaft, Wasserbau, Siedlungswasserwirtschaft, Abfallwirtschaft und Altlasten, Verkehrsplanung, öffentliche Verkehrssysteme und Verkehrswege (Straße, Schiene), Straßenwesen,
5. Studienfächer, die vertiefte Kenntnisse des Baumanagements vermitteln: insbesondere Bauprojektmanagement, Bauprozessmanagement und Baubetriebswirtschaft, Bauplanungsmanagement,
6. Studieninhalte, die weitere allgemeine Grundlagen vermitteln: insbesondere Baurecht (Planungsrecht, Ordnungsrecht), Zivilrecht (Verträge, Haftung), Bauen im Bestand, Ökologie, Fremdsprachen (Fachwortschatz) und technische Gebäudeausrüstung.

Der Anteil der Studienfächer in den Nummern 1 bis 4 muss dabei mindestens 110 ECTS-Punkte betragen.

Baugesetzbuch
(BauGB)
in der Fassung der Bekanntmachung vom 3. November 2017 (BGBl. I S. 3634), das zuletzt durch Artikel 3 des Gesetzes vom 20. Dezember 2023 (BGBl. 2023 I Nr. 394) geändert worden ist
– §§ 1 bis 38 in der Fassung ab 8. Juli 2024 –

ERSTES KAPITEL
Allgemeines Städtebaurecht

Erster Teil
Bauleitplanung

Erster Abschnitt
Allgemeine Vorschriften

§ 1
Aufgabe, Begriff und Grundsätze der Bauleitplanung

(1) Aufgabe der Bauleitplanung ist es, die bauliche und sonstige Nutzung der Grundstücke in der Gemeinde nach Maßgabe dieses Gesetzbuchs vorzubereiten und zu leiten.

(2) Bauleitpläne sind der Flächennutzungsplan (vorbereitender Bauleitplan) und der Bebauungsplan (verbindlicher Bauleitplan).

(3) [1]Die Gemeinden haben die Bauleitpläne aufzustellen, sobald und soweit es für die städtebauliche Entwicklung und Ordnung erforderlich ist; die Aufstellung kann insbesondere bei der Ausweisung von Flächen für den Wohnungsbau in Betracht kommen. [2]Auf die Aufstellung von Bauleitplänen und städtebaulichen Satzungen besteht kein Anspruch; ein Anspruch kann auch nicht durch Vertrag begründet werden.

(4) Die Bauleitpläne sind den Zielen der Raumordnung anzupassen.

(5) [1]Die Bauleitpläne sollen eine nachhaltige städtebauliche Entwicklung, die die sozialen, wirtschaftlichen und umweltschützenden Anforderungen auch in Verantwortung gegenüber künftigen Generationen miteinander in Einklang bringt, und eine dem Wohl der Allgemeinheit dienende sozialgerechte Bodennutzung unter Berücksichtigung der Wohnbedürfnisse der Bevölkerung gewährleisten. [2]Sie sollen dazu beitragen, eine menschenwürdige Umwelt zu sichern, die natürlichen Lebensgrundlagen zu schützen und zu entwickeln sowie den Klimaschutz und die Klimaanpassung, insbesondere auch in der Stadtentwicklung, zu fördern und zur Erfüllung der Klimaschutzziele des Bundes-Klimaschutzgesetzes die Wärme- und Energieversorgung von Gebäuden treibhausgasneutral zu gestalten sowie die städtebauliche Gestalt und das Orts- und Landschaftsbild baukulturell zu erhalten und zu entwickeln. [3]Hierzu soll die städtebauliche Entwicklung vorrangig durch Maßnahmen der Innenentwicklung erfolgen.

(6) Bei der Aufstellung der Bauleitpläne sind insbesondere zu berücksichtigen:

1. die allgemeinen Anforderungen an gesunde Wohn- und Arbeitsverhältnisse und die Sicherheit der Wohn- und Arbeitsbevölkerung,
2. die Wohnbedürfnisse der Bevölkerung, insbesondere auch von Familien mit mehreren Kindern, die Schaffung und Erhaltung sozial stabiler Bewohnerstrukturen, die Eigentumsbildung weiter Kreise der Bevölkerung und die Anforderungen kostensparenden Bauens sowie die Bevölkerungsentwicklung,
3. die sozialen und kulturellen Bedürfnisse der Bevölkerung, insbesondere die Bedürfnisse der Familien, der jungen, alten und behinderten Menschen, unterschiedliche Auswirkungen auf Frauen und Männer sowie die Belange des Bildungswesens und von Sport, Freizeit und Erholung,
4. die Erhaltung, Erneuerung, Fortentwicklung, Anpassung und der Umbau vor-

handener Ortsteile sowie die Erhaltung und Entwicklung zentraler Versorgungsbereiche,
5. die Belange der Baukultur, des Denkmalschutzes und der Denkmalpflege, die erhaltenswerten Ortsteile, Straßen und Plätze von geschichtlicher, künstlerischer oder städtebaulicher Bedeutung und die Gestaltung des Orts- und Landschaftsbildes,
6. die von den Kirchen und Religionsgesellschaften des öffentlichen Rechts festgestellten Erfordernisse für Gottesdienst und Seelsorge,
7. die Belange des Umweltschutzes, einschließlich des Naturschutzes und der Landschaftspflege, insbesondere
   a) die Auswirkungen auf Tiere, Pflanzen, Fläche, Boden, Wasser, Luft, Klima und das Wirkungsgefüge zwischen ihnen sowie die Landschaft und die biologische Vielfalt,
   b) die Erhaltungsziele und der Schutzzweck der Natura 2000-Gebiete im Sinne des Bundesnaturschutzgesetzes,
   c) umweltbezogene Auswirkungen auf den Menschen und seine Gesundheit sowie die Bevölkerung insgesamt,
   d) umweltbezogene Auswirkungen auf Kulturgüter und sonstige Sachgüter,
   e) die Vermeidung von Emissionen sowie der sachgerechte Umgang mit Abfällen und Abwässern,
   f) die Nutzung erneuerbarer Energien, insbesondere auch im Zusammenhang mit der Wärmeversorgung von Gebäuden, sowie die sparsame und effiziente Nutzung von Energie,
   g) die Darstellungen von Landschaftsplänen und sonstigen Plänen, insbesondere des Wasser-, des Abfall- und des Immissionsschutzrechts, sowie die Darstellungen in Wärmeplänen und die Entscheidungen über die Ausweisung als Gebiet zum Neu- oder Ausbau von Wärmenetzen oder als Wasserstoffnetzausbaugebiet gemäß § 26 des Wärmeplanungsgesetzes vom 20. Dezember 2023 (BGBl. 2023 I Nr. 394),
   h) die Erhaltung der bestmöglichen Luftqualität in Gebieten, in denen die durch Rechtsverordnung zur Erfüllung von Rechtsakten der Europäischen Union festgelegten Immissionsgrenzwerte nicht überschritten werden,
   i) die Wechselwirkungen zwischen den einzelnen Belangen des Umweltschutzes nach den Buchstaben a bis d,
   j) unbeschadet des § 50 Satz 1 des Bundes-Immissionsschutzgesetzes, die Auswirkungen, die aufgrund der Anfälligkeit der nach dem Bebauungsplan zulässigen Vorhaben für schwere Unfälle oder Katastrophen zu erwarten sind, auf die Belange nach den Buchstaben a bis d und i,
8. die Belange
   a) der Wirtschaft, auch ihrer mittelständischen Struktur im Interesse einer verbrauchernahen Versorgung der Bevölkerung,
   b) der Land- und Forstwirtschaft,
   c) der Erhaltung, Sicherung und Schaffung von Arbeitsplätzen,
   d) des Post- und Telekommunikationswesens, insbesondere des Mobilfunkausbaus,
   e) der Versorgung, insbesondere mit Energie und Wasser, einschließlich der Versorgungssicherheit,
   f) der Sicherung von Rohstoffvorkommen,
9. die Belange des Personen- und Güterverkehrs und der Mobilität der Bevölkerung, auch im Hinblick auf die Entwicklungen beim Betrieb von Kraftfahrzeugen, etwa der Elektromobilität, einschließlich des öffentlichen Personennahverkehrs und des nicht motorisierten Verkehrs, unter besonderer Berücksichtigung einer auf Vermeidung und Verringerung von Verkehr ausgerichteten städtebaulichen Entwicklung,
10. die Belange der Verteidigung und des Zivilschutzes sowie der zivilen Anschlussnutzung von Militärliegenschaften,

11. die Ergebnisse eines von der Gemeinde beschlossenen städtebaulichen Entwicklungskonzeptes oder einer von ihr beschlossenen sonstigen städtebaulichen Planung,
12. die Belange des Küsten- oder Hochwasserschutzes und der Hochwasservorsorge, insbesondere die Vermeidung und Verringerung von Hochwasserschäden,
13. die Belange von Flüchtlingen oder Asylbegehrenden und ihrer Unterbringung,
14. die ausreichende Versorgung mit Grün- und Freiflächen.

(7) Bei der Aufstellung der Bauleitpläne sind die öffentlichen und privaten Belange gegeneinander und untereinander gerecht abzuwägen.

(8) Die Vorschriften dieses Gesetzbuchs über die Aufstellung von Bauleitplänen gelten auch für ihre Änderung, Ergänzung und Aufhebung.

§ 1a Ergänzende Vorschriften zum Umweltschutz

(1) Bei der Aufstellung der Bauleitpläne sind die nachfolgenden Vorschriften zum Umweltschutz anzuwenden.

(2) [1]Mit Grund und Boden soll sparsam und schonend umgegangen werden; dabei sind zur Verringerung der zusätzlichen Inanspruchnahme von Flächen für bauliche Nutzungen die Möglichkeiten der Entwicklung der Gemeinde insbesondere durch Wiedernutzbarmachung von Flächen, Nachverdichtung und andere Maßnahmen zur Innenentwicklung zu nutzen sowie Bodenversiegelungen auf das notwendige Maß zu begrenzen. [2]Landwirtschaftlich, als Wald oder für Wohnzwecke genutzte Flächen sollen nur im notwendigen Umfang umgenutzt werden. [3]Die Grundsätze nach den Sätzen 1 und 2 sind in der Abwägung nach § 1 Absatz 7 zu berücksichtigen. [4]Die Notwendigkeit der Umwandlung landwirtschaftlich oder als Wald genutzter Flächen soll begründet werden; dabei sollen Ermittlungen zu den Möglichkeiten der Innenentwicklung zugrunde gelegt werden, zu denen insbesondere Brachflächen, Gebäudeleerstand, Baulücken und andere Nachverdichtungsmöglichkeiten zählen können.

(3) [1]Die Vermeidung und der Ausgleich voraussichtlich erheblicher Beeinträchtigungen des Landschaftsbildes sowie der Leistungs- und Funktionsfähigkeit des Naturhaushalts in seinen in § 1 Absatz 6 Nummer 7 Buchstabe a bezeichneten Bestandteilen (Eingriffsregelung nach dem Bundesnaturschutzgesetz) sind in der Abwägung nach § 1 Absatz 7 zu berücksichtigen. [2]Der Ausgleich erfolgt durch geeignete Darstellungen und Festsetzungen nach den §§ 5 und 9 als Flächen oder Maßnahmen zum Ausgleich. [3]Soweit dies mit einer nachhaltigen städtebaulichen Entwicklung und den Zielen der Raumordnung sowie des Naturschutzes und der Landschaftspflege vereinbar ist, können die Darstellungen und Festsetzungen auch an anderer Stelle als am Ort des Eingriffs erfolgen. [4]Anstelle von Darstellungen und Festsetzungen können auch vertragliche Vereinbarungen nach § 11 oder sonstige geeignete Maßnahmen zum Ausgleich auf von der Gemeinde bereitgestellten Flächen getroffen werden. [5]§ 15 Absatz 3 des Bundesnaturschutzgesetzes gilt entsprechend. [6]Ein Ausgleich ist nicht erforderlich, soweit die Eingriffe bereits vor der planerischen Entscheidung erfolgt sind oder zulässig waren.

(4) Soweit ein Gebiet im Sinne des § 1 Absatz 6 Nummer 7 Buchstabe b in seinen für die Erhaltungsziele oder den Schutzzweck maßgeblichen Bestandteilen erheblich beeinträchtigt werden kann, sind die Vorschriften des Bundesnaturschutzgesetzes über die Zulässigkeit und Durchführung von derartigen Eingriffen einschließlich der Einholung der Stellungnahme der Europäischen Kommission anzuwenden.

(5) [1]Den Erfordernissen des Klimaschutzes soll sowohl durch Maßnahmen, die dem Klimawandel entgegenwirken, als auch durch solche, die der Anpassung an den Klimawandel dienen, Rechnung getragen werden. [2]Der Grundsatz nach Satz 1 ist in der Abwägung nach § 1 Absatz 7 zu berücksichtigen.

§ 2
Aufstellung der Bauleitpläne

(1) [1]Die Bauleitpläne sind von der Gemeinde in eigener Verantwortung aufzustellen. [2]Der Beschluss, einen Bauleitplan aufzustellen, ist ortsüblich bekannt zu machen.

(2) [1]Die Bauleitpläne benachbarter Gemeinden sind aufeinander abzustimmen. [2]Dabei können sich Gemeinden auch auf die ihnen durch Ziele der Raumordnung zugewiesenen Funktionen sowie auf Auswirkungen auf ihre zentralen Versorgungsbereiche berufen.

(3) Bei der Aufstellung der Bauleitpläne sind die Belange, die für die Abwägung von Bedeutung sind (Abwägungsmaterial), zu ermitteln und zu bewerten.

(4) [1]Für die Belange des Umweltschutzes nach § 1 Absatz 6 Nummer 7 und § 1a wird eine Umweltprüfung durchgeführt, in der die voraussichtlichen erheblichen Umweltauswirkungen ermittelt werden und in einem Umweltbericht beschrieben und bewertet werden; die Anlage 1 zu diesem Gesetzbuch ist anzuwenden. [2]Die Gemeinde legt dazu für jeden Bauleitplan fest, in welchem Umfang und Detaillierungsgrad die Ermittlung der Belange für die Abwägung erforderlich ist. [3]Die Umweltprüfung bezieht sich auf das, was nach gegenwärtigem Wissensstand und allgemein anerkannten Prüfmethoden sowie nach Inhalt und Detaillierungsgrad des Bauleitplans angemessenerweise verlangt werden kann. [4]Das Ergebnis der Umweltprüfung ist in der Abwägung zu berücksichtigen. [5]Wird eine Umweltprüfung für das Plangebiet oder für Teile davon in einem Raumordnungs-, Flächennutzungs- oder Bebauungsplanverfahren durchgeführt, soll die Umweltprüfung in einem zeitlich nachfolgend oder gleichzeitig durchgeführten Bauleitplanverfahren auf zusätzliche oder andere erhebliche Umweltauswirkungen beschränkt werden. [6]Liegen Landschaftspläne oder sonstige Pläne nach § 1 Absatz 6 Nummer 7 Buchstabe g vor, sind deren Bestandsaufnahmen und Bewertungen in der Umweltprüfung heranzuziehen.

§ 2a
Begründung zum Bauleitplanentwurf, Umweltbericht

[1]Die Gemeinde hat im Aufstellungsverfahren dem Entwurf des Bauleitplans eine Begründung beizufügen. [2]In ihr sind entsprechend dem Stand des Verfahrens

1. die Ziele, Zwecke und wesentlichen Auswirkungen des Bauleitplans und
2. in dem Umweltbericht nach der Anlage 1 zu diesem Gesetzbuch die auf Grund der Umweltprüfung nach § 2 Absatz 4 ermittelten und bewerteten Belange des Umweltschutzes

darzulegen. [3]Der Umweltbericht bildet einen gesonderten Teil der Begründung.

§ 3
Beteiligung der Öffentlichkeit

(1) [1]Die Öffentlichkeit ist möglichst frühzeitig über die allgemeinen Ziele und Zwecke der Planung, sich wesentlich unterscheidende Lösungen, die für die Neugestaltung oder Entwicklung eines Gebiets in Betracht kommen, und die voraussichtlichen Auswirkungen der Planung öffentlich zu unterrichten; ihr ist Gelegenheit zur Äußerung und Erörterung zu geben. [2]Auch Kinder und Jugendliche sind Teil der Öffentlichkeit im Sinne des Satzes 1. [3]Von der Unterrichtung und Erörterung kann abgesehen werden, wenn

1. ein Bebauungsplan aufgestellt oder aufgehoben wird und sich dies auf das Plangebiet und die Nachbargebiete nicht oder nur unwesentlich auswirkt oder
2. die Unterrichtung und Erörterung bereits zuvor auf anderer Grundlage erfolgt sind.

[4]An die Unterrichtung und Erörterung schließt sich das Verfahren nach Absatz 2 auch an, wenn die Erörterung zu einer Änderung der Planung führt.

(2) [1]Die Entwürfe der Bauleitpläne sind mit der Begründung und den nach Einschätzung der Gemeinde wesentlichen, bereits vorliegenden umweltbezogenen Stellungnahmen für die Dauer eines Monats, mindestens jedoch für die Dauer von 30 Tagen, oder bei

Vorliegen eines wichtigen Grundes für die Dauer einer angemessenen längeren Frist im Internet zu veröffentlichen. [2]Zusätzlich zur Veröffentlichung im Internet nach Satz 1 sind eine oder mehrere andere leicht zu erreichende Zugangsmöglichkeiten, etwa durch öffentlich zugängliche Lesegeräte oder durch eine öffentliche Auslegung der in Satz 1 genannten Unterlagen, zur Verfügung zu stellen. [3]Die nach § 4 Absatz 2 Beteiligten sollen von der Veröffentlichung im Internet auf elektronischem Weg benachrichtigt werden. [4]Die Internetseite oder Internetadresse, unter der die in Satz 1 genannten Unterlagen eingesehen werden können, die Dauer der Veröffentlichungsfrist sowie Angaben dazu, welche Arten umweltbezogener Informationen verfügbar sind, sind vor Beginn der Veröffentlichungsfrist ortsüblich bekannt zu machen; in der Bekanntmachung ist darauf hinzuweisen,

1. dass Stellungnahmen während der Dauer der Veröffentlichungsfrist abgegeben werden können,
2. dass Stellungnahmen elektronisch übermittelt werden sollen, bei Bedarf aber auch auf anderem Weg abgegeben werden können,
3. dass nicht fristgerecht abgegebene Stellungnahmen bei der Beschlussfassung über den Bauleitplan unberücksichtigt bleiben können und
4. welche anderen leicht zu erreichenden Zugangsmöglichkeiten nach Satz 2 bestehen.

[5]Der Inhalt der Bekanntmachung ist zusätzlich in das Internet einzustellen; die nach Satz 1 zu veröffentlichenden Unterlagen und der Inhalt der Bekanntmachung sind über ein zentrales Internetportal des Landes zugänglich zu machen. [6]Die fristgemäß abgegebenen Stellungnahmen sind zu prüfen; das Ergebnis ist mitzuteilen. [7]Haben mehr als 50 Personen Stellungnahmen mit im Wesentlichen gleichem Inhalt abgegeben, kann die Mitteilung dadurch ersetzt werden, dass diesen Personen die Einsicht in das Ergebnis ermöglicht wird; die Stelle, bei der das Ergebnis der Prüfung während der Dienststunden eingesehen werden kann, ist ortsüblich und über das Internet bekannt zu machen. [8]Bei der Vorlage der Bauleitpläne nach § 6 oder § 10 Absatz 2 sind die nicht berücksichtigten Stellungnahmen mit einer Stellungnahme der Gemeinde beizufügen.

(3) Bei Flächennutzungsplänen ist ergänzend zu dem Hinweis nach Absatz 2 Satz 4 zweiter Halbsatz darauf hinzuweisen, dass eine Vereinigung im Sinne des § 4 Absatz 3 Satz 1 Nummer 2 des Umwelt-Rechtsbehelfsgesetzes in einem Rechtsbehelfsverfahren nach § 7 Absatz 2 des Umwelt-Rechtsbehelfsgesetzes gemäß § 7 Absatz 3 Satz 1 des Umwelt-Rechtsbehelfsgesetzes mit allen Einwendungen ausgeschlossen ist, die sie im Rahmen der Veröffentlichungsfrist nicht oder nicht rechtzeitig geltend gemacht hat, aber hätte geltend machen können.

§ 4
Beteiligung der Behörden

(1) [1]Die Behörden und sonstigen Träger öffentlicher Belange, deren Aufgabenbereich durch die Planung berührt werden kann, sind entsprechend § 3 Absatz 1 Satz 1 Halbsatz 1 zu unterrichten und zur Äußerung auch im Hinblick auf den erforderlichen Umfang und Detaillierungsgrad der Umweltprüfung nach § 2 Absatz 4 aufzufordern. [2]Hieran schließt sich das Verfahren nach Absatz 2 auch an, wenn die Äußerung zu einer Änderung der Planung führt.

(2) [1]Die Gemeinde holt die Stellungnahmen der Behörden und sonstigen Träger öffentlicher Belange, deren Aufgabenbereich durch die Planung berührt werden kann, zum Planentwurf und zur Begründung ein. [2]Die Bereitstellung der Unterlagen sowie die Mitteilung hierüber sollen elektronisch erfolgen. [3]Die Behörden und sonstigen Träger öffentlicher Belange haben ihre Stellungnahmen innerhalb eines Monats abzugeben, wobei jedoch die Frist zur Abgabe von Stellungnahmen 30 Tage nicht unterschreiten darf; die Gemeinde soll diese Frist bei Vorliegen eines wichtigen Grundes angemessen verlängern. [4]Die Stellungnahmen sollen elektronisch übermittelt werden. [5]In den Stellungnahmen sollen sich die Behörden und sonstigen Träger öffentlicher Belange auf ihren Aufgabenbereich be-

schränken; sie haben auch Aufschluss über von ihnen beabsichtigte oder bereits eingeleitete Planungen und sonstige Maßnahmen sowie deren zeitliche Abwicklung zu geben, die für die städtebauliche Entwicklung und Ordnung des Gebiets bedeutsam sein können. [6]Verfügen sie über Informationen, die für die Ermittlung und Bewertung des Abwägungsmaterials zweckdienlich sind, haben sie diese Informationen der Gemeinde zur Verfügung zu stellen.

(3) Nach Abschluss des Verfahrens zur Aufstellung des Bauleitplans unterrichten die Behörden die Gemeinde, sofern nach den ihnen vorliegenden Erkenntnissen die Durchführung des Bauleitplans erhebliche, insbesondere unvorhergesehene nachteilige Auswirkungen auf die Umwelt hat.

§ 4a
Gemeinsame Vorschriften zur Beteiligung

(1) Die Vorschriften über die Öffentlichkeits- und Behördenbeteiligung dienen insbesondere der vollständigen Ermittlung und zutreffenden Bewertung der von der Planung berührten Belange und der Information der Öffentlichkeit.

(2) Die Unterrichtung nach § 3 Absatz 1 kann gleichzeitig mit der Unterrichtung nach § 4 Absatz 1, die Veröffentlichung im Internet nach § 3 Absatz 2 kann gleichzeitig mit der Einholung der Stellungnahmen nach § 4 Absatz 2 durchgeführt werden.

(3) [1]Wird der Entwurf des Bauleitplans nach dem Verfahren nach § 3 Absatz 2 oder § 4 Absatz 2 geändert oder ergänzt, ist er erneut nach § 3 Absatz 2 im Internet zu veröffentlichen und sind die Stellungnahmen erneut einzuholen, es sei denn, die Änderung oder Ergänzung führt offensichtlich nicht zu einer erstmaligen oder stärkeren Berührung von Belangen. [2]Ist der Entwurf des Bauleitplans erneut zu veröffentlichen, ist in Bezug auf die Änderung oder Ergänzung und ihre möglichen Auswirkungen Gelegenheit zur Stellungnahme zu geben; hierauf ist in der erneuten Bekanntmachung nach § 3 Absatz 2 Satz 4 hinzuweisen. [3]Die Dauer der Veröffentlichungsfrist im Internet und der Frist zur Stellungnahme soll angemessen verkürzt werden. [4]Werden durch die Änderung oder Ergänzung des Entwurfs des Bauleitplans die Grundzüge der Planung nicht berührt, soll die Einholung der Stellungnahmen auf die von der Änderung oder Ergänzung betroffene Öffentlichkeit sowie die berührten Behörden und sonstigen Träger öffentlicher Belange beschränkt werden, es sei denn, diese Beschränkung führt nach Einschätzung der Gemeinde zu einer längeren Verfahrensdauer.

(4) [1]Bei Bauleitplänen, die erhebliche Auswirkungen auf Nachbarstaaten haben können, sind die Gemeinden und Behörden des Nachbarstaates nach den Grundsätzen der Gegenseitigkeit und Gleichwertigkeit zu unterrichten. [2]Abweichend von Satz 1 ist bei Bauleitplänen, die erhebliche Umweltauswirkungen auf einen anderen Staat haben können, dieser nach den Vorschriften des Gesetzes über die Umweltverträglichkeitsprüfung zu beteiligen; für die Stellungnahmen der Öffentlichkeit und Behörden des anderen Staates, einschließlich der Rechtsfolgen nicht rechtzeitig abgegebener Stellungnahmen, sind abweichend von den Vorschriften des Gesetzes über die Umweltverträglichkeitsprüfung die Vorschriften dieses Gesetzbuchs entsprechend anzuwenden. [3]Ist bei Bauleitplänen eine grenzüberschreitende Beteiligung nach Satz 2 erforderlich, ist hierauf bei der Bekanntmachung nach § 3 Absatz 2 Satz 4 hinzuweisen.

(5) [1]Stellungnahmen, die im Verfahren der Öffentlichkeits- und Behördenbeteiligung nicht rechtzeitig abgegeben worden sind, können bei der Beschlussfassung über den Bauleitplan unberücksichtigt bleiben, sofern die Gemeinde deren Inhalt nicht kannte und nicht hätte kennen müssen und deren Inhalt für die Rechtmäßigkeit des Bauleitplans nicht von Bedeutung ist. [2]Satz 1 gilt für in der Öffentlichkeitsbeteiligung abgegebene Stellungnahmen nur, wenn darauf in der Bekanntmachung nach § 3 Absatz 2 Satz 4 zur Öffentlichkeitsbeteiligung hingewiesen worden ist.

(6) Die Digitalisierung des Bauleitplanverfahrens richtet sich im Übrigen nach den

Beschlüssen des IT-Planungsrats zur Festsetzung von IT-Interoperabilitäts- und IT-Sicherheitsstandards sowie den Vorgaben des Online-Zugangsgesetzes, soweit die Beschlüsse und die Vorgaben für die Gemeinden verbindlich sind.

§ 4b
Einschaltung eines Dritten

[1]Die Gemeinde kann insbesondere zur Beschleunigung des Bauleitplanverfahrens die Vorbereitung und Durchführung von Verfahrensschritten nach den §§ 2a bis 4a einem Dritten übertragen. [2]Sie kann einem Dritten auch die Durchführung einer Mediation oder eines anderen Verfahrens der außergerichtlichen Konfliktbeilegung übertragen.

§ 4c
Überwachung

[1]Die Gemeinden überwachen die erheblichen Umweltauswirkungen, die auf Grund der Durchführung der Bauleitpläne eintreten, um insbesondere unvorhergesehene nachteilige Auswirkungen frühzeitig zu ermitteln und in der Lage zu sein, geeignete Maßnahmen zur Abhilfe zu ergreifen; Gegenstand der Überwachung ist auch die Durchführung von Darstellungen oder Festsetzungen nach § 1a Absatz 3 Satz 2 und von Maßnahmen nach § 1a Absatz 3 Satz 4. [2]Sie nutzen dabei die im Umweltbericht nach Nummer 3 Buchstabe b der Anlage 1 zu diesem Gesetzbuch angegebenen Überwachungsmaßnahmen und die Informationen der Behörden nach § 4 Absatz 3.

ZWEITER ABSCHNITT
Vorbereitender Bauleitplan (Flächennutzungsplan)

§ 5
Inhalt des Flächennutzungsplans

(1) [1]Im Flächennutzungsplan ist für das ganze Gemeindegebiet die sich aus der beabsichtigten städtebaulichen Entwicklung ergebende Art der Bodennutzung nach den voraussehbaren Bedürfnissen der Gemeinde in den Grundzügen darzustellen. [2]Aus dem Flächennutzungsplan können Flächen und sonstige Darstellungen ausgenommen werden, wenn dadurch die nach Satz 1 darzustellenden Grundzüge nicht berührt werden und die Gemeinde beabsichtigt, die Darstellung zu einem späteren Zeitpunkt vorzunehmen; in der Begründung sind die Gründe hierfür darzulegen.

(2) Im Flächennutzungsplan können insbesondere dargestellt werden:

1. die für die Bebauung vorgesehenen Flächen nach der allgemeinen Art ihrer baulichen Nutzung (Bauflächen), nach der besonderen Art ihrer baulichen Nutzung (Baugebiete) sowie nach dem allgemeinen Maß der baulichen Nutzung; Bauflächen, für die eine zentrale Abwasserbeseitigung nicht vorgesehen ist, sind zu kennzeichnen;
2. die Ausstattung des Gemeindegebiets
   a) mit Anlagen und Einrichtungen zur Versorgung mit Gütern und Dienstleistungen des öffentlichen und privaten Bereichs, insbesondere mit der Allgemeinheit dienenden baulichen Anlagen und Einrichtungen des Gemeinbedarfs, wie mit Schulen und Kirchen sowie mit sonstigen kirchlichen, sozialen, gesundheitlichen und kulturellen Zwecken dienenden Gebäuden und Einrichtungen, sowie mit Flächen für Sport- und Spielanlagen,
   b) mit Anlagen, Einrichtungen und sonstigen Maßnahmen, die dem Klimawandel entgegenwirken, insbesondere zur dezentralen und zentralen Erzeugung, Verteilung, Nutzung oder Speicherung von Strom, Wärme oder Kälte aus erneuerbaren Energien oder Kraft-Wärme-Kopplung,
   c) mit Anlagen, Einrichtungen und sonstigen Maßnahmen, die der Anpassung an den Klimawandel dienen,
   d) mit zentralen Versorgungsbereichen;
3. die Flächen für den überörtlichen Verkehr und für die örtlichen Hauptverkehrszüge;

4. die Flächen für Versorgungsanlagen, für die Abfallentsorgung und Abwasserbeseitigung, für Ablagerungen sowie für Hauptversorgungs- und Hauptabwasserleitungen;
5. die Grünflächen, wie Parkanlagen, Naturerfahrungsräume, Dauerkleingärten, Sport-, Spiel-, Zelt- und Badeplätze, Friedhöfe;
5a. die Flächen zur Gewährleistung eines natürlichen Klimaschutzes;
6. die Flächen für Nutzungsbeschränkungen oder für Vorkehrungen zum Schutz gegen schädliche Umwelteinwirkungen im Sinne des Bundes-Immissionsschutzgesetzes;
7. die Wasserflächen, Häfen und die für die Wasserwirtschaft vorgesehenen Flächen sowie die Flächen, die im Interesse des Hochwasserschutzes und der Regelung des Wasserabflusses freizuhalten sind;
8. die Flächen für Aufschüttungen, Abgrabungen oder für die Gewinnung von Steinen, Erden und anderen Bodenschätzen;
9. a) die Flächen für die Landwirtschaft und
   b) Wald;
10. die Flächen für Maßnahmen zum Schutz, zur Pflege und zur Entwicklung von Boden, Natur und Landschaft.

(2a) Flächen zum Ausgleich im Sinne des § 1a Absatz 3 im Geltungsbereich des Flächennutzungsplans können den Flächen, auf denen Eingriffe in Natur und Landschaft zu erwarten sind, ganz oder teilweise zugeordnet werden.

(2b) Für die Zwecke des § 35 Absatz 3 Satz 3 oder des § 249 Absatz 2 können sachliche Teilflächennutzungspläne aufgestellt werden; sie können auch für Teile des Gemeindegebiets aufgestellt werden.

(3) Im Flächennutzungsplan sollen gekennzeichnet werden:
1. Flächen, bei deren Bebauung besondere bauliche Vorkehrungen gegen äußere Einwirkungen oder bei denen besondere bauliche Sicherungsmaßnahmen gegen Naturgewalten erforderlich sind;
2. Flächen, unter denen der Bergbau umgeht oder die für den Abbau von Mineralien bestimmt sind;
3. für bauliche Nutzungen vorgesehene Flächen, deren Böden erheblich mit umweltgefährdenden Stoffen belastet sind.

(4) [1]Planungen und sonstige Nutzungsregelungen, die nach anderen gesetzlichen Vorschriften festgesetzt sind, sowie nach Landesrecht denkmalgeschützte Mehrheiten von baulichen Anlagen sollen nachrichtlich übernommen werden. [2]Sind derartige Festsetzungen in Aussicht genommen, sollen sie im Flächennutzungsplan vermerkt werden.

(4a) [1]Festgesetzte Überschwemmungsgebiete im Sinne des § 76 Absatz 2 des Wasserhaushaltsgesetzes, Risikogebiete außerhalb von Überschwemmungsgebieten im Sinne des § 78b Absatz 1 des Wasserhaushaltsgesetzes sowie Hochwasserentstehungsgebiete im Sinne des § 78d Absatz 1 des Wasserhaushaltsgesetzes sollen nachrichtlich übernommen werden. [2]Noch nicht festgesetzte Überschwemmungsgebiete im Sinne des § 76 Absatz 3 des Wasserhaushaltsgesetzes sowie als Risikogebiete im Sinne des § 73 Absatz 1 Satz 1 des Wasserhaushaltsgesetzes bestimmte Gebiete sollen im Flächennutzungsplan vermerkt werden.

(5) Dem Flächennutzungsplan ist eine Begründung mit den Angaben nach § 2a beizufügen.

§ 6
Genehmigung des Flächennutzungsplans

(1) Der Flächennutzungsplan bedarf der Genehmigung der höheren Verwaltungsbehörde.

(2) Die Genehmigung darf nur versagt werden, wenn der Flächennutzungsplan nicht ordnungsgemäß zustande gekommen ist oder diesem Gesetzbuch, den auf Grund dieses Gesetzbuchs erlassenen oder sonstigen Rechtsvorschriften widerspricht.

(3) Können Versagungsgründe nicht ausgeräumt werden, kann die höhere Verwaltungsbehörde räumliche oder sachliche Teile des

Flächennutzungsplans von der Genehmigung ausnehmen.

(4) [1]Über die Genehmigung ist binnen eines Monats zu entscheiden; die höhere Verwaltungsbehörde kann räumliche und sachliche Teile des Flächennutzungsplans vorweg genehmigen. [2]Aus wichtigen Gründen kann die Frist auf Antrag der Genehmigungsbehörde von der zuständigen übergeordneten Behörde verlängert werden, in der Regel jedoch nur bis zu drei Monaten. [3]Die Gemeinde ist von der Fristverlängerung in Kenntnis zu setzen. [4]Die Genehmigung gilt als erteilt, wenn sie nicht innerhalb der Frist unter Angabe von Gründen abgelehnt wird.

(5) [1]Die Erteilung der Genehmigung ist ortsüblich bekannt zu machen. [2]Mit der Bekanntmachung wird der Flächennutzungsplan wirksam. [3]Jedermann kann den Flächennutzungsplan, die Begründung und die zusammenfassende Erklärung nach § 6a Absatz 1 einsehen und über deren Inhalt Auskunft verlangen.

(6) Mit dem Beschluss über eine Änderung oder Ergänzung des Flächennutzungsplans kann die Gemeinde auch bestimmen, dass der Flächennutzungsplan in der Fassung, die er durch die Änderung oder Ergänzung erfahren hat, neu bekannt zu machen ist.

§ 6a
Zusammenfassende Erklärung zum Flächennutzungsplan; Einstellen in das Internet

(1) Dem wirksamen Flächennutzungsplan ist eine zusammenfassende Erklärung beizufügen über die Art und Weise, wie die Umweltbelange und die Ergebnisse der Öffentlichkeits- und Behördenbeteiligung in dem Flächennutzungsplan berücksichtigt wurden, und über die Gründe, aus denen der Plan nach Abwägung mit den geprüften, in Betracht kommenden anderweitigen Planungsmöglichkeiten gewählt wurde.

(2) Der wirksame Flächennutzungsplan mit der Begründung und der zusammenfassenden Erklärung soll ergänzend auch in das Internet eingestellt und über ein zentrales Internetportal des Landes zugänglich gemacht werden.

§ 7
Anpassung an den Flächennutzungsplan

[1]Öffentliche Planungsträger, die nach § 4 oder § 13 beteiligt worden sind, haben ihre Planungen dem Flächennutzungsplan insoweit anzupassen, als sie diesem Plan nicht widersprochen haben. [2]Der Widerspruch ist bis zum Beschluss der Gemeinde einzulegen. [3]Macht eine Veränderung der Sachlage eine abweichende Planung erforderlich, haben sie sich unverzüglich mit der Gemeinde ins Benehmen zu setzen. [4]Kann ein Einvernehmen zwischen der Gemeinde und dem öffentlichen Planungsträger nicht erreicht werden, kann der öffentliche Planungsträger nachträglich widersprechen. [5]Der Widerspruch ist nur zulässig, wenn die für die abweichende Planung geltend gemachten Belange die sich aus dem Flächennutzungsplan ergebenden städtebaulichen Belange nicht nur unwesentlich überwiegen. [6]Im Falle einer abweichenden Planung ist § 37 Absatz 3 auf die durch die Änderung oder Ergänzung des Flächennutzungsplans oder eines Bebauungsplans, der aus dem Flächennutzungsplan entwickelt worden ist und geändert, ergänzt oder aufgehoben werden musste, entstehenden Aufwendungen und Kosten entsprechend anzuwenden; § 38 Satz 3 bleibt unberührt.

DRITTER ABSCHNITT
Verbindlicher Bauleitplan (Bebauungsplan)

§ 8
Zweck des Bebauungsplans

(1) [1]Der Bebauungsplan enthält die rechtsverbindlichen Festsetzungen für die städtebauliche Ordnung. [2]Er bildet die Grundlage für weitere, zum Vollzug dieses Gesetzbuchs erforderliche Maßnahmen.

(2) [1]Bebauungspläne sind aus dem Flächennutzungsplan zu entwickeln. [2]Ein Flächennutzungsplan ist nicht erforderlich, wenn der

Bebauungsplan ausreicht, um die städtebauliche Entwicklung zu ordnen.

(3) [1]Mit der Aufstellung, Änderung, Ergänzung oder Aufhebung eines Bebauungsplans kann gleichzeitig auch der Flächennutzungsplan aufgestellt, geändert oder ergänzt werden (Parallelverfahren). [2]Der Bebauungsplan kann vor dem Flächennutzungsplan bekannt gemacht werden, wenn nach dem Stand der Planungsarbeiten anzunehmen ist, dass der Bebauungsplan aus den künftigen Darstellungen des Flächennutzungsplans entwickelt sein wird.

(4) [1]Ein Bebauungsplan kann aufgestellt, geändert, ergänzt oder aufgehoben werden, bevor der Flächennutzungsplan aufgestellt ist, wenn dringende Gründe es erfordern und wenn der Bebauungsplan der beabsichtigten städtebaulichen Entwicklung des Gemeindegebiets nicht entgegenstehen wird (vorzeitiger Bebauungsplan). [2]Gilt bei Gebiets- oder Bestandsänderungen von Gemeinden oder anderen Veränderungen der Zuständigkeit für die Aufstellung von Flächennutzungsplänen ein Flächennutzungsplan fort, kann ein vorzeitiger Bebauungsplan auch aufgestellt werden, bevor der Flächennutzungsplan ergänzt oder geändert ist.

§ 9
Inhalt des Bebauungsplans

(1) Im Bebauungsplan können aus städtebaulichen Gründen festgesetzt werden:

1. die Art und das Maß der baulichen Nutzung;
2. die Bauweise, die überbaubaren und die nicht überbaubaren Grundstücksflächen sowie die Stellung der baulichen Anlagen;

2a. vom Bauordnungsrecht abweichende Maße der Tiefe der Abstandsflächen;

3. für die Größe, Breite und Tiefe der Baugrundstücke Mindestmaße und aus Gründen des sparsamen und schonenden Umgangs mit Grund und Boden für Wohnbaugrundstücke auch Höchstmaße;
4. die Flächen für Nebenanlagen, die auf Grund anderer Vorschriften für die Nutzung von Grundstücken erforderlich sind, wie Spiel-, Freizeit- und Erholungsflächen sowie die Flächen für Stellplätze und Garagen mit ihren Einfahrten;
5. die Flächen für den Gemeinbedarf sowie für Sport- und Spielanlagen;
6. die höchstzulässige Zahl der Wohnungen in Wohngebäuden;
7. die Flächen, auf denen ganz oder teilweise nur Wohngebäude, die mit Mitteln der sozialen Wohnraumförderung gefördert werden könnten, errichtet werden dürfen;
8. einzelne Flächen, auf denen ganz oder teilweise nur Wohngebäude errichtet werden dürfen, die für Personengruppen mit besonderem Wohnbedarf bestimmt sind;
9. der besondere Nutzungszweck von Flächen;
10. die Flächen, die von der Bebauung freizuhalten sind, und ihre Nutzung;
11. die Verkehrsflächen sowie Verkehrsflächen besonderer Zweckbestimmung, wie Fußgängerbereiche, Flächen für das Parken von Fahrzeugen, Flächen für Ladeinfrastruktur elektrisch betriebener Fahrzeuge, Flächen für das Abstellen von Fahrrädern sowie den Anschluss anderer Flächen an die Verkehrsflächen; die Flächen können auch als öffentliche oder private Flächen festgesetzt werden;
12. die Versorgungsflächen, einschließlich der Flächen für Anlagen und Einrichtungen zur dezentralen und zentralen Erzeugung, Verteilung, Nutzung oder Speicherung von Strom, Wärme oder Kälte aus erneuerbaren Energien oder Kraft-Wärme-Kopplung;
13. die Führung von oberirdischen oder unterirdischen Versorgungsanlagen und -leitungen;
14. die Flächen für die Abfall- und Abwasserbeseitigung, einschließlich der Rückhaltung und Versickerung von Niederschlagswasser, sowie für Ablagerungen;
15. die öffentlichen und privaten Grünflächen, wie Parkanlagen, Naturerfahrungsräume, Dauerkleingärten, Sport-, Spiel-, Zelt- und Badeplätze, Friedhöfe;

15a. die Flächen zur Gewährleistung eines natürlichen Klimaschutzes;

16. a) die Wasserflächen und die Flächen für die Wasserwirtschaft,
    b) die Flächen für Hochwasserschutzanlagen, für die Regelung des Wasserabflusses, einschließlich des Niederschlagswassers aus Starkregenereignissen,
    c) Gebiete, in denen bei der Errichtung baulicher Anlagen bestimmte bauliche oder technische Maßnahmen getroffen werden müssen, die der Vermeidung oder Verringerung von Hochwasserschäden einschließlich Schäden durch Starkregen dienen, sowie die Art dieser Maßnahmen,
    d) die Flächen, die auf einem Baugrundstück für die natürliche Versickerung von Wasser aus Niederschlägen freigehalten werden müssen, um insbesondere Hochwasserschäden, einschließlich Schäden durch Starkregen, vorzubeugen;
17. die Flächen für Aufschüttungen, Abgrabungen oder für die Gewinnung von Steinen, Erden und anderen Bodenschätzen;
18. a) die Flächen für die Landwirtschaft und
    b) Wald;
19. die Flächen für die Errichtung von Anlagen für die Kleintierhaltung wie Ausstellungs- und Zuchtanlagen, Zwinger, Koppeln und dergleichen;
20. die Flächen oder Maßnahmen zum Schutz, zur Pflege und zur Entwicklung von Boden, Natur und Landschaft;
21. die mit Geh-, Fahr- und Leitungsrechten zugunsten der Allgemeinheit, eines Erschließungsträgers oder eines beschränkten Personenkreises zu belastenden Flächen;
22. die Flächen für Gemeinschaftsanlagen für bestimmte räumliche Bereiche wie Kinderspielplätze, Freizeiteinrichtungen, Stellplätze und Garagen;
23. Gebiete, in denen
    a) zum Schutz vor schädlichen Umwelteinwirkungen im Sinne des Bundes-Immissionsschutzgesetzes bestimmte Luft verunreinigende Stoffe nicht oder nur beschränkt verwendet werden dürfen,
    b) bei der Errichtung von Gebäuden oder bestimmten sonstigen baulichen Anlagen bestimmte bauliche und sonstige technische Maßnahmen für die Erzeugung, Nutzung oder Speicherung von Strom, Wärme oder Kälte aus erneuerbaren Energien oder Kraft-Wärme-Kopplung getroffen werden müssen,
    c) bei der Errichtung, Änderung oder Nutzungsänderung von nach Art, Maß oder Nutzungsintensität zu bestimmenden Gebäuden oder sonstigen baulichen Anlagen in der Nachbarschaft von Betriebsbereichen nach § 3 Absatz 5a des Bundes-Immissionsschutzgesetzes bestimmte bauliche und sonstige technische Maßnahmen, die der Vermeidung oder Minderung der Folgen von Störfällen dienen, getroffen werden müssen;
24. die von der Bebauung freizuhaltenden Schutzflächen und ihre Nutzung, die Flächen für besondere Anlagen und Vorkehrungen zum Schutz vor schädlichen Umwelteinwirkungen und sonstigen Gefahren im Sinne des Bundes-Immissionsschutzgesetzes sowie die zum Schutz vor solchen Einwirkungen oder zur Vermeidung oder Minderung solcher Einwirkungen zu treffenden baulichen und sonstigen technischen Vorkehrungen, einschließlich von Maßnahmen zum Schutz vor schädlichen Umwelteinwirkungen durch Geräusche, wobei die Vorgaben des Immissionsschutzrechts unberührt bleiben;
25. für einzelne Flächen oder für ein Bebauungsplangebiet oder Teile davon sowie für Teile baulicher Anlagen mit Ausnahme der für landwirtschaftliche Nutzungen oder Wald festgesetzten Flächen
    a) das Anpflanzen von Bäumen, Sträuchern und sonstigen Bepflanzungen,
    b) Bindungen für Bepflanzungen und für die Erhaltung von Bäumen, Sträuchern und sonstigen Bepflanzungen sowie von Gewässern;

26. die Flächen für Aufschüttungen, Abgrabungen und Stützmauern, soweit sie zur Herstellung des Straßenkörpers erforderlich sind.

(1a) [1]Flächen oder Maßnahmen zum Ausgleich im Sinne des § 1a Absatz 3 können auf den Grundstücken, auf denen Eingriffe in Natur und Landschaft zu erwarten sind, oder an anderer Stelle sowohl im sonstigen Geltungsbereich des Bebauungsplans als auch in einem anderen Bebauungsplan festgesetzt werden. [2]Die Flächen oder Maßnahmen zum Ausgleich an anderer Stelle können den Grundstücken, auf denen Eingriffe zu erwarten sind, ganz oder teilweise zugeordnet werden; dies gilt auch für Maßnahmen auf von der Gemeinde bereitgestellten Flächen.

(2) [1]Im Bebauungsplan kann in besonderen Fällen festgesetzt werden, dass bestimmte der in ihm festgesetzten baulichen und sonstigen Nutzungen und Anlagen nur

1. für einen bestimmten Zeitraum zulässig oder
2. bis zum Eintritt bestimmter Umstände zulässig oder unzulässig

sind. [2]Die Folgenutzung soll festgesetzt werden.

(2a) [1]Für im Zusammenhang bebaute Ortsteile (§ 34) kann zur Erhaltung oder Entwicklung zentraler Versorgungsbereiche, auch im Interesse einer verbrauchernahen Versorgung der Bevölkerung und der Innenentwicklung der Gemeinden, in einem Bebauungsplan festgesetzt werden, dass nur bestimmte Arten der nach § 34 Absatz 1 und 2 zulässigen baulichen Nutzungen zulässig oder nicht zulässig sind oder nur ausnahmsweise zugelassen werden können; die Festsetzungen können für Teile des räumlichen Geltungsbereichs des Bebauungsplans unterschiedlich getroffen werden. [2]Dabei ist insbesondere ein hierauf bezogenes städtebauliches Entwicklungskonzept im Sinne des § 1 Absatz 6 Nummer 11 zu berücksichtigen, das Aussagen über die zu erhaltenden oder zu entwickelnden zentralen Versorgungsbereiche der Gemeinde oder eines Gemeindeteils enthält. [3]In den zu erhaltenden oder zu entwickelnden zentralen Versorgungsbereichen sollen die planungsrechtlichen Voraussetzungen für Vorhaben, die diesen Versorgungsbereichen dienen, nach § 30 oder § 34 vorhanden oder durch einen Bebauungsplan, dessen Aufstellung förmlich eingeleitet ist, vorgesehen sein.

(2b) Für im Zusammenhang bebaute Ortsteile (§ 34) kann in einem Bebauungsplan, auch für Teile des räumlichen Geltungsbereichs des Bebauungsplans, festgesetzt werden, dass Vergnügungsstätten oder bestimmte Arten von Vergnügungsstätten zulässig oder nicht zulässig sind oder nur ausnahmsweise zugelassen werden können, um

1. eine Beeinträchtigung von Wohnnutzungen oder anderen schutzbedürftigen Anlagen wie Kirchen, Schulen und Kindertagesstätten oder
2. eine Beeinträchtigung der sich aus der vorhandenen Nutzung ergebenden städtebaulichen Funktion des Gebiets, insbesondere durch eine städtebaulich nachteilige Häufung von Vergnügungsstätten,

zu verhindern.

(2c) Für im Zusammenhang bebaute Ortsteile nach § 34 und für Gebiete nach § 30 in der Nachbarschaft von Betriebsbereichen nach § 3 Absatz 5a des Bundes-Immissionsschutzgesetzes kann zur Vermeidung oder Verringerung der Folgen von Störfällen für bestimmte Nutzungen, Arten von Nutzungen oder für nach Art, Maß oder Nutzungsintensität zu bestimmende Gebäude oder sonstige bauliche Anlagen in einem Bebauungsplan festgesetzt werden, dass diese zulässig, nicht zulässig oder nur ausnahmsweise zulässig sind; die Festsetzungen können für Teile des räumlichen Geltungsbereichs des Bebauungsplans unterschiedlich getroffen werden.

(2d) [1]Für im Zusammenhang bebaute Ortsteile (§ 34) können in einem Bebauungsplan zur Wohnraumversorgung eine oder mehrere der folgenden Festsetzungen getroffen werden:

1. Flächen, auf denen Wohngebäude errichtet werden dürfen;
2. Flächen, auf denen nur Gebäude errichtet werden dürfen, bei denen einzelne oder alle Wohnungen die baulichen Voraussetzungen für eine Förderung mit Mitteln der sozialen Wohnraumförderung erfüllen, oder

3. Flächen, auf denen nur Gebäude errichtet werden dürfen, bei denen sich ein Vorhabenträger hinsichtlich einzelner oder aller Wohnungen dazu verpflichtet, die zum Zeitpunkt der Verpflichtung geltenden Förderbedingungen der sozialen Wohnraumförderung, insbesondere die Miet- und Belegungsbindung, einzuhalten und die Einhaltung dieser Verpflichtung in geeigneter Weise sichergestellt wird.

[2]Ergänzend können eine oder mehrere der folgenden Festsetzungen getroffen werden:
1. das Maß der baulichen Nutzung;
2. die Bauweise, die überbaubaren und die nicht überbaubaren Grundstücksflächen sowie die Stellung der baulichen Anlagen;
3. vom Bauordnungsrecht abweichende Maße der Tiefe der Abstandsflächen;
4. Mindestmaße für die Größe, Breite und Tiefe der Baugrundstücke;
5. Höchstmaße für die Größe, Breite und Tiefe der Wohnbaugrundstücke, aus Gründen des sparsamen und schonenden Umgangs mit Grund und Boden.

[3]Die Festsetzungen nach den Sätzen 1 und 2 können für Teile des räumlichen Geltungsbereichs des Bebauungsplans getroffen werden. [4]Die Festsetzungen nach den Sätzen 1 bis 3 können für Teile des räumlichen Geltungsbereichs des Bebauungsplans oder für Geschosse, Ebenen oder sonstige Teile baulicher Anlagen unterschiedlich getroffen werden. [5]Das Verfahren zur Aufstellung eines Bebauungsplans nach diesem Absatz kann nur bis zum Ablauf des 31. Dezember 2024 förmlich eingeleitet werden. [6]Der Satzungsbeschluss nach § 10 Absatz 1 ist bis zum Ablauf des 31. Dezember 2026 zu fassen.

(3) [1]Bei Festsetzungen nach Absatz 1 kann auch die Höhenlage festgesetzt werden. [2]Festsetzungen nach Absatz 1 für übereinanderliegende Geschosse und Ebenen und sonstige Teile baulicher Anlagen können gesondert getroffen werden; dies gilt auch, soweit Geschosse, Ebenen und sonstige Teile baulicher Anlagen unterhalb der Geländeoberfläche vorgesehen sind.

(4) Die Länder können durch Rechtsvorschriften bestimmen, dass auf Landesrecht beruhende Regelungen in den Bebauungsplan als Festsetzungen aufgenommen werden können und inwieweit auf diese Festsetzungen die Vorschriften dieses Gesetzbuchs Anwendung finden.

(5) Im Bebauungsplan sollen gekennzeichnet werden:
1. Flächen, bei deren Bebauung besondere bauliche Vorkehrungen gegen äußere Einwirkungen oder bei denen besondere bauliche Sicherungsmaßnahmen gegen Naturgewalten erforderlich sind;
2. Flächen, unter denen der Bergbau umgeht oder die für den Abbau von Mineralien bestimmt sind;
3. Flächen, deren Böden erheblich mit umweltgefährdenden Stoffen belastet sind.

(6) Nach anderen gesetzlichen Vorschriften getroffene Festsetzungen, gemeindliche Regelungen zum Anschluss- und Benutzungszwang sowie Denkmäler nach Landesrecht sollen in den Bebauungsplan nachrichtlich übernommen werden, soweit sie zu seinem Verständnis oder für die städtebauliche Beurteilung von Baugesuchen notwendig oder zweckmäßig sind.

(6a) [1]Festgesetzte Überschwemmungsgebiete im Sinne des § 76 Absatz 2 des Wasserhaushaltsgesetzes, Risikogebiete außerhalb von Überschwemmungsgebieten im Sinne des § 78b Absatz 1 des Wasserhaushaltsgesetzes sowie Hochwasserentstehungsgebiete im Sinne des § 78d Absatz 1 des Wasserhaushaltsgesetzes sollen nachrichtlich übernommen werden. [2]Noch nicht festgesetzte Überschwemmungsgebiete im Sinne des § 76 Absatz 3 des Wasserhaushaltsgesetzes sowie als Risikogebiete im Sinne des § 73 Absatz 1 Satz 1 des Wasserhaushaltsgesetzes bestimmte Gebiete sollen im Bebauungsplan vermerkt werden.

(7) Der Bebauungsplan setzt die Grenzen seines räumlichen Geltungsbereichs fest.

(8) Dem Bebauungsplan ist eine Begründung mit den Angaben nach § 2a beizufügen.

§ 9a
Verordnungsermächtigung

(1) Das Bundesministerium für Wohnen, Stadtentwicklung und Bauwesen wird ermächtigt, mit Zustimmung des Bundesrates durch Rechtsverordnung Vorschriften zu erlassen über

1. Darstellungen und Festsetzungen in den Bauleitplänen über
   a) die Art der baulichen Nutzung,
   b) das Maß der baulichen Nutzung und seine Berechnung,
   c) die Bauweise sowie die überbaubaren und die nicht überbaubaren Grundstücksflächen;
2. die in den Baugebieten zulässigen baulichen und sonstigen Anlagen;
3. die Zulässigkeit der Festsetzung nach Maßgabe des § 9 Absatz 3 über verschiedenartige Baugebiete oder verschiedenartige in den Baugebieten zulässige bauliche und sonstige Anlagen;
4. die Ausarbeitung der Bauleitpläne einschließlich der dazugehörigen Unterlagen sowie über die Darstellung des Planinhalts, insbesondere über die dabei zu verwendenden Planzeichen und ihre Bedeutung.

(2) [1]Das Bundesministerium für Wohnen, Stadtentwicklung und Bauwesen wird ermächtigt, im Einvernehmen mit dem Bundesministerium für Umwelt, Naturschutz, nukleare Sicherheit und Verbraucherschutz mit Zustimmung des Bundesrates durch Rechtsverordnung Vorgaben zu erlassen zur Berücksichtigung von artenschutzrechtlichen Belangen im Rahmen der Umweltprüfung bei der Aufstellung von Bauleitplänen. [2]Sofern dabei auch Fragen der Windenergie an Land berührt sind, sind die Vorgaben auch im Einvernehmen mit dem Bundesministerium für Wirtschaft und Klimaschutz zu erlassen.

§ 10
Beschluss, Genehmigung und Inkrafttreten des Bebauungsplans

(1) Die Gemeinde beschließt den Bebauungsplan als Satzung.

(2) [1]Bebauungspläne nach § 8 Absatz 2 Satz 2, Absatz 3 Satz 2 und Absatz 4 bedürfen der Genehmigung der höheren Verwaltungsbehörde. [2]§ 6 Absatz 2 und 4 ist entsprechend anzuwenden.

(3) [1]Die Erteilung der Genehmigung oder, soweit eine Genehmigung nicht erforderlich ist, der Beschluss des Bebauungsplans durch die Gemeinde ist ortsüblich bekannt zu machen. [2]Der Bebauungsplan ist mit der Begründung und der zusammenfassenden Erklärung nach § 10a Absatz 1 zu jedermanns Einsicht bereitzuhalten; über den Inhalt ist auf Verlangen Auskunft zu geben. [3]In der Bekanntmachung ist darauf hinzuweisen, wo der Bebauungsplan eingesehen werden kann. [4]Mit der Bekanntmachung tritt der Bebauungsplan in Kraft. [5]Die Bekanntmachung tritt an die Stelle der sonst für Satzungen vorgeschriebenen Veröffentlichung.

§ 10a
Zusammenfassende Erklärung zum Bebauungsplan; Einstellen in das Internet

(1) Dem in Kraft getretenen Bebauungsplan ist eine zusammenfassende Erklärung beizufügen über die Art und Weise, wie die Umweltbelange und die Ergebnisse der Öffentlichkeits- und Behördenbeteiligung in dem Bebauungsplan berücksichtigt wurden, und über die Gründe, aus denen der Plan nach Abwägung mit den geprüften, in Betracht kommenden anderweitigen Planungsmöglichkeiten gewählt wurde.

(2) Der in Kraft getretene Bebauungsplan mit der Begründung und der zusammenfassenden Erklärung soll ergänzend auch in das Internet eingestellt und über ein zentrales Internetportal des Landes zugänglich gemacht werden.

VIERTER ABSCHNITT
Zusammenarbeit mit Privaten; vereinfachtes Verfahren

§ 11
Städtebaulicher Vertrag

(1) [1]Die Gemeinde kann städtebauliche Verträge schließen. [2]Gegenstände eines städtebaulichen Vertrags können insbesondere sein:

1. die Vorbereitung oder Durchführung städtebaulicher Maßnahmen durch den Vertragspartner auf eigene Kosten; dazu gehören auch die Neuordnung der Grundstücksverhältnisse, die Bodensanierung und sonstige vorbereitende Maßnahmen, die Erschließung durch nach Bundes- oder nach Landesrecht beitragsfähige sowie nicht beitragsfähige Erschließungsanlagen, die Ausarbeitung der städtebaulichen Planungen sowie erforderlichenfalls des Umweltberichts; die Verantwortung der Gemeinde für das gesetzlich vorgesehene Planaufstellungsverfahren bleibt unberührt;
2. die Förderung und Sicherung der mit der Bauleitplanung verfolgten Ziele, insbesondere die Grundstücksnutzung, auch hinsichtlich einer Befristung oder einer Bedingung, die Durchführung des Ausgleichs im Sinne des § 1a Absatz 3, die Berücksichtigung baukultureller Belange, die Deckung des Wohnbedarfs von Bevölkerungsgruppen mit besonderen Wohnraumversorgungsproblemen sowie der Erwerb angemessenen Wohnraums durch einkommensschwächere und weniger begüterte Personen der örtlichen Bevölkerung;
3. die Übernahme von Kosten oder sonstigen Aufwendungen, die der Gemeinde für städtebauliche Maßnahmen entstehen oder entstanden sind und die Voraussetzung oder Folge des geplanten Vorhabens sind; dazu gehört auch die Bereitstellung von Grundstücken;
4. entsprechend den mit den städtebaulichen Planungen und Maßnahmen verfolgten Zielen und Zwecken die Errichtung und Nutzung von Anlagen und Einrichtungen zur dezentralen und zentralen Erzeugung, Verteilung, Nutzung oder Speicherung von Strom, Wärme oder Kälte aus erneuerbaren Energien oder Kraft-Wärme-Kopplung;
5. entsprechend den mit den städtebaulichen Planungen und Maßnahmen verfolgten Zielen und Zwecken die Anforderungen an die energetische Qualität von Gebäuden.

[3]Die Gemeinde kann städtebauliche Verträge auch mit einer juristischen Person abschließen, an der sie beteiligt ist.

(2) [1]Die vereinbarten Leistungen müssen den gesamten Umständen nach angemessen sein. [2]Die Vereinbarung einer vom Vertragspartner zu erbringenden Leistung ist unzulässig, wenn er auch ohne sie einen Anspruch auf die Gegenleistung hätte. [3]Trägt oder übernimmt der Vertragspartner Kosten oder sonstige Aufwendungen, ist unbeschadet des Satzes 1 eine Eigenbeteiligung der Gemeinde nicht erforderlich.

(3) Ein städtebaulicher Vertrag bedarf der Schriftform, soweit nicht durch Rechtsvorschriften eine andere Form vorgeschrieben ist.

(4) Die Zulässigkeit anderer städtebaulicher Verträge bleibt unberührt.

§ 12
Vorhaben- und Erschließungsplan

(1) [1]Die Gemeinde kann durch einen vorhabenbezogenen Bebauungsplan die Zulässigkeit von Vorhaben bestimmen, wenn der Vorhabenträger auf der Grundlage eines mit der Gemeinde abgestimmten Plans zur Durchführung der Vorhaben und der Erschließungsmaßnahmen (Vorhaben- und Erschließungsplan) bereit und in der Lage ist und sich zur Durchführung innerhalb einer bestimmten Frist und zur Tragung der Planungs- und Erschließungskosten ganz oder teilweise vor dem Beschluss nach § 10 Absatz 1 verpflichtet (Durchführungsvertrag). [2]Die Begründung des Planentwurfs hat die nach § 2a erforderlichen Angaben zu enthalten. [3]Für die grenzüberschreitende Beteiligung ist eine Übersetzung der Angaben vorzulegen, soweit dies

nach den Vorschriften des Gesetzes über die Umweltverträglichkeitsprüfung notwendig ist. [4]Für den vorhabenbezogenen Bebauungsplan nach Satz 1 gelten ergänzend die Absätze 2 bis 6.

(2) [1]Die Gemeinde hat auf Antrag des Vorhabenträgers über die Einleitung des Bebauungsplanverfahrens nach pflichtgemäßem Ermessen zu entscheiden. [2]Auf Antrag des Vorhabenträgers oder sofern die Gemeinde es nach Einleitung des Bebauungsplanverfahrens für erforderlich hält, informiert die Gemeinde diesen über den voraussichtlich erforderlichen Untersuchungsrahmen der Umweltprüfung nach § 2 Absatz 4 unter Beteiligung der Behörden nach § 4 Absatz 1.

(3) [1]Der Vorhaben- und Erschließungsplan wird Bestandteil des vorhabenbezogenen Bebauungsplans. [2]Im Bereich des Vorhaben- und Erschließungsplans ist die Gemeinde bei der Bestimmung der Zulässigkeit der Vorhaben nicht an die Festsetzungen nach § 9 und nach der auf Grund von § 9a erlassenen Verordnung gebunden; die §§ 14 bis 18, 22 bis 28, 39 bis 79, 127 bis 135c sind nicht anzuwenden. [3]Soweit der vorhabenbezogene Bebauungsplan auch im Bereich des Vorhaben- und Erschließungsplans Festsetzungen nach § 9 für öffentliche Zwecke trifft, kann gemäß § 85 Absatz 1 Nummer 1 enteignet werden.

(3a) [1]Wird in einem vorhabenbezogenen Bebauungsplan für den Bereich des Vorhaben- und Erschließungsplans durch Festsetzung eines Baugebiets auf Grund der Baunutzungsverordnung oder auf sonstige Weise eine bauliche oder sonstige Nutzung allgemein festgesetzt, ist unter entsprechender Anwendung des § 9 Absatz 2 festzusetzen, dass im Rahmen der festgesetzten Nutzungen nur solche Vorhaben zulässig sind, zu deren Durchführung sich der Vorhabenträger im Durchführungsvertrag verpflichtet. [2]Änderungen des Durchführungsvertrags oder der Abschluss eines neuen Durchführungsvertrags sind zulässig.

(4) Einzelne Flächen außerhalb des Bereichs des Vorhaben- und Erschließungsplans können in den vorhabenbezogenen Bebauungsplan einbezogen werden.

(5) [1]Ein Wechsel des Vorhabenträgers bedarf der Zustimmung der Gemeinde. [2]Die Zustimmung darf nur dann verweigert werden, wenn Tatsachen die Annahme rechtfertigen, dass die Durchführung des Vorhaben- und Erschließungsplans innerhalb der Frist nach Absatz 1 gefährdet ist.

(6) [1]Wird der Vorhaben- und Erschließungsplan nicht innerhalb der Frist nach Absatz 1 durchgeführt, soll die Gemeinde den Bebauungsplan aufheben. [2]Aus der Aufhebung können Ansprüche des Vorhabenträgers gegen die Gemeinde nicht geltend gemacht werden. [3]Bei der Aufhebung kann das vereinfachte Verfahren nach § 13 angewendet werden.

(7) Soll in bisherigen Erholungssondergebieten nach § 10 der Baunutzungsverordnung auch Wohnnutzung zugelassen werden, kann die Gemeinde nach Maßgabe der Absätze 1 bis 6 einen vorhabenbezogenen Bebauungsplan aufstellen, der insbesondere die Zulässigkeit von baulichen Anlagen zu Wohnzwecken in diesen Gebieten regelt.

§ 13
Vereinfachtes Verfahren

(1) Werden durch die Änderung oder Ergänzung eines Bauleitplans die Grundzüge der Planung nicht berührt oder wird durch die Aufstellung eines Bebauungsplans in einem Gebiet nach § 34 der sich aus der vorhandenen Eigenart der näheren Umgebung ergebende Zulässigkeitsmaßstab nicht wesentlich verändert oder enthält er lediglich Festsetzungen nach § 9 Absatz 2a oder Absatz 2b, kann die Gemeinde das vereinfachte Verfahren anwenden, wenn

1. die Zulässigkeit von Vorhaben, die einer Pflicht zur Durchführung einer Umweltverträglichkeitsprüfung nach Anlage 1 zum Gesetz über die Umweltverträglichkeitsprüfung oder nach Landesrecht unterliegen, nicht vorbereitet oder begründet wird,
2. keine Anhaltspunkte für eine Beeinträchtigung der in § 1 Absatz 6 Nummer 7 Buchstabe b genannten Schutzgüter bestehen und

3. keine Anhaltspunkte dafür bestehen, dass bei der Planung Pflichten zur Vermeidung oder Begrenzung der Auswirkungen von schweren Unfällen nach § 50 Satz 1 des Bundes-Immissionsschutzgesetzes zu beachten sind.

(2) [1]Im vereinfachten Verfahren kann

1. von der frühzeitigen Unterrichtung und Erörterung nach § 3 Absatz 1 und § 4 Absatz 1 abgesehen werden,
2. der betroffenen Öffentlichkeit Gelegenheit zur Stellungnahme innerhalb angemessener Frist gegeben oder wahlweise die Veröffentlichung im Internet nach § 3 Absatz 2 durchgeführt werden,
3. den berührten Behörden und sonstigen Trägern öffentlicher Belange Gelegenheit zur Stellungnahme innerhalb angemessener Frist gegeben oder wahlweise die Beteiligung nach § 4 Absatz 2 durchgeführt werden.

[2]Wird nach Satz 1 Nummer 2 die betroffene Öffentlichkeit beteiligt, gilt die Hinweispflicht des § 3 Absatz 2 Satz 4 zweiter Halbsatz entsprechend.

(3) [1]Im vereinfachten Verfahren wird von der Umweltprüfung nach § 2 Absatz 4, von dem Umweltbericht nach § 2a, von der Angabe nach § 3 Absatz 2 Satz 4, welche Arten umweltbezogener Informationen verfügbar sind, sowie von der zusammenfassenden Erklärung nach § 6a Absatz 1 und § 10a Absatz 1 abgesehen; § 4c ist nicht anzuwenden. [2]Bei der Beteiligung nach Absatz 2 Nummer 2 ist darauf hinzuweisen, dass von einer Umweltprüfung abgesehen wird.

§ 13a
Bebauungspläne der Innenentwicklung

(1) [1]Ein Bebauungsplan für die Wiedernutzbarmachung von Flächen, die Nachverdichtung oder andere Maßnahmen der Innenentwicklung (Bebauungsplan der Innenentwicklung) kann im beschleunigten Verfahren aufgestellt werden. [2]Der Bebauungsplan darf im beschleunigten Verfahren nur aufgestellt werden, wenn in ihm eine zulässige Grundfläche im Sinne des § 19 Absatz 2 der Baunutzungsverordnung oder eine Größe der Grundfläche festgesetzt wird von insgesamt

1. weniger als 20 000 Quadratmetern, wobei die Grundflächen mehrerer Bebauungspläne, die in einem engen sachlichen, räumlichen und zeitlichen Zusammenhang aufgestellt werden, mitzurechnen sind, oder
2. 20 000 Quadratmetern bis weniger als 70 000 Quadratmetern, wenn auf Grund einer überschlägigen Prüfung unter Berücksichtigung der in Anlage 2 dieses Gesetzes genannten Kriterien die Einschätzung erlangt wird, dass der Bebauungsplan voraussichtlich keine erheblichen Umweltauswirkungen hat, die nach § 2 Absatz 4 Satz 4 in der Abwägung zu berücksichtigen wären (Vorprüfung des Einzelfalls); die Behörden und sonstigen Träger öffentlicher Belange, deren Aufgabenbereiche durch die Planung berührt werden können, sind an der Vorprüfung des Einzelfalls zu beteiligen.

[3]Wird in einem Bebauungsplan weder eine zulässige Grundfläche noch eine Größe der Grundfläche festgesetzt, ist bei Anwendung des Satzes 2 die Fläche maßgeblich, die bei Durchführung des Bebauungsplans voraussichtlich versiegelt wird. [4]Das beschleunigte Verfahren ist ausgeschlossen, wenn durch den Bebauungsplan die Zulässigkeit von Vorhaben begründet wird, die einer Pflicht zur Durchführung einer Umweltverträglichkeitsprüfung nach dem Gesetz über die Umweltverträglichkeitsprüfung oder nach Landesrecht unterliegen. [5]Das beschleunigte Verfahren ist auch ausgeschlossen, wenn Anhaltspunkte für eine Beeinträchtigung der in § 1 Absatz 6 Nummer 7 Buchstabe b genannten Schutzgüter oder dafür bestehen, dass bei der Planung Pflichten zur Vermeidung oder Begrenzung der Auswirkungen von schweren Unfällen nach § 50 Satz 1 des Bundes-Immissionsschutzgesetzes zu beachten sind.

(2) Im beschleunigten Verfahren

1. gelten die Vorschriften des vereinfachten Verfahrens nach § 13 Absatz 2 und 3 Satz 1 entsprechend;
2. kann ein Bebauungsplan, der von Darstellungen des Flächennutzungsplans ab-

weicht, auch aufgestellt werden, bevor der Flächennutzungsplan geändert oder ergänzt ist; die geordnete städtebauliche Entwicklung des Gemeindegebiets darf nicht beeinträchtigt werden; der Flächennutzungsplan ist im Wege der Berichtigung anzupassen;
3. soll einem Bedarf an Investitionen zur Erhaltung, Sicherung und Schaffung von Arbeitsplätzen, zur Versorgung der Bevölkerung mit Wohnraum oder zur Verwirklichung von Infrastrukturvorhaben in der Abwägung in angemessener Weise Rechnung getragen werden;
4. gelten in den Fällen des Absatzes 1 Satz 2 Nummer 1 Eingriffe, die auf Grund der Aufstellung des Bebauungsplans zu erwarten sind, als im Sinne des § 1a Absatz 3 Satz 6 vor der planerischen Entscheidung erfolgt oder zulässig.

(3) [1]Bei Aufstellung eines Bebauungsplans im beschleunigten Verfahren ist ortsüblich bekannt zu machen,
1. dass der Bebauungsplan im beschleunigten Verfahren ohne Durchführung einer Umweltprüfung nach § 2 Absatz 4 aufgestellt werden soll, in den Fällen des Absatzes 1 Satz 2 Nummer 2 einschließlich der hierfür wesentlichen Gründe, und
2. wo sich die Öffentlichkeit über die allgemeinen Ziele und Zwecke sowie die wesentlichen Auswirkungen der Planung unterrichten kann und dass sich die Öffentlichkeit innerhalb einer bestimmten Frist zur Planung äußern kann, sofern keine frühzeitige Unterrichtung und Erörterung im Sinne des § 3 Absatz 1 stattfindet.

[2]Die Bekanntmachung nach Satz 1 kann mit der ortsüblichen Bekanntmachung nach § 2 Absatz 1 Satz 2 verbunden werden. [3]In den Fällen des Absatzes 1 Satz 2 Nummer 2 erfolgt die Bekanntmachung nach Satz 1 nach Abschluss der Vorprüfung des Einzelfalls.

(4) Die Absätze 1 bis 3 gelten entsprechend für die Änderung, Ergänzung und Aufhebung eines Bebauungsplans.

ZWEITER TEIL
Sicherung der Bauleitplanung

Erster Abschnitt
Veränderungssperre und Zurückstellung von Baugesuchen

§ 14
Veränderungssperre

(1) Ist ein Beschluss über die Aufstellung eines Bebauungsplans gefasst, kann die Gemeinde zur Sicherung der Planung für den künftigen Planbereich eine Veränderungssperre mit dem Inhalt beschließen, dass
1. Vorhaben im Sinne des § 29 nicht durchgeführt oder bauliche Anlagen nicht beseitigt werden dürfen;
2. erhebliche oder wesentlich wertsteigernde Veränderungen von Grundstücken und baulichen Anlagen, deren Veränderungen nicht genehmigungs-, zustimmungs- oder anzeigepflichtig sind, nicht vorgenommen werden dürfen.

(2) [1]Wenn überwiegende öffentliche Belange nicht entgegenstehen, kann von der Veränderungssperre eine Ausnahme zugelassen werden. [2]Die Entscheidung über Ausnahmen trifft die Baugenehmigungsbehörde im Einvernehmen mit der Gemeinde.

(3) Vorhaben, die vor dem Inkrafttreten der Veränderungssperre baurechtlich genehmigt worden sind, Vorhaben, von denen die Gemeinde nach Maßgabe des Bauordnungsrechts Kenntnis erlangt hat und mit deren Ausführung vor dem Inkrafttreten der Veränderungssperre hätte begonnen werden dürfen, sowie Unterhaltungsarbeiten und die Fortführung einer bisher ausgeübten Nutzung werden von der Veränderungssperre nicht berührt.

(4) Soweit für Vorhaben im förmlich festgelegten Sanierungsgebiet oder im städtebaulichen Entwicklungsbereich eine Genehmigungspflicht nach § 144 Absatz 1 besteht, sind die Vorschriften über die Veränderungssperre nicht anzuwenden.

§ 15
Zurückstellung von Baugesuchen

(1) [1]Wird eine Veränderungssperre nach § 14 nicht beschlossen, obwohl die Voraussetzungen gegeben sind, oder ist eine beschlossene Veränderungssperre noch nicht in Kraft getreten, hat die Baugenehmigungsbehörde auf Antrag der Gemeinde die Entscheidung über die Zulässigkeit von Vorhaben im Einzelfall für einen Zeitraum bis zu zwölf Monaten auszusetzen, wenn zu befürchten ist, dass die Durchführung der Planung durch das Vorhaben unmöglich gemacht oder wesentlich erschwert werden würde. [2]Wird kein Baugenehmigungsverfahren durchgeführt, wird auf Antrag der Gemeinde anstelle der Aussetzung der Entscheidung über die Zulässigkeit eine vorläufige Untersagung innerhalb einer durch Landesrecht festgesetzten Frist ausgesprochen. [3]Die vorläufige Untersagung steht der Zurückstellung nach Satz 1 gleich.

(2) Soweit für Vorhaben im förmlich festgelegten Sanierungsgebiet oder im städtebaulichen Entwicklungsbereich eine Genehmigungspflicht nach § 144 Absatz 1 besteht, sind die Vorschriften über die Zurückstellung von Baugesuchen nicht anzuwenden; mit der förmlichen Festlegung des Sanierungsgebiets oder des städtebaulichen Entwicklungsbereichs wird ein Bescheid über die Zurückstellung des Baugesuchs nach Absatz 1 unwirksam.

(3) [1]Auf Antrag der Gemeinde hat die Baugenehmigungsbehörde die Entscheidung über die Zulässigkeit von Vorhaben nach § 35 Absatz 1 Nummer 2 bis 6 für einen Zeitraum bis zu längstens einem Jahr nach Zustellung der Zurückstellung des Baugesuchs auszusetzen, wenn die Gemeinde beschlossen hat, einen Flächennutzungsplan aufzustellen, zu ändern oder zu ergänzen, mit dem die Rechtswirkungen des § 35 Absatz 3 Satz 3 erreicht werden sollen, und zu befürchten ist, dass die Durchführung der Planung durch das Vorhaben unmöglich gemacht oder wesentlich erschwert werden würde. [2]Auf diesen Zeitraum ist die Zeit zwischen dem Eingang des Baugesuchs bei der zuständigen Behörde bis zur Zustellung der Zurückstellung des Baugesuchs nicht anzurechnen, soweit der Zeitraum für die Bearbeitung des Baugesuchs erforderlich ist. [3]Der Antrag der Gemeinde nach Satz 1 ist nur innerhalb von sechs Monaten, nachdem die Gemeinde in einem Verwaltungsverfahren von dem Bauvorhaben förmlich Kenntnis erhalten hat, zulässig. [4]Wenn besondere Umstände es erfordern, kann die Baugenehmigungsbehörde auf Antrag der Gemeinde die Entscheidung nach Satz 1 um höchstens ein weiteres Jahr aussetzen.

§ 16
Beschluss über die Veränderungssperre

(1) Die Veränderungssperre wird von der Gemeinde als Satzung beschlossen.

(2) [1]Die Gemeinde hat die Veränderungssperre ortsüblich bekannt zu machen. [2]Sie kann auch ortsüblich bekannt machen, dass eine Veränderungssperre beschlossen worden ist; § 10 Absatz 3 Satz 2 bis 5 ist entsprechend anzuwenden.

§ 17
Geltungsdauer der Veränderungssperre

(1) [1]Die Veränderungssperre tritt nach Ablauf von zwei Jahren außer Kraft. [2]Auf die Zweijahresfrist ist der seit der Zustellung der ersten Zurückstellung eines Baugesuchs nach § 15 Absatz 1 abgelaufene Zeitraum anzurechnen. [3]Die Gemeinde kann die Frist um ein Jahr verlängern.

(2) Wenn besondere Umstände es erfordern, kann die Gemeinde die Frist bis zu einem weiteren Jahr nochmals verlängern.

(3) Die Gemeinde kann eine außer Kraft getretene Veränderungssperre ganz oder teilweise erneut beschließen, wenn die Voraussetzungen für ihren Erlass fortbestehen.

(4) Die Veränderungssperre ist vor Fristablauf ganz oder teilweise außer Kraft zu setzen, sobald die Voraussetzungen für ihren Erlass weggefallen sind.

(5) Die Veränderungssperre tritt in jedem Fall außer Kraft, sobald und soweit die Bauleitplanung rechtsverbindlich abgeschlossen ist.

(6) [1]Mit der förmlichen Festlegung des Sanierungsgebiets oder des städtebaulichen Ent-

wicklungsbereichs tritt eine bestehende Veränderungssperre nach § 14 außer Kraft. ²Dies gilt nicht, wenn in der Sanierungssatzung die Genehmigungspflicht nach § 144 Absatz 1 ausgeschlossen ist.

§ 18
Entschädigung bei Veränderungssperre

(1) ¹Dauert die Veränderungssperre länger als vier Jahre über den Zeitpunkt ihres Beginns oder der ersten Zurückstellung eines Baugesuchs nach § 15 Absatz 1 hinaus, ist den Betroffenen für dadurch entstandene Vermögensnachteile eine angemessene Entschädigung in Geld zu leisten. ²Die Vorschriften über die Entschädigung im Zweiten Abschnitt des Fünften Teils sowie § 121 gelten entsprechend; dabei ist der Grundstückswert zugrunde zu legen, der nach den Vorschriften des Zweiten Abschnitts des Dritten Teils zu entschädigen wäre.

(2) ¹Zur Entschädigung ist die Gemeinde verpflichtet. ²Der Entschädigungsberechtigte kann Entschädigung verlangen, wenn die in Absatz 1 Satz 1 bezeichneten Vermögensnachteile eingetreten sind. ³Er kann die Fälligkeit des Anspruchs dadurch herbeiführen, dass er die Leistung der Entschädigung schriftlich bei dem Entschädigungspflichtigen beantragt. ⁴Kommt eine Einigung über die Entschädigung nicht zustande, entscheidet die höhere Verwaltungsbehörde. ⁵Für den Bescheid über die Festsetzung der Entschädigung gilt § 122 entsprechend.

(3) ¹Auf das Erlöschen des Entschädigungsanspruchs findet § 44 Absatz 4 mit der Maßgabe Anwendung, dass bei einer Veränderungssperre, die die Sicherung einer Festsetzung nach § 40 Absatz 1 oder § 41 Absatz 1 zum Gegenstand hat, die Erlöschensfrist frühestens ab Rechtsverbindlichkeit des Bebauungsplans beginnt. ²In der Bekanntmachung nach § 16 Absatz 2 ist auf die Vorschriften des Absatzes 2 Satz 2 und 3 hinzuweisen.

ZWEITER ABSCHNITT
Teilung von Grundstücken; Gebiete mit Fremdenverkehrsfunktionen

§ 19
Teilung von Grundstücken

(1) Die Teilung eines Grundstücks ist die dem Grundbuchamt gegenüber abgegebene oder sonst wie erkennbar gemachte Erklärung des Eigentümers, dass ein Grundstücksteil grundbuchmäßig abgeschrieben und als selbständiges Grundstück oder als ein Grundstück zusammen mit anderen Grundstücken oder mit Teilen anderer Grundstücke eingetragen werden soll.

(2) Durch die Teilung eines Grundstücks im Geltungsbereich eines Bebauungsplans dürfen keine Verhältnisse entstehen, die den Festsetzungen des Bebauungsplans widersprechen.

§§ 20 und 21
(weggefallen)

§ 22
Sicherung von Gebieten mit Fremdenverkehrsfunktionen

(1) ¹Die Gemeinden, die oder deren Teile überwiegend durch den Fremdenverkehr geprägt sind, können in einem Bebauungsplan oder durch eine sonstige Satzung bestimmen, dass zur Sicherung der Zweckbestimmung von Gebieten mit Fremdenverkehrsfunktionen Folgendes der Genehmigung unterliegt:

1. die Begründung oder Teilung von Wohnungseigentum oder Teileigentum nach § 1 des Wohnungseigentumsgesetzes,
2. die Begründung der in den §§ 30 und 31 des Wohnungseigentumsgesetzes bezeichneten Rechte,
3. die Begründung von Bruchteilseigentum nach § 1008 des Bürgerlichen Gesetzbuchs an Grundstücken mit Wohngebäuden oder Beherbergungsbetrieben, wenn zugleich nach § 1010 Absatz 1 des Bürgerlichen Gesetzbuchs im Grundbuch als

Belastung eingetragen werden soll, dass Räume einem oder mehreren Miteigentümern zur ausschließlichen Benutzung zugewiesen sind und die Aufhebung der Gemeinschaft ausgeschlossen ist,

4. bei bestehendem Bruchteilseigentum nach § 1008 des Bürgerlichen Gesetzbuchs an Grundstücken mit Wohngebäuden oder Beherbergungsbetrieben eine im Grundbuch als Belastung einzutragende Regelung nach § 1010 Absatz 1 des Bürgerlichen Gesetzbuchs, wonach Räume einem oder mehreren Miteigentümern zur ausschließlichen Benutzung zugewiesen sind und die Aufhebung der Gemeinschaft ausgeschlossen ist,
5. die Nutzung von Räumen in Wohngebäuden oder Beherbergungsbetrieben als Nebenwohnung, wenn die Räume insgesamt an mehr als der Hälfte der Tage eines Jahres unbewohnt sind.

[2]Voraussetzung für die Bestimmung ist, dass durch die Begründung oder Teilung der Rechte, durch die Regelung nach § 1010 des Bürgerlichen Gesetzbuchs oder durch die Nutzung als Nebenwohnung die vorhandene oder vorgesehene Zweckbestimmung des Gebiets für den Fremdenverkehr und dadurch die geordnete städtebauliche Entwicklung beeinträchtigt werden kann. [3]Die Zweckbestimmung eines Gebiets für den Fremdenverkehr ist insbesondere anzunehmen bei Kurgebieten, Gebieten für die Fremdenbeherbergung, Wochenend- und Ferienhausgebieten, die im Bebauungsplan festgesetzt sind, und bei im Zusammenhang bebauten Ortsteilen, deren Eigenart solchen Gebieten entspricht, sowie bei sonstigen Gebieten mit Fremdenverkehrsfunktionen, die durch Beherbergungsbetriebe und Wohngebäude mit Fremdenbeherbergung geprägt sind.

(2) [1]Die Gemeinde hat die Satzung ortsüblich bekannt zu machen. [2]Sie kann die Bekanntmachung auch in entsprechender Anwendung des § 10 Absatz 3 Satz 2 bis 5 vornehmen. [3]Für Bestimmungen nach Absatz 1 Satz 1 Nummer 1 bis 4 teilt die Gemeinde dem Grundbuchamt den Beschluss über die Satzung, das Datum ihres Inkrafttretens sowie die genaue Bezeichnung der betroffenen Grundstücke vor ihrer Bekanntmachung rechtzeitig mit. [4]Von der genauen Bezeichnung der betroffenen Grundstücke kann in den Fällen des Absatzes 1 Satz 1 Nummer 1 und 2 abgesehen werden, wenn die gesamte Gemarkung betroffen ist und die Gemeinde dies dem Grundbuchamt mitteilt.

(3) *(weggefallen)*

(4) [1]Die Genehmigung darf nur versagt werden, wenn durch die Begründung oder Teilung der Rechte, durch die Regelung nach § 1010 des Bürgerlichen Gesetzbuchs oder durch die Nutzung als Nebenwohnung die Zweckbestimmung des Gebiets für den Fremdenverkehr und dadurch die städtebauliche Entwicklung und Ordnung beeinträchtigt wird. [2]Die Genehmigung nach Absatz 1 Satz 1 Nummer 1 bis 4 ist zu erteilen, wenn sie erforderlich ist, damit Ansprüche Dritter erfüllt werden können, zu deren Sicherung vor dem Wirksamwerden des Genehmigungsvorbehalts eine Vormerkung im Grundbuch eingetragen oder der Antrag auf Eintragung einer Vormerkung beim Grundbuchamt eingegangen ist; die Genehmigung kann auch von dem Dritten beantragt werden. [3]Die Genehmigung kann erteilt werden, um wirtschaftliche Nachteile zu vermeiden, die für den Eigentümer eine besondere Härte bedeuten.

(5) [1]Über die Genehmigung entscheidet die Baugenehmigungsbehörde im Einvernehmen mit der Gemeinde. [2]Über die Genehmigung ist innerhalb eines Monats nach Eingang des Antrags bei der Baugenehmigungsbehörde zu entscheiden. [3]Kann die Prüfung des Antrags in dieser Zeit nicht abgeschlossen werden, ist die Frist vor ihrem Ablauf in einem dem Antragsteller mitzuteilenden Zwischenbescheid um den Zeitraum zu verlängern, der notwendig ist, um die Prüfung abschließen zu können; höchstens jedoch um drei Monate. [4]Die Genehmigung gilt als erteilt, wenn sie nicht innerhalb der Frist versagt wird. [5]Darüber hat die Baugenehmigungsbehörde auf Antrag eines Beteiligten ein Zeugnis auszustellen. [6]Das Einvernehmen gilt als erteilt, wenn es nicht binnen zwei Monaten nach Eingang des Ersuchens der Genehmigungsbehörde verweigert wird; dem Ersuchen gegenüber der Gemeinde steht die Einreichung des Antrags bei der

Gemeinde gleich, wenn sie nach Landesrecht vorgeschrieben ist.

(6) [1]Bei einem Grundstück, das im Geltungsbereich einer Satzung nach Absatz 1 liegt, darf das Grundbuchamt die von Absatz 1 Satz 1 Nummer 1 bis 4 erfassten Eintragungen in das Grundbuch nur vornehmen, wenn der Genehmigungsbescheid oder ein Zeugnis gemäß Absatz 5 Satz 5 vorgelegt wird oder wenn die Freistellungserklärung der Gemeinde gemäß Absatz 8 beim Grundbuchamt eingegangen ist. [2]Ist dennoch eine Eintragung in das Grundbuch vorgenommen worden, kann die Baugenehmigungsbehörde, falls die Genehmigung erforderlich war, das Grundbuchamt um die Eintragung eines Widerspruchs ersuchen; § 53 Absatz 1 der Grundbuchordnung bleibt unberührt. [3]Der Widerspruch ist zu löschen, wenn die Baugenehmigungsbehörde darum ersucht oder die Genehmigung erteilt ist.

(7) [1]Wird die Genehmigung versagt, kann der Eigentümer von der Gemeinde unter den Voraussetzungen des § 40 Absatz 2 die Übernahme des Grundstücks verlangen. [2]§ 43 Absatz 1, 4 und 5 sowie § 44 Absatz 3 und 4 sind entsprechend anzuwenden.

(8) [1]Die Gemeinde hat den Genehmigungsvorbehalt aufzuheben oder im Einzelfall einzelne Grundstücke durch Erklärung gegenüber dem Eigentümer vom Genehmigungsvorbehalt freizustellen, wenn die Voraussetzungen für den Genehmigungsvorbehalt entfallen sind. [2]Die Gemeinde teilt dem Grundbuchamt die Aufhebung des Genehmigungsvorbehalts sowie die genaue Bezeichnung der hiervon betroffenen Grundstücke unverzüglich mit. [3]Von der genauen Bezeichnung kann abgesehen werden, wenn die gesamte Gemarkung betroffen ist und die Gemeinde dies dem Grundbuchamt mitteilt. [4]Sobald die Mitteilung über die Aufhebung des Genehmigungsvorbehalts beim Grundbuchamt eingegangen ist, ist Absatz 6 Satz 1 nicht mehr anzuwenden.

(9) [1]In der sonstigen Satzung nach Absatz 1 kann neben der Bestimmung des Genehmigungsvorbehalts die höchstzulässige Zahl der Wohnungen in Wohngebäuden nach Maßgabe des § 9 Absatz 1 Nummer 6 festgesetzt werden. [2]Vor der Festsetzung nach Satz 1 ist der betroffenen Öffentlichkeit und den berührten Behörden und sonstigen Trägern öffentlicher Belange Gelegenheit zur Stellungnahme innerhalb angemessener Frist zu geben.

(10) [1]Der sonstigen Satzung nach Absatz 1 ist eine Begründung beizufügen. [2]In der Begründung zum Bebauungsplan (§ 9 Absatz 8) oder zur sonstigen Satzung ist darzulegen, dass die in Absatz 1 Satz 2 bezeichneten Voraussetzungen für die Festlegung des Gebiets vorliegen.

§ 23
(weggefallen)

DRITTER ABSCHNITT
Gesetzliche Vorkaufsrechte der Gemeinde

§ 24
Allgemeines Vorkaufsrecht

(1) [1]Der Gemeinde steht ein Vorkaufsrecht zu beim Kauf von Grundstücken

1. im Geltungsbereich eines Bebauungsplans, soweit es sich um Flächen handelt, für die nach dem Bebauungsplan eine Nutzung für öffentliche Zwecke oder für Flächen oder Maßnahmen zum Ausgleich im Sinne des § 1a Absatz 3 festgesetzt ist,
2. in einem Umlegungsgebiet,
3. in einem förmlich festgelegten Sanierungsgebiet und städtebaulichen Entwicklungsbereich,
4. im Geltungsbereich einer Satzung zur Sicherung von Durchführungsmaßnahmen des Stadtumbaus und einer Erhaltungssatzung,
5. im Geltungsbereich eines Flächennutzungsplans, soweit es sich um unbebaute Flächen im Außenbereich handelt, für die nach dem Flächennutzungsplan eine Nutzung als Wohnbaufläche oder Wohngebiet dargestellt ist,
6. in Gebieten, die nach den §§ 30, 33 oder 34 Absatz 2 vorwiegend mit Wohngebäu-

den bebaut werden können, soweit die Grundstücke unbebaut sind, wobei ein Grundstück auch dann als unbebaut gilt, wenn es lediglich mit einer Einfriedung oder zu erkennbar vorläufigen Zwecken bebaut ist,
7. in Gebieten, die zum Zweck des vorbeugenden Hochwasserschutzes von Bebauung freizuhalten sind, insbesondere in Überschwemmungsgebieten, sowie
8. in Gebieten nach den §§ 30, 33 oder 34, wenn
   a) in diesen ein städtebaulicher Missstand im Sinne des § 136 Absatz 2 Satz 2 in Verbindung mit Absatz 3 vorliegt oder
   b) die baulichen Anlagen einen Missstand im Sinne des § 177 Absatz 2 aufweisen

   und die Grundstücke dadurch erhebliche nachteilige Auswirkungen auf das soziale oder städtebauliche Umfeld aufweisen, insbesondere durch ihren baulichen Zustand oder ihre der öffentlichen Sicherheit und Ordnung widersprechende Nutzung.

[2]Im Falle der Nummer 1 kann das Vorkaufsrecht bereits nach Beginn der Veröffentlichungsfrist nach § 3 Absatz 2 Satz 1 ausgeübt werden, wenn die Gemeinde einen Beschluss gefasst hat, einen Bebauungsplan aufzustellen, zu ändern oder zu ergänzen. [3]Im Falle der Nummer 5 kann das Vorkaufsrecht bereits ausgeübt werden, wenn die Gemeinde einen Beschluss gefasst und ortsüblich bekannt gemacht hat, einen Flächennutzungsplan aufzustellen, zu ändern oder zu ergänzen und wenn nach dem Stand der Planungsarbeiten anzunehmen ist, dass der künftige Flächennutzungsplan eine solche Nutzung darstellen wird.

(2) Das Vorkaufsrecht steht der Gemeinde nicht zu beim Kauf von Rechten nach dem Wohnungseigentumsgesetz und von Erbbaurechten.

(3) [1]Das Vorkaufsrecht darf nur ausgeübt werden, wenn das Wohl der Allgemeinheit dies rechtfertigt. [2]Dem Wohl der Allgemeinheit kann insbesondere die Deckung eines Wohnbedarfs in der Gemeinde dienen. [3]Bei der Ausübung des Vorkaufsrechts hat die Gemeinde den Verwendungszweck des Grundstücks anzugeben.

§ 25
Besonderes Vorkaufsrecht

(1) [1]Die Gemeinde kann
1. im Geltungsbereich eines Bebauungsplans durch Satzung ihr Vorkaufsrecht an unbebauten Grundstücken begründen;
2. in Gebieten, in denen sie städtebauliche Maßnahmen in Betracht zieht, zur Sicherung einer geordneten städtebaulichen Entwicklung durch Satzung Flächen bezeichnen, an denen ihr ein Vorkaufsrecht an den Grundstücken zusteht;
3. im Geltungsbereich eines Bebauungsplans an brachliegenden Grundstücken oder für im Zusammenhang bebaute Ortsteile (§ 34) an unbebauten oder brachliegenden Grundstücken durch Satzung ihr Vorkaufsrecht begründen, wenn
   a) diese vorwiegend mit Wohngebäuden bebaut werden können und
   b) es sich um ein nach § 201a bestimmtes Gebiet mit einem angespannten Wohnungsmarkt handelt.

[2]Ein Grundstück gilt auch dann als unbebaut, wenn es lediglich mit einer Einfriedung oder zu erkennbar vorläufigen Zwecken bebaut ist. [3]Das Vorkaufsrecht nach Satz 1 Nummer 3 erlischt mit dem Ende der Geltungsdauer der Rechtsverordnung nach § 201a. [4]Auf die Satzung ist § 16 Absatz 2 entsprechend anzuwenden.

(2) [1]§ 24 Absatz 2 und 3 Satz 1 und 2 ist anzuwenden. [2]Der Verwendungszweck des Grundstücks ist anzugeben, soweit das bereits zum Zeitpunkt der Ausübung des Vorkaufsrechts möglich ist.

§ 26
Ausschluss des Vorkaufsrechts

Die Ausübung des Vorkaufsrechts ist ausgeschlossen, wenn
1. der Eigentümer das Grundstück an seinen Ehegatten oder an eine Person verkauft, die mit ihm in gerader Linie ver-

wandt oder verschwägert oder in der Seitenlinie bis zum dritten Grad verwandt ist,
2. das Grundstück
   a) von einem öffentlichen Bedarfsträger für Zwecke der Landesverteidigung, der Bundespolizei, der Zollverwaltung, der Polizei oder des Zivilschutzes oder
   b) von Kirchen und Religionsgesellschaften des öffentlichen Rechts für Zwecke des Gottesdienstes oder der Seelsorge

gekauft wird,
3. auf dem Grundstück Vorhaben errichtet werden sollen, für die ein in § 38 genanntes Verfahren eingeleitet oder durchgeführt worden ist, oder
4. das Grundstück entsprechend den Festsetzungen des Bebauungsplans oder den Zielen und Zwecken der städtebaulichen Maßnahme bebaut ist und genutzt wird und eine auf ihm errichtete bauliche Anlage keine Missstände oder Mängel im Sinne des § 177 Absatz 2 und 3 Satz 1 aufweist.

§ 27
Abwendung des Vorkaufsrechts

(1) [1]Der Käufer kann die Ausübung des Vorkaufsrechts abwenden, wenn die Verwendung des Grundstücks nach den baurechtlichen Vorschriften oder den Zielen und Zwecken der städtebaulichen Maßnahme bestimmt oder mit ausreichender Sicherheit bestimmbar ist, der Käufer in der Lage ist, das Grundstück binnen angemessener Frist dementsprechend zu nutzen, und er sich vor Ablauf der Frist nach § 28 Absatz 2 Satz 1 hierzu verpflichtet. [2]Weist eine auf dem Grundstück befindliche bauliche Anlage Missstände oder Mängel im Sinne des § 177 Absatz 2 und 3 Satz 1 auf, kann der Käufer die Ausübung des Vorkaufsrechts abwenden, wenn er diese Missstände oder Mängel binnen angemessener Frist beseitigen kann und er sich vor Ablauf der Frist nach § 28 Absatz 2 Satz 1 zur Beseitigung verpflichtet. [3]Die Gemeinde hat die Frist nach § 28 Absatz 2 Satz 1 auf Antrag des Käufers um zwei Monate zu verlängern, wenn der Käufer vor Ablauf dieser Frist glaubhaft macht, dass er in der Lage ist, die in Satz 1 oder 2 genannten Voraussetzungen zu erfüllen.

(2) Ein Abwendungsrecht besteht nicht
1. in den Fällen des § 24 Absatz 1 Satz 1 Nummer 1 und
2. in einem Umlegungsgebiet, wenn das Grundstück für Zwecke der Umlegung (§ 45) benötigt wird.

§ 27a
Ausübung des Vorkaufsrechts zugunsten Dritter

(1) [1]Die Gemeinde kann
1. ihr Vorkaufsrecht zugunsten eines Dritten ausüben, wenn der Dritte zu der mit der Ausübung des Vorkaufsrechts bezweckten Verwendung des Grundstücks innerhalb angemessener Frist in der Lage ist und sich hierzu verpflichtet, oder
2. das ihr nach § 24 Absatz 1 Satz 1 Nummer 1 zustehende Vorkaufsrecht zugunsten eines öffentlichen Bedarfs- oder Erschließungsträgers sowie das ihr nach § 24 Absatz 1 Satz 1 Nummer 3 zustehende Vorkaufsrecht zugunsten eines Sanierungs- oder Entwicklungsträgers ausüben, wenn der Träger einverstanden ist.

[2]In den Fällen der Nummer 1 hat die Gemeinde bei der Ausübung des Vorkaufsrechts zugunsten eines Dritten die Frist, in der das Grundstück für den vorgesehenen Zweck zu verwenden ist, zu bezeichnen.

(2) [1]Mit der Ausübung des Vorkaufsrechts kommt der Kaufvertrag zwischen dem Begünstigten und dem Verkäufer zustande. [2]Die Gemeinde haftet für die Verpflichtung aus dem Kaufvertrag neben dem Begünstigten als Gesamtschuldnerin.

(3) [1]Für den von dem Begünstigten zu zahlenden Betrag und das Verfahren gilt § 28 Absatz 2 bis 4 entsprechend. [2]Kommt der Begünstigte seiner Verpflichtung nach Absatz 1 Satz 1 Nummer 1 nicht nach, soll die Gemeinde in entsprechender Anwendung des § 102 die Übertragung des Grundstücks zu ihren Gunsten oder zugunsten eines Übernahme-

willigen verlangen, der zur Verwirklichung des Verwendungszwecks innerhalb angemessener Frist in der Lage ist und sich hierzu verpflichtet. [3]Für die Entschädigung und das Verfahren gelten die Vorschriften des Fünften Teils über die Rückenteignung entsprechend. [4]Die Haftung der Gemeinde nach § 28 Absatz 3 Satz 7 bleibt unberührt.

§ 28
Verfahren und Entschädigung

(1) [1]Der Verkäufer hat der Gemeinde den Inhalt des Kaufvertrags unverzüglich mitzuteilen; die Mitteilung des Verkäufers wird durch die Mitteilung des Käufers ersetzt. [2]Das Grundbuchamt darf bei Kaufverträgen den Käufer als Eigentümer in das Grundbuch nur eintragen, wenn ihm die Nichtausübung oder das Nichtbestehen des Vorkaufsrechts nachgewiesen ist. [3]Besteht ein Vorkaufsrecht nicht oder wird es nicht ausgeübt, hat die Gemeinde auf Antrag eines Beteiligten darüber unverzüglich ein Zeugnis auszustellen. [4]Das Zeugnis gilt als Verzicht auf die Ausübung des Vorkaufsrechts.

(2) [1]Das Vorkaufsrecht kann nur binnen drei Monaten nach Mitteilung des Kaufvertrags durch Verwaltungsakt gegenüber dem Verkäufer ausgeübt werden. [2]Die §§ 463, 464 Absatz 2, §§ 465 bis 468 und 471 des Bürgerlichen Gesetzbuchs sind anzuwenden. [3]Nach Mitteilung des Kaufvertrags ist auf Ersuchen der Gemeinde zur Sicherung ihres Anspruchs auf Übereignung des Grundstücks eine Vormerkung in das Grundbuch einzutragen; die Gemeinde trägt die Kosten der Eintragung der Vormerkung und ihrer Löschung. [4]Das Vorkaufsrecht ist nicht übertragbar. [5]Bei einem Eigentumserwerb auf Grund der Ausübung des Vorkaufsrechts erlöschen rechtsgeschäftliche Vorkaufsrechte. [6]Wird die Gemeinde nach Ausübung des Vorkaufsrechts im Grundbuch als Eigentümerin eingetragen, kann sie das Grundbuchamt ersuchen, eine zur Sicherung des Übereignungsanspruchs des Käufers im Grundbuch eingetragene Vormerkung zu löschen; sie darf das Ersuchen nur stellen, wenn die Ausübung des Vorkaufsrechts für den Käufer unanfechtbar ist.

(3) [1]Abweichend von Absatz 2 Satz 2 kann die Gemeinde den zu zahlenden Betrag nach dem Verkehrswert des Grundstücks (§ 194) im Zeitpunkt des Kaufes bestimmen, wenn der vereinbarte Kaufpreis den Verkehrswert überschreitet. [2]In diesem Falle ist der Verkäufer berechtigt, bis zum Ablauf eines Monats nach Unanfechtbarkeit des Verwaltungsakts über die Ausübung des Vorkaufsrechts vom Vertrag zurückzutreten. [3]Auf das Rücktrittsrecht sind die §§ 346 bis 349 und 351 des Bürgerlichen Gesetzbuchs entsprechend anzuwenden. [4]Tritt der Verkäufer vom Vertrag zurück, trägt die Gemeinde die Kosten des Vertrags auf der Grundlage des Verkehrswerts. [5]Tritt der Verkäufer vom Vertrag nicht zurück, erlischt nach Ablauf der Rücktrittsfrist nach Satz 2 die Pflicht des Verkäufers aus dem Kaufvertrag, der Gemeinde das Eigentum an dem Grundstück zu übertragen. [6]In diesem Falle geht das Eigentum an dem Grundstück auf die Gemeinde über, wenn auf Ersuchen der Gemeinde der Übergang des Eigentums in das Grundbuch eingetragen ist. [7]Führt die Gemeinde das Grundstück nicht innerhalb einer angemessenen Frist dem mit der Ausübung des Vorkaufsrechts verfolgten Zweck zu, hat sie dem Verkäufer einen Betrag in Höhe des Unterschieds zwischen dem vereinbarten Kaufpreis und dem Verkehrswert zu zahlen. [8]§ 44 Absatz 3 Satz 2 und 3, § 43 Absatz 2 Satz 1 sowie die §§ 121 und 122 sind entsprechend anzuwenden.

(4) [1]In den Fällen des § 24 Absatz 1 Satz 1 Nummer 1 bestimmt die Gemeinde den zu zahlenden Betrag nach den Vorschriften des Zweiten Abschnitts des Fünften Teils, wenn der Erwerb des Grundstücks für die Durchführung des Bebauungsplans erforderlich ist und es nach dem festgesetzten Verwendungszweck enteignet werden könnte. [2]Mit der Unanfechtbarkeit des Bescheids über die Ausübung des Vorkaufsrechts erlischt die Pflicht des Verkäufers aus dem Kaufvertrag, der Gemeinde das Eigentum an dem Grundstück zu übertragen. [3]In diesem Falle geht das Eigentum an dem Grundstück auf die Gemeinde über, wenn auf Ersuchen der Gemeinde der Übergang des Eigentums in das Grundbuch eingetragen ist.

(5) [1]Die Gemeinde kann für das Gemeindegebiet oder für sämtliche Grundstücke einer Gemarkung auf die Ausübung der ihr nach diesem Abschnitt zustehenden Rechte verzichten. [2]Sie kann den Verzicht jederzeit für zukünftig abzuschließende Kaufverträge widerrufen. [3]Der Verzicht und sein Widerruf sind ortsüblich bekannt zu machen. [4]Die Gemeinde teilt dem Grundbuchamt den Wortlaut ihrer Erklärung mit. [5]Hat die Gemeinde auf die Ausübung ihrer Rechte verzichtet, bedarf es eines Zeugnisses nach Absatz 1 Satz 3 nicht, soweit nicht ein Widerruf erklärt ist.

(6) [1]Hat die Gemeinde das Vorkaufsrecht ausgeübt und sind einem Dritten dadurch Vermögensnachteile entstanden, hat sie dafür Entschädigung zu leisten, soweit dem Dritten ein vertragliches Recht zum Erwerb des Grundstücks zustand, bevor ein gesetzliches Vorkaufsrecht der Gemeinde auf Grund dieses Gesetzbuchs oder solcher landesrechtlicher Vorschriften, die durch § 186 des Bundesbaugesetzes aufgehoben worden sind, begründet worden ist. [2]Die Vorschriften über die Entschädigung im Zweiten Abschnitt des Fünften Teils sind entsprechend anzuwenden. [3]Kommt eine Einigung über die Entschädigung nicht zustande, entscheidet die höhere Verwaltungsbehörde.

DRITTER TEIL
Regelung der baulichen und sonstigen Nutzung; Entschädigung

Erster Abschnitt
Zulässigkeit von Vorhaben

§ 29
Begriff des Vorhabens; Geltung von Rechtsvorschriften

(1) Für Vorhaben, die die Errichtung, Änderung oder Nutzungsänderung von baulichen Anlagen zum Inhalt haben, und für Aufschüttungen und Abgrabungen größeren Umfangs sowie für Ausschachtungen, Ablagerungen einschließlich Lagerstätten gelten die §§ 30 bis 37.

(2) Die Vorschriften des Bauordnungsrechts und andere öffentlich-rechtliche Vorschriften bleiben unberührt.

§ 30
Zulässigkeit von Vorhaben im Geltungsbereich eines Bebauungsplans

(1) Im Geltungsbereich eines Bebauungsplans, der allein oder gemeinsam mit sonstigen baurechtlichen Vorschriften mindestens Festsetzungen über die Art und das Maß der baulichen Nutzung, die überbaubaren Grundstücksflächen und die örtlichen Verkehrsflächen enthält, ist ein Vorhaben zulässig, wenn es diesen Festsetzungen nicht widerspricht und die Erschließung gesichert ist.

(2) Im Geltungsbereich eines vorhabenbezogenen Bebauungsplans nach § 12 ist ein Vorhaben zulässig, wenn es dem Bebauungsplan nicht widerspricht und die Erschließung gesichert ist.

(3) Im Geltungsbereich eines Bebauungsplans, der die Voraussetzungen des Absatzes 1 nicht erfüllt (einfacher Bebauungsplan), richtet sich die Zulässigkeit von Vorhaben im Übrigen nach § 34 oder § 35.

§ 31
Ausnahmen und Befreiungen

(1) Von den Festsetzungen des Bebauungsplans können solche Ausnahmen zugelassen werden, die in dem Bebauungsplan nach Art und Umfang ausdrücklich vorgesehen sind.

(2) Von den Festsetzungen des Bebauungsplans kann befreit werden, wenn die Grundzüge der Planung nicht berührt werden und

1. Gründe des Wohls der Allgemeinheit, einschließlich der Wohnbedürfnisse der Bevölkerung, des Bedarfs zur Unterbringung von Flüchtlingen oder Asylbegehrenden, des Bedarfs an Anlagen für soziale Zwecke und des Bedarfs an einem zügigen Ausbau der erneuerbaren Energien, die Befreiung erfordern oder
2. die Abweichung städtebaulich vertretbar ist oder

3. die Durchführung des Bebauungsplans zu einer offenbar nicht beabsichtigten Härte führen würde

und wenn die Abweichung auch unter Würdigung nachbarlicher Interessen mit den öffentlichen Belangen vereinbar ist.

(3) [1]In einem Gebiet mit einem angespannten Wohnungsmarkt, das nach § 201a bestimmt ist, kann mit Zustimmung der Gemeinde im Einzelfall von den Festsetzungen des Bebauungsplans zugunsten des Wohnungsbaus befreit werden, wenn die Befreiung auch unter Würdigung nachbarlicher Interessen mit den öffentlichen Belangen vereinbar ist. [2]Von Satz 1 kann nur bis zum Ende der Geltungsdauer der Rechtsverordnung nach § 201a Gebrauch gemacht werden. [3]Die Befristung in Satz 2 bezieht sich nicht auf die Geltungsdauer einer Genehmigung, sondern auf den Zeitraum, bis zu dessen Ende im bauaufsichtlichen Verfahren von der Vorschrift Gebrauch gemacht werden kann. [4]Für die Zustimmung der Gemeinde nach Satz 1 gilt § 36 Absatz 2 Satz 2 entsprechend.

§ 32
Nutzungsbeschränkungen auf künftigen Gemeinbedarfs-, Verkehrs-, Versorgungs- und Grünflächen

[1]Sind überbaute Flächen in dem Bebauungsplan als Baugrundstücke für den Gemeinbedarf oder als Verkehrs-, Versorgungs- oder Grünflächen festgesetzt, dürfen auf ihnen Vorhaben, die eine wertsteigernde Änderung baulicher Anlagen zur Folge haben, nur zugelassen und für sie Befreiungen von den Festsetzungen des Bebauungsplans nur erteilt werden, wenn der Bedarfs- oder Erschließungsträger zustimmt oder der Eigentümer für sich und seine Rechtsnachfolger auf Ersatz der Werterhöhung für den Fall schriftlich verzichtet, dass der Bebauungsplan durchgeführt wird. [2]Dies gilt auch für die dem Bebauungsplan nicht widersprechenden Teile einer baulichen Anlage, wenn sie für sich allein nicht wirtschaftlich verwertbar sind oder wenn bei der Enteignung die Übernahme der restlichen überbauten Flächen verlangt werden kann.

§ 33
Zulässigkeit von Vorhaben während der Planaufstellung

(1) In Gebieten, für die ein Beschluss über die Aufstellung eines Bebauungsplans gefasst ist, ist ein Vorhaben zulässig, wenn

1. die Öffentlichkeits- und Behördenbeteiligung nach § 3 Absatz 2, § 4 Absatz 2 und § 4a Absatz 2 bis 4 durchgeführt worden ist,
2. anzunehmen ist, dass das Vorhaben den künftigen Festsetzungen des Bebauungsplans nicht entgegensteht,
3. der Antragsteller diese Festsetzungen für sich und seine Rechtsnachfolger schriftlich anerkennt und
4. die Erschließung gesichert ist.

(2) In Fällen des § 4a Absatz 3 Satz 1 kann vor der erneuten Öffentlichkeits- und Behördenbeteiligung ein Vorhaben zugelassen werden, wenn sich die vorgenommene Änderung oder Ergänzung des Bebauungsplanentwurfs nicht auf das Vorhaben auswirkt und die in Absatz 1 Nummer 2 bis 4 bezeichneten Voraussetzungen erfüllt sind.

(3) [1]Wird ein Verfahren nach § 13 oder § 13a durchgeführt, kann ein Vorhaben vor Durchführung der Öffentlichkeits- und Behördenbeteiligung zugelassen werden, wenn die in Absatz 1 Nummer 2 bis 4 bezeichneten Voraussetzungen erfüllt sind. [2]Der betroffenen Öffentlichkeit und den berührten Behörden und sonstigen Trägern öffentlicher Belange ist vor Erteilung der Genehmigung Gelegenheit zur Stellungnahme innerhalb angemessener Frist zu geben, soweit sie dazu nicht bereits zuvor Gelegenheit hatten.

§ 34
Zulässigkeit von Vorhaben innerhalb der im Zusammenhang bebauten Ortsteile

(1) [1]Innerhalb der im Zusammenhang bebauten Ortsteile ist ein Vorhaben zulässig, wenn es sich nach Art und Maß der baulichen Nutzung, der Bauweise und der Grundstücksfläche, die überbaut werden soll, in die Eigenart der näheren Umgebung einfügt und die Erschließung gesichert ist. [2]Die Anforderungen

an gesunde Wohn- und Arbeitsverhältnisse müssen gewahrt bleiben; das Ortsbild darf nicht beeinträchtigt werden.

(2) Entspricht die Eigenart der näheren Umgebung einem der Baugebiete, die in der auf Grund des § 9a erlassenen Verordnung bezeichnet sind, beurteilt sich die Zulässigkeit des Vorhabens nach seiner Art allein danach, ob es nach der Verordnung in dem Baugebiet allgemein zulässig wäre; auf die nach der Verordnung ausnahmsweise zulässigen Vorhaben ist § 31 Absatz 1, im Übrigen ist § 31 Absatz 2 entsprechend anzuwenden.

(3) Von Vorhaben nach Absatz 1 oder 2 dürfen keine schädlichen Auswirkungen auf zentrale Versorgungsbereiche in der Gemeinde oder in anderen Gemeinden zu erwarten sein.

(3a) [1]Vom Erfordernis des Einfügens in die Eigenart der näheren Umgebung nach Absatz 1 Satz 1 kann im Einzelfall abgewichen werden, wenn die Abweichung

1. einem der nachfolgend genannten Vorhaben dient:
   a) der Erweiterung, Änderung, Nutzungsänderung oder Erneuerung eines zulässigerweise errichteten Gewerbe- oder Handwerksbetriebs,
   b) der Erweiterung, Änderung oder Erneuerung eines zulässigerweise errichteten, Wohnzwecken dienenden Gebäudes oder
   c) der Nutzungsänderung einer zulässigerweise errichteten baulichen Anlage zu Wohnzwecken, einschließlich einer erforderlichen Änderung oder Erneuerung,
2. städtebaulich vertretbar ist und
3. auch unter Würdigung nachbarlicher Interessen mit den öffentlichen Belangen vereinbar ist.

[2]Satz 1 findet keine Anwendung auf Einzelhandelsbetriebe, die die verbrauchernahe Versorgung der Bevölkerung beeinträchtigen oder schädliche Auswirkungen auf zentrale Versorgungsbereiche in der Gemeinde oder in anderen Gemeinden haben können. [3]In den Fällen des Satzes 1 Nummer 1 Buchstabe b und c kann darüber hinaus vom Erfordernis des Einfügens im Einzelfall im Sinne des Satzes 1 in mehreren vergleichbaren Fällen abgewichen werden, wenn die übrigen Voraussetzungen des Satzes 1 vorliegen und die Aufstellung eines Bebauungsplans nicht erforderlich ist.

(4) [1]Die Gemeinde kann durch Satzung

1. die Grenzen für im Zusammenhang bebaute Ortsteile festlegen,
2. bebaute Bereiche im Außenbereich als im Zusammenhang bebaute Ortsteile festlegen, wenn die Flächen im Flächennutzungsplan als Baufläche dargestellt sind,
3. einzelne Außenbereichsflächen in die im Zusammenhang bebauten Ortsteile einbeziehen, wenn die einbezogenen Flächen durch die bauliche Nutzung des angrenzenden Bereichs entsprechend geprägt sind.

[2]Die Satzungen können miteinander verbunden werden.

(5) [1]Voraussetzung für die Aufstellung von Satzungen nach Absatz 4 Satz 1 Nummer 2 und 3 ist, dass

1. sie mit einer geordneten städtebaulichen Entwicklung vereinbar sind,
2. die Zulässigkeit von Vorhaben, die einer Pflicht zur Durchführung einer Umweltverträglichkeitsprüfung nach Anlage 1 zum Gesetz über die Umweltverträglichkeitsprüfung oder nach Landesrecht unterliegen, nicht begründet wird und
3. keine Anhaltspunkte für eine Beeinträchtigung der in § 1 Absatz 6 Nummer 7 Buchstabe b genannten Schutzgüter oder dafür bestehen, dass bei der Planung Pflichten zur Vermeidung oder Begrenzung der Auswirkungen von schweren Unfällen nach § 50 Satz 1 des Bundes-Immissionsschutzgesetzes zu beachten sind.

[2]In den Satzungen nach Absatz 4 Satz 1 Nummer 2 und 3 können einzelne Festsetzungen nach § 9 Absatz 1 und 3 Satz 1 sowie Absatz 4 getroffen werden. [3]§ 9 Absatz 6 und § 31 sind entsprechend anzuwenden. [4]Auf die Satzung nach Absatz 4 Satz 1 Nummer 3 sind ergänzend § 1a Absatz 2 und 3 und § 9 Absatz 1a entsprechend anzuwenden; ihr ist eine Begründung mit den Angaben entsprechend § 2a Satz 2 Nummer 1 beizufügen.

(6) [1]Bei der Aufstellung der Satzungen nach Absatz 4 Satz 1 Nummer 2 und 3 sind die

Vorschriften über die Öffentlichkeits- und Behördenbeteiligung nach § 13 Absatz 2 Satz 1 Nummer 2 und 3 sowie Satz 2 entsprechend anzuwenden. [2]Auf die Satzungen nach Absatz 4 Satz 1 Nummer 1 bis 3 ist § 10 Absatz 3 entsprechend anzuwenden.

§ 35
Bauen im Außenbereich

(1) Im Außenbereich ist ein Vorhaben nur zulässig, wenn öffentliche Belange nicht entgegenstehen, die ausreichende Erschließung gesichert ist und wenn es

1. einem land- oder forstwirtschaftlichen Betrieb dient und nur einen untergeordneten Teil der Betriebsfläche einnimmt,
2. einem Betrieb der gartenbaulichen Erzeugung dient,
3. der öffentlichen Versorgung mit Elektrizität, Gas, Telekommunikationsdienstleistungen, Wärme und Wasser, der Abwasserwirtschaft oder einem ortsgebundenen gewerblichen Betrieb dient,
4. wegen seiner besonderen Anforderungen an die Umgebung, wegen seiner nachteiligen Wirkung auf die Umgebung oder wegen seiner besonderen Zweckbestimmung nur im Außenbereich ausgeführt werden soll, es sei denn, es handelt sich um die Errichtung, Änderung oder Erweiterung einer baulichen Anlage zur Tierhaltung, die dem Anwendungsbereich der Nummer 1 nicht unterfällt und die einer Pflicht zur Durchführung einer standortbezogenen oder allgemeinen Vorprüfung oder einer Umweltverträglichkeitsprüfung nach dem Gesetz über die Umweltverträglichkeitsprüfung unterliegt, wobei bei kumulierenden Vorhaben für die Annahme eines engen Zusammenhangs diejenigen Tierhaltungsanlagen zu berücksichtigen sind, die auf demselben Betriebs- oder Baugelände liegen und mit gemeinsamen betrieblichen oder baulichen Einrichtungen verbunden sind,
5. der Erforschung, Entwicklung oder Nutzung der Windenergie nach Maßgabe des § 249 oder der Erforschung, Entwicklung oder Nutzung der Wasserenergie dient,
6. der energetischen Nutzung von Biomasse im Rahmen eines Betriebs nach Nummer 1 oder 2 oder eines Betriebs nach Nummer 4, der Tierhaltung betreibt, sowie dem Anschluss solcher Anlagen an das öffentliche Versorgungsnetz dient, unter folgenden Voraussetzungen:
   a) das Vorhaben steht in einem räumlich-funktionalen Zusammenhang mit dem Betrieb,
   b) die Biomasse stammt überwiegend aus dem Betrieb oder überwiegend aus diesem und aus nahe gelegenen Betrieben nach den Nummern 1, 2 oder 4, soweit letzterer Tierhaltung betreibt,
   c) es wird je Hofstelle oder Betriebsstandort nur eine Anlage betrieben und
   d) die Kapazität einer Anlage zur Erzeugung von Biogas überschreitet nicht 2,3 Millionen Normkubikmeter Biogas pro Jahr, die Feuerungswärmeleistung anderer Anlagen überschreitet nicht 2,0 Megawatt,
7. der Erforschung, Entwicklung oder Nutzung der Kernenergie zu friedlichen Zwecken oder der Entsorgung radioaktiver Abfälle dient, mit Ausnahme der Neuerrichtung von Anlagen zur Spaltung von Kernbrennstoffen zur gewerblichen Erzeugung von Elektrizität,
8. der Nutzung solarer Strahlungsenergie dient
   a) in, an und auf Dach- und Außenwandflächen von zulässigerweise genutzten Gebäuden, wenn die Anlage dem Gebäude baulich untergeordnet ist, oder
   b) auf einer Fläche längs von
      aa) Autobahnen oder
      bb) Schienenwegen des übergeordneten Netzes im Sinne des § 2b des Allgemeinen Eisenbahngesetzes mit mindestens zwei Hauptgleisen

   und in einer Entfernung zu diesen von bis zu 200 Metern, gemessen vom äußeren Rand der Fahrbahn, oder

9. der Nutzung solarer Strahlungsenergie durch besondere Solaranlagen im Sinne des § 48 Absatz 1 Satz 1 Nummer 5 Buchstabe a, b oder c des Erneuerbare-Energien-Gesetzes dient, unter folgenden Voraussetzungen:
   a) das Vorhaben steht in einem räumlich-funktionalen Zusammenhang mit einem Betrieb nach Nummer 1 oder 2,
   b) die Grundfläche der besonderen Solaranlage überschreitet nicht 25 000 Quadratmeter und
   c) es wird je Hofstelle oder Betriebsstandort nur eine Anlage betrieben.

(2) Sonstige Vorhaben können im Einzelfall zugelassen werden, wenn ihre Ausführung oder Benutzung öffentliche Belange nicht beeinträchtigt und die Erschließung gesichert ist.

(3) [1]Eine Beeinträchtigung öffentlicher Belange liegt insbesondere vor, wenn das Vorhaben

1. den Darstellungen des Flächennutzungsplans widerspricht,
2. den Darstellungen eines Landschaftsplans oder sonstigen Plans, insbesondere des Wasser-, Abfall- oder Immissionsschutzrechts, widerspricht,
3. schädliche Umwelteinwirkungen hervorrufen kann oder ihnen ausgesetzt wird,
4. unwirtschaftliche Aufwendungen für Straßen oder andere Verkehrseinrichtungen, für Anlagen der Versorgung oder Entsorgung, für die Sicherheit oder Gesundheit oder für sonstige Aufgaben erfordert,
5. Belange des Naturschutzes und der Landschaftspflege, des Bodenschutzes, des Denkmalschutzes oder die natürliche Eigenart der Landschaft und ihren Erholungswert beeinträchtigt oder das Orts- und Landschaftsbild verunstaltet,
6. Maßnahmen zur Verbesserung der Agrarstruktur beeinträchtigt, die Wasserwirtschaft oder den Hochwasserschutz gefährdet,
7. die Entstehung, Verfestigung oder Erweiterung einer Splittersiedlung befürchten lässt oder
8. die Funktionsfähigkeit von Funkstellen und Radaranlagen stört.

[2]Raumbedeutsame Vorhaben dürfen den Zielen der Raumordnung nicht widersprechen; öffentliche Belange stehen raumbedeutsamen Vorhaben nach Absatz 1 nicht entgegen, soweit die Belange bei der Darstellung dieser Vorhaben als Ziele der Raumordnung abgewogen worden sind. [3]Öffentliche Belange stehen einem Vorhaben nach Absatz 1 Nummer 2 bis 6 in der Regel auch dann entgegen, soweit hierfür durch Darstellungen im Flächennutzungsplan oder als Ziele der Raumordnung eine Ausweisung an anderer Stelle erfolgt ist.

(4) [1]Den nachfolgend bezeichneten sonstigen Vorhaben im Sinne des Absatzes 2 kann nicht entgegengehalten werden, dass sie Darstellungen des Flächennutzungsplans oder eines Landschaftsplans widersprechen, die natürliche Eigenart der Landschaft beeinträchtigen oder die Entstehung, Verfestigung oder Erweiterung einer Splittersiedlung befürchten lassen, soweit sie im Übrigen außenbereichsverträglich im Sinne des Absatzes 3 sind:

1. die Änderung der bisherigen Nutzung eines Gebäudes, das unter den Voraussetzungen des Absatzes 1 Nummer 1 errichtet wurde, unter folgenden Voraussetzungen:
   a) das Vorhaben dient einer zweckmäßigen Verwendung erhaltenswerter Bausubstanz,
   b) die äußere Gestalt des Gebäudes bleibt im Wesentlichen gewahrt,
   c) die Aufgabe der bisherigen Nutzung liegt nicht länger als sieben Jahre zurück,
   d) das Gebäude ist vor mehr als sieben Jahren zulässigerweise errichtet worden,
   e) das Gebäude steht im räumlich-funktionalen Zusammenhang mit der Hofstelle des land- oder forstwirtschaftlichen Betriebs,
   f) im Falle der Änderung zu Wohnzwecken entstehen neben den bisher nach Absatz 1 Nummer 1 zulässigen Wohnungen höchstens fünf Wohnungen je Hofstelle und

g) es wird eine Verpflichtung übernommen, keine Neubebauung als Ersatz für die aufgegebene Nutzung vorzunehmen, es sei denn, die Neubebauung wird im Interesse der Entwicklung des Betriebs im Sinne des Absatzes 1 Nummer 1 erforderlich,

2. die Neuerrichtung eines gleichartigen Wohngebäudes an gleicher Stelle unter folgenden Voraussetzungen:
   a) das vorhandene Gebäude ist zulässigerweise errichtet worden,
   b) das vorhandene Gebäude weist Missstände oder Mängel auf,
   c) das vorhandene Gebäude wurde oder wird seit längerer Zeit vom Eigentümer selbst genutzt und
   d) Tatsachen rechtfertigen die Annahme, dass das neu errichtete Gebäude für den Eigenbedarf des bisherigen Eigentümers oder seiner Familie genutzt wird; hat der Eigentümer das vorhandene Gebäude im Wege der Erbfolge von einem Voreigentümer erworben, der es seit längerer Zeit selbst genutzt hat, reicht es aus, wenn Tatsachen die Annahme rechtfertigen, dass das neu errichtete Gebäude für den Eigenbedarf des Eigentümers oder seiner Familie genutzt wird,
3. die alsbaldige Neuerrichtung eines zulässigerweise errichteten, durch Brand, Naturereignisse oder andere außergewöhnliche Ereignisse zerstörten, gleichartigen Gebäudes an gleicher Stelle,
4. die Änderung oder Nutzungsänderung von erhaltenswerten, das Bild der Kulturlandschaft prägenden Gebäuden, auch wenn sie aufgegeben sind, wenn das Vorhaben einer zweckmäßigen Verwendung der Gebäude und der Erhaltung des Gestaltwerts dient,
5. die Erweiterung eines Wohngebäudes auf bis zu höchstens zwei Wohnungen unter folgenden Voraussetzungen:
   a) das Gebäude ist zulässigerweise errichtet worden,
   b) die Erweiterung ist im Verhältnis zum vorhandenen Gebäude und unter Berücksichtigung der Wohnbedürfnisse angemessen und
   c) bei der Errichtung einer weiteren Wohnung rechtfertigen Tatsachen die Annahme, dass das Gebäude vom bisherigen Eigentümer oder seiner Familie selbst genutzt wird,
6. die bauliche Erweiterung eines zulässigerweise errichteten gewerblichen Betriebs, wenn die Erweiterung im Verhältnis zum vorhandenen Gebäude und Betrieb angemessen ist.

[2]In begründeten Einzelfällen gilt die Rechtsfolge des Satzes 1 auch für die Neuerrichtung eines Gebäudes im Sinne des Absatzes 1 Nummer 1, dem eine andere Nutzung zugewiesen werden soll, wenn das ursprüngliche Gebäude vom äußeren Erscheinungsbild auch zur Wahrung der Kulturlandschaft erhaltenswert ist, keine stärkere Belastung des Außenbereichs zu erwarten ist als in Fällen des Satzes 1 und die Neuerrichtung auch mit nachbarlichen Interessen vereinbar ist; Satz 1 Nummer 1 Buchstabe b bis g gilt entsprechend. [3]In den Fällen des Satzes 1 Nummer 2 und 3 sowie des Satzes 2 sind geringfügige Erweiterungen des neuen Gebäudes gegenüber dem beseitigten oder zerstörten Gebäude sowie geringfügige Abweichungen vom bisherigen Standort des Gebäudes zulässig.

(5) [1]Die nach den Absätzen 1 bis 4 zulässigen Vorhaben sind in einer flächensparenden, die Bodenversiegelung auf das notwendige Maß begrenzenden und den Außenbereich schonenden Weise auszuführen. [2]Für Vorhaben nach Absatz 1 Nummer 2 bis 6 und 8 Buchstabe b und Nummer 9 ist als weitere Zulässigkeitsvoraussetzung eine Verpflichtungserklärung abzugeben, das Vorhaben nach dauerhafter Aufgabe der zulässigen Nutzung zurückzubauen und Bodenversiegelungen zu beseitigen; bei einer nach Absatz 1 Nummer 2 bis 6 und 8 Buchstabe b und Nummer 9 zulässigen Nutzungsänderung ist die Rückbauverpflichtung zu übernehmen, bei einer nach Absatz 1 Nummer 1 oder Absatz 2 zulässigen Nutzungsänderung entfällt sie. [3]Die Baugenehmigungsbehörde soll durch nach Landesrecht vorgesehene Baulast oder in anderer Weise die Einhaltung der Verpflichtung nach

Satz 2 sowie nach Absatz 4 Satz 1 Nummer 1 Buchstabe g sicherstellen. [4]Im Übrigen soll sie in den Fällen des Absatzes 4 Satz 1 sicherstellen, dass die bauliche oder sonstige Anlage nach Durchführung des Vorhabens nur in der vorgesehenen Art genutzt wird.

(6) [1]Die Gemeinde kann für bebaute Bereiche im Außenbereich, die nicht überwiegend landwirtschaftlich geprägt sind und in denen eine Wohnbebauung von einigem Gewicht vorhanden ist, durch Satzung bestimmen, dass Wohnzwecken dienenden Vorhaben im Sinne des Absatzes 2 nicht entgegengehalten werden kann, dass sie einer Darstellung im Flächennutzungsplan über Flächen für die Landwirtschaft oder Wald widersprechen oder die Entstehung oder Verfestigung einer Splittersiedlung befürchten lassen. [2]Die Satzung kann auch auf Vorhaben erstreckt werden, die kleineren Handwerks- und Gewerbebetrieben dienen. [3]In der Satzung können nähere Bestimmungen über die Zulässigkeit getroffen werden. [4]Voraussetzung für die Aufstellung der Satzung ist, dass

1. sie mit einer geordneten städtebaulichen Entwicklung vereinbar ist,
2. die Zulässigkeit von Vorhaben, die einer Pflicht zur Durchführung einer Umweltverträglichkeitsprüfung nach Anlage 1 zum Gesetz über die Umweltverträglichkeitsprüfung oder nach Landesrecht unterliegen, nicht begründet wird und
3. keine Anhaltspunkte für eine Beeinträchtigung der in § 1 Absatz 6 Nummer 7 Buchstabe b genannten Schutzgüter oder dafür bestehen, dass bei der Planung Pflichten zur Vermeidung oder Begrenzung der Auswirkungen von schweren Unfällen nach § 50 Satz 1 des Bundes-Immissionsschutzgesetzes zu beachten sind.

[5]Bei Aufstellung der Satzung sind die Vorschriften über die Öffentlichkeits- und Behördenbeteiligung nach § 13 Absatz 2 Satz 1 Nummer 2 und 3 sowie Satz 2 entsprechend anzuwenden. [6]§ 10 Absatz 3 ist entsprechend anzuwenden. [7]Von der Satzung bleibt die Anwendung des Absatzes 4 unberührt.

§ 36
Beteiligung der Gemeinde und der höheren Verwaltungsbehörde

(1) [1]Über die Zulässigkeit von Vorhaben nach den §§ 31, 33 bis 35 wird im bauaufsichtlichen Verfahren von der Baugenehmigungsbehörde im Einvernehmen mit der Gemeinde entschieden. [2]Das Einvernehmen der Gemeinde ist auch erforderlich, wenn in einem anderen Verfahren über die Zulässigkeit nach den in Satz 1 bezeichneten Vorschriften entschieden wird; dies gilt nicht für Vorhaben der in § 29 Absatz 1 bezeichneten Art, die der Bergaufsicht unterliegen. [3]Richtet sich die Zulässigkeit von Vorhaben nach § 30 Absatz 1, stellen die Länder sicher, dass die Gemeinde rechtzeitig vor Ausführung des Vorhabens über Maßnahmen zur Sicherung der Bauleitplanung nach den §§ 14 und 15 entscheiden kann. [4]In den Fällen des § 35 Absatz 2 und 4 kann die Landesregierung durch Rechtsverordnung allgemein oder für bestimmte Fälle festlegen, dass die Zustimmung der höheren Verwaltungsbehörde erforderlich ist.

(2) [1]Das Einvernehmen der Gemeinde und die Zustimmung der höheren Verwaltungsbehörde dürfen nur aus den sich aus den §§ 31, 33, 34 und 35 ergebenden Gründen versagt werden. [2]Das Einvernehmen der Gemeinde und die Zustimmung der höheren Verwaltungsbehörde gelten als erteilt, wenn sie nicht binnen zwei Monaten nach Eingang des Ersuchens der Genehmigungsbehörde verweigert werden; dem Ersuchen gegenüber der Gemeinde steht die Einreichung des Antrags bei der Gemeinde gleich, wenn sie nach Landesrecht vorgeschrieben ist. [3]Die nach Landesrecht zuständige Behörde kann ein rechtswidrig versagtes Einvernehmen der Gemeinde ersetzen.

§ 37
Bauliche Maßnahmen des Bundes und der Länder

(1) Macht die besondere öffentliche Zweckbestimmung für bauliche Anlagen des Bundes oder eines Landes erforderlich, von den Vorschriften dieses Gesetzbuchs oder den auf

Grund dieses Gesetzbuchs erlassenen Vorschriften abzuweichen oder ist das Einvernehmen mit der Gemeinde nach § 14 oder § 36 nicht erreicht worden, entscheidet die höhere Verwaltungsbehörde.

(2) [1]Handelt es sich dabei um Vorhaben, die der Landesverteidigung, dienstlichen Zwecken der Bundespolizei oder dem zivilen Bevölkerungsschutz dienen, ist nur die Zustimmung der höheren Verwaltungsbehörde erforderlich. [2]Vor Erteilung der Zustimmung hat diese die Gemeinde zu hören. [3]Versagt die höhere Verwaltungsbehörde ihre Zustimmung oder widerspricht die Gemeinde dem beabsichtigten Bauvorhaben, entscheidet das zuständige Bundesministerium im Einvernehmen mit den beteiligten Bundesministerien und im Benehmen mit der zuständigen Obersten Landesbehörde.

(3) [1]Entstehen der Gemeinde infolge der Durchführung von Maßnahmen nach den Absätzen 1 und 2 Aufwendungen für Entschädigungen nach diesem Gesetzbuch, sind sie ihr vom Träger der Maßnahmen zu ersetzen. [2]Muss infolge dieser Maßnahmen ein Bebauungsplan aufgestellt, geändert, ergänzt oder aufgehoben werden, sind ihr auch die dadurch entstandenen Kosten zu ersetzen.

(4) [1]Sollen bauliche Anlagen auf Grundstücken errichtet werden, die nach dem Landbeschaffungsgesetz beschafft werden, sind in dem Verfahren nach § 1 Absatz 2 des Landbeschaffungsgesetzes alle von der Gemeinde oder der höheren Verwaltungsbehörde nach den Absätzen 1 und 2 zulässigen Einwendungen abschließend zu erörtern. [2]Eines Verfahrens nach Absatz 2 bedarf es in diesem Falle nicht.

§ 38
Bauliche Maßnahmen von überörtlicher Bedeutung auf Grund von Planfeststellungsverfahren; öffentlich zugängliche Abfallbeseitigungsanlagen

[1]Auf Planfeststellungsverfahren und sonstige Verfahren mit den Rechtswirkungen der Planfeststellung für Vorhaben von überörtlicher Bedeutung sowie auf die auf Grund des Bundes-Immissionsschutzgesetzes für die Errichtung und den Betrieb öffentlich zugänglicher Abfallbeseitigungsanlagen geltenden Verfahren sind die §§ 29 bis 37 nicht anzuwenden, wenn die Gemeinde beteiligt wird; städtebauliche Belange sind zu berücksichtigen. [2]Eine Bindung nach § 7 bleibt unberührt. [3]§ 37 Absatz 3 ist anzuwenden.

Gesetz

des Landes Mecklenburg-Vorpommern zur Ausführung des Baugesetzbuches (Baugesetzbuchausführungsgesetz – AG-BauGB M-V)

Vom 30. Januar 1998 (GVOBl. M-V S 110), das zuletzt durch Artikel 2 des Gesetzes vom 19. März 2021 (GVOBl. M-V S. 270, 1006) geändert worden ist

– Fassung ab 25. März 2021 –

§ 1
Vorläufige Untersagung

[1]Der Antrag auf vorläufige Untersagung nach § 15 Absatz 1 Satz 2 des Baugesetzbuches ist innerhalb eines Monats nach Eingang der für das genehmigungsfreie Bauen erforderlichen Unterlagen durch die Gemeinde zu stellen. [2]Die untere Bauaufsichtsbehörde hat die vorläufige Untersagung innerhalb eines Monats nach Eingang des Antrages auszusprechen.

§ 2
(aufgehoben)

§ 3
Vorhaben im Außenbereich

Die Frist nach § 35 Absatz 4 Satz 1 Nummer 1 Buchstabe c des Baugesetzbuches als Voraussetzung für die Änderung der bisherigen Nutzung eines Gebäudes im Außenbereich ist nicht anzuwenden.

§ 4
Ersetzung des gemeindlichen Einvernehmens

Zuständige Behörde für die Ersetzung eines rechtswidrig versagten Einvernehmens der Gemeinde gemäß § 36 Absatz 2 Satz 3 des Baugesetzbuches ist die Genehmigungsbehörde.

§ 5
Verordnungsermächtigung zur Einführung der Anzeigepflicht

Die für den Städtebau zuständige oberste Landesbehörde wird ermächtigt, durch Rechtsverordnung zu bestimmen, ob und inwieweit Bebauungspläne und Satzungen nach § 34 Absatz 4 Satz 1 und § 35 Absatz 6 des Baugesetzbuches, die nicht der Genehmigung bedürfen, vor ihrem Inkrafttreten der höheren Verwaltungsbehörde gemäß § 246 Absatz 1a des Baugesetzbuches anzuzeigen sind.

§ 6
Aufgabenübertragung

Folgende Aufgaben der höheren Verwaltungsbehörde werden den Landkreisen für die kreisangehörigen Städte, Gemeinden und Planungsverbände gemäß § 205 des Baugesetzbuches einschließlich Zweckverbände gemäß § 203 Absatz 3 des Baugesetzbuches als Aufgaben des übertragenen Wirkungskreises übertragen:

1. die Genehmigung von Bebauungsplänen gemäß § 10 Absatz 2 des Baugesetzbuches sowie Innenbereichssatzungen und Außenbereichssatzungen gemäß der §§ 34 und 35 des Baugesetzbuches, wenn die Satzungen nach den §§ 34 und 35 des Baugesetzbuches gemäß den Überleitungsvorschriften des § 233 Absatz 1 des Baugesetzbuches einer Genehmigung bedürfen,

2. die Prüfung der Verletzung von Rechtsvorschriften im Anzeigeverfahren für Bebauungspläne sowie Innenbereichssatzungen und Außenbereichsatzungen nach §§ 34 und 35 des Baugesetzbuches, soweit eine Anzeigepflicht durch Rechtsverordnung nach § 5 eingeführt ist,
3. Die Genehmigung von Flächennutzungsplänen gemäß § 6 Absatz 1 des Baugesetzbuches.
4. die Entscheidungen gemäß den §§ 18 Absatz 2 Satz 4, 28 Absatz 6 Satz 3, 43 Absatz 2 Satz 1, 126 Absatz 2 Satz 2 sowie 209 Absatz 2 Satz 1 des Baugesetzbuches.

§ 7
Kostendeckung

Die durch die Übertragung von Aufgaben durch dieses Gesetz entstehenden Kosten der Landkreise sind durch die Zuweisungen für gesetzlich übertragene Aufgaben aus dem kommunalen Finanzausgleich abgegolten.

§ 8
(Inkrafttreten, Außerkrafttreten)

Verordnung
über die bauliche Nutzung der Grundstücke (Baunutzungsverordnung – BauNVO)
in der Fassung der Bekanntmachung vom 21. November 2017 (BGBl. I S. 3786), die zuletzt durch Artikel 2 des Gesetzes vom 3. Juli 2023 (BGBl. I Nr. 176) geändert worden ist

– §§ 1–23 in der Fassung ab 7. Juli 2023 –

ERSTER ABSCHNITT
Art der baulichen Nutzung

§ 1
Allgemeine Vorschriften für Bauflächen und Baugebiete

(1) Im Flächennutzungsplan können die für die Bebauung vorgesehenen Flächen nach der allgemeinen Art ihrer baulichen Nutzung (Bauflächen) dargestellt werden als
1. Wohnbauflächen (W)
2. gemischte Bauflächen (M)
3. gewerbliche Bauflächen (G)
4. Sonderbauflächen (S).

(2) Die für die Bebauung vorgesehenen Flächen können nach der besonderen Art ihrer baulichen Nutzung (Baugebiete) dargestellt werden als
1. Kleinsiedlungsgebiete (WS)
2. reine Wohngebiete (WR)
3. allgemeine Wohngebiete (WA)
4. besondere Wohngebiete (WB)
5. Dorfgebiete (MD)
6. dörfliche Wohngebiete (MDW)
7. Mischgebiete (MI)
8. urbane Gebiete (MU)
9. Kerngebiete (MK)
10. Gewerbegebiete (GE)
11. Industriegebiete (GI)
12. Sondergebiete (SO).

(3) [1]Im Bebauungsplan können die in Absatz 2 bezeichneten Baugebiete festgesetzt werden. [2]Durch die Festsetzung werden die Vorschriften der §§ 2 bis 14 Bestandteil des Bebauungsplans, soweit nicht aufgrund der Absätze 4 bis 10 etwas anderes bestimmt wird. [3]Bei Festsetzung von Sondergebieten finden die Vorschriften über besondere Festsetzungen nach den Absätzen 4 bis 10 keine Anwendung; besondere Festsetzungen über die Art der Nutzung können nach den §§ 10 und 11 getroffen werden.

(4) [1]Für die in den §§ 4 bis 9 bezeichneten Baugebiete können im Bebauungsplan für das jeweilige Baugebiet Festsetzungen getroffen werden, die das Baugebiet
1. nach der Art der zulässigen Nutzung,
2. nach der Art der Betriebe und Anlagen und deren besonderen Bedürfnissen und Eigenschaften

gliedern. [2]Die Festsetzungen nach Satz 1 können auch für mehrere Gewerbegebiete einer Gemeinde im Verhältnis zueinander getroffen werden; dies gilt auch für Industriegebiete. [3]Absatz 5 bleibt unberührt.

(5) Im Bebauungsplan kann festgesetzt werden, dass bestimmte Arten von Nutzungen, die nach den §§ 2 bis 9 sowie 13 und 13a allgemein zulässig sind, nicht zulässig sind oder nur ausnahmsweise zugelassen werden können, sofern die allgemeine Zweckbestimmung des Baugebiets gewahrt bleibt.

(6) Im Bebauungsplan kann festgesetzt werden, dass alle oder einzelne Ausnahmen, die in den Baugebieten nach den §§ 2 bis 9 vorgesehen sind,
1. nicht Bestandteil des Bebauungsplans werden oder
2. in dem Baugebiet allgemein zulässig sind, sofern die allgemeine Zweckbestimmung des Baugebiets gewahrt bleibt.

(7) In Bebauungsplänen für Baugebiete nach den §§ 4 bis 9 kann, wenn besondere städtebauliche Gründe dies rechtfertigen (§ 9 Ab-

satz 3 des Baugesetzbuchs), festgesetzt werden, dass in bestimmten Geschossen, Ebenen oder sonstigen Teilen baulicher Anlagen
1. nur einzelne oder mehrere der in dem Baugebiet allgemein zulässigen Nutzungen zulässig sind,
2. einzelne oder mehrere der in dem Baugebiet allgemein zulässigen Nutzungen unzulässig sind oder als Ausnahme zugelassen werden können oder
3. alle oder einzelne Ausnahmen, die in den Baugebieten nach den §§ 4 bis 9 vorgesehen sind, nicht zulässig oder, sofern die allgemeine Zweckbestimmung des Baugebiets gewahrt bleibt, allgemein zulässig sind.

(8) Die Festsetzungen nach den Absätzen 4 bis 7 können sich auch auf Teile des Baugebiets beschränken.

(9) Wenn besondere städtebauliche Gründe dies rechtfertigen, kann im Bebauungsplan bei Anwendung der Absätze 5 bis 8 festgesetzt werden, dass nur bestimmte Arten der in den Baugebieten allgemein oder ausnahmsweise zulässigen baulichen oder sonstigen Anlagen zulässig oder nicht zulässig sind oder nur ausnahmsweise zugelassen werden können.

(10) [1]Wären bei Festsetzung eines Baugebiets nach den §§ 2 bis 9 in überwiegend bebauten Gebieten bestimmte vorhandene bauliche und sonstige Anlagen unzulässig, kann im Bebauungsplan festgesetzt werden, dass Erweiterungen, Änderungen, Nutzungsänderungen und Erneuerungen dieser Anlagen allgemein zulässig sind oder ausnahmsweise zugelassen werden können. [2]Im Bebauungsplan können nähere Bestimmungen über die Zulässigkeit getroffen werden. [3]Die allgemeine Zweckbestimmung des Baugebiets muss in seinen übrigen Teilen gewahrt bleiben. [4]Die Sätze 1 bis 3 gelten auch für die Änderung und Ergänzung von Bebauungsplänen.

§ 2
Kleinsiedlungsgebiete

(1) Kleinsiedlungsgebiete dienen vorwiegend der Unterbringung von Kleinsiedlungen einschließlich Wohngebäuden mit entsprechenden Nutzgärten und landwirtschaftlichen Nebenerwerbsstellen.

(2) Zulässig sind
1. Kleinsiedlungen einschließlich Wohngebäude mit entsprechenden Nutzgärten, landwirtschaftliche Nebenerwerbsstellen und Gartenbaubetriebe,
2. die der Versorgung des Gebiets dienenden Läden, Schank- und Speisewirtschaften sowie nicht störenden Handwerksbetriebe.

(3) Ausnahmsweise können zugelassen werden
1. sonstige Wohngebäude mit nicht mehr als zwei Wohnungen,
2. Anlagen für kirchliche, kulturelle, soziale, gesundheitliche und sportliche Zwecke,
3. Tankstellen,
4. nicht störende Gewerbebetriebe.

§ 3
Reine Wohngebiete

(1) Reine Wohngebiete dienen dem Wohnen.

(2) Zulässig sind
1. Wohngebäude,
2. Anlagen zur Kinderbetreuung, die den Bedürfnissen der Bewohner des Gebiets dienen.

(3) Ausnahmsweise können zugelassen werden
1. Läden und nicht störende Handwerksbetriebe, die zur Deckung des täglichen Bedarfs für die Bewohner des Gebiets dienen, sowie kleine Betriebe des Beherbergungsgewerbes,
2. sonstige Anlagen für soziale Zwecke sowie den Bedürfnissen der Bewohner des Gebiets dienende Anlagen für kirchliche, kulturelle, gesundheitliche und sportliche Zwecke.

(4) Zu den nach Absatz 2 sowie den §§ 2, 4 bis 7 zulässigen Wohngebäuden gehören auch solche, die ganz oder teilweise der Betreuung und Pflege ihrer Bewohner dienen.

§ 4
Allgemeine Wohngebiete

(1) Allgemeine Wohngebiete dienen vorwiegend dem Wohnen.
(2) Zulässig sind
1. Wohngebäude,
2. die der Versorgung des Gebiets dienenden Läden, Schank- und Speisewirtschaften sowie nicht störenden Handwerksbetriebe,
3. Anlagen für kirchliche, kulturelle, soziale, gesundheitliche und sportliche Zwecke.

(3) Ausnahmsweise können zugelassen werden
1. Betriebe des Beherbergungsgewerbes,
2. sonstige nicht störende Gewerbebetriebe,
3. Anlagen für Verwaltungen,
4. Gartenbaubetriebe,
5. Tankstellen.

§ 4a
Gebiete zur Erhaltung und Entwicklung der Wohnnutzung (besondere Wohngebiete)

(1) [1]Besondere Wohngebiete sind überwiegend bebaute Gebiete, die aufgrund ausgeübter Wohnnutzung und vorhandener sonstiger in Absatz 2 genannter Anlagen eine besondere Eigenart aufweisen und in denen unter Berücksichtigung dieser Eigenart die Wohnnutzung erhalten und fortentwickelt werden soll. [2]Besondere Wohngebiete dienen vorwiegend dem Wohnen; sie dienen auch der Unterbringung von Gewerbebetrieben und sonstigen Anlagen im Sinne der Absätze 2 und 3, soweit diese Betriebe und Anlagen nach der besonderen Eigenart des Gebiets mit der Wohnnutzung vereinbar sind.
(2) Zulässig sind
1. Wohngebäude,
2. Läden, Betriebe des Beherbergungsgewerbes, Schank- und Speisewirtschaften,
3. sonstige Gewerbebetriebe,
4. Geschäfts- und Bürogebäude,
5. Anlagen für kirchliche, kulturelle, soziale, gesundheitliche und sportliche Zwecke.

(3) Ausnahmsweise können zugelassen werden
1. Anlagen für zentrale Einrichtungen der Verwaltung,
2. Vergnügungsstätten, soweit sie nicht wegen ihrer Zweckbestimmung oder ihres Umfangs nur in Kerngebieten allgemein zulässig sind,
3. Tankstellen.

(4) Für besondere Wohngebiete oder Teile solcher Gebiete kann, wenn besondere städtebauliche Gründe dies rechtfertigen (§ 9 Absatz 3 des Baugesetzbuchs), festgesetzt werden, dass
1. oberhalb eines im Bebauungsplan bestimmten Geschosses nur Wohnungen zulässig sind oder
2. in Gebäuden ein im Bebauungsplan bestimmter Anteil der zulässigen Geschossfläche oder eine bestimmte Größe der Geschossfläche für Wohnungen zu verwenden ist.

§ 5
Dorfgebiete

(1) [1]Dorfgebiete dienen der Unterbringung der Wirtschaftsstellen land- und forstwirtschaftlicher Betriebe, dem Wohnen und der Unterbringung von nicht wesentlich störenden Gewerbebetrieben sowie der Versorgung der Bewohner des Gebiets dienenden Handwerksbetrieben. [2]Auf die Belange der land- und forstwirtschaftlichen Betriebe einschließlich ihrer Entwicklungsmöglichkeiten ist vorrangig Rücksicht zu nehmen.
(2) Zulässig sind
1. Wirtschaftsstellen land- und forstwirtschaftlicher Betriebe und die dazugehörigen Wohnungen und Wohngebäude,
2. Kleinsiedlungen einschließlich Wohngebäude mit entsprechenden Nutzgärten und landwirtschaftliche Nebenerwerbsstellen,
3. sonstige Wohngebäude,
4. Betriebe zur Be- und Verarbeitung und Sammlung land- und forstwirtschaftlicher Erzeugnisse,
5. Einzelhandelsbetriebe, Schank- und Speisewirtschaften sowie Betriebe des Beherbergungsgewerbes,

6. sonstige Gewerbebetriebe,
7. Anlagen für örtliche Verwaltungen sowie für kirchliche, kulturelle, soziale, gesundheitliche und sportliche Zwecke,
8. Gartenbaubetriebe,
9. Tankstellen.

(3) Ausnahmsweise können Vergnügungsstätten im Sinne des § 4a Absatz 3 Nummer 2 zugelassen werden.

§ 5a
Dörfliche Wohngebiete

(1) [1]Dörfliche Wohngebiete dienen dem Wohnen sowie der Unterbringung von land- und forstwirtschaftlichen Nebenerwerbsstellen und nicht wesentlich störenden Gewerbebetrieben. [2]Die Nutzungsmischung muss nicht gleichgewichtig sein.

(2) Zulässig sind
1. Wohngebäude,
2. Wirtschaftsstellen land- und forstwirtschaftlicher Nebenerwerbsbetriebe und die dazugehörigen Wohnungen und Wohngebäude,
3. Kleinsiedlungen einschließlich Wohngebäude mit entsprechenden Nutzgärten,
4. nicht gewerbliche Einrichtungen und Anlagen für die Tierhaltung,
5. die der Versorgung des Gebiets dienenden Läden sowie Schank- und Speisewirtschaften,
6. Betriebe des Beherbergungsgewerbes,
7. sonstige Gewerbebetriebe,
8. Anlagen für örtliche Verwaltungen sowie für kirchliche, kulturelle, soziale, gesundheitliche und sportliche Zwecke.

(3) Ausnahmsweise können zugelassen werden
1. Wirtschaftsstellen land- und forstwirtschaftlicher Betriebe und die dazugehörigen Wohnungen und Wohngebäude,
2. Gartenbaubetriebe,
3. Tankstellen.

§ 6
Mischgebiete

(1) Mischgebiete dienen dem Wohnen und der Unterbringung von Gewerbebetrieben, die das Wohnen nicht wesentlich stören.

(2) Zulässig sind
1. Wohngebäude,
2. Geschäfts- und Bürogebäude,
3. Einzelhandelsbetriebe, Schank- und Speisewirtschaften sowie Betriebe des Beherbergungsgewerbes,
4. sonstige Gewerbebetriebe,
5. Anlagen für Verwaltungen sowie für kirchliche, kulturelle, soziale, gesundheitliche und sportliche Zwecke,
6. Gartenbaubetriebe,
7. Tankstellen,
8. Vergnügungsstätten im Sinne des § 4a Absatz 3 Nummer 2 in den Teilen des Gebiets, die überwiegend durch gewerbliche Nutzungen geprägt sind.

(3) Ausnahmsweise können Vergnügungsstätten im Sinne des § 4a Absatz 3 Nummer 2 außerhalb der in Absatz 2 Nummer 8 bezeichneten Teile des Gebiets zugelassen werden.

§6a
Urbane Gebiete

(1) Urbane Gebiete dienen dem Wohnen sowie der Unterbringung von Gewerbebetrieben und sozialen, kulturellen und anderen Einrichtungen, die die Wohnnutzung nicht wesentlich stören. [2]Die Nutzungsmischung muss nicht gleichgewichtig sein.

(2) Zulässig sind
1. Wohngebäude,
2. Geschäfts- und Bürogebäude,
3. Einzelhandelsbetriebe, Schank- und Speisewirtschaften sowie Betriebe des Beherbergungsgewerbes,
4. sonstige Gewerbebetriebe,
5. Anlagen für Verwaltungen sowie für kirchliche, kulturelle, soziale, gesundheitliche und sportliche Zwecke.

(3) Ausnahmsweise können zugelassen werden
1. Vergnügungsstätten, soweit sie nicht wegen ihrer Zweckbestimmung oder ihres

Umfangs nur in Kerngebieten allgemein zulässig sind,
2. Tankstellen.

(4) Für urbane Gebiete oder Teile solcher Gebiete kann festgesetzt werden, dass in Gebäuden
1. im Erdgeschoss an der Straßenseite eine Wohnnutzung nicht oder nur ausnahmsweise zulässig ist,
2. oberhalb eines im Bebauungsplan bestimmten Geschosses nur Wohnungen zulässig sind,
3. ein im Bebauungsplan bestimmter Anteil der zulässigen Geschossfläche oder eine im Bebauungsplan bestimmte Größe der Geschossfläche für Wohnungen zu verwenden ist, oder
4. ein im Bebauungsplan bestimmter Anteil der zulässigen Geschossfläche oder eine im Bebauungsplan bestimmte Größe der Geschossfläche für gewerbliche Nutzungen zu verwenden ist.

§ 7
Kerngebiete

(1) Kerngebiete dienen vorwiegend der Unterbringung von Handelsbetrieben sowie der zentralen Einrichtungen der Wirtschaft, der Verwaltung und der Kultur.

(2) Zulässig sind
1. Geschäfts-, Büro- und Verwaltungsgebäude,
2. Einzelhandelsbetriebe, Schank- und Speisewirtschaften, Betriebe des Beherbergungsgewerbes und Vergnügungsstätten,
3. sonstige nicht wesentlich störende Gewerbebetriebe,
4. Anlagen für kirchliche, kulturelle, soziale, gesundheitliche und sportliche Zwecke,
5. Tankstellen im Zusammenhang mit Parkhäusern und Großgaragen,
6. Wohnungen für Aufsichts- und Bereitschaftspersonen sowie für Betriebsinhaber und Betriebsleiter,
7. sonstige Wohnungen nach Maßgabe von Festsetzungen des Bebauungsplans.

(3) Ausnahmsweise können zugelassen werden
1. Tankstellen, die nicht unter Absatz 2 Nummer 5 fallen,
2. Wohnungen, die nicht unter Absatz 2 Nummer 6 und 7 fallen.

(4) [1]Für Teile eines Kerngebiets kann, wenn besondere städtebauliche Gründe dies rechtfertigen (§ 9 Absatz 3 des Baugesetzbuchs), festgesetzt werden, dass
1. oberhalb eines im Bebauungsplan bestimmten Geschosses nur Wohnungen zulässig sind oder
2. in Gebäuden ein im Bebauungsplan bestimmter Anteil der zulässigen Geschossfläche oder eine bestimmte Größe der Geschossfläche für Wohnungen zu verwenden ist.

[2]Dies gilt auch, wenn durch solche Festsetzungen dieser Teil des Kerngebiets nicht vorwiegend der Unterbringung von Handelsbetrieben sowie der zentralen Einrichtungen der Wirtschaft, der Verwaltung und der Kultur dient.

§ 8
Gewerbegebiete

(1) Gewerbegebiete dienen vorwiegend der Unterbringung von nicht erheblich belästigenden Gewerbebetrieben.

(2) Zulässig sind
1. Gewerbebetriebe aller Art einschließlich Anlagen zur Erzeugung von Strom oder Wärme aus solarer Strahlungsenergie oder Windenergie, Lagerhäuser, Lagerplätze und öffentliche Betriebe,
2. Geschäfts-, Büro- und Verwaltungsgebäude,
3. Tankstellen,
4. Anlagen für sportliche Zwecke.

(3) Ausnahmsweise können zugelassen werden
1. Wohnungen für Aufsichts- und Bereitschaftspersonen sowie für Betriebsinhaber und Betriebsleiter, die dem Gewerbebetrieb zugeordnet und ihm gegenüber in Grundfläche und Baumasse untergeordnet sind,
2. Anlagen für kirchliche, kulturelle, soziale und gesundheitliche Zwecke,
3. Vergnügungsstätten.

§ 9
Industriegebiete

(1) Industriegebiete dienen ausschließlich der Unterbringung von Gewerbebetrieben, und zwar vorwiegend solcher Betriebe, die in anderen Baugebieten unzulässig sind.

(2) Zulässig sind

1. Gewerbebetriebe aller Art einschließlich Anlagen zur Erzeugung von Strom oder Wärme aus solarer Strahlungsenergie oder Windenergie, Lagerhäuser, Lagerplätze und öffentliche Betriebe,
2. Tankstellen.

(3) Ausnahmsweise können zugelassen werden

1. Wohnungen für Aufsichts- und Bereitschaftspersonen sowie für Betriebsinhaber und Betriebsleiter, die dem Gewerbebetrieb zugeordnet und ihm gegenüber in Grundfläche und Baumasse untergeordnet sind,
2. Anlagen für kirchliche, kulturelle, soziale, gesundheitliche und sportliche Zwecke.

§ 10
Sondergebiete, die der Erholung dienen

(1) Als Sondergebiete, die der Erholung dienen, kommen insbesondere in Betracht

Wochenendhausgebiete,
Ferienhausgebiete,
Campingplatzgebiete.

(2) [1]Für Sondergebiete, die der Erholung dienen, sind die Zweckbestimmung und die Art der Nutzung darzustellen und festzusetzen. [2]Im Bebauungsplan kann festgesetzt werden, dass bestimmte, der Eigenart des Gebiets entsprechende Anlagen und Einrichtungen zur Versorgung des Gebiets und für sportliche Zwecke allgemein zulässig sind oder ausnahmsweise zugelassen werden können.

(3) [1]In Wochenendhausgebieten sind Wochenendhäuser als Einzelhäuser zulässig. [2]Im Bebauungsplan kann festgesetzt werden, dass Wochenendhäuser nur als Hausgruppen zulässig sind oder ausnahmsweise als Hausgruppen zugelassen werden können. [3]Die zulässige Grundfläche der Wochenendhäuser ist im Bebauungsplan, begrenzt nach der besonderen Eigenart des Gebiets, unter Berücksichtigung der landschaftlichen Gegebenheiten festzusetzen.

(4) [1]In Ferienhausgebieten sind Ferienhäuser zulässig, die aufgrund ihrer Lage, Größe, Ausstattung, Erschließung und Versorgung für den Erholungsaufenthalt geeignet und dazu bestimmt sind, überwiegend und auf Dauer einem wechselnden Personenkreis zur Erholung zu dienen. [2]Im Bebauungsplan kann die Grundfläche der Ferienhäuser, begrenzt nach der besonderen Eigenart des Gebiets, unter Berücksichtigung der landschaftlichen Gegebenheiten festgesetzt werden.

(5) In Campingplatzgebieten sind Campingplätze und Zeltplätze zulässig.

§ 11
Sonstige Sondergebiete

(1) Als sonstige Sondergebiete sind solche Gebiete darzustellen und festzusetzen, die sich von den Baugebieten nach den §§ 2 bis 10 wesentlich unterscheiden.

(2) [1]Für sonstige Sondergebiete sind die Zweckbestimmung und die Art der Nutzung darzustellen und festzusetzen. [2]Als sonstige Sondergebiete kommen insbesondere in Betracht

Gebiete für den Fremdenverkehr, wie Kurgebiete und Gebiete für die Fremdenbeherbergung, auch mit einer Mischung von Fremdenbeherbergung oder Ferienwohnen einerseits sowie Dauerwohnen andererseits,
Ladengebiete,
Gebiete für Einkaufszentren und großflächige Handelsbetriebe,
Gebiete für Messen, Ausstellungen und Kongresse,
Hochschulgebiete,
Klinikgebiete,
Hafengebiete,
Gebiete für Anlagen, die der Erforschung, Entwicklung oder Nutzung erneuerbarer Energien, wie Windenergie und solare Strahlungsenergie, dienen.

(3) [1]1. Einkaufszentren,
2. großflächige Einzelhandelsbetriebe, die sich nach Art, Lage oder Umfang auf die Verwirklichung der Ziele der

Raumordnung und Landesplanung oder auf die städtebauliche Entwicklung und Ordnung nicht nur unwesentlich auswirken können,
3. sonstige großflächige Handelsbetriebe, die im Hinblick auf den Verkauf an letzte Verbraucher und auf die Auswirkungen den in Nummer 2 bezeichneten Einzelhandelsbetrieben vergleichbar sind,

sind außer in Kerngebieten nur in für sie festgesetzten Sondergebieten zulässig. [2]Auswirkungen im Sinne des Satzes 1 Nummer 2 und 3 sind insbesondere schädliche Umwelteinwirkungen im Sinne des § 3 des Bundes-Immissionsschutzgesetzes sowie Auswirkungen auf die infrastrukturelle Ausstattung, auf den Verkehr, auf die Versorgung der Bevölkerung im Einzugsbereich der in Satz 1 bezeichneten Betriebe, auf die Entwicklung zentraler Versorgungsbereiche in der Gemeinde oder in anderen Gemeinden, auf das Orts- und Landschaftsbild und auf den Naturhaushalt. [3]Auswirkungen im Sinne des Satzes 2 sind bei Betrieben nach Satz 1 Nummer 2 und 3 in der Regel anzunehmen, wenn die Geschossfläche 1 200 m^2 überschreitet. [4]Die Regel des Satzes 3 gilt nicht, wenn Anhaltspunkte dafür bestehen, dass Auswirkungen bereits bei weniger als 1 200 m^2 Geschossfläche vorliegen oder bei mehr als 1 200 m^2 Geschossfläche nicht vorliegen; dabei sind in Bezug auf die in Satz 2 bezeichneten Auswirkungen insbesondere die Gliederung und Größe der Gemeinde und ihrer Ortsteile, die Sicherung der verbrauchernahen Versorgung der Bevölkerung und das Warenangebot des Betriebs zu berücksichtigen.

§ 12
Stellplätze und Garagen

(1) Stellplätze und Garagen sind in allen Baugebieten zulässig, soweit sich aus den Absätzen 2 bis 6 nichts anderes ergibt.

(2) In Kleinsiedlungsgebieten, reinen Wohngebieten und allgemeinen Wohngebieten sowie Sondergebieten, die der Erholung dienen, sind Stellplätze und Garagen nur für den durch die zugelassene Nutzung verursachten Bedarf zulässig.

(3) Unzulässig sind
1. Stellplätze und Garagen für Lastkraftwagen und Kraftomnibusse sowie für Anhänger dieser Kraftfahrzeuge in reinen Wohngebieten,
2. Stellplätze und Garagen für Kraftfahrzeuge mit einem Eigengewicht über 3,5 Tonnen sowie für Anhänger dieser Kraftfahrzeuge in Kleinsiedlungsgebieten und allgemeinen Wohngebieten.

(4) [1]Im Bebauungsplan kann, wenn besondere städtebauliche Gründe dies rechtfertigen (§ 9 Absatz 3 des Baugesetzbuchs), festgesetzt werden, dass in bestimmten Geschossen nur Stellplätze oder Garagen und zugehörige Nebeneinrichtungen (Garagengeschosse) zulässig sind. [2]Eine Festsetzung nach Satz 1 kann auch für Geschosse unterhalb der Geländeoberfläche getroffen werden. [3]Bei Festsetzungen nach den Sätzen 1 und 2 sind Stellplätze und Garagen auf dem Grundstück nur in den festgesetzten Geschossen zulässig, soweit der Bebauungsplan nichts anderes bestimmt.

(5) [1]Im Bebauungsplan kann, wenn besondere städtebauliche Gründe dies rechtfertigen (§ 9 Absatz 3 des Baugesetzbuchs), festgesetzt werden, dass in Teilen von Geschossen nur Stellplätze und Garagen zulässig sind. [2]Absatz 4 Satz 2 und 3 gilt entsprechend.

(6) Im Bebauungsplan kann festgesetzt werden, dass in Baugebieten oder bestimmten Teilen von Baugebieten Stellplätze und Garagen unzulässig oder nur in beschränktem Umfang zulässig sind, soweit landesrechtliche Vorschriften nicht entgegenstehen.

(7) Die landesrechtlichen Vorschriften über die Ablösung der Verpflichtung zur Herstellung von Stellplätzen und Garagen sowie die Verpflichtung zur Herstellung von Stellplätzen und Garagen außerhalb der im Bebauungsplan festgesetzten Bereiche bleiben bei Festsetzungen nach den Absätzen 4 bis 6 unberührt.

§ 13
Gebäude und Räume für freie Berufe

Für die Berufsausübung freiberuflich Tätiger und solcher Gewerbetreibender, die ihren Beruf in ähnlicher Art ausüben, sind in den Baugebieten nach den §§ 2 bis 4 Räume, in den Baugebieten nach den §§ 4a bis 9 auch Gebäude zulässig.

§ 13a
Ferienwohnungen

[1]Räume oder Gebäude, die einem ständig wechselnden Kreis von Gästen gegen Entgelt vorübergehend zur Unterkunft zur Verfügung gestellt werden und die zur Begründung einer eigenen Häuslichkeit geeignet und bestimmt sind (Ferienwohnungen), gehören unbeschadet des § 10 in der Regel zu den nicht störenden Gewerbebetrieben nach § 2 Absatz 3 Nummer 4 und § 4 Absatz 3 Nummer 2 oder zu den Gewerbebetrieben nach § 4a Absatz 2 Nummer 3, § 5 Absatz 2 Nummer 6, § 5a Absatz 2 Nummer 7, § 6 Absatz 2 Nummer 4, § 6a Absatz 2 Nummer 4 und § 7 Absatz 2 Nummer 3. [2]Abweichend von Satz 1 können Räume nach Satz 1 in den übrigen Fällen insbesondere bei einer baulich untergeordneten Bedeutung gegenüber der in dem Gebäude vorherrschenden Hauptnutzung zu den Betrieben des Beherbergungsgewerbes nach § 4 Absatz 3 Nummer 1, § 4a Absatz 2 Nummer 2, § 5 Absatz 2 Nummer 5, § 5a Absatz 2 Nummer 6, § 6 Absatz 2 Nummer 3, § 6a Absatz 2 Nummer 3 und § 7 Absatz 2 Nummer 2 oder zu den kleinen Betrieben des Beherbergungsgewerbes nach § 3 Absatz 3 Nummer 1 gehören.

§ 14
Nebenanlagen; Anlagen zur Nutzung solarer Strahlungsenergie und Kraft-Wärme-Kopplungsanlagen

(1) [1]Außer den in den §§ 2 bis 13 genannten Anlagen sind auch untergeordnete Nebenanlagen und Einrichtungen zulässig, die dem Nutzungszweck der in dem Baugebiet gelegenen Grundstücke oder des Baugebiets selbst dienen und die seiner Eigenart nicht widersprechen. [2]Soweit nicht bereits in den Baugebieten nach dieser Verordnung Einrichtungen und Anlagen für die Tierhaltung, einschließlich der Kleintiererhaltungszucht, zulässig sind, gehören zu den untergeordneten Nebenanlagen und Einrichtungen im Sinne des Satzes 1 auch solche für die Kleintierhaltung. [3]Zu den untergeordneten Nebenanlagen und Einrichtungen im Sinne des Satzes 1 gehören auch Anlagen zur Erzeugung von Strom oder Wärme aus erneuerbaren Energien. [4]Im Bebauungsplan kann die Zulässigkeit der Nebenanlagen und Einrichtungen eingeschränkt oder ausgeschlossen werden.

(1a) In den Baugebieten nach den §§ 2 bis 11 sind Nebenanlagen, die der öffentlichen Versorgung mit Telekommunikationsdienstleistungen dienen, zulässig; Absatz 1 Satz 4 gilt entsprechend.

(2) [1]Die der Versorgung der Baugebiete mit Elektrizität, Gas, Wärme und Wasser sowie zur Ableitung von Abwasser dienenden Nebenanlagen können in den Baugebieten als Ausnahme zugelassen werden, auch soweit für sie im Bebauungsplan keine besonderen Flächen festgesetzt sind. [2]Dies gilt auch für fernmeldetechnische Nebenanlagen sowie für Anlagen für erneuerbare Energien, soweit nicht Absatz 1 Satz 1 oder Absatz 1a Anwendung findet.

(3) [1]Soweit baulich untergeordnete Anlagen zur Nutzung solarer Strahlungsenergie in, an oder auf Dach- und Außenwandflächen oder Kraft-Wärme-Kopplungsanlagen innerhalb von Gebäuden nicht bereits nach den §§ 2 bis 13 zulässig sind, gelten sie auch dann als Anlagen im Sinne des Absatzes 1 Satz 1, wenn die erzeugte Energie vollständig oder überwiegend in das öffentliche Netz eingespeist wird. [2]In Gewerbe-, Industrie- und sonstigen Sondergebieten gilt Satz 1 auch für sonstige baulich untergeordnete Anlagen zur Nutzung solarer Strahlungsenergie.

(4) [1]In einem Gebiet nach § 11 Absatz 2 für Anlagen, die der Nutzung solarer Strahlungsenergie dienen, sind Anlagen zur Herstellung oder Speicherung von Wasserstoff zulässig, wenn die Voraussetzungen entsprechend § 249a Absatz 4 gegeben sind. [2]In Gewerbe-

und Industriegebieten gilt Satz 1 entsprechend, wenn dort eine Anlage, die der Nutzung solarer Strahlungsenergie dient und die keine Nebenanlage im Sinne dieser Vorschrift ist, tatsächlich vorhanden ist. [3]Absatz 1 Satz 4 gilt entsprechend.

§ 15
Allgemeine Voraussetzungen für die Zulässigkeit baulicher und sonstiger Anlagen

(1) [1]Die in den §§ 2 bis 14 aufgeführten baulichen und sonstigen Anlagen sind im Einzelfall unzulässig, wenn sie nach Anzahl, Lage, Umfang oder Zweckbestimmung der Eigenart des Baugebiets widersprechen. [2]Sie sind auch unzulässig, wenn von ihnen Belästigungen oder Störungen ausgehen können, die nach der Eigenart des Baugebiets im Baugebiet selbst oder in dessen Umgebung unzumutbar sind, oder wenn sie solchen Belästigungen oder Störungen ausgesetzt werden.
(2) Die Anwendung des Absatzes 1 hat nach den städtebaulichen Zielen und Grundsätzen des § 1 Absatz 5 des Baugesetzbuchs zu erfolgen.
(3) Die Zulässigkeit der Anlagen in den Baugebieten ist nicht allein nach den verfahrensrechtlichen Einordnungen des Bundes-Immissionsschutzgesetzes und der auf seiner Grundlage erlassenen Verordnungen zu beurteilen.

ZWEITER ABSCHNITT
Maß der baulichen Nutzung

§ 16
Bestimmung des Maßes der baulichen Nutzung

(1) Wird im Flächennutzungsplan das allgemeine Maß der baulichen Nutzung dargestellt, genügt die Angabe der Geschossflächenzahl, der Baumassenzahl oder der Höhe baulicher Anlagen.
(2) Im Bebauungsplan kann das Maß der baulichen Nutzung bestimmt werden durch Festsetzung
1. der Grundflächenzahl oder der Größe der Grundflächen der baulichen Anlagen,
2. der Geschossflächenzahl oder der Größe der Geschossfläche, der Baumassenzahl oder der Baumasse,
3. der Zahl der Vollgeschosse,
4. der Höhe baulicher Anlagen.

(3) Bei Festsetzung des Maßes der baulichen Nutzung im Bebauungsplan ist festzusetzen
1. stets die Grundflächenzahl oder die Größe der Grundflächen der baulichen Anlagen,
2. die Zahl der Vollgeschosse oder die Höhe baulicher Anlagen, wenn ohne ihre Festsetzung öffentliche Belange, insbesondere das Orts- und Landschaftsbild, beeinträchtigt werden können.

(4) [1]Bei Festsetzung des Höchstmaßes für die Geschossflächenzahl oder die Größe der Geschossfläche, für die Zahl der Vollgeschosse und die Höhe baulicher Anlagen im Bebauungsplan kann zugleich ein Mindestmaß festgesetzt werden. [2]Die Zahl der Vollgeschosse und die Höhe baulicher Anlagen können auch als zwingend festgesetzt werden.
(5) Im Bebauungsplan kann das Maß der baulichen Nutzung für Teile des Baugebiets, für einzelne Grundstücke oder Grundstücksteile und für Teile baulicher Anlagen unterschiedlich festgesetzt werden; die Festsetzungen können oberhalb und unterhalb der Geländeoberfläche getroffen werden.
(6) Im Bebauungsplan können nach Art und Umfang bestimmte Ausnahmen von dem festgesetzten Maß der baulichen Nutzung vorgesehen werden.

§ 17
Orientierungswerte für die Bestimmung des Maßes der baulichen Nutzung

[1]Bei der Bestimmung des Maßes der baulichen Nutzung nach § 16 bestehen, auch wenn eine Geschossflächenzahl oder eine Baumassenzahl nicht dargestellt oder festgesetzt wird, folgende Orientierungswerte für Obergrenzen:

1	2	3	4
Baugebiet	Grundflächenzahl (GRZ)	Geschossflächenzahl (GFZ)	Baumassenzahl (BMZ)
in Kleinsiedlungsgebieten (WS)	0,2	0,4	-
in reinen Wohngebieten (WR) allgemeinen Wohngebieten (WA) Ferienhausgebieten	0,4	1,2	-
in besonderen Wohngebieten (WB)	0,6	1,6	-
in Dorfgebieten (MD) Mischgebieten (MI) dörflichen Wohngebieten (MDW)	0,6	1,2	-
in urbanen Gebieten (MU)	0,8	3,0	-
in Kerngebieten (MK)	1,0	3,0	-
in Gewerbegebieten (GE) Industriegebieten (GI) sonstigen Sondergebieten	0,8	2,4	10,0
in Wochenendhausgebieten	0,2	0,2	-

[2]In Wochenendhausgebieten und Ferienhausgebieten dürfen die Orientierungswerte für Obergrenzen nach Satz 1 nicht überschritten werden.

§ 18
Höhe baulicher Anlagen

(1) Bei Festsetzung der Höhe baulicher Anlagen sind die erforderlichen Bezugspunkte zu bestimmen.
(2) Ist die Höhe baulicher Anlagen als zwingend festgesetzt (§ 16 Absatz 4 Satz 2), können geringfügige Abweichungen zugelassen werden.

§ 19
Grundflächenzahl, zulässige Grundfläche

(1) Die Grundflächenzahl gibt an, wieviel Quadratmeter Grundfläche je Quadratmeter Grundstücksfläche im Sinne des Absatzes 3 zulässig sind.
(2) Zulässige Grundfläche ist der nach Absatz 1 errechnete Anteil des Baugrundstücks, der von baulichen Anlagen überdeckt werden darf.
(3) [1]Für die Ermittlung der zulässigen Grundfläche ist die Fläche des Baugrundstücks maßgebend, die im Bauland und hinter der im Bebauungsplan festgesetzten Straßenbegrenzungslinie liegt. [2]Ist eine Straßenbegrenzungslinie nicht festgesetzt, so ist die Fläche des Baugrundstücks maßgebend, die hinter der tatsächlichen Straßengrenze liegt oder die im Bebauungsplan als maßgebend für die Ermittlung der zulässigen Grundfläche festgesetzt ist.
(4) [1]Bei der Ermittlung der Grundfläche sind die Grundflächen von
1. Garagen und Stellplätzen mit ihren Zufahrten,
2. Nebenanlagen im Sinne des § 14,

3. baulichen Anlagen unterhalb der Geländeoberfläche, durch die das Baugrundstück lediglich unterbaut wird,

mitzurechnen. [2]Die zulässige Grundfläche darf durch die Grundflächen der in Satz 1 bezeichneten Anlagen bis zu 50 vom Hundert überschritten werden, höchstens jedoch bis zu einer Grundflächenzahl von 0,8; weitere Überschreitungen in geringfügigem Ausmaß können zugelassen werden. [3]Im Bebauungsplan können von Satz 2 abweichende Bestimmungen getroffen werden. [4]Soweit der Bebauungsplan nichts anderes festsetzt, kann im Einzelfall von der Einhaltung der sich aus Satz 2 ergebenden Grenzen abgesehen werden

1. bei Überschreitungen mit geringfügigen Auswirkungen auf die natürlichen Funktionen des Bodens oder
2. wenn die Einhaltung der Grenzen zu einer wesentlichen Erschwerung der zweckentsprechenden Grundstücksnutzung führen würde.

(5) Soweit der Bebauungsplan nichts anderes festsetzt, darf die zulässige Grundfläche in Gewerbe-, Industrie- und sonstigen Sondergebieten durch die Grundflächen von Anlagen zur Erzeugung von Strom und Wärme aus solarer Strahlungsenergie und Windenergie überschritten werden.

§ 20
Vollgeschosse, Geschossflächenzahl, Geschossfläche

(1) Als Vollgeschosse gelten Geschosse, die nach landesrechtlichen Vorschriften Vollgeschosse sind oder auf ihre Zahl angerechnet werden.

(2) Die Geschossflächenzahl gibt an, wieviel Quadratmeter Geschossfläche je Quadratmeter Grundstücksfläche im Sinne des § 19 Absatz 3 zulässig sind.

(3) [1]Die Geschossfläche ist nach den Außenmaßen der Gebäude in allen Vollgeschossen zu ermitteln. [2]Im Bebauungsplan kann festgesetzt werden, dass die Flächen von Aufenthaltsräumen in anderen Geschossen einschließlich der zu ihnen gehörenden Treppenräume und einschließlich ihrer Umfassungswände ganz oder teilweise mitzurechnen oder ausnahmsweise nicht mitzurechnen sind.

(4) Bei der Ermittlung der Geschossfläche bleiben Nebenanlagen im Sinne des § 14, Balkone, Loggien, Terrassen sowie bauliche Anlagen, soweit sie nach Landesrecht in den Abstandsflächen (seitlicher Grenzabstand und sonstige Abstandsflächen) zulässig sind oder zugelassen werden können, unberücksichtigt.

§ 21
Baumassenzahl, Baumasse

(1) Die Baumassenzahl gibt an, wieviel Kubikmeter Baumasse je Quadratmeter Grundstücksfläche im Sinne des § 19 Absatz 3 zulässig sind.

(2) [1]Die Baumasse ist nach den Außenmaßen der Gebäude vom Fußboden des untersten Vollgeschosses bis zur Decke des obersten Vollgeschosses zu ermitteln. [2]Die Baumassen von Aufenthaltsräumen in anderen Geschossen einschließlich der zu ihnen gehörenden Treppenräume und einschließlich ihrer Umfassungswände und Decken sind mitzurechnen. [3]Bei baulichen Anlagen, bei denen eine Berechnung der Baumasse nach Satz 1 nicht möglich ist, ist die tatsächliche Baumasse zu ermitteln.

(3) Bauliche Anlagen und Gebäudeteile im Sinne des § 20 Absatz 4 bleiben bei der Ermittlung der Baumasse unberücksichtigt.

(4) Ist im Bebauungsplan die Höhe baulicher Anlagen oder die Baumassenzahl nicht festgesetzt, darf bei Gebäuden, die Geschosse von mehr als 3,50 m Höhe haben, eine Baumassenzahl, die das Dreieinhalbfache der zulässigen Geschossflächenzahl beträgt, nicht überschritten werden.

§ 21a
Stellplätze, Garagen und Gemeinschaftsanlagen

(1) Garagengeschosse oder ihre Baumasse sind in sonst anders genutzten Gebäuden auf die Zahl der zulässigen Vollgeschosse oder auf die zulässige Baumasse nicht anzurech-

nen, wenn der Bebauungsplan dies festsetzt oder als Ausnahme vorsieht.

(2) Der Grundstücksfläche im Sinne des § 19 Absatz 3 sind Flächenanteile an außerhalb des Baugrundstücks festgesetzten Gemeinschaftsanlagen im Sinne des § 9 Absatz 1 Nummer 22 des Baugesetzbuchs hinzuzurechnen, wenn der Bebauungsplan dies festsetzt oder als Ausnahme vorsieht.

(3) Soweit § 19 Absatz 4 nicht entgegensteht, ist eine Überschreitung der zulässigen Grundfläche durch überdachte Stellplätze und Garagen bis zu 0,1 der Fläche des Baugrundstücks zulässig; eine weitergehende Überschreitung kann ausnahmsweise zugelassen werden

1. in Kerngebieten, Gewerbegebieten und Industriegebieten,
2. in anderen Baugebieten, soweit solche Anlagen nach § 9 Absatz 1 Nummer 4 des Baugesetzbuchs im Bebauungsplan festgesetzt sind.

(4) Bei der Ermittlung der Geschossfläche oder der Baumasse bleiben unberücksichtigt die Flächen oder Baumassen von

1. Garagengeschossen, die nach Absatz 1 nicht angerechnet werden,
2. Stellplätzen und Garagen, deren Grundflächen die zulässige Grundfläche unter den Voraussetzungen des Absatzes 3 überschreiten,
3. Stellplätzen und Garagen in Vollgeschossen, wenn der Bebauungsplan dies festsetzt oder als Ausnahme vorsieht.

(5) Die zulässige Geschossfläche oder die zulässige Baumasse ist um die Flächen oder Baumassen notwendiger Garagen, die unter der Geländeoberfläche hergestellt werden, insoweit zu erhöhen, als der Bebauungsplan dies festsetzt oder als Ausnahme vorsieht.

DRITTER ABSCHNITT
Bauweise, überbaubare Grundstücksfläche

§ 22
Bauweise

(1) Im Bebauungsplan kann die Bauweise als offene oder geschlossene Bauweise festgesetzt werden.

(2) [1]In der offenen Bauweise werden die Gebäude mit seitlichem Grenzabstand als Einzelhäuser, Doppelhäuser oder Hausgruppen errichtet. [2]Die Länge der in Satz 1 bezeichneten Hausformen darf höchstens 50 m betragen. [3]Im Bebauungsplan können Flächen festgesetzt werden, auf denen nur Einzelhäuser, nur Doppelhäuser, nur Hausgruppen oder nur zwei dieser Hausformen zulässig sind.

(3) In der geschlossenen Bauweise werden die Gebäude ohne seitlichen Grenzabstand errichtet, es sei denn, dass die vorhandene Bebauung eine Abweichung erfordert.

(4) [1]Im Bebauungsplan kann eine von Absatz 1 abweichende Bauweise festgesetzt werden. [2]Dabei kann auch festgesetzt werden, inwieweit an die vorderen, rückwärtigen und seitlichen Grundstücksgrenzen herangebaut werden darf oder muss.

§ 23
Überbaubare Grundstücksfläche

(1) [1]Die überbaubaren Grundstücksflächen können durch die Festsetzung von Baulinien, Baugrenzen oder Bebauungstiefen bestimmt werden. [2]§ 16 Absatz 5 ist entsprechend anzuwenden.

(2) [1]Ist eine Baulinie festgesetzt, so muss auf dieser Linie gebaut werden. [2]Ein Vor- oder Zurücktreten von Gebäudeteilen in geringfügigem Ausmaß kann zugelassen werden. [3]Im Bebauungsplan können weitere nach Art und Umfang bestimmte Ausnahmen vorgesehen werden.

(3) [1]Ist eine Baugrenze festgesetzt, so dürfen Gebäude und Gebäudeteile diese nicht überschreiten. [2]Ein Vortreten von Gebäudeteilen in geringfügigem Ausmaß kann zugelassen werden. [3]Absatz 2 Satz 3 gilt entsprechend.

(4) [1]Ist eine Bebauungstiefe festgesetzt, so gilt Absatz 3 entsprechend. [2]Die Bebauungstiefe ist von der tatsächlichen Straßengrenze ab zu ermitteln, sofern im Bebauungsplan nichts anderes festgesetzt ist.

(5) [1]Wenn im Bebauungsplan nichts anderes festgesetzt ist, können auf den nicht überbaubaren Grundstücksflächen Nebenanlagen im Sinne des § 14 zugelassen werden. [2]Das Gleiche gilt für bauliche Anlagen, soweit sie nach Landesrecht in den Abstandsflächen zulässig sind oder zugelassen werden können.

Verordnung
über Bauvorlagen und bauaufsichtliche Anzeigen (Bauvorlagenverordnung – BauVorlVO M-V)*
Vom 10. Juli 2006 (GVOBl. S. 612), die zuletzt durch Verordnung vom 30. November 2022 (GVOBl. M-V S. 581) geändert worden ist
– Fassung ab 13. Dezember 2022 –

Aufgrund des § 85 Abs. 2 Satz 3 und Abs. 3 der Landesbauordnung Mecklenburg-Vorpommern vom 18. April 2006 (GVOBl. M-V S. 102), die durch Artikel 9 des Gesetzes vom 23. Mai 2006 (GVOBl. M-V S. 194) geändert worden ist, verordnet das Ministerium für Arbeit, Bau und Landesentwicklung:

INHALTSÜBERSICHT

TEIL 1
Allgemeines

§ 1
Begriff

[1]Bauvorlagen sind die einzureichenden Unterlagen, die für die Beurteilung des Bauvorhabens und die Bearbeitung des Bauantrags (§ 68 Abs. 2 Satz 1 der Landesbauordnung Mecklenburg-Vorpommern), für die Anzeige der beabsichtigten Beseitigung (§ 61 Abs. 3 Satz 2 der Landesbauordnung Mecklenburg-Vorpommern) oder für die Genehmigungsfreistellung (§ 62 Abs. 3 Satz 1 Halbsatz 1 der Landesbauordnung Mecklenburg-Vor-

* Die Verpflichtungen aus der Richtlinie 98/34/EG des Europäischen Parlaments und des Rates vom 22. Juni 1998 über ein Informationsverfahren auf dem Gebiet der Normen und technischen Vorschriften und der Vorschriften für die Dienste der Informationsgesellschaft (ABl. EG Nr. L 204 S. 37), zuletzt geändert durch die Richtlinie 98/48/EG des Europäischen Parlaments und des Rates vom 20. Juli 1998 (ABl. EG Nr. L 217 S. 18), sind beachtet worden.

pommern) erforderlich sind. ²Bautechnische Nachweise gelten auch dann als Bauvorlagen, wenn sie der Bauaufsichtsbehörde nicht vorzulegen sind.

§ 2
Einreichen von Anträgen, Anzeigen und Bauvorlagen

(1) ¹Der Antrag oder die Anzeige mit den zugehörigen Bauvorlagen ist einschließlich der Bauzeichnungen und sonstigen Bauvorlagen elektronisch in Textform bei der Bauaufsichtsbehörde einzureichen. ²Die Bauaufsichtsbehörde kann Vorgaben zur elektronischen Einreichung machen.
(2) Hat die oberste Bauaufsichtsbehörde Formulare veröffentlicht, sind diese zu verwenden.
(3) ¹Jeder Antrag, jede Anzeige und jede Bauvorlage muss als eine eigene Einzeldatei erstellt und abgespeichert und in einem archivfähigen Portable Document Format (PDF/A nach ISO 19005-2) übermittelt werden. ²Dateianlagen innerhalb der PDF-Dateien sind unzulässig. ³Die gewählten Dateinamen müssen je einzelne Datei die Angaben zum Dateiinhalt und das Erstellungsdatum im Format Jahr, Monat, Tag (jjjjmmtt) enthalten. ⁴Die Bauaufsichtsbehörde kann die Dateigrößen aus technischen Gründen beschränken.
(4) ¹Sind Datenträger einzureichen, sind sie mit Bezeichnung des Bauvorhabens und den Ordnern „Antrag", Ordnern gemäß § 3 Absatz 1, Ordner zu den Anforderungen gemäß § 63 Absatz 1 Satz 1 Nummer 3 der Landesbauordnung Mecklenburg-Vorpommern oder § 64 Satz 1 Nummer 3 der Landesbauordnung Mecklenburg-Vorpommern sowie Ordner „sonstige Unterlagen" ohne weitere Unterordner herzustellen. ²Die einzelnen Dateien sowie der Datenträger dürfen keine Sicherheitseinstellungen und keinen Schreibschutz enthalten.
(5) Die Bauaufsichtsbehörde kann andere Dateiformate, Dateistrukturen, Bezeichnungen der Dateien, Strukturierungen der Antragsunterlagen und Dateigrößen zur Übermittlung der Daten zulassen.
(6) ¹Die Bauaufsichtsbehörde kann ergänzend Papierexemplare der Bauvorlagen nachfordern, wenn dies für die Beurteilung des Bauvorhabens im Einzelfall erforderlich ist. ²Papierexemplare müssen dem Format DIN A4 entsprechen oder auf diese Größe gefaltet sein.
(7) ¹Abweichend von Absatz 1 soll die Bauaufsichtsbehörde die Einreichung des Antrages oder der Anzeige in Papierform zulassen, wenn die Einreichung in elektronischer Form für den Bauherrn unzumutbar ist. ²Sie kann die Durchführung des schriftlichen Verfahrens verlangen, wenn dies aus technischen oder organisatorischen Gründen erforderlich ist. ³Bei Einreichung in Papierform sind die Bauvorlagen dreifach, ist die Gemeinde zugleich Bauaufsichtsbehörde, zweifach einzureichen. ⁴Abweichend von Satz 2 sind die Bauvorlagen nach § 62 Absatz 3 Satz 1 Halbsatz 1 der Landesbauordnung Mecklenburg-Vorpommern zweifach, ist die Gemeinde zugleich Bauaufsichtsbehörde, einfach einzureichen. ⁵Die Absätze 2, 6, 8 und 9 gelten entsprechend.
(8) Die Bauaufsichtsbehörde darf weitere Unterlagen verlangen, wenn dies zur Beurteilung des Bauvorhabens erforderlich ist.
(9) Die Bauaufsichtsbehörde soll auf Bauvorlagen verzichten, wenn diese zur Beurteilung des Bauvorhabens nicht erforderlich sind.

TEIL 2
Vorzulegende Bauvorlagen

§ 3
Bauliche Anlagen

(1) Vorzulegen sind:
1. der Auszug aus der amtlichen Liegenschaftskarte und der Lageplan (§ 7),
2. die Bauzeichnungen (§ 8),
3. die Baubeschreibung (§ 9),
4. der Nachweis der Standsicherheit (§ 10), soweit er bauaufsichtlich geprüft wird, einschließlich der Erklärung des Tragwerksplaners nach Maßgabe des Kriterienkataloges der Anlage 2,

5. der Nachweis des Brandschutzes (§ 11), soweit er bauaufsichtlich geprüft wird und nicht bereits in den übrigen Bauvorlagen enthalten ist,
6. die erforderlichen Angaben über die gesicherte Erschließung hinsichtlich der Versorgung mit Wasser und Energie sowie der Entsorgung von Abwasser und der verkehrsmäßigen Erschließung, soweit das Bauvorhaben nicht an eine öffentliche Wasser- oder Energieversorgung oder eine öffentliche Abwasserentsorgungsanlage angeschlossen werden kann oder nicht in ausreichender Breite an einer öffentlichen Verkehrsfläche liegt,
7. eine Berechnung des zulässigen, des vorhandenen und des geplanten Maßes der baulichen Nutzung bei Bauvorhaben im Geltungsbereich eines Bebauungsplans, der Festsetzungen darüber enthält,
8. Angaben zur Umsetzung der Barrierefreiheit.

(2) [1]Im Lageplan und in jeder Bauzeichnung muss neben der numerischen Angabe des Maßstabes zur Kalibrierung auch eine grafische Maßstabsleiste enthalten sein, sofern nicht vorhandene Maßketten eine Kalibrierung ermöglichen. [2]Diese ist mit den tatsächlichen Distanzen zu beschriften.

(3) Die Bauvorlagen müssen eine Angabe über den Entwurfsverfasser enthalten.

§ 4
Werbeanlagen

(1) Vorzulegen sind:
1. der Auszug aus der amtlichen Liegenschaftskarte mit Einzeichnung des Standortes,
2. die Zeichnung (Absatz 2) und Beschreibung (Absatz 3) oder eine andere geeignete Darstellung der Werbeanlage, wie ein farbiges Lichtbild oder eine farbige Lichtbildmontage,
3. der Nachweis der Standsicherheit (§ 10), soweit er bauaufsichtlich geprüft wird, einschließlich der Erklärung des Tragwerksplaners nach Maßgabe des Kriterienkataloges der Anlage 2.

(2) Die Zeichnung muss die Darstellung der Werbeanlage und ihre Maße, auch bezogen auf den Standort und auf Anlagen, an denen die Werbeanlage angebracht oder in deren Nähe sie aufgestellt werden soll, sowie Angaben über die Farbgestaltung enthalten.

(3) In der Beschreibung sind die Art und die Beschaffenheit der Werbeanlage sowie, soweit erforderlich, die Abstände zu öffentlichen Verkehrsflächen anzugeben.

§ 5
Vorbescheid

Vorzulegen sind diejenigen Bauvorlagen, die zur Beurteilung der zu entscheidenden Fragen des Bauvorhabens erforderlich sind.

§ 6
Beseitigung von Anlagen

Vorzulegen sind:
1. der Lageplan, der die Lage der zu beseitigenden Anlagen unter Bezeichnung des Grundstücks nach Liegenschaftskataster sowie Straße und Hausnummer darstellt,
2. in den Fällen des § 61 Absatz 3 Satz 4 der Landesbauordnung Mecklenburg-Vorpommern die Erklärung des Tragwerksplaners über die Beurteilung der Standsicherheit, den Nachweis der Standsicherheit im erforderlichen Umfang und soweit notwendig, die Überwachung des Beseitigungsvorganges.

TEIL 3
Inhalt der Bauvorlagen

§ 7
Auszug aus der amtlichen Liegenschaftskarte, Lageplan

(1) [1]Der aktuelle Auszug aus der amtlichen Liegenschaftskarte muss das Baugrundstück und die benachbarten Grundstücke im Umkreis von mindestens 50 Metern darstellen. [2]Das Baugrundstück ist zu kennzeichnen. [3]Der Auszug ist mit dem Namen des Bauherrn, der Bezeichnung des Bauvorhabens

und dem Datum des dazugehörigen Bauantrags oder der Unterlagen nach § 62 Abs. 3 Satz 1 Halbsatz 1 der Landesbauordnung Mecklenburg-Vorpommern (Genehmigungsfreistellung) zu beschriften.

(2) [1]Der Lageplan ist auf der Grundlage des Geobasisinformationssystems Liegenschaftskataster zu erstellen. [2]Dabei ist ein Maßstab von mindestens 1 : 500 zu verwenden. [3]Ein größerer Maßstab ist zu wählen, wenn es für die Beurteilung des Vorhabens erforderlich ist. [4]Der Lageplan muss von einer Stelle im Sinne des § 5 Absatz 2 Nummer 3 bis 6 des Geoinformations- und Vermessungsgesetzes erstellt werden, wenn

1. Gebäude näher als 0,5 Meter an der Grundstücksgrenze errichtet werden sollen oder
2. Gebäude so errichtet werden sollen, dass eine ihrer Abstandsflächen bis weniger als 0,5 Meter an die Grundstücksgrenze heranreicht

und der Verlauf der Grundstücksgrenze nicht durch festgestellte Grenzpunkte im Sinne von § 29 Absatz 1 des Geoinformations- und Vermessungsgesetzes beschrieben ist. [5]In diesen Fällen ist im Rahmen der Erstellung des Lageplans durch eine Stelle nach Satz 4 eine Grenzfeststellung vorzunehmen.

(3) Der Lageplan muss, soweit dies zur Beurteilung des Vorhabens erforderlich ist, enthalten:

1. den Maßstab und die Nordrichtung,
2. die katastermäßigen Flächengrößen, Flurstücksnummern und die Flurstücksgrenzen des Baugrundstücks und der benachbarten Grundstücke,
3. die im Grundbuch geführte Bezeichnung des Baugrundstücks und der benachbarten Grundstücke mit den jeweiligen Eigentümerangaben,
4. die vorhandenen baulichen Anlagen auf dem Baugrundstück und den benachbarten Grundstücken mit Angabe ihrer Nutzung, First- und Außenwandhöhe, Dachform und der Art der Außenwände und der Bedachung,
5. Bau- und Kulturdenkmale sowie geschützte Naturbestandteile auf dem Baugrundstück und auf den umgebenden Grundstücken,
6. Leitungen, die der öffentlichen Versorgung mit Wasser, Gas, Elektrizität, Wärme, der öffentlichen Abwasserentsorgung oder der Telekommunikation, und Rohrleitungen, die dem Ferntransport von Stoffen dienen, sowie deren Abstände zu der geplanten baulichen Anlage,
7. die angrenzenden öffentlichen Verkehrsflächen mit Angabe der Breite, der Straßenklasse und der Höhenlage,
8. Hydranten und andere Wasserentnahmestellen für die Feuerwehr,
9. Flächen, die von Baulasten betroffen sind,
10. die Festsetzungen eines Bebauungsplans über die überbaubare Grundstücksfläche, Erhaltungs- und Pflanzgebote,
11. die geplante bauliche Anlage unter Angabe der Außenmaße, der Dachform und der Höhenlage des Erdgeschossfußbodens zur Straße,
12. die vorhandene und bei Veränderung der Geländeoberfläche auch die geplante Höhenlage der Eckpunkte des Baugrundstücks und der Eckpunkte der geplanten baulichen Anlage mit Bezug auf das jeweilige Höhenbezugssystem,
13. die Aufteilung der nicht überbauten Flächen unter Angabe der Lage und Breite der Zu- und Abfahrten, der Anzahl, Lage und Größe der Kinderspielplätze, der Stellplätze und der Flächen für die Feuerwehr,
14. die Abstände der geplanten baulichen Anlage zu anderen baulichen Anlagen auf dem Baugrundstück und zu den Grundstücksgrenzen, die Abstandsflächen sowie in den Fällen des § 6 Absatz 1 Satz 3 Nummer 2 Landesbauordnung Mecklenburg-Vorpommern die Abstände der baulichen Anlagen auf den umgebenden Grundstücken zu ihren Grundstücksgrenzen,
15. ortsfeste Behälter für Gase, Öle oder wassergefährdende oder brennbare Flüssigkeiten sowie deren Abstände zu der geplanten baulichen Anlage,

16. die Abstände der geplanten baulichen Anlage zu oberirdischen Gewässern und zum Wald,
17. die Darstellung
    a) der barrierefreien Zugänge,
    b) der Anzahl, Lage und Größe der barrierefrei erreichbaren und nutzbaren Flächen außerhalb des Gebäudes,
    c) der Anzahl, Lage und Größe der bei der Errichtung und Nutzungsänderung erforderlichen barrierefreien Stellplätze.

(4) Der Inhalt des Lageplans nach Absatz 3 ist auf besonderen Blättern in geeignetem Maßstab darzustellen, wenn der Lageplan sonst unübersichtlich würde.

(5) [1]Im Lageplan sind die Zeichen und Farben der Anlage 1 zu verwenden. [2]Die Anlage 1 ist Bestandteil dieser Verordnung. [3]Im Übrigen ist die Planzeichenverordnung entsprechend anzuwenden. [4]Sonstige Darstellungen sind zu erläutern.

(6) Bei Änderungen baulicher Anlagen, bei denen Außenwände und Dächer sowie die Nutzung nicht verändert werden, ist der Lageplan nicht erforderlich.

§ 8
Bauzeichnungen

(1) [1]Für die Bauzeichnungen ist ein Maßstab von mindestens 1:100 zu verwenden. [2]Ein größerer Maßstab ist zu wählen, wenn er zur Darstellung der erforderlichen Eintragung notwendig ist; ein kleinerer Maßstab kann gewählt werden, wenn er dafür ausreicht.

(2) In den Bauzeichnungen sind darzustellen:
1. die Grundrisse aller Geschosse mit Angabe der vorgesehenen Nutzung der Räume und mit Einzeichnung der
    a) Treppen,
    b) lichten Öffnungsmaße der Türen sowie deren Art und Anordnung an und in Rettungswegen,
    c) Abgasanlagen,
    d) Räume für die Aufstellung von Feuerstätten unter Angabe der Nennleistung sowie der Räume für die Brennstofflagerung unter Angabe der vorgesehenen Art und Menge des Brennstoffes,
    e) Aufzugsschächte, Aufzüge und die nutzbare Grundfläche der Fahrkörbe von Personenaufzügen,
    f) Installationsschächte, -kanäle und Lüftungsleitungen, soweit sie raumabschließende Bauteile durchdringen,
    g) Räume für die Aufstellung von Lüftungsanlagen,
    h) Anforderungen zur Barrierefreiheit,
2. die Schnitte, aus denen folgende Punkte ersichtlich sind:
    a) die Gründung der geplanten baulichen Anlage und, soweit erforderlich, die Gründungen anderer baulicher Anlagen,
    b) der Anschnitt der vorhandenen und der geplanten Geländeoberfläche,
    c) die Höhenlage des Erdgeschossfußbodens mit Bezug auf das jeweilige Höhenbezugssystem,
    d) die Höhe der Fußbodenoberkante des höchstgelegenen Geschosses, in dem ein Aufenthaltsraum möglich ist, über der geplanten Geländeoberfläche,
    e) die lichten Raumhöhen,
    f) der Verlauf der Treppen und Rampen mit ihrem Steigungsverhältnis,
    g) die Wandhöhe im Sinne des § 6 Abs. 4 Satz 2 der Landesbauordnung Mecklenburg-Vorpommern,
    h) die Dachhöhen und Dachneigungen,
3. die Ansichten der geplanten baulichen Anlage mit dem Anschluss an Nachbargebäude unter Angabe von Baustoffen und Farben, der vorhandenen und geplanten Geländeoberfläche sowie des Straßengefälles.

(3) In den Bauzeichnungen sind anzugeben:
1. der Maßstab und die Maße,
2. die wesentlichen Bauprodukte und Bauarten,
3. die Rohbaumaße der Fensteröffnungen in Aufenthaltsräumen,
4. bei Änderung baulicher Anlagen die zu beseitigenden und die geplanten Bauteile.

(4) In den Bauzeichnungen sind die Zeichen und Farben der Anlage 1 zu verwenden.

§ 9
Baubeschreibung

[1]In der Baubeschreibung sind das Vorhaben und seine Nutzung zu erläutern, soweit dies zur Beurteilung erforderlich ist und die notwendigen Angaben nicht im Lageplan oder den Bauzeichnungen enthalten sind. [2]Die Gebäudeklasse und die Höhe im Sinne des § 2 Abs. 3 Satz 2 der Landesbauordnung Mecklenburg-Vorpommern sind anzugeben. [3]Es sind die Maßnahmen des barrierefreien Bauens zu beschreiben, soweit dies zur Beurteilung erforderlich ist. [4]Der Baubeschreibung ist ein rechnerischer Nachweis über die erforderlichen und geplanten Stellplätze sowie die Anzahl der barrierefreien Wohnungen beizufügen. [5]Die anrechenbaren Bauwerte und ihre Ermittlung sind anzugeben.

§ 10
Standsicherheitsnachweis

(1) Für den Nachweis der Standsicherheit tragender Bauteile einschließlich des Nachweises der Feuerwiderstandsfähigkeit nach § 11 Abs. 1 Satz 1 Nr. 1 sind eine Darstellung des gesamten statischen Systems sowie die erforderlichen Konstruktionszeichnungen, Berechnungen und Beschreibungen vorzulegen.

(2) [1]Die statischen Berechnungen müssen die Standsicherheit der baulichen Anlagen und ihrer Teile nachweisen. [2]Die Beschaffenheit des Baugrundes und seine Tragfähigkeit sind anzugeben. [3]Soweit erforderlich, ist nachzuweisen, dass die Standsicherheit anderer baulicher Anlagen und die Tragfähigkeit des Baugrundes der Nachbargrundstücke nicht gefährdet werden.

(3) Die Standsicherheit kann auf andere Weise als durch statische Berechnungen nachgewiesen werden, wenn hierdurch die Anforderungen an einen Standsicherheitsnachweis in gleichem Maße erfüllt werden.

§ 11
Brandschutznachweis

(1) [1]Für den Nachweis des Brandschutzes sind im Lageplan, den Bauzeichnungen und in der Baubeschreibung, soweit erforderlich, insbesondere anzugeben:

1. das Brandverhalten der Baustoffe (Baustoffklasse) und die Feuerwiderstandsfähigkeit der Bauteile (Feuerwiderstandsklasse) entsprechend den Benennungen nach § 26 der Landesbauordnung Mecklenburg-Vorpommern oder entsprechend den Klassifizierungen nach der Verwaltungsvorschrift Technische Baubestimmungen,
2. die Bauteile, Einrichtungen und Vorkehrungen, an die Anforderungen hinsichtlich des Brandschutzes gestellt werden, wie Brandwände und Decken, Trennwände, Unterdecken, Installationsschächte und -kanäle, Lüftungsanlagen, Feuerschutzabschlüsse und Rauchschutztüren, Öffnungen zur Rauchableitung, einschließlich der Fenster nach § 35 Absatz 8 Satz 2 Nummer 1 der Landesbauordnung Mecklenburg-Vorpommern,
3. die Nutzungseinheiten, die Brand- und Rauchabschnitte,
4. die aus Gründen des Brandschutzes erforderlichen Abstände innerhalb und außerhalb des Gebäudes,
5. der erste und zweite Rettungsweg nach § 33 der Landesbauordnung Mecklenburg-Vorpommern, insbesondere notwendige Treppenräume, Ausgänge, notwendige Flure, mit Rettungsgeräten der Feuerwehr erreichbare Stellen einschließlich der Fenster, die als Rettungswege nach § 33 Abs. 2 Satz 2 der Landesbauordnung Mecklenburg-Vorpommern dienen, unter Angabe der lichten Maße und Brüstungshöhen,
6. die Flächen für die Feuerwehr, Zu- und Durchgänge, Zu- und Durchfahrten, Bewegungsflächen und die Aufstellflächen für Hubrettungsfahrzeuge,
7. die Löschwasserversorgung.

[2]Bei Abweichung nach § 67 Abs. 1 Satz 1 der Landesbauordnung Mecklenburg-Vorpom-

mern sind zusätzliche Angaben im Sinne des Absatzes 2 zu machen.

(2) [1]Bei Sonderbauten, Mittel- und Großgaragen, müssen, soweit es für die Beurteilung erforderlich ist, zusätzlich Angaben gemacht werden über:

1. brandschutzrelevante Einzelheiten der Nutzung, insbesondere auch die Anzahl und Art der die bauliche Anlage nutzenden Personen sowie besondere Brandgefahren, Brandlasten und Risikoanalysen,
2. Rettungswegbreiten und -längen, Einzelheiten der Rettungswegführung und-ausbildung einschließlich Sicherheitsbeleuchtung und -kennzeichnung,
3. technische Anlagen und Einrichtungen zum Brandschutz, wie Branderkennung, Brandmeldung, Alarmierung, Brandbekämpfung, Rauchableitung, Rauchfreihaltung,
4. die Sicherheitsstromversorgung,
5. die Bemessung der Löschwasserversorgung, Einrichtungen zur Löschwasserentnahme sowie die Löschwasserrückhaltung,
6. betriebliche und organisatorische Maßnahmen zur Brandverhütung, Brandbekämpfung und Rettung von Menschen und Tieren wie Feuerwehrplan, Brandschutzordnung, Werkfeuerwehr, Bestellung von Brandschutzbeauftragten und Selbsthilfekräften.

[2]Die Angaben müssen sich auch erstrecken auf Erleichterungen nach § 51 Satz 2 der Landesbauordnung Mecklenburg-Vorpommern und Abweichungen nach § 67 Abs. 1 Satz 1 der Landesbauordnung Mecklenburg-Vorpommern. [3]Die für den Brandschutz erforderlichen Maßnahmen, Unterlagen und Nachweise können auch gesondert in Form eines objektbezogenen Brandschutzkonzeptes dargestellt werden.

§ 12 Nachweise für Schall-, Erschütterungsschutz

Die Berechnungen müssen den nach bauordnungsrechtlichen Vorschriften geforderten Schall- und Erschütterungsschutz nachweisen.

§ 13 Übereinstimmungsgebot

Die Bauzeichnungen, Baubeschreibungen, Berechnungen und Konstruktionszeichnungen sowie sonstige Zeichnungen und Beschreibungen, die den bautechnischen Nachweisen zugrunde liegen, müssen miteinander übereinstimmen und gleiche Positionsangaben haben.

TEIL 4 Bauzustandsanzeigen

§ 14 Baubeginnsanzeige

(1) [1]Soweit bautechnische Nachweise nicht bauaufsichtlich geprüft werden, ist eine Erklärung des jeweiligen Nachweiserstellers nach § 66 Abs. 1 Satz 2, Abs. 2 der Landesbauordnung Mecklenburg-Vorpommern über die Erstellung des bautechnischen Nachweises spätestens mit der Baubeginnsanzeige (§ 72 Abs. 7 Nr. 2 und Abs. 9 Satz 1, § 62 Abs. 5 Satz 2 der Landesbauordnung Mecklenburg-Vorpommern) vorzulegen. [2]Wird das Bauvorhaben abschnittsweise ausgeführt, muss die Erklärung spätestens bei Beginn der Ausführung des jeweiligen Bauabschnitts vorliegen.

(2) [1]Muss der Standsicherheitsnachweis bei Bauvorhaben in den Fällen des § 66 Abs. 3 Satz 1 Halbsatz 1 Nr. 2 der Landesbauordnung Mecklenburg-Vorpommern nicht bauaufsichtlich geprüft werden, ist spätestens mit der Baubeginnsanzeige eine Erklärung des Tragwerksplaners vorzulegen, dass der Kriterienkatalog nach der Anlage 2 erfüllt und eine bauaufsichtliche Prüfung des Standsicherheitsnachweises nicht erforderlich ist. [2]Die Anlage 2 ist Bestandteil dieser Verordnung.

§ 15
Anzeige der beabsichtigten Nutzungsaufnahme

Sind bei einem Bauvorhaben wiederkehrende bauaufsichtliche Prüfungen durch Rechtsverordnung nach § 85 Abs. 1 Nr. 5 der Landesbauordnung Mecklenburg-Vorpommern oder im Einzelfall vorgeschrieben, ist mit der Anzeige nach § 82 Abs. 2 Satz 1 der Landesbauordnung Mecklenburg-Vorpommern (beabsichtigte Aufnahme der Nutzung) über die in § 82 Abs. 2 Satz 2 der Landesbauordnung Mecklenburg-Vorpommern benannte Bestätigung (der mit dem Brandschutznachweis übereinstimmenden Bauausführung) hinaus der Brandschutznachweis (§ 11) vorzulegen, soweit er nicht bauaufsichtlich geprüft ist.

TEIL 5
Aufbewahrungspflicht

§ 16
Aufbewahrungspflicht

[1]Der Bauherr und seine Rechtsnachfolger sind verpflichtet,

1. bei baugenehmigungsbedürftigen Bauvorhaben die Baugenehmigung und die Bauvorlagen einschließlich der nicht bauaufsichtlich geprüften bautechnischen Nachweise,
2. bei baugenehmigungsfrei gestellten Bauvorhaben die Bauvorlagen einschließlich der nicht bauaufsichtlich geprüften bautechnischen Nachweise,
3. die Verwendbarkeitsnachweise für Bauprodukte und Bauarten, soweit sie Nebenbestimmungen für den Betrieb oder die Wartung enthalten,

bis zur Beseitigung der baulichen Anlage oder einer die Genehmigungsfrage insgesamt neu aufwerfenden Änderung oder Nutzungsänderung aufzubewahren und auf Verlangen der Bauaufsichtsbehörde vorzulegen. [2]Der Bauherr und seine Rechtsnachfolger sind verpflichtet, die Unterlagen nach Satz 1 bei einer rechtsgeschäftlichen Veräußerung des Bauvorhabens an den jeweiligen Rechtsnachfolger weiterzugeben.

TEIL 6
Inkrafttreten

§ 17
(Inkrafttreten)

Anlage 1
(zu § 7 Abs. 5 und § 8 Abs. 4)

Zeichen und Farben für Bauvorlagen

1.	Grenzen des Grundstücks (dicke gerissene Linie)	— — — — —	Violett
2.	vorhandene bauliche Anlagen oder Bauteile (Kreuzschraffur)	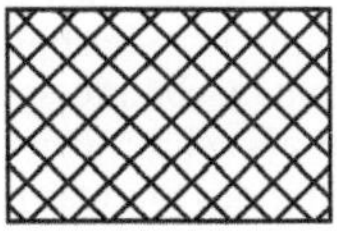	Grau
3.	geplante bauliche Anlagen oder Bauteile (Schrägschraffur rechts)	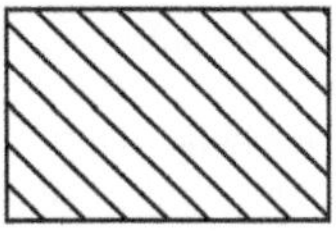	Rot
4.	zu beseitigende bauliche Anlagen oder Bauteile (durchkreuzte Umgrenzungslinie)	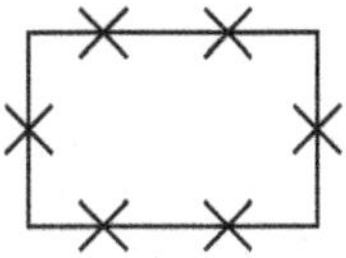	Gelb
5.	Flächen, die von Baulasten betroffen sind (Schrägschraffur links)	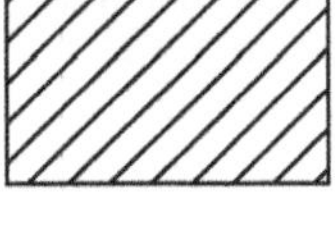	Braun

Anlage 2
(zu § 14 Abs. 2)

Kriterienkatalog für das Erfordernis einer bauaufsichtlichen Prüfung des Standsicherheitsnachweises

Sind die nachfolgenden Kriterien ausnahmslos erfüllt, ist bei Gebäuden der Gebäudeklassen 1 bis 3, bei Behältern, Brücken, Stützmauern, Tribünen und bei sonstigen baulichen Anlagen, die keine Gebäude sind, mit einer Höhe von mehr als zehn Meter eine bauaufsichtliche Prüfung des Standsicherheitsnachweises nicht erforderlich (§ 66 Absatz 3 Satz 1 Nummer 2 der Landesbauordnung Mecklenburg-Vorpommern):

1. Die Baugrundverhältnisse sind eindeutig und erlauben eine übliche Flachgründung entsprechend DIN 1054:2005-01. Ausgenommen sind Gründungen auf setzungsempfindlichem Baugrund (in der Regel stark bindige Böden).
2. Bei erddruckbelasteten Gebäuden beträgt die Höhendifferenz zwischen Gründungssohle und Erdoberfläche höchstens vier Meter. Einwirkungen aus Wasserdruck müssen rechnerisch nicht berücksichtigt werden.
3. Angrenzende bauliche Anlagen oder öffentliche Verkehrsflächen werden nicht beeinträchtigt. Nachzuweisende Unterfangungen oder Baugrubensicherungen sind nicht erforderlich.
4. Die tragenden und aussteifenden Bauteile gehen im Wesentlichen bis zu den Fundamenten unversetzt durch. Ein rechnerischer Nachweis der Gebäudeaussteifung, auch für Teilbereiche, ist nicht erforderlich.
5. Die Geschossdecken sind linienförmig gelagert und dürfen für gleichmäßig verteilte Flächenlasten und Linienlasten aus nichttragenden Wänden bemessen werden. Geschossdecken ohne ausreichende Querverteilung erhalten keine Einzellasten.
6. Die Bauteile der baulichen Anlage oder die bauliche Anlage selbst können mit einfachen Verfahren der Baustatik berechnet oder konstruktiv festgelegt werden. Räumliche Tragstrukturen müssen rechnerisch nicht nachgewiesen werden. Besondere Stabilitäts-, Verformungs- und Schwingungsuntersuchungen sind nicht erforderlich.
7. Außergewöhnliche sowie dynamische Einwirkungen sind nicht vorhanden. Beanspruchungen aus Erdbeben müssen rechnerisch nicht verfolgt werden.
8. Besondere Bauarten, wie Spannbetonbau, Verbundbau, Leimholzbau und geschweißte Aluminiumkonstruktionen, werden nicht angewendet.
9. Allgemeine Rechenverfahren zur Bemessung von Bauteilen und Tragwerken unter Brandeinwirkung werden nicht angewendet.

Verordnung
über die Gebühren und Auslagen für Amtshandlungen der Bauaufsicht (Baugebührenverordnung – BauGebVO M-V)
Vom 10. Juli 2006 (GVOBl. M-V S. 588), die zuletzt durch Verordnung vom 15. September 2021 (GVOBl. M-V S. 1330) geändert worden ist

– Fassung ab 30. September 2021 –

Aufgrund des § 2 Abs. 1 und 2 des Landesverwaltungskostengesetzes vom 4. Oktober 1991 (GVOBl. M-V S. 366, 435), das zuletzt durch § 3 des Gesetzes vom 19. Dezember 2005 (GVOBl. M-V S. 634) geändert worden ist, verordnet das Ministerium für Arbeit, Bau und Landesentwicklung im Einvernehmen mit dem Innenministerium und dem Finanzministerium:

§ 1
Kostentragungspflicht

[1]Für Amtshandlungen der Bauaufsicht sind Kosten (Gebühren und Auslagen) zu erheben. [2]Die Höhe der Gebühren ergibt sich aus dem Gebührenverzeichnis (Anlage 1) und der Anlage 2. [3]Die Anlagen 1 bis 2 sind Bestandteil dieser Verordnung. [4]Die Höhe der Gebühren für die Prüfung der Vollständigkeit und Richtigkeit der Standsicherheitsnachweise und der Brandschutznachweise durch die Bauaufsichtsbehörde sowie für die Überwachung der ordnungsgemäßen Bauausführung durch die Bauaufsichtsbehörde hinsichtlich der von ihr geprüften Standsicherheitsnachweise und Brandschutznachweise ist in entsprechender Anwendung des Teils 6 Abschnitt 1 und 2 der Bauprüfverordnung zu ermitteln. [5]Vergütungen, die von der Bauaufsichtsbehörde oder einem Prüfamt an einen Prüfingenieur für Standsicherheit oder einen Prüfingenieur für Brandschutz zu zahlen sind, sind als Auslagen zu erstatten. [6]Die Gebühren sind auf volle Euro abzurunden.

§ 2
Anrechenbare Bauwerte

(1) [1]Für die in der Anlage 2 aufgeführten Gebäude sind die anrechenbaren Bauwerte aus dem Brutto-Rauminhalt der Gebäude, vervielfältigt mit dem jeweils angegebenen Wert je Kubikmeter Brutto-Rauminhalt, zu berechnen. [2]Der Brutto-Rauminhalt für diese Gebäude bestimmt sich nach DIN 277-1. [3]Die anrechenbaren Bauwerte der Anlage 2 basieren auf der Indexzahl 1,000 für das Jahr 2000. [4]Für die folgenden Jahre sind die dort angegebenen anrechenbaren Bauwerte jährlich mit einer Indexzahl, die sich aus dem arithmetischen Mittel der vom Statistischen Bundesamt veröffentlichten Preisindizes für den Neubau von Wohngebäuden, Bürogebäuden und gewerblichen Betriebsgebäuden ohne Umsatzsteuer errechnet, zu vervielfältigen und auf volle Euro ab- oder aufzurunden. [5]Die oberste Bauaufsichtsbehörde gibt jeweils die Indexzahl und die fortgeschriebenen anrechenbaren Bauwerte bekannt. [6]Bei baulichen Änderungen, wie Um- und Anbauten oder Aufstockungen, sind nur für die betroffenen Gebäudeteile die anrechenbaren Bauwerte zu ermitteln. [7]Bei Umbauten sind auch die Kosten für Abbrucharbeiten anrechenbar.

(2) [1]Für die nicht in der Anlage 2 aufgeführten baulichen Anlagen sind die anrechenbaren Bauwerte die Kosten nach § 50 Absatz 1 bis 3 der Honorarordnung für Architekten und Ingenieure, für alle nicht von dieser Vorschrift erfassten baulichen Anlagen sind die maßgeblichen Kosten nach dem Umfang

sämtlicher Arbeiten und Lieferungen (Herstellungskosten), die zur Fertigstellung erforderlich sind, zu ermitteln. [2]Zu den anrechenbaren Bauwerten zählen auch die nicht in den Kosten nach Satz 1 enthaltenen Kosten für Bauteile, für die ein Standsicherheitsnachweis geprüft werden muss, ausgenommen die Kosten für Außenwandbekleidungen und für Fassaden. [3]Bei Umbauten sind auch die Kosten für Abbrucharbeiten anrechenbar. [4]Nicht anrechenbar sind die auf die Kosten nach den Sätzen 1 bis 3 entfallende Umsatzsteuer. [5]Bei der Ermittlung der anrechenbaren Bauwerte ist von den Kosten der Kostenberechnung auszugehen, die ortsüblich im Zeitpunkt der Auftragserteilung für die Herstellung der baulichen Anlagen erforderlich sind. [6]Einsparungen durch Eigenleistungen oder Vergünstigungen sind nicht zu berücksichtigen.

(3) [1]In den Fällen des Absatzes 2 kann die Bauaufsichtsbehörde für die Ermittlung der Gebühren die anrechenbaren Bauwerte unter Berücksichtigung ortsüblicher Preise schätzen, wenn der Kostenschuldner den anrechenbaren Bauwert nicht nachgewiesen hat. [2]Der Kostenschuldner kann diesen Nachweis auch noch nach Erlass eines Gebührenbescheides führen, solange der Gebührenbescheid noch nicht unanfechtbar geworden ist.

(4) Die anrechenbaren Bauwerte sind jeweils auf volle Tausend Euro aufzurunden.

§ 3
(Inkrafttreten, Außerkrafttreten)

§ 4
Übergangsvorschrift

Die vor Inkrafttreten dieser Verordnung begonnenen Verfahren sind nach den bisherigen Vorschriften zu Ende zu führen.

Anlage 1
(zu § 1)

Gebührenverzeichnis

Nummer	Gegenstand	Gebühr in Euro
1	**Baugenehmigung, Vorbescheid, Typengenehmigung**	
1.1	Genehmigung von Baumaßnahmen oder baulichen Anlagen, außer Werbeanlagen,	
1.1.1	für je angefangene 1 000 Euro anrechenbare Bauwerte	11
	mindestens	70
1.1.2	im vereinfachten Baugenehmigungsverfahren, auch bei Eintritt der Genehmigungsfiktion, für je angefangene 1 000 Euro anrechenbare Bauwerte	8
	mindestens	60
	Zu den Nummern 1.1.1 und 1.1.2: Wird die Baugenehmigung erst nach Beginn der Bauarbeiten oder der Nutzungsänderung erteilt, kann die dreifache Gebühr erhoben werden, soweit keine Teilbaugenehmigung erteilt wurde. Für mehrere gleiche Gebäude oder andere gleiche bauliche Anlagen auf einem Baugrundstück oder auf benachbarten Baugrundstücken ermäßigen sich die Gebühren, soweit die Mindestgebühren nicht unterschritten werden, für die zweite und jede weitere bauliche Anlage auf die Hälfte, wenn die Bauanträge gleichzeitig zur Prüfung vorgelegt werden. Die Ermäßigung ist auf alle Bauanträge umzulegen. Für bauliche Anlagen, für die eine Typengenehmigung erteilt worden ist, ermäßigt sich unter Berücksichtigung eines geringeren Prüfaufwandes die Gebühr um maximal 20 % der festzusetzenden Gebühr.	
1.1.3	Zuschlag für in der Baugenehmigung enthaltene, ansonsten gebührenpflichtige Entscheidungen anderer Behörden nach	
1.1.3.1	wasserrechtlichen Vorschriften	60 bis 6 000
1.1.3.2	naturschutzrechtlichen Vorschriften	40 bis 3 750
1.1.3.3	waldrechtlichen Vorschriften	100 bis 540
1.1.3.4	straßen- und wegerechtlichen Vorschriften	17 bis 1 000
1.1.4	Zuschlag für die Durchführung der Umweltverträglichkeitsprüfung (nachfolgend UVP genannt)	35 % der Gebühr nach Nummer 1.1.1 und 1.1.2

Nummer	Gegenstand	Gebühr in Euro
1.1.5	Zuschlag für die Durchführung der Vorprüfung der UVP-Pflicht im Einzelfall	16 % der Gebühr nach Nummer 1.1.1 und 1.1.2
	Zu den Nummern 1.1.4 und 1.1.5: Wird im Ergebnis einer durchgeführten Vorprüfung der UVP-Pflicht im Einzelfall eine Umweltverträglichkeitsprüfung notwendig, kommt der Zuschlag nach Nummer 1.1.5 nicht zur Anwendung.	
1.1.6	Prüfung von nachgereichten geänderten Bauvorlagen während des Genehmigungsverfahrens, die eine erneute Prüfung notwendig machen	zusätzlich bis zu 30 % der Gebühr nach den Nummern 1.1.1 und 1.1.2
1.2	Genehmigung von Werbeanlagen	60 bis 1 700
1.3	Genehmigung von selbstständigen Abgrabungen und Aufschüttungen	54 bis 1 800
1.4	Genehmigung von Nutzungsänderungen	60 bis 3 270
	Zu Nummer 1.4: Die Gebührenerhebung für die mit Nutzungsänderungen im Zusammenhang stehenden sonstigen Baumaßnahmen bleibt unberührt.	
1.5	Genehmigung des Abbruchs oder der Beseitigung von baulichen Anlagen	60 bis 3 280
1.6	Änderung einer Baugenehmigung aufgrund geänderter Bauvorlagen, soweit sich die Gebühr nicht nach den Nummern 1.1 bis 1.5 bestimmen lässt	55 bis 1 000
1.7	Verlängerung einer Baugenehmigung	25 % der Gebühr nach den Nummern 1.1 bis 1.6
	mindestens	50
1.8	Teilbaugenehmigung	60 bis 1 680
	Zu Nummer 1.8: Die Gebühr für die einzelne Teilbaugenehmigung, soweit sie 180 Euro übersteigt, kann unter Berücksichtigung eines geringeren Prüfaufwandes im Baugenehmigungsverfahren auf die Gebühr für die Baugenehmigung angerechnet werden.	
1.9	Vorbescheid	73 bis 3 570
1.10	Verlängerung eines Vorbescheides	60 bis 1 610

Nummer	Gegenstand	Gebühr in Euro
	Zu den Nummern 1.9 und 1.10: Die Gebühr für einen Vorbescheid oder dessen Verlängerung kann unter Berücksichtigung eines geringeren Prüfaufwandes im Baugenehmigungsverfahren bis zur Hälfte auf die Baugenehmigungsgebühr angerechnet werden.	
1.11	Erteilung, Änderung oder Anerkennung einer Typengenehmigung	3 bis 12 % des anrechenbaren Bauwertes
1.12	Verlängerung einer Typengenehmigung	1 bis 3 % des anrechenbaren Bauwertes
2	**Verwendbarkeitsnachweise, Nachweise zur Anwendbarkeit von Bauarten**	
2.1	Allgemeines bauaufsichtliches Prüfzeugnis	260 bis 5 220
2.2	Verlängerung eines allgemeinen bauaufsichtlichen Prüfzeugnisses	250 bis 1 300
2.3	Zustimmung im Einzelfall zur Verwendung von Bauprodukten oder vorhabenbezogene Bauartgenehmigung zur Anwendung von Bauarten	180 bis 5 700
2.4	Verzicht auf Zustimmung im Einzelfall zur Verwendung von Bauprodukten oder vorhabenbezogene Bauartgenehmigung zur Anwendung von Bauarten	85 bis 2 500
2.5	Festlegung, dass eine allgemeine bauaufsichtliche Zulassung, ein allgemeines bauaufsichtliches Prüfzeugnis oder eine vorhabenbezogene Bauartgenehmigung zur Anwendung von Bauarten nicht erforderlich ist	150 bis 3 000
2.6	Gestattung der Verwendung von Bauprodukten oder der Anwendung von Bauarten ohne das erforderliche Übereinstimmungszertifikat	150 bis 3 300
3	**Abweichung, Ausnahme, Befreiung**	
3.1	Zulassung einer Abweichung von einer Vorschrift des Bauordnungsrechts	50 bis 5 420
3.2	Zulassung einer Ausnahme oder Befreiung nach § 31 oder § 34 Absatz 2 Halbsatz 2 des Baugesetzbuches	65 bis 2 910
3.3	Entscheidung über einen Antrag auf Zulassung einer Ausnahme nach § 24 oder Befreiung nach § 25 Energieeinsparverordnung	40 bis 2 500
4	**Baulast**	
4.1	Eintragung einer Baulast einschließlich der Entgegennahme der Baulasterklärung	60 bis 1 000

Nummer	Gegenstand	Gebühr in Euro
4.2	Löschung einer Baulast	55 bis 270
4.3	Auszug aus dem Baulastverzeichnis oder schriftliche Auskunft darüber, dass kein Baulastenblatt besteht	
	je Grundstück	15 bis 100
5	**Sonstige Amtshandlungen**	
5.1	Zurückweisung des Bauantrages nach § 69 Absatz 2 der Landesbauordnung Mecklenburg-Vorpommern	50 bis 440
5.2	Gebrauchsabnahme Fliegender Bauten	20 bis 1 000
	Zu Nummer 5.2: Mit der Gebühr sind die aus Reisekosten entstehenden Auslagen abgegolten.	
5.3	Wiederkehrende Überprüfung von Sonderbauten durch die Bauaufsichtsbehörde	nach Zeitaufwand
5.4	Anerkennung als Prüfingenieurin oder Prüfingenieur für Standsicherheit oder als Prüfingenieurin oder Prüfingenieur für Brandschutz	1 000 bis 2 720
	Zu Nummer 5.4: Die Auslagen für die Tätigkeit des Prüfungsausschusses sind in der Verwaltungsgebühr nicht enthalten und zusätzlich zu erstatten.	
5.5	Ordnungsbehördliche Verfügungen nach den §§ 58 und 78 bis 82 der Landesbauordnung Mecklenburg-Vorpommern	75 bis 5 000
5.6	Genehmigung nach § 22 des Baugesetzbuches	50 bis 480
5.7	Zeugnis nach § 22 Absatz 5 des Baugesetzbuches	50 bis 300
5.8	Abgeschlossenheitsbescheinigung nach § 7 Absatz 4 Nummer 2 oder § 32 Absatz 2 Nummer 2 des Wohnungseigentumsgesetzes je Wohnung oder sonstigem Raum, höchstens je Gebäude	60 bis 2 500
5.9	Gastspielprüfbuch	90 bis 2 500
5.10	aufgrund von festgestellten Rechtsverstößen erforderliche Anordnungen und Maßnahmen im Rahmen der Marktüberwachung nach dem Bauproduktenmarktüberwachungsgesetz	110 bis 7 080
	Zu Nummer 5.10: Die als Kosten für die Prüfung und Bewertung von Bauprodukten in technischer Hinsicht im Zusammenhang mit der Amtshandlung entstehenden Auslagen sind in der Verwaltungsgebühr nicht enthalten und zusätzlich zu erstatten.	

Nummer	Gegenstand	Gebühr in Euro
5.11	andere als in den Nummern 5.1 bis 5.10 genannte, zum unmittelbaren Nutzen der Beteiligten vorgenommene Amtshandlungen der Bauaufsichtsbehörden, außer einfachen Auskünften	nach Zeitaufwand
	Zu Nummer 5.11: Die Gebühr ist anzusetzen mit dem Aufwand der sich unter regelmäßigen Verhältnissen ergeben würde. Reisezeiten werden als Zeitaufwand mit berechnet. Werden mit einer Dienstreise mehrere Amtshandlungen bei unterschiedlichen Antragstellern verbunden, ist die Reisezeit anteilig zu berechnen.	
5.11.1	Die Gebühr nach Zeitaufwand gemäß Nummer 5.11. beträgt für jede angefangene halbe Stunde	
5.11.1.1	für die Beamtinnen und Beamten der Laufbahngruppe 2 ab 2. Einstiegsamt (ehemals höherer Dienst) oder vergleichbare Mitarbeiterinnen und Mitarbeiter	44
5.11.1.2	für die Beamtinnen und Beamten der Laufbahngruppe 2 unterhalb 2. Einstiegsamt (ehemals gehobener Dienst) oder vergleichbare Mitarbeiterinnen und Mitarbeiter	32
5.11.1.3	für die Beamtinnen und Beamten der Laufbahngruppe 1 ab 2. Einstiegsamt (ehemals mittlerer Dienst) oder vergleichbare Mitarbeiterinnen und Mitarbeiter	25

Anlage 2
(zu § 2 Abs. 1 Satz 1)

Tabelle der anrechenbaren Bauwerte je Kubikmeter Brutto-Rauminhalt

Bezugsjahr 2000 = Indexzahl 1,000

Nummer	Gebäudeart	anrechenbare Bauwerte in Euro je Kubikmeter
1.	Wohngebäude	95
2.	Wochenendhäuser	83
3.	Büro- und Verwaltungsgebäude, Banken und Arztpraxen	128
4.	Schulen	121
5.	Kindertageseinrichtungen	108
6.	Hotels, Pensionen und Heime bis jeweils 60 Betten, Gaststätten	108
7.	Hotels, Heime und Sanatorien mit jeweils mehr als 60 Betten	126
8.	Krankenhäuser	141
9.	Versammlungsstätten wie Mehrzweckhallen, soweit nicht nach den Nummern 11 und 12, Theater, Kinos	108
10.	Hallenbäder	117
11.	eingeschossige, hallenartige Gebäude wie Verkaufsstätten, Fabrik-, Werkstatt- und Lagergebäude in einfachen Rahmen- oder Stiel-Riegel-Konstruktionen und mit nicht mehr als 5 000 m³ Brutto-Rauminhalt sowie einfache Sporthallen und landwirtschaftliche Betriebsgebäude, soweit sie nicht der Nummer 19 zuzuordnen sind	
11.1	bis 2 500 m³ Brutto-Rauminhalt	
	Bauart schwer[1)]	46
	sonstige Bauart	39
11.2	der 2 500 m³ übersteigende Brutto-Rauminhalt bis 5 000 m³	
	Bauart schwer[1)]	39
	sonstige Bauart	32
11.3	der 5 000 m³ übersteigende Brutto-Rauminhalt	
	Bauart schwer[1)]	32
	sonstige Bauart	25
12.	andere eingeschossige Verkaufsstätten, Sportstätten	72
13.	andere eingeschossige Fabrik-, Werkstatt- und Lagergebäude	64
14.	mehrgeschossige Verkaufsstätten mit nicht mehr als 50 000 m³ Brutto-Rauminhalt	97

Nummer	Gebäudeart	anrechenbare Bauwerte in Euro je Kubikmeter
15.	mehrgeschossige Fabrik-, Werkstatt- und Lagergebäude mit nicht mehr als 50 000 m³ Brutto-Rauminhalt	84
16.	eingeschossige Garagen, ausgenommen offene Kleingaragen	70
17.	mehrgeschossige Mittel- und Großgaragen	84
18.	Tiefgaragen	130
19.	Schuppen, Kaltställe, offene Feldscheunen, offene Kleingaragen und ähnliche Gebäude	34
20.	Gewächshäuser	
20.1	bis 1 500 m³ Brutto-Rauminhalt	25
20.2	der 1 500 m³ übersteigende Brutto-Rauminhalt	15

1) Gebäude mit Tragwerken, die überwiegend in Massivbauart errichtet werden.

Bei Gebäuden mit mehr als fünf Geschossen sind die anrechenbaren Bauwerte um fünf Prozent, bei Hochhäusern um zehn Prozent und bei Gebäuden mit befahrbaren Decken, außer bei den Nummern 16 bis 18, um zehn Prozent zu erhöhen. Bei Hallenbauten mit Kränen, bei denen der Standsicherheitsnachweis für Kranbahnen geprüft werden muss, sind für die von Kranbahnen erfassten Hallenbereiche anrechenbare Bauwerte von 38 Euro je Quadratmeter, vervielfacht mit der Indexzahl nach § 2 Abs. 1, hinzuzurechnen.

Die in der Tabelle angegebenen Werte berücksichtigen nur Flachgründungen mit Streifen- oder Einzelfundamenten. Mehrkosten für andere Gründungen wie Pfahlgründungen, Schlitzwände sind getrennt zu ermitteln und den anrechenbaren Bauwerten hinzuzurechnen. Bei Flächengründungen sind je Quadratmeter Sohlplatte zwei Kubikmeter zum Brutto-Rauminhalt hinzuzurechnen.

Bei Gebäuden mit gemischter Nutzung sind für die Gebäudeteile mit verschiedenen Nutzungsarten die anrechenbaren Bauwerte anteilig zu ermitteln, soweit Nutzungsarten nicht nur Nebenzwecken dienen.

Indexzahl für anrechenbare Bauwerte nach der Baugebührenverordnung und der Bauprüfverordnung sowie Höhe des Stundensatzes nach § 41 Absatz 5 der Bauprüfverordnung

Vom 16. Juli 2024
(AmtsBl. M-V Nr. 33 vom 5. August 2024 S. 766
Gl.-Nr.: 2013-19

1. Die Indexzahl, mit der nach § 2 Absatz 1 der Baugebührenverordnung vom 10. Juli 2006 (GVOBl. M-V S. 588, 666), die zuletzt durch die Verordnung vom 15. September 2021 (GVOBl. M-V S. 1330) geändert worden ist, die anrechenbaren Bauwerte nach der Anlage 2 der Baugebührenverordnung ab dem 1. September 2024 zu vervielfältigen sind, beträgt: 2,142. Die sich daraus ergebenden anrechenbaren Bauwerte werden in der als Anlage zu dieser Vorschrift beigefügten Tabelle bekannt gegeben.
2. Der Stundensatz nach § 41 Absatz 5 der Bauprüfverordnung vom 14. April 2016 (GVOBl. M-V S. 171), die durch die Verordnung vom 11. Juni 2021 (GVOBl. M-V S. 1019, 1713) geändert worden ist, beträgt je angefangene halbe Stunde 53 Euro.
3. Diese Bekanntmachung tritt am 1. September 2024 in Kraft. Gleichzeitig tritt die Bekanntmachung der Indexzahl für anrechenbare Bauwerte nach der Baugebührenverordnung sowie Höhe des Stundensatzes nach § 41 Absatz 5 der Bauprüfverordnung vom 27. Juli 2023 (AmtsBl. M-V S. 522, 550) außer Kraft.

Anlage

Tabelle der anrechenbaren Bauwerte je Kubikmeter Brutto-Rauminhalt ab dem 1. September 2024

Nummer	Gebäudeart	Anrechenbare Bauwerte in Euro je Kubikmeter (m^3)
1	Wohngebäude	203
2	Wochenendhäuser	178
3	Büro- und Verwaltungsgebäude, Banken und Arztpraxen	274
4	Schulen	259
5	Kindertageseinrichtungen	231
6	Hotels, Pensionen und Heime bis jeweils 60 Betten, Gaststätten	231
7	Hotels, Heime und Sanatorien mit jeweils mehr als 60 Betten	270
8	Krankenhäuser	302
9	Versammlungsstätten wie Mehrzweckhallen, soweit nicht nach den Nummern 11 und 12, Theater, Kinos	231
10	Hallenbäder	251
11	eingeschossige, hallenartige Gebäude wie Verkaufsstätten, Fabrik-, Werkstatt- und Lagergebäude in einfachen Rahmen- oder Stiel-Riegel-Konstruktionen und mit nicht mehr als 50 000 m^3 Brutto-Rauminhalt sowie einfache Sporthallen und landwirtschaftliche Betriebsgebäude, soweit sie nicht der Nummer 19 zuzuordnen sind	
11.1	bis 2 500 m^3 Brutto-Rauminhalt	
	Bauart schwer[1]	99
	sonstige Bauart	84
11.2	der 2 500 m^3 übersteigende Brutto-Rauminhalt bis 5.000 m^3	
	Bauart schwer[1]	84
	sonstige Bauart	69
11.3	der 5 000 m^3 übersteigende Brutto-Rauminhalt	
	Bauart schwer[1]	69
	sonstige Bauart	54
12	andere eingeschossige Verkaufsstätten, Sportstätten	154
13	andere eingeschossige Fabrik-, Werkstatt- und Lagergebäude	137
14	mehrgeschossige Verkaufsstätten mit nicht mehr als 50 000 m^3 Brutto-Rauminhalt	208

Nummer	Gebäudeart	Anrechenbare Bauwerte in Euro je Kubikmeter (m^3)
15	mehrgeschossige Fabrik-, Werkstatt- und Lagergebäude mit nicht mehr als 50 000 m^3 Brutto-Rauminhalt	180
16	eingeschossige Garagen, ausgenommen offene Kleingaragen	150
17	mehrgeschossige Mittel- und Großgaragen	180
18	Tiefgaragen	278
19	Schuppen, Kaltställe, offene Feldscheunen, offene Kleingaragen und ähnliche Gebäude	73
20	Gewächshäuser	
20.1	bis 1 500 m^3 Brutto-Rauminhalt	54
20.2	der 1 500 m^3 übersteigende Brutto-Rauminhalt	32

1) Gebäude mit Tragwerken, die überwiegend in Massivbauart errichtet werden

Bei Gebäuden mit mehr als fünf Geschossen sind die anrechenbaren Bauwerte um 5 Prozent, bei Hochhäusern um 10 Prozent und bei Gebäuden mit befahrbaren Decken, außer bei den Nummern 16 bis 18, um 10 Prozent zu erhöhen. Bei Hallenbauten mit Kränen, bei denen der Standsicherheitsnachweis für Kranbahnen geprüft werden muss, sind für die von Kranbahnen erfassten Hallenbereiche anrechenbare Bauwerte von 81 Euro je Quadratmeter hinzuzurechnen.

Die in der Tabelle angegebenen Werte berücksichtigen nur Flachgründungen mit Streifen- oder Einzelfundamenten. Mehrkosten für andere Gründungen wie Pfahlgründungen, Schlitzwände sind getrennt zu ermitteln und den anrechenbaren Bauwerten hinzuzurechnen. Bei Flächengründungen sind je Quadratmeter Sohlplatte 2 Kubikmeter zum Brutto-Rauminhalt hinzuzurechnen.

Bei Gebäuden mit gemischter Nutzung sind für die Gebäudeteile mit verschiedenen Nutzungsarten die anrechenbaren Bauwerte anteilig zu ermitteln, soweit Nutzungsarten nicht nur Nebenzwecken dienen.

Stichwortverzeichnis